本书属于国家社会科学基金一般项目"共生理念的哲学研究及当代意义"（12BZX006）最终研究成果。

| 光明社科文库 |

共生语境下的
社会合理化与中国现代化

张永缜◎著

光明日报出版社

图书在版编目（CIP）数据

共生语境下的社会合理化与中国现代化 ∕ 张永缜著
. －－北京：光明日报出版社，2021.9
ISBN 978－7－5194－6222－2

Ⅰ.①共… Ⅱ.①张… Ⅲ.①伦理学—研究 Ⅳ.
①B82

中国版本图书馆 CIP 数据核字（2021）第 169281 号

共生语境下的社会合理化与中国现代化
GONGSHENG YUJING XIA DE SHEHUI HELIHUA YU ZHONGGUO XIANDAIHUA

著　　者：张永缜

责任编辑：杨　娜　　　　　　　　责任校对：崔荣彩
封面设计：中联华文　　　　　　　责任印制：曹　净

出版发行：光明日报出版社
地　　址：北京市西城区永安路 106 号，100050
电　　话：010-63169890（咨询），010-63131930（邮购）
传　　真：010－63131930
网　　址：http：∕∕book. gmw. cn
E － mail：gmrbcbs@ gmw. cn
法律顾问：北京兰台律师事务所龚柳方律师

印　　刷：三河市华东印刷有限公司
装　　订：三河市华东印刷有限公司
本书如有破损、缺页、装订错误，请与本社联系调换，电话：010－63131930

开　　本：170mm×240mm
字　　数：377 千字　　　　　　　印　　张：21
版　　次：2021 年 9 月第 1 版　　　印　　次：2021 年 9 月第 1 次印刷
书　　号：ISBN 978－7－5194－6222－2
定　　价：99. 00 元

序

　　现代性的发展和中国现代化面临的挑战都要求一种新的发展理念，共生理念就是应这种时代的需要而产生的。现代性自启蒙以后发展起来，高举理性主义大旗，以理性来对抗宗教，以科学来祛除迷魅，人类走出蒙昧状态，进入理性自觉的状态，理性精神大大推动了历史的发展，但是以追求逻各斯为核心的启蒙理性过分发展了工具理性，忽视了价值理性的发展，导致了物对人的异化、人的主体性价值的最终丧失、人与自身的异化、人与人的冲突、社会与人的背离、人与自然的对立。在全球化到来之时，人类社会已经变得极其不和谐、安宁，在整个资本主义世界，潜在的恐怖分子、战争、环境恶化、病毒瘟疫、技术对人的统治、人的内心世界的离乡、道德价值失范、贫富两极分化、种族歧视、政府治理的失灵、经济社会动荡、社会发展的动力衰竭等一系列的问题都说明，启蒙以来的现代性模式走入困境。中国作为后发的现代化国家，如果也沿着启蒙理性开辟的西方现代性老路子发展，最终也避免不了陷入困境的危险。人类呼唤新的理性模式与中国现代化呼唤新的指导理念是异曲同工的。共生理念和共生理性指导下的社会合理化范式是对现代性的改造和中国现代化发展的崭新道路，它将有利于人类摆脱现代性困境，也有利于中国以全面的理性精神推进现代化进程，迎接全球化后工业信息社会浪潮的挑战。

　　从自然界特别是生物领域的进化事实归纳出事物共生存在的进化发展规律，从哲学理论思维角度概括出共生的存在论内涵。从方法论角度对共生进行考察，概括出关系性、时间性、平等性、多样性、复杂性、试错法等分析、把握事物的方法。透析共生的认识方法和原则，总结出多元共生的认识方法和事实的真与价值的真相统一的认识原则。从伦理学角度对共生进行考察，总结出共生共荣的价值观、幸福观、职业观、爱情婚姻观、亲情观、友谊观、人生观，提出呵护心灵、个性化内心、共生的审美理性等概念范畴，概括出审美的共生伦理的基本规范。从生成性角度对共生理念进行深刻总结，提出在审美实践中人保持自我同一性的生成观。从事实和逻辑角度对人类社会的共生进化进行分析、归纳和总结，概括出人类社会共生进化的一般规律。从共生理念和共生理性入手对现代性进行完善，从社会合理化入手对现代性进行改造，提出反思性社会合理化，即全面理性的社会合理化，以及理论理性、实践理性、审美理性全面协同发展，科学知识、道德知识、审美知识不断积累和有效发挥的社会合理化，实现人与自身、人与他人、人与自然的统一共生，克服现代性弊端，走出现代性困境。

共生理念为现代性的继续前进提供了思路，将开启人类面向世界历史和后工业社会的新文化样态，共生的人类思维方式、社会运行方式将开辟人类新的理性自觉——共生理性的自觉，推进人类进入一个新的时代。中国的现代化以共生理念为指导，推进理性全面发展的共生理性社会合理化，塑造具有共生理念和共生理性的现代公民，建立新的理性化社会运行模式，推进科学、道德、审美知识全面发展的知识型社会进程，完成社会合理化和反思性社会合理化的现代性发展双重使命，推进马克思主义理论创新和中国特色社会主义实践创新，面向全球化、后工业社会浪潮推进中国现代化进程。

中国走现代化之路，不能再重蹈西方的覆辙，应当对其进行扬弃，一方面要继承西方启蒙精神的理性合理因素，推进中国社会理性化；另一方面要克服工具理性和资本逻辑的弊端，这就需要一种新的哲学理念来指导中国现代化。共生审美思想可以促进中国站在后工业文明的制高点来定位中国现代化的方向，超越资本逻辑实现中国现代化的发展，具有重大的意义。这对全面建成小康社会，解决人民日益增长的美好生活需要和不平衡、不充分的发展之间的矛盾，实现美丽中国的目标，推进文化自信、显著增强国家文化软实力，建成富强、民主、文明、和谐、美丽的社会主义现代化强国，都具有深远的理论意义和实践价值。

当前经济发展的形势急切需要中国实现经济结构转型，由劳动密集型产业转向技术密集型产业，由出口导向型经济转变为出口、内需双翼驱动型经济，推动形成国内国际双循环发展新格局，这都需要大批创新型人才的出现，创新型人才的出现需要一个良好的文化软实力环境，需要一个能够保护和激发每个人创造才能、促进创造活动涌现的社会环境作为背景，这就需要哲学从终极层面对社会做出理念性设计。共生审美思想可以激发人的创造力，有助构建科学的教育理念、社会组构理念、管理模式理念、人才选拔理念、文化构建理念，推动社会深层次变革，促进我国增强创新驱动力，由制造大国迈入创造大国，尽快实现经济结构转型，建设人与自然和谐共生的生态文明的美丽中国，为我国现代化的顶层设计提供哲学理念基础，探索新时代中国特色社会主义建设的理论基础。

作者
2021 年 1 月

目 录
CONTENTS

导　论

欧洲和北美在18世纪与19世纪经历了人类希望中心的重大转变：从永世转向未来，从如何赢得上帝恩宠的冥想转向如何为后代的幸福制订计划。这就是说，不借助于非人类的力量，也能使人类的未来不同于人类的过去，这一见解在《共产党宣言》中得到了十分壮丽的表达。然后它又说，当然，如果我们能够找到一个新文献来向我们的孩子们提供激励和希望，它既摆脱了《新约》的缺陷，也弥补了《共产党宣言》的不足，那将是再好不过。简言之，如果我们能够做到不需要预言，不需要知道决定历史的力量的断言，也就是说，不需要这些一再做出的保证而能够继续保留美好的希望，那是再好不过了。或许有朝一日我们会有一个新的文本留给子孙，它没有提出预言，但是仍然回答了《新约》所表达的对于博爱的相同渴望，它仍然像《共产党宣言》那样充满着对最近发生的各种非人道形式的精辟描述。

——罗蒂

现代性自启蒙以后发展起来，高举理性主义大旗，以理性来对抗宗教，以科学来祛除迷魅，人类走出蒙昧状态，进入理性自觉的状态，理性精神大大推动了历史的发展，但是以追求逻各斯为核心的启蒙理性过分发展了工具理性，忽视了价值理性的发展，导致了物对人的异化、人的主体性价值的最终丧失、人与自身的异化，人与人的冲突、社会与人的背离、人与自然的对立、在全球化到来之时，人类社会已经变得极其不和谐、安宁，潜在的恐怖、战争、环境恶化、病毒瘟疫技术对人的统治、人的内心世界的离乡、道德价值失范、贫富两极分化、种族歧视、经济社会动荡、社会发展的动力衰竭等一系列的问题都说明，自启蒙以来的现代性模式走入困境。中国作为后发的现代化国家，如果也沿着启蒙理性开辟的西方现代性老路子发展最终也避免不了陷入困境的危险。那么，人类历史又迎来新的转折，亟待新的理性模式，呼唤新的文明范式，人类需要一种新的理性走向全面自觉，同时中国现代化也呼唤新的指导理念。我们这里对共生理念的研究也希望能为人类生成新型文明篇章铺砖垫瓦，为中国现代化独辟蹊径实现中国梦抛砖引玉。

第一节　时代呼唤共生理念

一、共生理念提出的时代背景

我们这里对共生理念的探讨主要是基于解决现代性问题以及为中国现代化探寻一条更先进的路径。我们所处的这个时代是一个深刻变革的时代，正如 D. 鲍姆（英国）所说："我们现在正面临一场世界范围的崩溃。这种崩溃不仅发生在政治层面，而且发生在个人意识层面。对暴力的盲目诉诸正在日渐增长，人类相互毁灭的威胁日渐增大。"① 也就是说，自启蒙以来的现代性走到今天，已经是问题百出，工具理性的发展大大地增强了人类改造自然的能力，同时理性走向偏执，科学走向意识形态，变成暴力。当人类正在因为科学的日益发达而相信人定胜天、充满自信之时，蓦然回首，却发现自己正面临着遭到毁灭的隐患，科学正在变成人类的异己力量，两次世界大战的惨痛经历，摧毁着人们对理性、科学的乐观信念。人类肆无忌惮地向大自然攫取，科学打破了人的生理自然属性，人类正走向一个不可捉摸的未来。当启蒙将理性确认为人的唯一特性，完全排斥人身上的情感、意志和非理性、非逻辑的因素时，"逻各斯中心主义"便压制了人的存在。现代性下的晚期资本主义也面临经济、政治、动力等一系列危机。全球化下现代性危机还在加深和蔓延。网络时代的冲击，经济领域的冲突，政治、军事的摩擦，核威胁扩大，文化的冲撞，贫富差距拉大，恐怖事件的频频发生，瘟疫的不断蔓延，生态的破坏等一系列问题，一出现就波及全球。面对现代性这一系列问题，时代呼唤产生一种新秩序、一种新的文化样态和文明范式。时代呼唤一个将希望和知识、未来和现实、理论性与实践性、宏观与微观相结合的文献指导自己的实践，期盼一种适应全球化的新时代条件下的新理念来调试我们的文明。

共生理念就是在这种时代背景下被提出来的。这种理念不把世界的客观性

① D. 鲍姆. 后现代科学与后现代世界 ［J］. 晓欧，译. 国外社会科学，1993，60（4）：60.

高举在人的头顶或将人之外的神灵当作人的主宰，导致人被外物压得喘不过气来，也不把人的主体性从客观世界中抽离出来，让人凌驾于客观世界之上，将世界纯粹看作人的工具，导致人与客观世界的对立，这种新型思维理念将人与世界看作一个有机的整体，人是自然界有机的身体，自然界是人无机的身体，主观与客观是同构共生、相得益彰、不可分割的共生体。共生理念从人的审美性存在出发追求人的自我同一的存在，在人的自我同一的存在中人实现了与他人、社会、自然界的统一，人消除了神对人的压制、人对人的奴役、物对人的异化，人的存在进入不同于以往历史上的一种新的样态。在共生理念下人与他人和外物共同生成，人的自由与自然的必然天然合一，人的幸福快乐与劳动有机统一，社会与自然、理性与感性、历史与现实、类与个体，达到真正内在的、具体的、全面的交融合一。

二、社会合理化视角下的共生理念

现代性在某种程度上也可以说是社会范式理性化的过程，所以，我们必须从社会合理化的视角去完善现代性。自启蒙以来，西方摆脱了神性对人性的蒙蔽，人进入理性自觉的状态，一种自觉了的理性被植入人的思想架构，人焕然一新作为一种理性自觉的存在确立起来，这种理性的价值观念、思维方式、行为习惯引发社会组构的理性化，社会的机制、体制、制度、模式、范式整个进入理性化。这种理性化过程极大地推动了人类的进步和发展，但这种理性是一种主客体相分离、工具理性片面发展的理性，在这种理性推动下的社会合理化也是工具理性的社会化，导致的结果是社会出现人的异化、人为物所役使、人的物化，体系世界对生活世界的殖民，人与自身、人与他人、人与自然的对立。需要依照共生理念的原则，完善理性的内在结构，实现理论理性、实践理性、审美理性的全面共生发展，改变工具理性片面发展的弊端，推进社会合理化由工具理性的范式进入到理论理性、实践理性、审美理性共生的范式，从而使人的价值观念、思维方式、行为习惯和社会的机制、体制、制度、模式、范式整个进入理论理性、实践理性、审美理性共生的范式，实现人与自身、人与他人、人与自然的同一共生，从而摆脱现代性困境。

中国的现代化也是现代性在中国的发展过程，那么，作为发展中国家的中国现代性问题也是必然要面临的问题。在中国现代化过程中我们能否避免西方现代化过程中出现的问题而使中国的现代化具有超越性呢？我想，通过寻找一种完善了现代性的新理念来指导中国的现代化的发展，避免西方现代化过程中出现的问题也是可能的。那么，共生理念作为完善了现代性的一种理念不妨可作为路径。从理论理性、实践理性、审美理性的全面共生发展推进中国的社会合理化，既推进中国由传统农业社会经验化范式走向工业社会理性化范式，又避免工具理性片面发展导致现代性弊病的出现，同时坚持以知识为基点的社会合理化，实现理论知识、实践知识、审美知识全面协调发展，迎接全球化、后工业信息社会的挑战。

第二节 共生理念研究的悄然兴起

目前共生理论是国内外正在兴起研究的一个领域，它研究的是自然界和人类社会最普遍存在的生命体之间的生存方式。

一、国内研究现状

就国内研究而言，共生的时代意义已经毋庸置疑，在 21 世纪人类文明似乎到了一个转折点，启蒙以来的主客二分的思维模式导致环境恶化、人与自然对立，技术对人的统治，战争、冲突、核威慑等问题层出不穷，人们呼唤一种新的理念范式，随着全球化、信息化、网络化时代的到来，共生已成为人类的共同呼吁，共生理念准确把握了这一时代的脉动，提示了人类文明演化的可能方向。共生理念既体现着时代特点，也与中国传统文化的"和为贵""大同理想"墨家的"兼相爱""交相利"等思想相契合。中国社会科学院《中国社会科学》杂志李存山编审、华中理工大学张曙光教授、河南师范大学崔永和教授等认为，中国人从古至今都在追求一种"大同"的理想社会，"共生理念是大同思想在当代的具体化"。①

对共生内涵的研究，有从矛盾的对立统一来分析的。姜玉春、孙宝林认为，"共生是矛盾同一性与斗争性协调运行的最佳状态"。② 共生是人类社会矛盾发展的协调状态。就共生的本质特征而言，吴飞驰认为，共生方式具有以下本质特征："本源性、普遍性、层次性、共进性、开放性、互主体性。"③ 人类最本质的生存方式是共生。就共生思维而言，顾智明认为，共生思维是人类思维转向的合理进路。共生思维打破了主客二分的思维定式，"尊重差异性、多样性，

---

① 张斌峰，郭金林.共生思想研讨会综述 [J].哲学动态，1999，65（10）：19-21.
② 姜玉春，孙宝林.对共生的哲学思考 [J].胜利油田党校学报，2002，69（2）：13.
③ 吴飞驰.关于共生理念的思考 [J].哲学动态，2000，66（6）：21-24.

在一种包容、对话、参与的理路中探寻人在世界中的相与之道"。①

就共生伦理而言，周成名、李继东认为共生时代体现的是人类本真价值和完善理性内涵。"共生时代与其说是一个特定的、独立的历史时期，不如说是一个寓含共生价值理念的理想的世界存在状态。"②

共生时代的来临是对人类存在状态的一种升华。要从全球化角度来研究共生。有学者认为，建构共生理念是应对全球化的根本出路，全球化是建构共生理念的基本依据。全球化将世界纳入共同的市场，电子信息网络将人们纳入普遍交往的状态，人类共生趋势明显增强，同时，随着全球性问题的日渐严峻，共生也成为人类解决新问题的理念和途径。"共生理念必将以意识形态的形式推动全球化良性发展，最终推进人类全面解放的步伐。"③ 袁祖社认为，以全球化为根本特征的21世纪的文化精神与新哲学观念的精髓，就是"共在"与"共生"。全球化、公共世界与"共在"呼唤着人类"共生时代"的来临，"共生是人类的一种新的生存选择，昭示了人类最文明、最具现代意味的合作关系和生存与生活方式"。④

全球化使任何一个国家的发展都离不开与其他国家的交流与合作，全球化应当形成新的社会理念：共生理念。通过对共生理念的实践促进世界进入一个互依、互惠、协同与合作、平等、公正、和谐、稳定和健康的新态势。变革个体生存方式，构建新的世界发展动力机制。在社会共生方面，胡守均提出社会共生论，他认为社会共生论是为研究社会共生现象而建立的一种社会哲学。"共生是人的基本存在方式。人必须与自然共生，处在同一社会中的人们为了生存，必然建立起共生关系。"⑤ 我们的社会关系网络就是共生关系网络，个人发展就是改善自己与他人和社会的共生关系，组织发展就是改善组织内外部的共生关系。从存在论方面，有学者认为，"共生"是指事物之间或单元之间形成的一种和谐统一、相互促进、共生共荣的命运关系，共生是事物的普遍存在状态或存在方式。共生方式具有下列基本特征："本原性、自组织性、共进性、开放性、可塑性。"共生是宇宙万物的存在方式。共生具有规律性、协调性，提炼出"共

① 顾智明. 论共生思维 [J]. 南京政治学院学报，2006，22（2）：25-27.

② 周成名，李继东. 共生时代的哲学和伦理基础 [J]. 湘潭大学社会科学学报，2000，24（5）：45-48.

③ 马小茹，马春茹. 全球化：建构共生理念的基本依据 [J]. 宝鸡文理学院学报（社会科学版），2003，23（2）：14-18.

④ 袁祖社. "多元共生"理念统合下的"互利共赢"与"价值共享"[J]. 天津社会科学，2004，30（5）：28-32.

⑤ 胡守均. 社会共生论 [M]. 上海：复旦大学出版社，2006：3.

生共荣原理（包括共生的互动性、共生的渗透性、共生的互利性）、共生的方向性原理（包括共生的多样性等）"。①

二、国外研究现状

就国外研究而言，共生在日本的兴起始于 20 世纪 70 年代。起源于居民因环境恶化而发起的保护运动，后来逐渐引申泛化，成为社会学、哲学等领域的热门话题。80 年代后，社会领域广泛呼吁弱势群体与社会的共生。进入 90 年代，又出现了新一轮高潮。在现代日本，各种共生学说几乎涵盖全部人文社会科学各领域，为政府决策和民众行为提供指导思想和方法参考。例如，提倡要倾听沉默的少数人，强调无差别意识、相互尊重意识。共生包含着各种各样的层次，"如人与人的共生、人与自然的共生、人与技术的共生以及不同价值观和文化的共生、历史和未来的共生、生与死的共生，共生并不需要统一的意识形态或明确的哲学体系，而只是需要改变人们的生活方式，以容忍和接纳与己不同的他人"。②

在欧美国家，共生开始主要在生物领域被提出和研究。美国生物学家林恩·马古利斯（Lynn Alexander Margulis）和多里昂·萨根在《倾斜的真理——论盖娅、共生和进化》中指出，"共生塑造了许多生物，共生在进化上有深远的作用"，③认为生物进化的机制是一种共生机制。后来，在复杂性理论中也体现出共生的思想并引入社会和其他领域。美国学者埃里克·詹奇在《自组织的宇宙观》中指出，在共生中，两种生物合作所形成的总系统改进了生存能力，促进了更高的层次的产生。他认为社会文化与生物进化都具有自然界的统一性。社会也是共生系统，"共生中，每个系统都要对自己的个体自主性做些牺牲，通过互相交换和互相参与，获得新的自主性层次，在环境中建立起更高协调系统"。"共生导致了等级组织的形成，其中较低级层次仍部分保持其自主性"④。在艾根（Eigen）的超循环中，也认识到了两种分子之间的共生。他还认为信息共生导致知识进化。多样性和相互作用的自由性是自然界进化的奥秘。从自然

---

① 李思强. 共生构建说论纲［M］. 北京：中国社会科学出版社，2004.

② 李萍. 日本现代社会中的共生伦理［J］. 湘潭师范学院学报（社会科学版），2002，24（5）：29-35.

③ 林恩·马古利斯，多里昂·萨根. 倾斜的真理——论盖娅、共生和进化［M］. 李建会，等译. 南昌：江西教育出版社，1999：55.

④ 埃里克·詹奇. 自组织的宇宙观［M］. 曾国屏，译. 北京：中国社会科学出版社，1992.

属性上，不仅可以说"生物多样性"与人类社会休戚与共，就是对于"地球村"来说，"生物多样性也是起资源的保障和功能调节枢纽的作用"。① 生物就是在多样性中实现发展的。拉兹洛（Ervin Laszlo）（美国）在《进化——广义综合理论》中指出，加快事物发展变化的途径就是加强事物之间的联系和相互作用，"社会是人的行动和相互作用的结果，应尽量保持事物的多样性"②。梅洛—庞蒂（Maurice Merleau-Ponty）从存在高度来提出共生，在他的《行为的结构》《知觉现象学》等书中提出，知觉活动与知觉者所处的环境之间似乎是一种共生关系，主体和客体是相互交织的关系。例如一只手握另一只手，左手接触右手，右手也感到被接触，这种情况是双向的。接触的同时也是被接触，却又有截然不同的感觉。③

　　在当代社会理论中，哈贝马斯（Jürgen Habermas）的交往理论也蕴含社会共生思想，他看到了共生相互作用的世界生成模式。社会文化规范取决于社会共生互动的学习过程。"历史是由相互作用构成的。"④ 舒兹（Alfred Schutz）提出共在世界（Mitwelt）的概念。共在世界是行动者个人同通过类型化而相关的较远的他人的关系所构成的，这是所谓"他们—关系"（they relationships）。⑤还有符号互动论代表人物米德（George Herbert Mead）等，都从社会共生角度出发研究社会发展。

　　可以说，共生作为一种新理念的研究已经在国内外兴起，但是还仅仅是一个初步阶段，虽然有许多学者已经认识到它的巨大意义，但是还未引起更广泛的重视和关注，这也与当前学界对共生研究深入的程度和广度不足有关系。可以说，当前学界对共生的意义揭示得比较充分，但从存在论、方法论、认识论、社会学、伦理学等方面研究的深度还不够，更缺乏系统、全面地对共生理论进行的详细论述，对马克思的共生思想未研究，如何将共生理念与现代性问题的解决与中国现代化问题联系起来进行探讨还未涉及，将共生理念与实践相结合的具体化路径还未进行探索、梳理。而这些问题都影响到人们对共生理念的理解和研究。这些问题需要我们做深入、细致的研究和探索。

---

① 曾健，张一方. 社会协同学 [M]. 北京：科学出版社，2000.
② E. 拉兹洛. 进化——广义综合理论 [M]，闵家胤，译. 北京：社会科学文献出版社，1988.
③ MoRAN D. Introduction to Phenomenology [M]. Routledge Taylor &Francis Groop, 2000.
④ 哈贝马斯. 重建历史唯物主义 [M]. 郭言义，译. 北京：社会科学文献出版社，2000：198.
⑤ 高宣扬. 当代社会理论上册 [M]. 北京：中国人民大学出版社，2005：487.

三、共生理念研究的目标

我们这里的研究目标是要揭示世界共生的普遍存在发展法则和社会共生的进化规律，为全球化信息时代走出现代性危机和顺利实现中国现代化奠定新的发展理念。解决摆脱现代性危机的出路问题；后工业信息社会发展背景下人类社会发展的新思路问题；后工业信息社会发展背景下中国现代化的基本理念和方向问题。研究方法为文本解读方法、事实与价值结合的方法、分析与综合、演绎与归纳、抽象和具体、理论与实践的方法。由生物领域的事实分析上升到存在价值的分析，由一般性理论分析到与实际相结合的实践分析，由特殊上升到一般，又由一般深入到特殊，将合目的分析与合规律分析相结合，在文本解读过程中还运用解释学的方法，在综合各方面理论成果的基础上形成社会共生发展的一般规律概括。研究思路是从知识、信息的角度和共生的维度研究社会的进化与生成。首先从生物进化的事实归纳出生物世界共生存在和进化，然后再从物质系统的共生存在和演化归纳出物质世界普遍法则，给共生做出定义，共生即共同生成。对共生进行存在论、方法论、认识方法和原则、伦理学等方面的考察。将共生上升到世界存在法则之后，进一步抽象出共生的存在机理、基本方法、认识原则、伦理内涵和道德价值取向。然后运用演绎的方法分析人类社会的进化发展，提出人类社会的共生生成法则，研究人类社会的合理化生成。在研究人类社会的变化发展时引入信息论和知识论的内容，从社会合理化视角着手来分析完善现代性发展，着重分析个人理性及实践知识的共生互动在社会发展中的重要作用。详细分析马克思的共生存在理念，对马克思关于人与自然、人与人的本质同一性思想和马克思的共生思想进行深刻发掘，分析马克思对人与社会的终极存在的探索，说明共产主义与共生存在的理论逻辑联系，结合马克思的社会共生思想，分析归纳出当代社会合理化的基本内涵。最后阐述共生社会发展规律的理论意义和实践价值。共生理念在哲学上的理论变革具有重大意义。在现实上，对于解决全球化带来的冲突和矛盾提供新的思维方式和理念及思路。对于中国现代化建设，也具有重大的意义，对于我们新的时代特点下，掌握新的理念，避免西方工业化中的负面结果，提升中国现代化的水平和层次，推进中国特色社会主义建设，具有远大的意义。研究的创新之处为提出从个人理性实践知识的共生互动中推动社会发展，即个人理性实践知识共生的社会发展理论，认为共生即共同生成，整个社会是一个个人相互作用、不断生成自我及社会关系的过程，在人与社会的生成中同时也生成着人化的自然界。在个人理性实践知识的共生互动中实现个人三方面知识的增加，即工具理性科学知识的增加、实践理性道德知识的增加、审美理性审美知识的增加。工具理性科学知识是人认识自然获得的工具性知识，这种知识的增加能增强人类改造自然的能力，提高人类生存发展的本领；实践理性知识属于人与他人在共生互动交往中相互协调的道德知识，即个人在与他人的交互生成中随着个人及社会的生成变化，个人与他人的协调关系也在发生变化，实践理性道德知识的增加，能促进人与人不断协调，促进共生共荣；审美理性知识的增加，能增强人对生活、生命、存在的审美认识，在生命的审美实践共同生成中个人达到幸福和真善美，实现自我本质的同一。同时在审美实践和个人理性实践知识的共生互动中达到个人的三方面统一，即人与自身的统一、人与社会的统一、人与自然的统一。人与自身的统一是人的自我同一，个人只要实现自身的同一，才能实现自我的幸福和快乐，才能达致真我；个人在实现了自我的同一的同时也实现着与他人和自然外物的统一，即个人只要从内心审美的自我出发与他人和自然相互作用，就会达致个人与社会、自然的共生，就会在共生中既生成自己，又生成他人和整个世界，个人与他人和自然界融合为有机的整体。未来人类社会应从这三种知识的增加和人的三方面统一来规划人类社会，提升人类改造世界的能力，加强人与人之间的沟通理解，增加人生存的幸福度，促进人的生成和全面发展，形成人与世界的和谐统一。

第三节　以共生的理念开启文明的新视野

共生作为一种理念是实然与应然的统一、历史与逻辑的统一。无论是在自然界生物领域还是在人类社会的演化进程中，共生作为事实和规律都存在着，它是我们可以从自然界和客观历史中抽离出来并运用于社会组织以及作为价值导向去追求的。本书将共生上升到一种哲学理念，进行了本体论、方法论、伦理学等层面的考察。然后，将作为哲学层面的共生理念应用于社会领域进行研究，分析社会的合理化生成，梳理出社会发展的共生原则，完善社会合理化理论，从理论理性、实践理性、审美理性的共生协调发展，推动现代性走出困境，分析指导后工业社会的发展和中国的现代化建设。

一、作为大自然的共生智慧

我们这里是要发现一种大智慧——共生的智慧。我们的研究是对共生智慧和法则的发觉与论证过程。在事实和逻辑理论的基础上，如果它成立的话，希望能为我们思考人类未来的人自身和组构社会提供一条蹊径。

　　我们生活的这个地球非常高明，它的表层产生了一个生态系统，这个生态系统成千上亿的存在物被精妙地安排在一起，在这个系统当中还产生了人这样会思考、有理性的高级动物。爱因斯坦曾经感慨：这个世界最不可理解的是它是可以被理解的。那么，我要问，这个世界为什么是可以被理解的？盲目的自然力量却产生了让我们人类的技巧再高明也难以企及大自然的鬼斧神工，这个世界没有上帝、主宰去安排，却又无处不显示出一切都有神灵在安排，一个大大的问号高悬在人类的头顶——这一切是怎么来的？对这个问题的追问是人类自从诞生以来就存在的问题。对这个问题的追问产生了宗教，也产生了哲学和知识。宗教的回答是世界是上帝的杰作，古希腊哲学认为是原始的世界"始基"——"火"等构成世界的基本元素变化的结果，中国古代的哲学家认为是神秘的"道"变化的结果。近代科学家认为是生存竞争——自然选择的结果。现代科学进一步从复杂性理论进行探索，强调了世界的偶然性作用。这里我们对这个问题进一步寻找答案。我们认为，世界没有上帝和精神主宰，盲目的自然力量为什么会产生智慧以及整个宇宙为什么是一个精妙的系统，这来自于共生法则。与其说是法则，不如说是世界演化的事实。共生的法则很简单，事物保持尽可能多的数量，然后相互作用，在概率中产生新事物，大自然在偶然性的碰撞中产生新事物，一次"成功"的碰撞是以无数次的"失败"为条件的，《易经》强调，"日新之谓大德"。世界的演化，生物的进化，人类的发展，都属于新事物的产生过程。这个过程的实现有三个条件：一个是事物的差异性存在数量的多少；另一个是差异性的事物活动的自由度大小；还有一个是差异性事物相互作用的频度、程度和深度。在偶然性中产生了并存在下来了，这就具有必然性，大量的相互作用的结果眨眼都消失了。达尔文的"物竞天择，适者生存"的理论实际只看到了生物之间的相互作用——生存斗争，没有看到生存斗争是以多样性存在为前提的，也没有看到在斗争中还有融合和会聚①，只看到了斗争，忽略了共在和生成。达尔文只看到了共生法则中事物竞争的一面，没有看到协同的一面。刚才谈到的新事物产生的条件就可以概括为共生法则，从反面的角度来说，共生法则反对事物存在的单一化、事物的僵死化和割裂孤立化，主张事物的差异性、丰富性、自由性、互动性。世界的前进是概率式前进、试错式前进、证伪式发展。自然界很笨，因为它没有理性，但它又非常高

---

①　会聚是复杂性理论和现代生物学理论常用的一个名词，指生物等复杂系统各因素聚合相互作用并整合而产生高层级新事物的过程。这里被借用到人类社会。

明，它创造了具有理性的人，这个进化的奥秘，就是共生法则。

我们人类作为自然界在偶然碰撞中产生的尤物，是大自然的骄傲，这个骄傲是大自然数十亿万年的血泪史的结果，是来之不易的。大自然庆幸的是自己在盲目中积累下来的事物图式和机理是被具有理性的人来认识、记录、保存和利用的。也就是说，自从有了人类之后，自然界就由完全盲目进入到具有一定自觉化的状态。我们人类现在的科学技术就是对大自然成果的开发和利用，所以人类的发展速度就比大自然快多了。我们不仅要认识这些成果，还要总结这些成果产生的缘由，大自然在盲目地运用共生法则，我们人类应当自觉地认识并运用共生法则，将自然的共生法则上升到社会的共生法则。

二、人类社会的共生法则

那么，人类社会的共生法则是什么呢？人类社会的共生法则与自然界的还不一样，因为人类社会是由人构成的，涉及到人是一个比较复杂的问题。什么是人、人为什么活着以及如何活着都是我们应当考虑的问题。人的主体目的性与共生法则是否一致呢？这也值得我们好好研究。什么是人？人是自然界漫长的进化过程中形成的产物，他是一个生成的过程，今后还要进一步地生成。人活着是为了获得幸福和快乐，人如何才能获得幸福和快乐？人的幸福和快乐来自人与他人的交往、人的劳动、人对自然的审美，而这些只有当主体目的与客观必然相统一时才能实现，这个统一也就是人的自由的实现。那么，人通过什么途径才能达到主体目的与客观必然的统一呢？我们的主张是人通过审美性实践这个途径通向主体与客体的统一。审美是真与善、感性与理性、合规律性与合目的性、自然规律与社会实践、客观必然与主观目的、必然与自由相互交融、一致、走向统一共生在主观心理上的反映。在达到主体目的与客观必然统一之后，人与人和自然界将找到共生的通道。

我们说人是有意识的、自觉的类存在，人类的前行是基于对自然界积累下来的事物图式和机理的认识、发掘和利用，因而人相对于自然界是自觉的存在物，人认识、发掘自然界积累的成果的表现形式是知识，因而人类的自觉是基于知识而实现的，人类的发展的基点无疑是知识。怎样积累和运用知识就成为人类前行的关键问题。我们认为，人类的知识无非可以归纳为三个方面：一是科学工具知识，属于人对自然界机理和图式的认识；二是道德实践知识，属于人对自身及社会机理和图式的认识；三是审美快乐的知识，属于人发自内心对外界事物审美愉悦的认识。科学工具知识提高人生存的能力，改善人生存的条件。道德实践知识促进人自觉组构社会机体，促进社会良性、有序发展。审美快乐知识促进人由自发的审美走向自觉的审美，实现人由工具性存在走向目的性存在，提高人生活的幸福指数，促进社会机体在运行中回归人的内在目的性原点，是促进人与自身相统一、防止滑向异化的有效指针。

那么，作为理性自觉的人要做到三重自觉：对自然规律的自觉；对社会规律的自觉；对自身规律的自觉。实现了三重自觉和三种知识，人类方能健康、快速地健步前行。而这些知识是散存在芸芸众生的个人当中的，良好的社会机制能促进个人知识的发挥和互动会聚，从而更好地改善人类的存在状况，促进人自身的进步发展。

我们现在归纳以下人类社会的共生法则：一是个人必须从审美实践出发保持自己存在的自我同一性，处理好与自身的关系，实现本真的生存。二是必须保持人的存在的多样性、个性的差异性、社会存在的多元性。三是保持社会的开放性，提供给人活动的空间的自由度。四是为人们建立立体多维的交往环境，并创造条件，提供社会制度、体制、机制保障。五是加强人们知识沟通的设施建设，促进人们科学知识、道德知识、审美知识的汇聚激增。六是构建审美性生存样态和文化结构，促进人与人和自然共同生成。

通过以上两方面分析，我们总结出自然界和人类社会的共生法则。那么，无论是将共生上升到哲学高度，还是总结出一般法则，我们的目的都是要回到解决现实问题上来。我们立足的是中国，解决的是中国现代化的理念问题，中国离不开世界，离不开现代性问题。所以，我们对共生理念的研究一方面是为现代性的发展寻找出路；一方面是为中国的现代化寻找发展理念。现代性问题是西方现代化不断进行反思的问题，从韦伯（Max Weber）到胡塞尔（Edmund Husserl）、海德格尔（Martin Heidegger），再到法兰克福学派，一直到福柯（Michel Foucault）、德里达（Jacques Derrida）、罗蒂（Richard Rorty）、哈贝马斯，都在对现代性进行反思。现代性自启蒙运动开启以来，经过了吉登斯所说的理性再嵌入过程，也就是韦伯所说的社会合理化过程，社会从文化观念到社会机制、体制都进入理性化阶段，工具理性和资本逻辑大大推动了人类文明的发展，人类的生产效率和科学技术空前提高，人跃居成为世界的主宰者，人自信到人定胜天的地步，但当人类进入到20—21世纪时发现，现代性的理性带给人们的是战争、屠杀、核威慑、冲突、环境恶化、人的缺场、人的孤独、精神失落、各种各样的异化，人并没有获得幸福。现代性的精神理念和文化样式、生存样态受到了挑战。人们呼吁一种新的生存理念和文化样式来克服现代性弊病。我们从审美实践走向共生的路径来探索走出现代性困境，消除人的异化，改变工具理性独霸天下、资本逻辑物化人的局面，实现工具理性、价值理性同时发展，从审美性生存恢复人本真的存在，实现人与自身的同一，人与他人和自然界的共生。

三、共生法则的中国语境

我们将最终的研究归宿落到中国的现代化建设上来，近些年来我们对中国社会转型中紧迫的、重大问题的关注是比较及时的，但在研究深度上还有待进一步加强。面对社会转型，在对中国经验展开真正有深度的研究的同时，我们不能回避重大问题，要敢于面对深层次矛盾。特别是目前学界虽大谈转型问题，但"却没有人能说清楚我们的社会从何型转向何型"。"我们在转型中国社会时，既要克服改革前的理想主义的'社会乌托邦'倾向，也要超越'中国话语'下的实用理性或工具理性倾向。中国需要既适合目的又实用、既适合中国国情又具有普遍意义的原创性的社会转型与现代化理论。"①

中国的现代化实际要完成双重使命：一方面要完成从农业社会跨越到工业社会的使命；另一方面要迎接西方信息社会后工业社会的挑战。那么，中国的现代化要走启蒙以来的现代性之路，要实现社会合理化，但同时又要避免重蹈西方现代性发展的覆辙，避免工具理性和资本逻辑对人的扭曲，使我们步入健康的轨道。而共生理念就能适合中国现代化发展的需要。共生作为自然和人类社会进化发展的普遍法则，对中国现代化具有指导作用，还能超越西方现代性的发展之路，帮助中国顺利实现工业化和信息化。具体来说，就是要做到：坚持兼容并包，尊重文化思想的差异，尊重人的个性，将知识提高到社会发展关键点的高度，提供人交流知识的渠道和机制，促进人交往互动，提升科学、道德、审美的知识水平，坚持自组织的市场经济政策，提供宽松的舆论氛围和经济交往空间，倡导审美的文化教育，强调人与人、人与自然共生的生存样态。费孝通曾说，"中国社会学不能再始终停留在生态和制度上的思考，而要把研究界限扩至对人和人、心和心、文明和文化问题的深层次，要深入思考在制度背后真正起支撑作用的价值和人心问题"。② 共生理念的社会研究视角也是从这个方面出发的，希望对共生理念的讨论能为新时代中国新文化样态的诞生引出道路。

① 季国清，杨兆曾. 不可通约性与社会的解构［J］. 北方论丛，1998，151（5）：65.
② 应星. 中国社会转型与中国社会学的复兴［N］. 光明日报，2008-10-21（011）.

第一章

共生理论研究的起源和当代意义

21 世纪，人类文明似乎进入到一个转折点，现代性发展向何处去？不同文化如何相处？不同文明层次如何协调？诸多问题迫使我们必须寻求新的人类生存理念，共生理念正是应这个时代呼唤提出的。

第一节　共生理论的起源和内涵

共生是一个现代自然科学生物学领域频频出现的一个名词，我们人类对大自然进行研究，往往发现一些宝贵的信息资源，共生就是生态领域繁荣进化的一个原则，这个生态原则对我们构建合理的人类社会也会有很大的启发。

一、共生理论的起源及发展

"共生"的字面意思是"一道生存""一同生活"。"共生"对应的英语词汇有两个：一个是 symbiosis，一个是 conviviality。Symbiosis 是希腊语源，指生态学的"共栖"，特别是双方受益的共栖，依据各要素间的利害关联性结成协作关系，维持自我生存。Conviviality 则源于拉丁语，指在目标、理想、利害关系、文化背景等方面不同的人们之间，相互欣赏自己与他人的差异，共同启发，展开交流合作的状态。

共生概念首先是由德国真菌学家安东·德巴里（Anton deBary）在 1873 年提出的，指的是很不相同的生物共同生活在一起；德巴里给出的具体定义是"不同名的生物共同生活在一起"。① 20 世纪早期，康斯坦丁·谢尔盖耶维奇·

---

① 林恩·马古利斯. 生物共生的行星——进化的新景观［M］. 易凡，译. 上海：上海科学技术出版社，1999：11.

梅里日可夫斯基发明了"共生"一词,认为"进化的新颖性起源于共生"①,这个过程被称作共生起源。生物学家研究发现,和谐共生在动物和动物、动物和植物、植物和植物之间广泛地存在着,共生是一种普遍存在的生物现象。现代生物学家对共生现象的认识更加明晰、深刻,认为两种不同的生物体密切地、专性地生活在一起,这种生存方式就叫共生。

就当前学术界研究而言,从存在论方面,李思强认为"共生"是一个宽泛的概念,它泛指事物之间或单元之间形成的一种和谐统一、相互促进、共生共荣的命运关系。这也就是人们平常所说的多元并存、异类同生、互利共生等现象。共生是事物的普遍存在状态或存在方式。共生是宇宙万物的存在方式,共生具有规律性、协调性。

就共生思维而言,顾智明认为共生思维是人类思维转向的合理进路。传统意义上的哲学何以终结了,根源在于本体思维的诸多弊端,尤其是主客二分的对立型思维。本体思维追问"是其所是",冷落了"是其应是",淡化了善恶道德价值特别是道德践行。本体思维追求"同一"泯灭"差异",造成人我对立分离。本体思维把所有合理的东西还原为一个总体,在这种总体性的观点下,只有符合"同一""统一"的才算是真理,并用这套观念证明或批评个人行为和生活以及社会习俗与制度,导致总体性的"同一""统一",泯灭了丰富多彩的"差异"。面向生活的伦理思维要摆脱本体思维的消极影响,就要放弃追寻那个将"存在者带入其当下在场"的存在,它不是通过设置"同一"来生产设置秩序,不是寻求对世界的控制和主宰,"而是尊重差异性、多样性,在一种包容、对话、参与的理路中探寻人在世界中的相与之道"。②

共生思维变自我存在为共同存在,变一味求同为尊重差异,变独白命令为交流商谈。作为价值观的共生学说,就是试图向人们提出一种普遍性的价值观,以使其为不同人的共生确立思想平台。作为道德规范的共生学说,首先它强调人们的自律意识,共生应是自律的人们之间平等、自愿结成的新型关系。尽管各自拥有不同的意识、规范,仍能顺利共存。实现共生的方式包括对话、交往等。积极的共生包含着对他人的兼顾基础上的自我决定,要倾听沉默的少数人,要创造新的公共性以容纳全部的各种形式的文化,还强调无差别意识和相互尊重意识。共生伦理可被推广到社会决策、社区建设、国民福利、国际关系等当

---

① 林恩·马古利斯,多里昂·萨根. 倾斜的真理——论盖娅、共生和进化 [M]. 李建会,等译. 南昌:江西教育出版社,1999.
② 顾智明. 论共生思维 [J]. 南京政治学院学报,2006,22(2):25-27.

中。就共生的本质特征而言，从人类自身来看，人类是狭义生命的最高存在。人类的生存表现为个体生存和有组织的生存形式，但人类最本质的和最主要的生存方式就是共生共存，因为任何个体或自我的终极存在只能在与其他的个体或群体的交往中才能确立其作为个体存在的意义。

共生思维源自辩证思维，是对辩证思维的丰富和拓展。辩证思维是指以变化发展视角认识事物的思维方式，通常被认为是与逻辑思维相对立的一种思维方式。在逻辑思维中，事物一般是"非此即彼""非真即假"，而在辩证思维中，事物可以在同一时间里"亦此亦彼""亦真亦假"而无碍思维活动的正常进行。辩证思维指的是一种世界观。世间万物之间是互相联系、互相影响的，而辩证思维正是以世间万物之间的客观联系为基础、而进行对世界进一步的认识和感知，并在思考的过程中感受人与自然的关系，进而得到某种结论的一种思维。辩证思维模式要求观察问题和分析问题时，以动态发展的眼光来看问题。辩证思维是唯物辩证法在思维中的运用，唯物辩证法的范畴、观点、规律完全适用于辩证思维。辩证思维是客观辩证法在思维中的反映，联系、发展的观点也是辩证思维的基本观点。对立统一规律、质量互变规律和否定之否定规律是唯物辩证法的基本规律，也是辩证思维的基本规律，即对立统一思维法、质量互变思维法和否定之否定思维法。共生思维也是以变化发展的视角认识事物，承认世间万物之间是互相联系、互相影响的，这种联系是客观的。唯物辩证法的范畴、观点、规律完全适用于共生思维。共生思维是对辩证思维关于事物差异性相互生成思想的凸显和提炼，形成一种思维范式，由思维范式上升到一种价值倾向。

在社会共生方面，胡守钧认为应当从社会共生的研究中建立一种社会哲学。共生是不同的个人密切地生活在一起。"共生是人的基本存在方式。人必须与自然共生，处在同一社会中的人们为了生存，必然建立起共生关系。"① 共生关系是主体之间交换资源和分享资源的网络，每个主体既享有权利，又承担义务。权利和义务存在于共生关系之中，并且一方的权利与另一方的义务对称。个人与社会在共生中，永续不断地相互构建。个人之间互动形成共生关系，每个人通过社会共生关系的网络影响社会。组织与组织之间、组织与个人之间互动，形成共生关系，每个组织通过社会共生关系的网络影响社会，包括经济、政治、文化以及其他方面的影响。个人发展就是改善自己与他人或社会的共生关系，组织发展就是改善内部共生关系和外部共生关系，社会发展就是改善各方面的共生关系。

---

① 胡守均 . 社会共生论［M］. 上海：复旦大学出版社，2006.

富有代表性的观点还有不少。例如钱宏认为，共生是在给予和被给予的生命自组织活动中共同进化的关系。共生，不是弱者向强者的乞求，不是强者对弱者的恩赐，而是精神强大者主动伸出的和解之手。共生，是对新与旧、外来与自有生活方式与审美旨趣的超越，是整合而创新的关系。共生，是在时间上延迟冲突、空间上设置缓冲地带扩展的同时，积极地相互接受个性差异并扩展共通领域的关系。共生，是相互对立和否定的同时，相互给予必要的理解和肯定的关系。共生，是在相互调和、妥协、合作中创建和解共存、和衷共济、和谐共享的关系，公民共生体是共生关系在社会生态领域的最佳组织形式。共生，是追寻可能的世界，并创造人、事物新的可能性的关系。"共生哲学"并不排斥激励性的竞争、竞艺、创优，更不是对人类游戏规则（games）的取消。共生，是保持、发扬、获得个性（多元—多边—多彩）、差异性（生物—文化—文明多样性）、优越性的激励、互助、相长。因而共生，从思维方式上，改变过去的二元对立逻辑（A 即 B，或非 A 即 B），跃迁三元全息思维；从伦理关系上，将传统的二人（你、我）世界，跃迁到现当代的三人（我、你、他）世界；从价值取向上，将过去的平面线性展开，跃迁到立体网络互动，通过丰富或拉开个体、族群价值诉求差异、需求差异，建立丰富多彩的生命共生体、社会共生体，实现互助、互信、互联与协同、协商、协和，达到共生的效果与目的。所以，共生是法则，是关系，是智慧，是价值观。

朱建国提出了"共生主义"的概念。"共生主义"的宇宙观是人与万物平等。"共生主义"的新哲理秩序是"健康"（善），其本质就是合作与共生。"共生主义"的宽容尺度是杜绝暴力。"共生主义"的文明底线是不做任何有碍万物共生的事。"共生主义"的哲学源泉是"东方哲学"《易经》中的相反相成与佛教中的对立统一论。"共生主义"的思维逻辑是一与多浑然一体，有与无相反相成，世界万物一损俱损，一荣俱荣。"共生主义"的思想前提是，人类精神能力和理性是有限的，需要自然的生存规律暗中协助。"共生主义"将逐步由自在存在走向自为存在，它是个永远开放、不断完善而永无止境的更新升级过程。在全球化到来的今天，若不遵循共生法则，所有经济、政治、文化的发展都不能长久，出现的繁荣景象都不免是昙花一现。

井上达夫认为：共生是社会基本矛盾协调发展的状态。共生是人类实践凝结的真理，人类全部社会生活就是一个实践共生的过程，并在实践共生中不断地升华人们的认识及产生新的认识。共生是向异质者开放的社会结合方式，它不是限于内部和睦的共存共荣，而是相互承认不同生活方式的人们之自由活动和参与的机会，积极地建立起相互关系的一种社会结合，提倡向"异质者开放"。①

尾关周二也说："纵观人类历史，人与自然的基本关系，大而言之可区分为如下三个阶段，即：（1）人淹没于自然之中；（2）人从自然中分离与异化出来；（3）人与自然的共生。"② 在我们现今的竞争社会中，共生理念要求对生存方式本身进行自我变革，不是强求遵从现成的共同体的价值观，或是因片面强调"和谐"与"协调"而把社会关系导向同质化的方向，而必须在承认种种异质的共存的基础上，树立新的结合关系的哲学，必须保持个体的独立性，坚持平等与公正原则。尾关周二以政治学家山口定《关于共生》和井上达夫所著《走向共生的冒险》所主张的共生不是强行遵从现存的共同体的价值观，把社会关系导向同质化的方向，必须是在承认种种异质者共存的基础上旨在树立新的结合关系的哲学，③ 并肯定井上达夫的向异质者开放的社会结合方式的共生。同时他也吸收了黑川纪章的一些思想。黑川纪章认为，"共生的理想是力图承认相互的圣域的思想。即涵盖了信仰、民族传统和文化，主张不同民族、不同国家之间必须承认相互的圣域才是共生的理想。"④ 尾关周二试图综合这两种共生思路，即重视异质共生与同质共生的综合。人本来是在同质性和异质性的交织中生存的，因而必须以此为前提实现人性化。

水谷幸正在佛教在线网上发表《现代社会与共生》指出，21世纪人类的指导理念是共生，是与佛教朝向一致的。几个世纪的物质文明昌盛，现在意识到了心灵的重要性，佛教里的"生命一如，共生就是一如。日本哲学基础就是共生，包括循环经济和企业哲学"。⑤

池田，从20世纪60年代起就一直反对核武，呼吁裁军和世界和平，并于1995年发表与戈尔巴乔夫的长篇对话录——《20世纪的精神教训》。池田用佛教"缘起观"表述对共生的看法：一切都由缘而起，能单独地产生的事物是不可能的，与其重视事物的个性，不如重视他们的关联性、普遍性，"这就是人、自然、宇宙的共生共存的世界感觉……他深信，只有共生才是开辟21世纪的关键所在"。⑥

---

① 井上达夫. 走向共生的冒险 [M]. 东京：每日新闻社，1992：24-25.
② 尾关周二. 共生的理想 [M]. 卞崇道，刘荣，周秀静，译. 北京：中央编译出版社，1996.
③ 山口定. 关于共生 [M]. 东京：每日新闻社，1994.
④ 黑川纪章. 共生的理想——走向未来的生命形态 [M]. 东京：德间书店，1987：79.
⑤ 于真. 共生理性与共生哲学 [EB/OL]. 慧海佛光网站，2013-5-19.
⑥ 戈尔巴乔夫，池田大作. 20世纪的精神教训 [M]. 孙立川，译. 香港：天地图书有限公司，2004：119.

黑川纪章认为，共生概念的提出，已经过去了 35 个年头，今天，共生概念已在各个领域中使用，成为时代的关键词。正像过去一再强调的，共生概念是与共存、妥协、调和等含义完全不同的概念。一言以蔽之，共生与这些概念不一样的地方就在于，尽管是对立、竞争，"但必要时还会成为伙伴"。从另一视角来看，承认在对立的精神与物质之间，存在着中间领域或边缘性，承认对手的高明之处和可以共同拥有的相同规则，只有如此，共生的概念才能够成立。共生概念，指的就是"道空间""边缘性""利休灰""间隙""模糊性""灰色文化""两义性""双重规则"等概念，因为正是这些概念构成了中间领域。①

20 世纪中叶以后，共生的思想和概念扩展到社会科学以至哲学领域。共生问题被越来越多的生态学家、人类学家、社会学家、经济学家、管理学家、政治学家和哲学家们所关注。共生理论应用于生态领域、经济领域、管理领域，取得了开创性的成果。

二、共生理念的内涵和基本特征

学界关于共生内涵的描述，我们归纳一下有大概以下几种解释。第一种是认为共生是宇宙万物的存在方式，是事物之间和谐统一、共生共荣的关系。第二种认为共生是生命组织的进化关系，是整合与创新的关系，是一种法则，是一种智慧，是活着的辩证逻辑，是和谐的理论基础。第三种认为共生是主客体统一的思维方式，打破二元对立的思维方式，尊重差异性、多样性，提倡包容、对话、商谈。第四种认为共生是人的基本存在方式，人与人的关系应当是共生关系，组织之间、组织与个人之间互动形成共生关系，承认异质的共存，保持个体的独立性，重视个性，更重视关联性、普遍性，共生是历史唯物主义存在的基本形式。

对于共生的内涵，不同的人有不同的理解，在归纳以上几种观点的基础上，笔者这里对共生做出这样的界定：共生即共同生成，是指不同的事物现象之间互相作用形成新的稳定状态、创生新事物的过程，即相互生成、共同生成的过程，是自然界、人类社会、思维领域普遍的存在状态和衍生发展机制，是一种自然法则，体现着事物运动发展的内在规律。空间的共在和时间中的生成是它的根本特性。具体来说包含以下内涵：

一是事物的存在离不开共生。共生是自然、人类社会、思维等最普遍的存

---

① 黑川纪章. 新共生思想［M］. 覃力，杨熹微，等译. 北京：中国建筑工业出版社，2009：348.

在方式之一；存在是异质者共存、多样性共生；生命的终极存在应当从共生关系中寻找。

二是共生是动态的。差异性的事物尽可能地保持自身的独特性，并进行立体多维的复杂性互动，互动过程中有协同，也有竞争，有并存，也有融合汇聚，有同一，也有斗争，在整个的互动过程中偶然性实现创生，在概率中实现发展。互动的广度、深度、力度、自由程度、复杂程度越大，事物创生进化的概率越大。

三是共生即生成。万事万物无不处于此消彼长、瞬息万变的过程中，在差异性、复杂性互动中，不断创生着新事物，事物无不处于生成的过程中，生成的方向取决于共生的环境和条件及各种关系。

四是共生是一种人我共同生成的生存样式。当"我"作为我自身而存在时，他人也同样作为自身而存在，"我"与"他"彼此互依，自由共在。真正的自由的确立与获得只能是严格地依赖于他者的自由，也因此人的最高境界就是在共生中的存在，在共生中获得真正的自由，成为真实、完整而又内在统一的自我。任何个体或自我的终极存在只能是与其他的个体或群体的共生交往，才能确立其作为个体存在的意义，个体存在的意义也就是存在的共在，也就是共生的存在，作为自觉了的理性人意识到共生才是自己真正的存在，在共生中既生成自己也生成他人。

五是共生是社会进化的基本规律之一。人类社会的历史就是一个人与人在共生中协同与斗争的历史，是人在交往互动中不断生成的历史过程，人类社会共生的本质是一个不断显露的历史过程。社会的共生进化离不开以语言为中介的理性实践知识的积累和运用，人类社会的共生必须充分激发个人理性实践知识以及个性才能的共生互动。在人的共生互动过程中生成社会，社会与人的进化同时生成，社会在人的形成过程中生成，人又在社会生成中不断生成。

六是共生与审美不可分割。人从审美出发投入实践才能达到自我同一性，人与自身保持同一性之后才能在实践中与他人和外物相统一，人实现了这三个统一之后的实践是自身与他者共同生成的过程，即共生的过程。人的生成离不开审美实践，只有在审美实践中才能实现共生，既生成自己，也生成他人和外物。人类只有从审美实践出发才能与自然界万物共同生成。

共生理念的基本特征可以概括为以下几个方面。

其一，普遍性。就是说任何事物都不可能绝对孤立地存在，只有在联系中、在关系中才能存在，这种联系和关系就是共生。

其二，多样性。物质世界中不同事物的共生，不是走向单一化，而是走向多样化。共生的多样化在物质世界的不同领域、不同层次、不同方面构成了其整体的演化与发展趋势。共生突出地体现了事物的多样性，事物都具有个性。

其三，互动性。即物质世界中不同事物的共生，是在不同事物的内部诸元素及其外部环境之间所固有的差异基础上，相互协同与竞争、合作与斗争的作用过程，这种事物间的协作与斗争，突出地体现了共生的互动性。

其四，生成性。共生过程是事物的共同进化和发展过程。共生导致生物的进化，导致物种的创新。共生关系促进经济资源的有效配置，促进社会经济的健康发展。共同促进、共同激活、共同适应、共同生成和发展是共生的深刻本质。

其五，开放性。共生方式不是封闭的体系，而是一种开放性的系统，一切事物在共生中产生、存在和发展，从时间、空间、广度、深度、复杂程度等方面都是无限的。①

其六，协调性。即物质世界中不同事物的共生，不是水火不容、你死我活的，而是斗争中有依存、竞争中有协作的共生共存。

其七，交融性。即物质世界中不同事物的共生，不但是通过事物内部及其与外部环境之间的互动相互作用体现的，而且是依赖于事物内部因素与外部因素共同内在于同一事物的整体演化过程中，通过不断相互转化来完成的。事物共生的相互转化，突出地体现着事物共生的交融性。

其八，互利性。即物质世界中不同事物的共生，在互动性与交融性作用的基础上，通过不断调整相互竞争方式形成更加密切的合作，从而走向相互融合、相互完善。这种事物共生的相互融合性与完善性，突出地体现了事物的共生互利性。

其九，自组织性。共生现象是一种自组织现象，共生过程是一种自组织过程，在自组织过程中结成共生体，并按内在要求形成共生模式，产生新的结构，促进共同发展。

其十，复杂性。即物质世界中不同事物的共生，是复杂的；不同事物内部、外部以及内外部之间在演化方式、演化方向、演化速度等方面的差异及其之间的相互作用，使事物的共生具有了整体的复杂演化趋势。

其十一，发展性。即物质世界中不同事物的共生，整体上是不断产生新事物的共生，是新事物生成的过程，在时间上是不可逆的。共生的这种前进性，突出地体现了事物共生的发展性。

---

① 李思强．共生构建说论纲［M］．北京：中国社会科学出版社，2004．

三、共生理念的基本法则概括

自然界的生态进化就是一个充满了创新的过程，到处可以看到共生的生态智慧。比如，由于适应性而生成的自我变异、以差异性为前提的物种多样性、以多样性为前提综合进化等，都是很重要的生态共生机制，我们这里把它们概括为生态理念的基本法则。这些法则体现着深刻的生存和创造的智慧，是人类对自然界生态智慧的汲取，是社会治理创新取之不尽的源泉。这里我们对这些法则做以概括说明，后边在共生的方法论考察一章，将进一步论证。

1. 多样性法则

美国系统学家拉兹洛说："没有多样性，各个部分就不能形成一个能生长、发展、自然修补和自然创造的实体；没有整合，不同的组成部分就不能结合成一个动态的功能性结构。"① 多样性法则是指多样性是整合创生新事物的必要前提和重要条件，多样性分化的质量决定着整合创生的质量、改良和效果。其内涵具体来说有以下几点：

第一，有利于克服每个事物自身的缺点，实现事物在相互制约中达到积极方面的不断巩固和发展，这也正是"以他平他谓之和，故能丰长而物归之；若以同稗同，尽乃弃类"的道理。

第二，使事物之间的关系形成更加复杂的网状结构，使每个事物最大化地对事物整体系统发挥支撑作用，这就有利于整个事物系统生态循环的稳定和自我修补，有利于系统的平衡，这也正是"和实生物，同则不继"的道理。

第三，事物的多样性存在为事物的个性存在创造了宽松的环境，使整体系统内部有了更多的创造性和优化的可能。

第四，事物种类的多样分化，为整合创生新事物提供了更充分的条件和机遇，使整合创生的优化可以有更多的选择。

同时也要注意，在一定条件范围内，多样性是应该有限度的。正如拉兹洛所说："多样化的好处是有上限的。当分化程度很高，而整合尚不充分的诸系统之间的关系，变得无序而混乱时，多样化便达到了上限。在这种情况下，多样化就需要进一步的修整来加以平衡。"② 关于多样性法则，可以以生态系统的食物网为例，食物网的多样复杂性对于保持生态系统的稳定非常重要，一般说来，

---

① 谢斌．人本生态观与管理的生态化［M］．北京：科学出版社，2009：47．
② 拉兹洛．决定命运的选择［M］．李吟波，等译．北京：生活·读书·新知三联书店，1997：136-137．

食物网越复杂，生态系统抵抗外力干扰的能力就越强，食物网越简单，生态系统就越容易发生波动和毁灭。尽管在一个具有复杂食物网的生态系统中，一般不会由于一种生物的消失而引起整个生态系统的失调，但是任何一种生物的灭绝都会在不同程度上使生态系统的稳定性有所下降。

2. 综合进化法则

所谓综合进化法则，是指事物要获得发展必须争取最广泛的资源，避免单一化，保持多样化，即需要推动不同物种、不同基因、不同特性的事物之间的重新组合与建构。世界演化的过程无非是多样性事物在运动作用中变化的过程，每一个新的物质形态都是已有物质综合创生的结果，同时又是面向未来汇聚创生新事物的起点。最早的微粒综合成了原子，原子综合成分子，分子综合有了大分子，有了细胞，有了生命体，有了细菌、藻类，有了植物、动物，一直到有了人。人的生成也是已有各种物质形态进一步综合创生的最复杂、最高级的产物，即从最初的细菌不断综合进化的结果。人和生命体的存在与运动，都是综合的行为。人和每一种生物的进食都是一种特定的综合，其中当然有分化和分解，但是最终的目的是为了综合分散生命营养以维持和延续生命的生存。人类也不例外，只是人类是通过自己的劳动来进行体外的综合。使用工具和制造工具就是这种自觉而能动的综合的最突出的表现。从黑猩猩用草茎从洞穴中吊出蚂蚁开始，使用工具的综合就存在了。原始人类进一步提高了这种综合的能力，而且还自己制造工具，每一样制出来的工具，即使是极其粗陋的石刀，都已经是综合的结果，里边包含着物质形式特性的综合，更主要的是思维的综合。人类的劳动生产，从最早的农业到后来的工业和信息产业，无非是综合创生的程度越来越高，越来越复杂罢了。今天的计算机的信息集成就是其中最高的表现之一。恩格斯曾说："在我看来，社会本能是从猿进化到人的最重要的杠杆之一。"① 他说的"社会本能"就是生命个体结群合作的本能，也就是个体间相互综合的能力。人类的社会，作为"许多单个人的合作"，更是一种高级的综合，正是社会性综合的结果，进化才使人的本质得以提升，创生出新的更加伟大的力量。从社会的进步来说，近 30 余年中国社会特别是经济的大发展，一个根本的原因就是通过改革开放实现了在中国大地上从未有过的劳动、土地、资本、人才和科学技术等要素在深度和广度上的综合，实现了与世界技术、资本、理念、方法等物质和信息的综合。从 20 世纪起，世界就开始进入一个新的大综合的时代了。这在今天的科技、经济、政治和文化等各个领域都表现出来。人类的文化创造的每一个真正的进步也都离不开综

---

① 马克思、恩格斯. 马克思恩格斯选集：第 4 卷［M］. 北京：人民出版社，1995：623.

合。巫术图腾、神话史诗、文学艺术是如此，社会道德的进步也体现出这种综合的趋势。从人性的生成看，尽管一直贯穿着分化和冲突，但是总的趋势是越来越广泛的合作，全球化就是人、信息、资本、资源等因素在全球范围的综合。马克思把真正的人的本质规定为"类本质"，就是把人的本质的生成定位于全人类的最高综合的结果。以每一个个人的自由发展为前提的人类大综合，将使人类的创造力空前自由地迸发出来。

人类思维的进化也离不开综合的作用。思维是人类独有的心理功能，它使人类具有高级的信息接收和处理的能力。不仅思维本身离不开综合，只有在分析基础上的综合才能具体、真实地认识世界，而且思维本来就是人体多种器官乃至整个身体综合作用的结果。最原始的形象思维无疑是极富创造性的一种思维方式，古代的神话就是明证。而这种思维方式就是想象和思维相综合的产物。想象中的表象和意象是形象的，在形的运动中贯注了思维的逻辑性，这才有了形象思维。无论是科学发展和发明还是艺术创造，直觉都是非常重要的创新能力。这种能力也是感官和思维的整体性综合生成的。美国艺术心理学家阿恩海姆（Rudolf Arnheim）在《视觉思维》中指出，人的视觉本身就是思维的，而思维又总是离不开视觉感受。不仅视觉如此，其他的感觉也是不同程度地具有思维的功能的，这种敏感是感觉和思维的经常性联系即综合的结果。所谓开发人的巨大潜能，关键就是要保持和激活人的感性与理性的整体性，促进人的各种器官之间的综合。①

懂得了综合的创新和进化意义，就应该更加自觉地尊重多样性和开放性。没有多样性，就谈不上综合，即使综合也不会有真正的进步；没有开放性，也就没有胸怀欢迎异己乃至"异端"，更不会有推动和生成多样性的主动精神及有力措施。懂得了综合的创新和进化意义，不仅对现代管理所强调的"团队精神"会有更加深刻的理解和自觉态度，而且对于组织和协调的作用会有更加深入的认识。综合不仅包括对参与综合的因素的选择和吸引，更重要的是结构上的变异、改善和优化。当前我们要实现经济的转型升级，其实就是要实现产业结构、社会结构、文化结构的大综合，推进新的治理体系的形成。进行丝绸之路经济带的建设就是一种地缘经济的大综合。只有通过创造条件实现更大的综合才能汇聚更多的人力、知识、信息、资本、资源共生，最大限度地获得各方面的有利条件，实现整合创生。

生态学、经济学、管理学中常说的边缘优势和共生界面就是对综合进化法

---

① 谢斌. 人本生态观与管理的生态化 [M]. 北京：科学出版社，2009：50.

则的一种印证。所谓边缘，就是两个和两个以上的异质系统的交叉地带，这里往往就是异质因素相互综合的条件最充分、成果也最有特色的地方。边缘优势指的就是在不同生物群落的相互交叉的边缘地带，由于物种的多样性和相互作用的多样性，不仅可以使生命更加活跃，而且更容易促进物种的分化和进化，甚至产生新的物种。我们这里将其范围进一步扩大到整个事物范围，在事物的边缘地带往往会孕育出最富活力、最有价值、最富新意的东西。世界上一切进化和进步的秘密都在综合创生之中，边缘优势为综合创生提供了更多的可能和更好的条件，因此更有利于生命的进化和更新。水对于生命的意义，就在于它最能促进边缘地带的异质食物的交融和综合这种交叉边缘优势，无论是对于生物进化，还是对于生态优化、科学的发展、文化和社会进步，以及个人能力的成长，这都是极其重要的规律。在对外开放过程中，沿海地带就是对外开放的边缘地带，所以在吸引利用外资、技术、管理等方面就具有优势，所以经济就发展得快，在现在的"一带一路"建设中，也要注重利用边缘优势和创造边缘优势实现社会的综合进化发展。再例如，当前交叉学科领域容易创新出成果，就是因为学科交叉部分是各学科的边缘地带，容易联系其他学科实现综合进化，产生新的生长点。地球的生态圈就在地球的边缘，这个边缘实现了综合进化发展，出现了人类活动。发现、重视、开辟和利用边缘，实现综合进化，是提高创新能力和促进创新实践的必要而有效的途径，对当前建设创新型国家也具有重要的意义。

共生界面是共生单元之间的接触方式和机制的总和。或者说，共生界面是共生单元之间物质、信息和能量传导的媒介、通道或载体，是共生关系形成和发展的基础。事物实现衍生发展必须有一个载体，在这个载体当中进行物质、能量、信息的交流汇聚，只有这样才能形成共生状态，实现综合进化，衍生新事物。例如当前的聊天工具QQ、微信就是人与人共生的一个界面，缺乏这样的界面，共生就无法建立起来。古代的庙会、现代人的各种类型的会议和聚会，都属于人与人发生经济、政治、文化、情感等方面关系需要而形成的载体，人类社会就是在这样的交流汇聚中实现综合创新及不断发展的。要想建立共生关系，先得创建共生界面，也即综合创新的载体。共生界面具有信息传输、物质交流、能量传导、系统秩序的形成、分工合作中介等功能。共生界面既有单一的，又有多重的。例如两个国家之间可以有经济的、政治的、文化的、外交的等多个共生界面，两个人之间可以有血缘的、地缘的、业缘的、学缘的等多个共生界面，在这些界面上，事物之间进行充分的物质交流、信息交流和能量交流，形成综合进化机制。共生界面也往往是多种形式的综合，在综合中实现进化。要想促进事物发展，就要寻找共生界面作为载体和媒介促进事物综合进化，在共生界面这个载体和媒介内，一切内部因素和相关环境因素进行互动，就会实现综合进化，实现事物的发展。所以，为了促进事物发展，就必须汇聚创新，实现综合进化，促进新事物产生。

四、共生的类型

共生的类型有多种划分方法。从不同层次划分，事物共生包含着宇观世界的共生、宏观世界的共生、微观世界的共生以及宇观、宏观与微观三个层次的共生；以不同方面来划分，事物共生包含着事物内部诸元素的共生以及它们与整体结构的共生，包含着事物外部诸多其他事物的共生以及它们与整体环境的共生，包含着事物内部结构与外部环境的共生以及它们与其相互作用的产物即事物的整体功能的共生。从行为方式上说，存在寄生关系、偏利共生关系和互惠共生关系；从组织程度上说，有点位共生、间歇共生、连续共生和一体化共生等多种情形。当然还有更广泛的划分。例如，自然界诸事物的共生、人类社会的共生、异质文化的共生、人类与技术的共生、部分与整体的共生、历史与未来的共生、理性与感性的共生、宗教与科学的共生、人类与自然的共生、科学与艺术的共生、传统与时尚的共生、地域性与全球性的共生、不同年代的共生、城市与乡村的共生、海洋与森林的共生、抽象与象征的共生、肉体与精神的共生、保守与革新的共生、开发与保护的共生、精英与草根的共生、工业与农业的共生、消费与服务的共生、效率与公平的共生、政府管制与市场自由的共生、人与神的共生、人与他者的共生、不同语言的共生、不同思维方式的共生、一国一地区公民与全球公民的共生，等等。我们这里不再做详细解释。

五、共生理念与马克思主义哲学的关系

共生理念是对马克思主义哲学的继承和发展。马克思主义哲学是辩证法的哲学，但它不同于黑格尔的辩证法哲学，它是唯物的，是关于思维和思维对象的辩证法哲学。辩证法是关于自然、社会和思维运动的一般规律的学说，也是关于思维和思维对象的普遍规律。共生理念继承了唯物辩证法关于"客观实在性"方面的唯物主义思想路线，也继承了世界普遍联系和发展的思想，所不同的是对普遍联系和发展思想进行了进一步深入的探索。事物是相互联系的，这种联系表现出来是一种共生的存在，这种存在的特点是保持事物多样性的存在，保存事物的个性特点，在这种共生的存在中，事物既相互协同依存，也相互竞争斗争，事物就是在这种协同依存和竞争斗争的共生互动中实现发展的，多样

性共生互动是事物存在和发展的前提。

马克思主义哲学方法论是关于事物普遍联系和发展的方法，有矛盾分析的方法、对立统一规律、质量互变规律、否定之否定规律等。共生理念继承了矛盾分析的方法，对立统一规律是共生理念的哲学基础，质量互变规律和否定之否定规律是共生理念关于事物发展途径和方向的哲学基础。共生的方法是在继承唯物辩证法基础上的创新和发展，通过是关系性把握事物的方法，在关系中促进事物的生成方法，在相互作用中把握事物的方法，集群发展的方法，在多样性中推进事物发展的方法，复杂性分析事物的方法等。

马克思主义哲学是反映论哲学，但它不同于机械决定论的反映论，它是辩证的、联系发展的、能动的反映论，共生理念继承了马克思主义哲学主客互动和普遍联系的反映论，坚持实践基础上的认识论，并且对马克思主义认识论进行了丰富和发展，提出了多元共生的认识方法、在审美共生实践中促进事实的真和价值的真的统一的认识原则等。

马克思主义哲学的社会历史观是唯物的社会历史观，在自然环境、人口、生产方式等物质性因素基础上，人类实现生产力的发展，生产力与生产关系、经济基础与上层建筑两对基本矛盾推动人类社会向前发展，人民群众是历史发展的决定力量，社会意识与社会存在是辩证统一的关系，共产主义社会是人类的最高理想。共生理念坚持人类社会存在的物质性，坚持生产方式是起着决定作用的因素，坚持生产力与生产关系、经济基础与上层建筑的社会基本矛盾理论，但对生产力中劳动对象、劳动资料、人、科学技术四个因素中的人的因素增加了理性和知识、信息的内容，在社会意识中关注人的默会知识的互动共生，认识到人民群众不仅是物质力量而且也是理性共生的精神和智慧的力量，人民群众推动历史发展的决定作用要发挥好，必须尊重人民群众的知识人格、理性人格，人民群众的理论理性、实践理性、审美理性的共生要确立起来，人民群众要由自发的共生走向自觉的共生，形成共生理性，社会要实现合理化。共产主义在坚持生产力极大发展、物质极大丰富的物质性基础的同时，将共产主义社会与人的审美共生实践结合起来，将人的全面发展与人的自我同一性结合起来，将共产主义理想同人与自身、与他人、与社会、与自然的统一结合起来。这些都是对马克思社会历史观的丰富和发展。

共生理念全盘继承了马克思主义哲学对人类命运的终极诉求，将全人类的普遍幸福及实现这一普遍幸福的途径和方法，纳入了自己哲学历史观的框架之中。共生理念在本体论、辩证法、认识论、历史观等诸问题上不但继承了马克思主义哲学的根本立场和方法，还试图为马克思主义哲学理论创新起到发轫的作用。

共生理念对普遍联系原理与运动发展原理进行了充实和丰富发展。它继承了马克思主义哲学"实事求是"的思想路线，与时俱进，大胆创新，将马克思主义哲学的创新精神贯彻到了学理中。

马克思主义哲学是唯物论哲学，但它不同于形而上学的机械唯物论，它是辩证的、联系发展的唯物论，而且是唯物论贯彻到底的彻底的唯物论。它将世界的物质统一性，概括为"客观实在性"，从而在本体论的高度确立了"实事求是"的思想路线，一切从实际情况出发，而不是从主观想象或条条框框出发。共生哲学理念，也是坚持马克思主义唯物主义，反对形而上学的机械唯物主义，坚持辩证的、联系的、发展的唯物论，同时又丰富了辩证、联系、发展的内容，坚持马克思彻底的唯物论，坚持世界的物质统一性。

第二节　共生与和谐的关系

学术界关于"和谐"的研究已经颇丰，那么，研究"共生"是否还有必要呢？"和谐"与"共生"既有联系，又有区别。

一、共生与和谐在词源学上的不同

就其词义而言，两者都是强调事物之间一种良好的关系。和谐是一个综合范畴，其内容突出协调关系，而共生是一个生物学范畴，其内容突出相互依存关系。古籍中不乏"和，谐也""谐，和也"① 的记载。许慎的《说文解字》对"和"的注解为"和，相应也，从口禾声"②，"盉，调味也，从皿禾声"③。许慎从乐调、味调、事调等多个角度对"和"的内涵进行了诠释。按照他的解释，和就是和谐，就是事物各要素之间的一种理想的协调关系。《现代汉语词典》对"和谐"的释义十分丰富。"和"，有和平、和缓；和谐、和睦；结束战争或争执；（下棋或赛球）不分胜负等释义。有关组词极其丰富，如"和好""和解""和乐""和美""和平""和洽""和善""和顺""和颜悦色""和衷共济"等。"谐"，有和谐、（事情）商量好及办妥（多指跟别人打交道的事情）、诙谐等义，有"谐和""谐美""谐调"等词语。"和谐"，指配合得适当

---

① （清）王念孙．广雅疏证［M］．钟宇讯，点校．北京：中华书局，1983：103.
② （汉）许慎．说文解字［M］．北京：中华书局，1963：32.
③ （汉）许慎．说文解字［M］．北京：中华书局，1963：104.

和均匀，如音调和谐/这张画的颜色很和谐/和谐的气氛。英语单词"harmony"，有调和、谐调、和谐；融洽、一致；（内心的）平静；［音］和声、和声学等义。《辞海》中关于"和谐"的解释为协调。①

而"共生"是属于生物学范畴的词汇。在《辞海》中解释为：两种生物或两种中的一种由于不能独立生存而共同生活在一起，或一种生活于另一种体内，互相依赖，各能获得一定利益的现象。如形成地衣的藻类或真菌，藻类通过光合作用制造有机物，供给真菌；真菌吸收无机盐和水分，供给藻类，双方都得到益处，如互相分离，有些真菌即不能独立生活。又如白蚁和生长在它肠里的鞭毛虫，鞭毛虫能帮助白蚁消化木材纤维，白蚁给鞭毛虫以有机物做养料。如互相分离，两者都不能生存。②

国内学者对"和谐"进行了哲学层面的研究，但对"共生"从哲学层面进行研究还不多，我们这里的研究是要将共生上升到哲学范畴层面。

二、"和谐"与"共生"在哲学层面的异同

那么，对"和谐"与"共生"从哲学层面研究有什么不同呢？从国内学者关于和谐的哲学研究而言，大致有以下观点。例如，关于和谐思想的哲学专著《和谐论》的作者巴湘认为："和谐的概念属于哲学的范畴，它既是自然的思维形式，也是精神的思维形式，还是人类的思维形式。"③ 他对和谐概念没有做具体的界定，更多的是描述和谐的表现形式及存在状态。万斌的和谐概念是一个非常开放的概念，他认为，一般来讲，和谐是一种配合适当、谐调的状态，它与多元、宽容、和平、开放、发展等一组概念有着"本源"的关系。因此，和谐也就成为宇宙和社会存在与发展的理想状态。④ 张国清把和谐看成是诸多不同质的多样性、差异性、异质性和差别性事物的和谐。他从"和谐是一种提倡兼容的公共哲学"⑤ 出发，对和谐的内涵进行了阐述，如和谐提倡人要富有同情心、需要包容和宽容，意味着一定程度的妥协、折中、放弃或牺牲等。万光侠认为，和谐是指事物内部各组织部分以及事物之间的协同、协调、适应关系，是表示事物发展的协调性、完整性、秩序性和合乎规律的哲学范畴。⑥ 黄志斌

① 辞海：下册［M］．香港：中华书局香港分局，1965：3346.
② 辞海：下册［M］．香港：中华书局香港分局，1965：2362.
③ 巴湘．和谐论［M］．北京：世界知识出版社，2010：99.
④ 万斌．和谐论纲［J］．学术界，2005（4）.
⑤ 张国清．和谐：一种提倡兼容的公共哲学［J］．哲学研究，2005（6）.
⑥ 万光侠．和谐的哲学审视［J］．青海社会科学，2000（3）.

认为，和谐，从积极的意义上说，是多样统一、多元互补，从消极的意义上说，是并行不悖，并育不害。① 刘光认为，和谐是在由人参与的事物中势均力敌的对抗性矛盾的良好的对立统一状态，是事物间稳定性和协调性的成熟表现，是人的主观能动性正确作用的结果。② 李殿斌认为，和谐是事物本质中差异面的同一，是事物存在和发展的一种状态，它是反映矛盾统一体在其发展过程中对立面之间所表现出来的协调性、一致性、平衡性、完整性和合乎规律性的辩证法范畴，它是矛盾同一性的表现形式之一。③ 杜莹则对学界和谐概念的研究进行了一定的梳理和概括：第一，和谐是同一性的一种状态，而不是唯一状态，事物的同一性除了相互依存外，还有相互转化的另一种状态。第二，和谐是以内在差别和对立为前提的。第三，和谐是矛盾双方协调发展的阶段，而不是对抗阶段，对抗阶段是和谐的结束。第四，和谐不是不要斗争。第五，社会领域的和谐需要人发挥主观能动性去追求。④ 王满荣认为，和谐表征了事物之间或整体与要素、要素与要素之间的关系，反映了事物与现象的协调、适中、秩序、平衡的存在状态。和谐的本质在于统一体内多种因素的差异与协调。⑤ 易超认为，和谐作为事物的现象，指事物自身构成要素之间或此物与彼物之间的关系，处于对称平衡、相宜相生、和谐共济的状态；作为事物的本性，指一切事物总会自发地使自己或使自己与环境达成对称平衡、相宜相生、和衷共济状态的必然性。和谐作为一个哲学术语，作为和谐哲学的基本范畴，指存在者与存在性、此在与彼在处于对称平衡、相宜相生、和衷共济的状态。其逻辑内涵为体用相宜、物我相生的逻辑，简称相宜性；其逻辑外延为整体性、规则性、均衡性、自洽性和开放性。内涵是本质，外延是表现。和谐规律是万事万物的根本规律，是万事万物的正常状态，只有在正常状态情况下，事物才能保持自己、发展自己。因此，和谐乃是物之为物的自然本性，和谐则生，不和谐则亡。万事万物若要保持自己、发展自己，都必须与内外环境达成尽可能充分的和谐，自然现象、社会现象和思维现象都不例外。⑥ 因此，和谐作为一个一般的名词、形容词或者动词，它是一个体用合一、神形俱在的概念，可以用来泛指一切和谐现

① 黄志斌. 和谐论 [J]. 合肥工业大学学报（社会科学版），1998（2）.

② 刘光. 论和谐概念 [J]. 东岳论丛，2002（4）.

③ 李殿斌. 简论和谐范畴 [J]. 河北师范大学学报，1998（4）.

④ 杜莹，李殿斌. 和谐与社会发展 [J]. 河北经贸大学学报，1999（2）.

⑤ 王满荣. 冲突与和谐：基于人的主体视角的理论研究 [M]. 北京：中国社会科学出版社，2013：47.

⑥ 易超. 和谐哲学原理 [M]. 重庆：重庆大学出版社，2007：41.

象，包括和谐状态、和谐过程、和谐关系等。所谓和谐状态，就是对称平衡、相宜相生、和衷共济的状态。所谓和谐过程，就是达成这种对称平衡、相宜相生、和衷共济状态的过程。所谓和谐关系，就是处于对称平衡、相宜相生、和衷共济状态的过程。

综上所述，学术界对和谐的哲学层面认识可以概括为以下几方面：第一，和谐是指事物内部各组织部分以及事物之间的协同、协调、适应、平衡关系；第二，和谐凸显多样性、差异性、异质性和差别性的统一，提倡兼容折中、多元互补。第三，和谐是矛盾同一性的表现形式之一，是矛盾双方协调发展的阶段，而不是对抗阶段，对抗阶段是和谐的结束。从这些内涵来看，我们认为共生与和谐既有联系又有区别，具体表现在以下几方面：第一，二者都强调事物之间的关系，和谐强调事物之间平衡、协调、折中的关系，而共生更强调事物之间相互生成、共同生成的关系；第二，二者都承认异质性、差异性、多样性、多元性的价值，和谐更强调异质性、多样性事物的统一的方面，而共生体现多样性、差异性本身的价值，既有统一的方面，也有对立的方面。第三，二者都以马克思主义辩证法为基础，都承认矛盾的存在，而和谐只是对矛盾同一性的界定，不包含斗争性，共生既包含同一性，也包含斗争性。

从和谐与共生的知识理缘关系来看，共生理论属于和谐思想的理论基础，是研究和谐的理论依据。① 笔者在本书中所理解和阐发的"共生"，是在生物进化史实基础上探寻创生新事物的规律，探寻人类社会进化发展的规律，是以知识、审美为关键词的社会哲学。

第三节 共生与斗争等概念的关系

我们所理解的共生不是共存、和平、和气，也不是和谐，而是差异性互动中的生成关系，在这种生成关系中有矛盾，有对立，有冲突，有斗争。那么，共生与矛盾、对立、冲突、斗争是什么关系呢？

一、从词源学看
要回答这个问题，我们先从《辞海》中关于矛盾、对立、冲突、斗争的解

---

① 王满荣. 冲突与和谐：基于人的主体视角的理论研究 [M]. 北京：中国社会科学出版社，2013：67.

释来看一下它们之间的关系。矛盾，哲学上理解有这样几层含义：（1）在唯物辩证法中，即对立统一，指事物内部对立着的诸方面之间的互相依赖又互相排斥的关系。矛盾存在于事物发展的一切过程中，又贯穿于一切过程的始终，是一切事物变化和发展的根本原因。（2）在形式逻辑中，指两个概念互相否定或两个判断不能同真也不能同假的关系。① 对立，从哲学上理解，指事物内部矛盾双方的相互排斥、相互斗争。对立面的斗争是绝对的，正如发展、运动是绝对的一样。② 可以看出，对立属于矛盾的斗争性方面，只是矛盾的一个方面。冲突的含义有：（1）急奔猛闯。（2）抵触、争执、斗争。③ 斗的内涵为争斗、斗争。如：械斗；拳斗。《孟子·离娄下》："今有同室之人斗者。"④ 从这些解释可以看出，冲突和斗争为同义词，对立、冲突、斗争都属于矛盾的斗争性方面，这三个词可以归结为一个词，即斗争。那么，对共生与矛盾、对立、冲突、斗争的关系，都可以用共生与矛盾的关系的分析来表述。

二、从辩证唯物主义角度看

唯物辩证法认为，矛盾是指事物之间或事物内部诸要素之间既对立又统一的关系，或者互相依赖又互相排斥的关系，即对立统一，是事物发展的动力源泉，矛盾的存在具有普遍性。共生继承了矛盾论的思想，既承认事物之间或事物内部诸要素之间相互依存，又承认相互对立；既承认同一性，也承认斗争性；既承认相互依存，也承认相互排斥；承认对立的两个方面的辩证关系是事物发展的动力源泉。也就是说，共生包含事物之间同一性和斗争性两种基本属性，这两个方面是相互关联的。从人类社会的发展过程看，冲突与和谐并非是作为两种孤立的状态而存在的。冲突与和谐是一种对立统一的关系，两者融通共生，成为人类社会演进的动力。人类历史的演进就是在矛盾冲突中开辟道路的。⑤ 同一性代表事物同一的方面。也可以说同一性体现着事物之间相互联系、相互吸引的性质和趋势，属于事物之间相互依存、互为存在的条件、共处于一个统一体中的方面；蕴含着事物之间相互贯通、相互渗透以及相互转化的趋势。斗争性是事物之间相互分离、相互排斥的性质和趋势。斗争性具有丰富的内容和

① 辞海：下册 [M]．香港：中华书局香港分局，1965：3491-3492.
② 辞海：上册 [M]．香港：中华书局香港分局，1965：886.
③ 辞海：上册 [M]．香港：中华书局香港分局，1965：648.
④ 辞海：下册 [M]．香港：中华书局香港分局，1965：3015.
⑤ 王满荣．冲突与和谐：基于人的主体视角的理论研究 [M]．北京：中国社会科学出版社，2013：3.

多样的形式。事物之间的同一性和斗争性共同推动了事物的发展，构成了事物发展的动力。同一性保持事物之间互为存在的条件，相互之间利用对方的发展使自己获得发展，相互吸取有利于自身的因素而得到发展，事物之间彼此相通，可以向着对方的方面转化而得到发展。斗争性推动事物双方力量对比发生变化，促使事物双方地位或性质转化。同一性和斗争性不能孤立地起作用，它们对事物发展的作用只有在两者的结合中才能实现。同一性和斗争性也可以说是事物共存相处中所固有的基本属性，是事物之间共生中互动的具体表现。事物发展进化的共生过程也就是事物之间不断地互动的过程，这个过程也可以说是一个协同与竞争的过程，或者说是同一与斗争的过程。马克思指出："两个矛盾方面的共存、斗争以及融合成一个新范畴，就是辩证运动的实质。"① 列宁说："发展是对立面的'斗争'……发展是对立面的统一。"② 毛泽东说："任何一个过程，都是由矛盾着的两个侧面互相联系又互相斗争而得到发展的。"③ 从这一点来说，共生与矛盾的内涵是相联系的，二者有共通之处。

但我们这里所说的共生更强调差异性之间互动，是事物发展的内在机制，自然界物质形式的多样性互动形成新的物质，生物有多样性的互动得以进化，人有多样性的互动得以形成社会，思想有多样性的互动人类才有创新，社会存在的多样性互动才能有社会的发展。从这一点来说，共生与矛盾又是相区别的，这也正是对唯物辩证法及矛盾论思想进一步发展的地方，关于这一点我们将在后边存在论、方法论等章节中做进一步的探讨。

就共生与对立、冲突和斗争的关系而言，共生包含对立、冲突和斗争，对立、冲突和斗争只不过是共生的一个方面。所以，共生不是一潭死水，而是存在对立、冲突和斗争。关于斗争的积极价值，古希腊人早就认识到了。赫拉克利特说"斗争是万物之父"，"一切都是斗争所产生的"，"一切都是通过斗争和必然性而产生的"。亚里士多德认为，"斗争是分裂而毁灭的原因，同样也是生存的原因"。卢克莱修（Titus Lucretius Carus）认为：　"恩培多克勒（Empedokles）（与赫拉克利特 Herakleitos 一样），'最初'并不只把四元素作为原理使用，而且还有'友谊与仇恨'。仇恨（即敌对）我们在赫拉克利特那儿已见过了；不过我们马上可以看见，它们（即友谊与仇恨）是属于另一类的：因为正确地说它们是某种普遍的东西。在恩培多克勒看来，四种自然元素是实

---

① 马克思．马克思恩格斯选集：第1卷．北京：人民出版社，1995：111.
② 列宁．哲学笔记［M］．北京：人民出版社，1974：408.
③ 毛泽东．毛泽东著作选读：下册［M］．北京：人民出版社，1986：843.

在的，而友谊与仇恨是思想的原则。"这里的"友谊与仇恨"应当说就是和谐与斗争。① 可以说，希腊人将斗争上升到哲学高度，认识到了斗争是事物发展的动力和新事物产生的原因。在复杂性理论中关于会聚的阐述表明，生物多样性共生状态最主要的特征是在相互作用中的会聚作用，在相互作用中就存在斗争与协同。依据艾根超循环理论，通过超循环圈形成等级结构，整个生物进化过程就是多样性生物相互斗争和协同的共生互动过程，复杂系统的活力也通过这个相互斗争与协同的作用过程表现出来。整个生命界就是在生命体多样性存在的斗争与协同中由低级向高级不断进化的。萨特（Jean-Paul Sart）在提到自我与他人共在方式的问题时，将自我与他人的共在方式归为一种存在论意义上的正相冲突的关系，认为这样才能真实地把握人与人之间关系的本质，在存在论的高度上将自我与他人的关系看作一种非对称性关系。按照萨特的这种理论逻辑，一方面在存在论上承认他人的存在，承认自我与他人共同存在；另一方面也认为这种共在方式是正相冲突的。对于人与人的"共在"形式，萨特以"集合体"名之。"集合体呈现出多元性与异质性的结构。"② 共生不是一团和气，没有矛盾和冲突的虚空境界，而是合作与斗争并存的，也只有在这二者的对立统一中才能实现发展。海德格尔认为，与他人打交道，与他人共同在世，是人的生存论结构。但海德格尔赋予"共在"一种消极的生存论意义，认为：共在，即人的日常关系，是人的沉沦状态，泯灭了生存的本己性，人"失本离真"。他将人与人共生过程中存在的矛盾斗争看作一种消极的结果，这是不对的。萨特认为共在只能是一种主体与客体的关系，主体之间关系的本质就是对立、冲突与危险，这就是他所谓的主体间性的"麦杜莎"情结。海德格尔的共在观，从生存论的唯我论出发，单纯从消极的意义上理解共在性，实际上，否定了共在性对主体性建构的合理性意义。这种理解完全是抽象的、非历史主义的。存在主义的两个主要先驱尼采和克尔凯郭尔也走了几乎同样的理论道路。另一位存在主义者，雅斯贝尔斯提出了自己的交往哲学，认为共在的过程中存在竞争，在生存竞争中可以提供超越实存交往，达到生存交往的道路。生存斗争蕴含着或者可以赋予一种超越的可能性，但生存绝非单纯的超越。生存一定是在现实的实践中，在理想与现实、自由与必然的统一中来实现的。③ 所以，共生包含

---

① 于海江. 再论斗争性 [J]. 晋阳学刊, 1995 (1).

② 王时中. 实存与共在——萨特历史辩证法研究 [M]. 北京：中国社会科学出版社, 2007：170.

③ 王晓东. 哲学视域中的主体间性问题论析 [J]. 天津社会科学. 2001, 26 (5)：42-46.

着对立和冲突、斗争，这是共生中事物互动的属性的表现，真实的共生中包含着斗争，失去了差异、对立、冲突和斗争的共生是绝对的同一化、同质化、单一化，这属于虚假的共生，非真实的共生，或者说这就是反共生，与共生是直接对立的，"同则不继"，这样的"共生"导致的结果是事物走向死寂。德里达考虑到了非真实的共生的消极结果，即共生不是整齐划一，而是保持差异性间的冲突和斗争，事物正是在这个过程中不断前进的。他指出，"朋友的界定具有像列维纳斯所认同的传统政治中专制和总体性的风险的"，① 即，朋友的团结共生不能演变成单一化、专断化，而应当保持一定的分歧，这也正是共生理念要求事物保持差异性、多样性的特征所体现的方面。所以，共生的内涵是肯定斗争的作用的，共生包含对立、冲突和斗争。

三、对斗争理解中应注意的问题

不过，我们在对斗争进行理解时还应注意其两个层面的内涵。第一层内涵是，包含同一性的斗争，属于事物双方在不灭绝对方、容纳对方存在和差异的情况下的斗争，具有竞争的性质。第二层理解是认为斗争就是你死我活、彼此消灭对方、不容纳对方差异性存在的斗争，在人类社会中表现为暴力、屠杀、战争等。

第一层内涵的斗争属于共生内涵中主导型的斗争。例如，在人民内部，在革命队伍内部所坚持的"团结—批评—团结"的方针，这是一种以统一为目的的斗争。在达尔文的《物种起源》一书中对生存斗争特别强调。他谈到"生存斗争和自然选择的关系"，他"把每一个有用的微小变异被保存下来的"这一原理称为"自然选择"，他把生存斗争中存活下来的生物的进化，叫"适者生存"。但同时他还强调"当作广义用的生存斗争这一名词"，"我应当先讲明白，是以广义的和比喻的意义来使用这一名词的，其意义包含着这一生物对另一生物的依存关系……槲寄生依存于苹果树和少数其他的树，如果强说它在和这些树相斗争，也是可以的。"② 生物是在竞争中得到发展的，而竞争不是要消灭对方，如果完全消灭了对方，自身也失去了发展进化的条件。这就是我们这里理解的斗争的内涵，即斗争寓于共生之中，共生包含着斗争，在共生中有斗争，在斗争中完成共生。

---

① PERPICH D. A Singular Justice-Ethics And Politics Between Levinas And Derrida [J] . Philosophy Today , 1998, 24（4）：68.

② 达尔文. 物种起源［M］. 高慧，李贤标，译. 北京：北京出版社，2007：198.

第二层理解的斗争是属于共生认可但不提倡的斗争。这种斗争在现实世界事实上是大量存在的。自然生物领域彼此消灭对方的斗争可以说是非常多的，这里我们不一一列举事实，这种斗争在生物进化过程中也有积极作用，但我们要承认，自然生物领域相互消灭对方的斗争是没有改变生物的多样性的，相反，形成了一种动态的生态平衡机制，没有走向物种的同质化、单一化，可以说维持了自然生物世界的共生存在，相反违反生物动态生态平衡的消灭性斗争所导致的地区性物种单一化最终将造成地区性物种共同毁灭。

对于人类社会来说，纵观人类社会前行的历史，也是充满着这种消灭性的斗争；人类社会发展历史中野蛮消灭文明，残酷灭绝人寰的屠杀，各种违反人性的残害，各种违反正义的剥削、压迫等。各种人类社会非公正现象大量存在，也正因为在现实人类社会存在这种大量的消灭性斗争的事实，才使它在价值层面具有合理性，暴力和彼此消灭对方的斗争、被压迫者和弱势群体对付独裁、暴敛的反动统治阶级的斗争以及所有荼毒生灵、戕害生命的现象都是合法的。

现实世界并不是理想的共生状态，总是存在许多不合理、不公正的现象，或者是阴谋诡计地算计斗争，或者是欺诈、残杀，或者是以强凌弱，或者是窃取、垄断、专断、霸权，或者是剥削、压迫，为了促进人类社会不断走向共生，不断实现共生存在的自觉化，也必须以暴力的斗争来消灭和惩处这些不合理的社会存在，促进社会共生合理化，这就是这个层面的斗争存在的价值和意义所在。

对人类社会来说，以暴力方式推进历史发展，例子并不少见，历史上的奴隶、农民起义及工人暴动等都推动了历史的发展，但这是在剥削阶级沉重的压迫已经达到被剥削阶级不能正常生存的情况下被剥削阶级所做的一种维护社会正义秩序存在的必要手段的选择，所以这种情况下的对抗和冲突是以恢复世界的共生存在为目的的，当然是推动了历史的发展。暴力只能在对抗暴力时才是正义的。在以生产资料私有制为基础的阶级社会里，剥削阶级出于它的本性，总是以暴力的手段残酷地剥削和压迫劳动群众，无偿地占有他们的剩余劳动，有时甚至侵吞他们的必要劳动，使劳动群众无法生活下去，也就是社会的正义无法维持下去，社会再生产无法正常进行。在这种情况下，被剥削阶级只有起来反抗，才能迫使剥削阶级节制一下它的剥削欲，以暴力手段对付剥削压迫，保证社会再生产正常进行，从而推动社会在各种不同程度上向前发展。所以，我们认可社会共生，但并不否认暴力的社会斗争和革命的积极意义。在人与自然关系方面，我们主张人与自然和谐共生，但对于类似 SARS 病毒这样毒害人类生命的病毒是要进行消灭性的斗争的。

长期以来，我们对斗争的理解存在着偏颇的一面，将斗争纯粹界定在第二层理解上，认为斗争就是一个消灭另一个。在革命战争年代，我们党领导的革命是针对地主、资本家和帝国主义等剥削者和反动派进行的斗争，因为这些势力的反动统治对广大劳动人民群众来说是暴力的，所以对待他们的斗争也属于消灭这些反动势力的暴力斗争。1954 年 4 月，毛泽东在中共七大上做口头政治报告，他说："同志们！权利是争来的，不是送来的，这世界上有一个'争'字，我们的同志不要忘记了。有人说我们党的哲学叫'斗争哲学'，榆林有个总司令叫邓宝珊的就是这样说的。我说'你讲对了'。自从有了奴隶主、封建主、资本家，他们就向被压迫的人民进行斗争，'斗争哲学'是他们先发明的，被压迫人民的斗争出来得比较晚，那是斗了几千年，才有马克思主义。放弃斗争，只要团结，或者不注重斗争，马马虎虎地斗争一下，但是斗得不恰当、不起劲，这是小资产阶级软弱性的表现……。"① 起来进行斗争是长期遭受剥削压迫和欺压下的劳动人民对付反动统治阶级剥削的需要。这种认识是对的。对反动统治阶级的反动统治就应当运用第二个层面理解的斗争，消灭这些反动统治阶级，消除不合理现象，改造不合理的社会。在我们党夺取了政权后，对于人民内部的矛盾，我们应当看到对于斗争的第一层理解，即包含同一性的斗争。毛泽东曾指出："旧的社会斗争止息了，新的社会斗争又起来。总之，按照唯物辩证法，矛盾和斗争是永远的，否则不成其为世界。资产阶级的政治家说，共产党的哲学就是斗争哲学，一点也不错，不过，斗争的形式，依时代有所不同罢了。"② 这也就是说，在人民内部也存在着斗争，但这种斗争不同于革命战争年代的斗争，意味着不能再用消灭对方的形式来处理人民内部矛盾。恩格斯曾说："所有的两极对立，都以对立的两极的相互作用为条件。这两极的分离和对立，只存在于它们的相互依存和联结之中，反过来说，它们的联结，只存在于它们的分离之中，它们的相互依存，只存在于它们的对立之中。"③ 对于斗争我们更要看到其包含同一性斗争的这一方面，在人民内部，在社会主义建设时期，我们更强调的是具有同一性的斗争，促进社会和谐共生。当然我们不排除对于违法犯罪分子、贪污腐败等非共生现象采取一定程度的暴力斗争。同样，现今如果美帝国主义和日本为了抑制中国发展强大而发动对中国的武力行为，我们当毫不客气地以其人之道还治其人之身，用武力给以最沉痛的打击，使其再也不敢有威胁中国或者抑制中国、损害中国利益的想法，用武力为我国的繁荣、

---

① 毛泽东．毛泽东文集：第3卷［M］．北京：人民出版社，1996：316．
② 杨豹．马克思主义哲学的新发展［J］．唯实，2007（5）．
③ 马克思，恩格斯．马克思恩格斯选集：第4卷［M］．北京：人民出版社，1995：349．

富强、发展扫清障碍，开辟道路。

人类社会发展到 21 世纪的今天，我们提倡的是民族与民族、国家与国家、人与人等用对话代替暴力，在商谈中解决问题，反对动辄就施以武力，动物对抗的方式是打斗，人类社会在野蛮状态时解决矛盾的基本形式是暴力，在人类文明时代到来之后，我们坚决反对随意施行暴力。

笔者在本书中所提倡的在审美实践中实现人与自身、人与他人、人与自然的全面共同生成，是我们推动人类文明进步的一种理想追求，在当前我们的现实生活中也是局部、零星地。在审美实践中人与人共同生成并不意味着人与人没有差异，有差异就有分歧和不协调，也会出现矛盾和冲突，但这种矛盾和冲突绝不是非共生的，不是暴力的斗争、敌我斗争。

四、对共生概念理解我们应当注意的问题

综上所述，对共生概念的理解我们应当注意以下问题。

第一，共生是对事物整体存在样态的一般把握原则，强调的是事物存在的平等性、共在性，事物的个性和特色应当得到保护。它不是劳动价值的平均分配，不是将事物完全对等看待，机械地强调事物时时处处都是共生的。

第二，共生不是无对立、冲突、斗争的并列共存，它是一种动态的变化过程，充满着矛盾斗争，在竞争中共生，在共生中竞争，在斗争和协同中实现共同生成。

第三，共生理念不提倡暴力，但并不绝对化，对于以暴力来灭绝他物生存的只有以暴力来还治其身。

第四，在对共生理念的运用上要注意片面化，要避免一味求同、过分强调"和"而导致专断和总体化、单一化的风险。

第五，对共生的理解不能从和谐、统一层面上做单一化、片面化理解，对于违反人类道德等丑恶事物是不能谈绝对的共生的，这些不利于人类共生共荣的事物和现象是要取缔的，因为共生的内涵中还有斗争性的一面。

第四节　共生理念的意义

一、共生是时代的呼唤

对于时代特征的判断表明，人类的未来是走向共生时代。21 世纪的今天，

人类信息化、网络化的时代已经来临，每个人不可能与世隔绝、孤立地生存，信息资源的共生共享已成为人类的基本生存方式。全球经济一体化已成为市场经济条件下不可阻挡的大趋势，是人类共生的经济基础及决定因素。人口膨胀与资源枯竭、环境恶化的矛盾越来越突出，自然界向人类敲响了警钟。核威慑使人类面临灭绝的危险，共生已成为人类祈盼和平的共同呼吁。

建构共生理念是应对全球化的根本出路，全球化是建构共生理念的基本依据和物质基础。在全球化进程中，随着全球经济一体化的到来，全球性问题日益严峻，"共生"与我们人类的根本利益密不可分的关系显现出来，建构共生理念成为人类共同的真正需要。人类的生活生产普遍被纳入全球化体系。全球经济一体化下的世界市场体系使人类交往频繁，关系更加密切，呈共生趋势。电子信息网络等高科技的全球化，无疑对共生关系的形成起着不可忽视的中介作用。全球经济一体化下人类根本利益的整体相关性是形成共生关系的决定性因素。在全球经济一体化形势下，一方面随着世界市场的不断发展完善，人越来越成为世界性存在，人与人之间交往的频繁，最终促成人与人之间的共生关系；另一方面，全球一体化所凸显的人类根本利益的整体相关性关系已开始形成，在这一现实基础上催生出的必然是与之相应的新的共生理念。随着共生理念的积极建构和广泛推广，共生理念必将以意识形态的形式推动全球化良性发展，最终推进人类全面解放的步伐。

公共世界呼唤着人类的共生时代的来临，"共生是人类的一种新的生存选择，昭示了人类最文明、最具现代意味的合作关系和生存与生活方式"。[1] 在当今世界以人类的共生关系为纽带的世界性生产方式，以及人内在的求生存与发展的需要，已经把全球的共同生存与发展凸显到了第一位。各国利益的一致性、互联性明显增强，正在构成一个"一荣俱荣，一损俱损"的相互存在、共同发展的整体。任何一个国家的发展都离不开与其他国家的交流与合作，任何一个地区的经济发展或停滞，都会对全球带来正面或负面的影响，这就要求形成一种世界性的社会理念——"共生理念，人与动物、环境之间应当形成这种共生的伦理价值关系"。[2] 对共生理论的实践有助于我们建立一个平等、公正、和谐、稳定和健康的新世界。共生理论的互依、互惠、协同与合作，各共生单元之间的互惠互利，实现事物在合作中得到优化、进化和发展，正揭示了世界发

---

① "多元共生"理念统合下的"互利共赢"与"价值共享"［J］. 天津社会科学，2004，30（5）：28-32.

② DMACER D. Animal Consciousness And Ethics In Asia And The Pacific ［J］. Journal of Agricultural and Environmental Ethics，1998，28（10）：249-267.

展的动力源泉和发展机制。因此，倡导共生理念及其生存方式就意味着必须要对生活方式进行自我变革，承认种种异己者的生存权利，在激烈的竞争中兼顾弱者的利益，在个体本位的基础上，建立体现自由、平等、公正精神的友爱和谐的人际互动。人类应该怀着同类意识互惠合作、遵循共生的理念来重建协调的人类社会，这样才能过上和平幸福的生活。难怪有人说，"后工业社会人与人是一种共生关系，公民应当有共生意识"。①

二、共生体现着人类文明范式的变革

人类理性思维的发展经历了由物我不分到主体性凸显再到主体间共生展现的历史过程。古代哲学是主客不分的本体论哲学。近代的主体性哲学一方面通过贬低上帝、高扬理性来彰显人的主体性地位，膨胀的理性万能与唯我独尊的唯我论导致了资源匮乏、生态恶化等全球性问题；另一方面局限于认识论领域，仅仅关注主客体间的认识关系，既忽视了人与自然的共存和谐关系，也忽视了主体与主体之间的共生关系。正因如此，共生理念的提出，可以说是因时代需要而产生，适应现代社会的发展，体现着人类文明范式的变革。

今天生活在"全球化"场域里的人们，只有在开放中，在和不同主体、不同文化的交流、碰撞中彼此相互吸纳、融合，才能增强活力，发展、进步。自我封闭、与世隔绝、孤芳自赏，势必被时代淘汰。今天的世界，是一个大开放、大交往、大融合的世界，利益密切相连，命运息息相关，发展相互促进，要求人们站在一种全新的理念上追求人与人、人与自然、人与社会，以及不同民族、国家之间的协调与和谐，由此呼唤着共生。变一味求同为尊重差异。现代社会充满了多样性、差异性，要求人们既要在同一中、又要在差异中把握事物，以宽容的态度"在差异中理解差异"，善于与不同话语、多元差异的主体在交流碰撞中比较、吸纳、提升。变独白命令为交流商谈。传统专制社会"独白式"话语霸权盛行，工业社会工具理性的强制同一性助长了独白式话语霸权。面对主体素质不断增强、交往日益密切的当代社会，霸权话语的弊端日益凸显，要变独白命令为交流商谈。不同的文化类型作为平等的对话伙伴相互尊重，共同探讨对于人类和世界的未来有关的重大问题，寻找解决问题的途径。

黑川纪章将 21 世纪的世界新秩序称为"共生的秩序"，或是"共生的时代"。现在人类正面临着的变化，是包括经济、科学、技术、艺术、文化、政

---

① WALKER. M B A Short Story About Reason—The Strange case of Habermas and Poe［J］. Philosophy Today, 1997, 26（3）: 433.

治、思想、哲学，以至于生活方式在内的巨大变化，这是一种思维结构（Paradigm Shift）上的重大转变。这种涉及全世界各个领域的巨大变化，是数百年甚至上千年才会出现一次的，这一巨大的变化目前还处于正在进行的过程之中，其最终形成的世界新秩序，即是黑川纪章所预言的"共生的秩序"或是"共生的时代"。①

三、共生是现代性发展的未来走向

共生时代所采取的精神理念是符合人类本真价值要求的，它所提供的物质基础、政治保障和文化环境能充分有利于人的个性和自由的发展，有利于人类整体的各方面素质的提高，有利于人类幸福的获得。特别是共生时代把公平、正义等人类向往的基本价值实施于人类生活的各个方面和个人的行为中，从而为个人和社会的发展提供了宽松而自由的人文气氛，每个人的自由发展不仅不违背社会的整体价值而且为他人的自由发展提供了条件。

共生思维不同于自启蒙以来主客二分的理性思维，不同于工具理性的片面发展而导致价值理性的遮蔽、努斯精神与逻各斯精神的分离的理性，而是把人的内在尺度和世界（自然界、社会等）的外部尺度完美结合、有机统一起来，是理论理性、实践理性、审美理性的统一。这种理性把真的、善的、美的尺度正确地运用到人和外部世界发生的关系之中，实现了人的合目的性与合规律性的统一，从而使人类的行为达到协调、和谐，与自然、社会的发展规律一致。

总之，在这一章里我们对共生的含义、内容、特征、类型以及与马克思主义哲学的关系只是进行纲领式的说明，是对共生理念的总体概览描述，是作者从自己角度对共生的一种理解，本书后边各章节将从本体论、方法论、认识论、伦理学、社会历史观等方面进一步考察和论证这种理解，进一步深入挖掘、考证、阐述共生理念的内涵。

---

① 黑川纪章. 新共生思想 [M]. 覃力，杨熹微，等译. 北京：中国建筑工业出版社，2009：1.

第二章

共生的存在论考察

"共生"是一个生物学概念，将"共生"进一步拓展、提升，使之成为一种适合时代潮流的哲学理念、哲学思维、哲学学说，需要我们做进一步的考察论证。共生是事物的普遍存在状态或存在方式。共同生成是从世界存在总的存在状态和演化规律而言的。共生是包含对立和竞争的共生，承认事物之间有摩擦和对立，强调的是事物在多样性中互动组合衍生新事物，在自然界也存在生物相互吞并而衍生新生物，例如细菌在相互吞并中产生新生物，但对人类社会来说，共生更强调的是一种非暴力的竞争，人类更注重话语的辩论。共生既是一种实然，更应作为人类社会的应然去倡导。

第一节　作为自然界存在事实的共生

共生在自然界以大量的事实而表现出来，特别是在生命领域集中而明显地表现出来。

一、事物在共生中生成

科学界认为，今天所有活着的存在物都是进化产生的，都是从共同的细菌祖先经历了30亿年的进化而生存下来的。科罗拉多大学的解剖学家伊万·沃林（Ivane. Wallin，1883—1969）论证了新物种是通过共生产生的，即共生发源（Symbiogenesis），指新的组织、器官、生物甚至物种的起源，都是建立在长期或者永久的共生之上的。他称之为"共生生物主义"的过程。①

共生对于了解物种的起源和进化的创新能力有着决定性的意义，动物和植

---

① 林恩·马古利斯，多里昂·萨根. 倾斜的真理——论盖娅、共生和进化［M］. 李建会，等译. 南昌：江西教育出版社，1999：5.

物的细胞都源于共生，分子生物学包括基因测序，已经辩证地证明了细胞共生学说的这一方面，共生发源把我们的地球培育成为生物可居住的实实在在的大地。美国学者埃里克·詹奇认为，系统的共同进化为细胞和生物的形成创造了条件，在共生中，两种生物合作所形成的总系统改进了其生存能力，促进了更高层次的产生。共生是一个普遍的生物学现象，在人类出现和钱币发明前很长的时期内就已经存在了。美国生物学家林恩·马古利斯和多里昂·萨根认为，共生塑造了许多生物，共生在进化上有深远的作用。共生可能不仅对特殊生物群的出现，而且对真菌、植物、动物和原生物，以及所有由真核细胞构成的生命形式的出现都是至关重要的，是共生导致生命谱系的基本分枝的出现，成为进化的一般原则，生命就是在共生机制中产生的。马古利斯在发表于《理论生物学杂志》上的"有丝分裂细胞的起源"疑问，提出色脱离论的中心宗旨："现今的某些细胞组分曾经是自由生活的细菌，任意一种比细菌大的生物都是通过细菌菌体合并而共生起源产生的超级生物。"① 有机体与新的生物群体融合的共生起源，是地球上所发生的进化的一个主要源泉。生命的本质就是在与物质世界相互作用过程中，不断整合其组成成分，在可能的食物、能源物质与废物质之间进行识别、分类、排除，从而维持生物体的完整。生物不是通过竞争，而是通过网络协作占领地球的。

二、共生维持了事物的存在

生命类型的多样化和日趋复杂并不是通过杀死其他生命，而是要通过相互适应对方来实现的。马古利斯举出例子：分布在北方高纬度地区的常绿大森林，如果没有共生的真菌菌丝从岩石和土壤中汲取养分并运到树根附近，它们就会枯萎、死亡……生活在海底温泉附近的大型管状蠕虫没有口，它们从生活在其组织中的共生细菌获得养料，后者利用泉水带出的地壳中的富含能量的硫化物进行新陈代谢。在这些例子中，两种或多种生物的联合产生出本质上新的物种。我们的原生生物祖先由细菌共生进化而来，细菌之间的共生关系的建立，可能是在通向原始生物并最终产生真菌、植物和动物的进化征途上迈出的第一步。动物之间的捕食关系可以让位于共生关系。例如，生活在澳大利亚达温市附近的白蚁的后肠里就是一个生物乐园，生存着能够帮助白蚁消化它吃进的纤维素的原生生物乱发虫。乱发虫是一种大型单细胞生物，能摄入木屑，并释放出白

---

① 林恩·马古利斯，多里昂·萨根. 倾斜的真理——论盖娅、共生和进化 [M]. 李建会，等译. 南昌：江西教育出版社，1999：376.

蚁能够消化的化合物。乱发虫身体一端长有一束四根波动足，它们只是作为舵使用，乱发虫全部的前进动力又来自螺旋体，几十万个螺旋体一束束像头发一样密密麻麻地分布在整个细胞表面。

哈肯（Haken，Hermann）在《协同学》中也指出：在激烈的生存斗争中一个特别有趣的例子是共生现象，其中不同的物种相互帮助而且甚至只有这样大家才可能生存。大自然给我们提供了大量的例子：蜜蜂依靠花蜜为生，同时也四处奔波传播花粉，为使植物更加茂盛而操劳；一些飞鸟到鳄鱼张开的口中，"清理"鳄鱼的牙齿；蚂蚁把蚜虫当"乳牛"。有关人员认为，渡渡鸟赖以为生的圣难树注定要灭绝，因为它的种子只有经过渡渡鸟的消化加工才能发芽，而渡渡鸟却已死尽。通常绝不是只有两三种动物相互竞争或共生。事实上，大自然过程是牙磕牙似的紧密联系着的，"大自然是一个高度复杂的协同系统"。①

所有的物种都一定程度上依赖彼此而生存的这种相互依赖特性是雨林生态系统的一个主要特征，在森林中生物的相互依赖性有很多形式，从一些物种依赖其他物种的授粉和种子散布到捕食—被捕食关系再到共生关系，等等。这些相互依赖关系已经发展了数百万年，构成了生态系统的基础，生态系统中一个物种的消失可能削弱了另一物种生存的机会，然而一个和许多其他物种相关联的关键物种的消失可能会造成整个生态系统功能的崩溃。例如，巴西的干果树（Bertholletia excelsa）是依赖一些动物而生存的。在亚马孙雨林发现的这些大型冠层林木依赖次豚鼠②来维持它们的生命周期的主要部分。次豚鼠是唯一的一种能用有力的牙齿剥开葡萄大小的种子豆荚的动物。当次豚鼠吃一些巴西栗的种子时，它也把种子零散地埋葬在森林里离母树很远的隐蔽处。紧接着这些种子就会发芽生长组成下一代。关于授粉作用，巴西栗树依靠长舌兰蜂传粉。要是没有这些体型大的蜜蜂的话，巴西栗不可能生成。因为这个原因，巴西栗树很难在人工种植园里生长，它们仅仅生长在原始雨林中。

热带雨林中的生活是竞争性的，无数的物种为了生存，都和其他的物种形成了复杂的共生关系。生物间的共生关系是这样一种关系：参与的物种双方相互得益、相互依存。在雨林里，共生关系是一种规则。例如，蚂蚁和无数个雨林物种有着共生关系，如植物、真菌和其他的昆虫等。蚂蚁和毛虫之间有一种共生关系。毛虫在他们的后背上制造出一些来自露珠的有甜味的化学物质，而

---

① 赫尔曼·哈肯．协同学——大自然构成的奥秘［M］．凌复华，译．上海：上海世纪出版集团，上海译文出版社，2005：64.
② 一种居住在地面的啮齿类动物。

这正是蚂蚁所食用的对象。"作为回报，健壮的蚂蚁保护着这些毛虫，人们也观测到，晚上蚂蚁还会将毛虫安全运回它们的巢穴。这种共生关系发生在特定的物种之间，在这个例子里也就是说仅仅一种毛虫能够满足特定的蚂蚁种类的需要"。动物与微生物之间互相共生的例子也有很多，如反刍动物与其胃内的微生物间形成了一种互利共生的关系，微生物既帮助了反刍动物消化食物，自身又得到了生存。白蚁的肠道中生活着一种强厌氧性鞭毛虫，也可消化纤维素。此外，昆虫与植物传粉之间的关系也属此类。植物界中以互利共生为最多。像许多种苔类植物、菠萝科植物、胡椒科植物，以及兰科植物，都常借树干及树枝作为立足之地。在热带雨林中，这种互相借助的共生现象多不胜数。更有一些植物能与蚂蚁的聚落互相依存，也属于互利共生。

互利共生对两共生的生物都有利益。不过有些共生的现象，从表面看起来，好像是不可能共同生存的伙伴，实际上却是互利共生的。例如食蜱鸟在一只凶猛的疣猪背上蹦蹦跳跳，似乎是不可思议的，但这两种动物却是互相依存的。此外，像藻类植物与三趾树懒也有互利共生的关系。藻类植物生长在树懒的粗毛夹缝中，在雨季时，藻类繁盛，形成绿色的伪装，使树懒更易在树丛中生存①。

这些共生共存的互利程度当然各有不同。有些生物密切共生，不能分开，若强行分开，就不能生存。从一方面来说，这两种生物好像都已失去独立的能力；但是若从另一方面来看，他们都已经找到了合作的伴侣，互蒙其利，而那些利益，都是在单独生存时无法得到的好处。例如地衣植物，本身就是一种共生体。这些粘在树干上或是石头上的矮小植物，实际上是由两种不同的植物②结合而成的互利共生体。地衣中的藻类跟其他绿色植物一样，也能进行光合作用，以制造自己的食物，所以也是一种"生产者"。共生的菌类属于一种消费者，要从藻类吸取食物。同时，菌类植物能够形成支持的结构，并能抵抗干燥气候，使藻类不致枯萎。因此，这种地衣在大部分植物不能生长的不毛极地，也能生存。

有许多被子植物与各种传粉动物③之间，也常具有互利的共生关系。植物的花朵常用醉人的香气与艳丽的色彩，引诱动物帮助传粉。而且这些虫媒花大多都能分泌带有甜味的食物——花蜜。动物为采食蜜液，也就顺便传递了花粉。

① 藻类可以借树懒作为传播的工具。
② 这里指一种菌类与一种藻类。
③ 这里指像昆虫、鸟类、蝙蝠，甚或偶尔有些猴子及老鼠等动物。

不过，传粉的故事中还有比这更为复杂、也更为有趣的实例。在中南美洲各地出产的两千多种兰科植物的花，都没有蜜腺，但是仍能由大黄蜂照常帮助传粉。这些兰花也都必须依靠这种金光闪闪的大黄蜂传粉才能完成生殖的功能。然而，既然没有花蜜，大黄蜂又为何而来帮助传粉的呢？原来大黄蜂只是受了兰花香味的引诱而来，它可以从花瓣上采取到有香味的物质。

在意大利拿波里海湾中有一种非常有趣的共生系统，那就是托马斯（Thomas）所写的"水母与海螺"。水母的水螅型无性繁殖体可以附着在海螺的口部附近上，吸食海螺的体液。这些寄生的无性繁殖体可以再分生新的繁殖体，脱离后逐渐长成独立生活的水母。遇到海螺的幼虫，水母就用它的触手捕捉这些幼虫，送到体腔中。但是这一只海螺的幼虫倒不会被水母消化掉，反而由水母提供食物及保护，一直到海螺成长后，才离开水母的体腔。不过在离开时，口部附近就带走了一个寄生性的水母繁殖体。

自然界的共生中还有一种片利共生，它是指在生物界中，某两物种间的生态关系，其中一种生物会因这个关系而获得生存上的利益，但是，另一方的生物在这个关系中，并没有获得任何益处，但也没有获得任何害处，只是带动对方去获取利益。例如在海洋中，大部分鱼类遇到凶残的鲨鱼都会退避三舍，只有鲫鱼能够与鲨鱼共存共食。鲫鱼的背鳍演变成吸盘，可以吸附在鲨鱼的身上，随着鲨鱼遨游四海。在鲨鱼捕得猎获，撕裂吞食的时候，鲫鱼就顺便分他一杯羹，偷吃那些残存的食物。鲨鱼似乎也没有注意到这些。鲫鱼敏锐的反应好像与鲨鱼的行动配合得非常完美，是非常自然的共生方式。

人的消化道里有无数的细菌和其他微生物。事实上，人的排泄物主要由细菌组成。这些细菌具有多种功能，但其首要职责是分解消化道内的物质，如果没有它们，人的消化道就无法完成这一任务。比如，大量未经消化的碳水化合物进入肠道，肠道中的细菌能把它们分解成可以吸收和转化的各种酸性物质。就这样，人体利用细菌消化，从食物中获取更多的营养和热量，而消化道（肠道）的细菌则通过人体获得稳定的食物供应。然而，如果服用抗生素，人体消化道内的大量共生细菌就会被杀死，从而导致消化能力降低。而要恢复原来的消化能力，则要等到肠道内的共生细菌重新繁殖起来。

考古学家证实，人类大约在几千年前才懂得种植庄稼，而生物学家却发现，昆虫经营种植业的历史至少已有几百万年了。切叶蚁是种植真菌的专家，它们先在地下洞穴中修建菌圃，然后才出去采集新鲜树叶，并把树叶嚼碎，当作肥料施在菌圃内；当真菌成熟结出硕硕球茎时，收获下来的球茎就作为全巢蚂蚁的食物。正像小麦已被人类驯化了一样，这种真菌早已被蚂蚁驯化，而离开蚂蚁菌圃的真菌根本不能生长，因为它们竞争不过野生野长的其他真菌。蚂蚁菌圃内的杂菌，则完全依靠工蚁去清除。一些热带白蚁，也常常在它们的巢中种植真菌，但它们的目的不是为了收获食物，而是为了利用真菌调节巢内的小气候。在种植着真菌的白蚁巢中，由于真菌的代谢活动，温度和湿度总是比较高，而且稳定，这样的环境最适合白蚁的生存。此外，蠹材大花蚤、小蠹甲和叶蜂等蛀木昆虫，也常在它们蛀食的虫道内培育真菌，充当食物。小蠹甲先在树干内蛀食虫道，再把真菌引入虫道内，任其生长。蠹材大花蚤和叶蜂则在树皮的表面或树皮下产卵，而真菌则随着从卵中孵化出的幼虫一起进入虫道内，真菌的大量繁殖，可以为发育中的幼虫提供丰富的食物。

昆虫和植物之间相依为命的共生关系绝非罕见，无花果和鹦榕小蜂之间的微妙关系是更加复杂的一例。食用无花果只有在鹦榕小蜂为其授粉以后，才能结出果实来。但鹦榕小蜂必须靠三种无花果的帮助，才能完成它的生活史：它必须在一种无花果上过冬，到了生长季节，再转移到另一种无花果上完成发育，成虫羽化后才飞去为食用无花果传粉。如果没有无花果，鹦榕小蜂也就失去了容身之所、发育之地。

在南美洲的热带森林中，生长着一种桑科阔叶乔木树，这种树的树身中空，树干表面有许多小孔，只见蚂蚁由这些小孔出出进进十分繁忙，原来这就是著名的树栖蚁和蚁栖树。蚁栖树不仅为树栖蚁提供免费的住所，而且在每个叶柄的基部，还长出富含脂肪和蛋白质的小果子，这是专供蚂蚁享用的高级营养品。树栖蚁为报答房主的殷勤款待，也倾尽全力为蚁栖树做好事，它精心清除树上有害的霉菌；帮助蚁栖树同讨厌的藤本植物做斗争；驱赶和消灭各种食叶蛀木害虫，特别是当切叶蚁成群前来采叶、对蚁栖树造成巨大威胁时，树栖蚁便奋勇迎敌，直到把切叶蚁击退才班师回巢。在树栖蚁的严密保护下，蚁栖树已经丧失了同类植物所具有的各种防卫能力，所以，一旦失去了树栖蚁的保护，它便无法生存了。

地衣的生命力来自生物之间的互助。原来，地衣是单细胞藻类和真菌的密切共生体，真菌的菌丝已深深长入单细胞藻的原生质内，使两者密切结合为一体，以至于生物学家已无法把它区分为藻类或真菌，而只能把它看成是一种狮身人面兽式的奇异生物。构成地衣的真菌和藻彼此交换养料，共同维持水分和无机盐的平衡，共同抵抗干燥和极端的温度条件。这种密切的合作，使这种奇异的共生体比任何单一的生物更能应付恶劣的环境，因而能够占有其他生物所不能占领的地域。地衣是植物界著名的开拓者，当植物试图征服火山岩坡、高寒山地和极端干旱的不毛之地时，地衣总是充当开路先锋。

单细胞藻类不仅可以同真菌共生形成地衣，而且还常常潜入一些动物体内。在浩瀚的海洋里，微小的单细胞藻经常同各种原生动物、海绵动物、腔肠动物、扁形动物、软体动物、棘皮动物和被囊动物一起过着共生生活。藻类从这些动物身上取得水分、无机盐，并得到最安全、最稳定的生活场所，当然，它们则为动物提供氧气和制造食物，否则这些动物是不会接受它们的。正是这种互惠互利的关系，才把它们结合到了一起。这些共生藻类，有些是动物吃食时混进去的，有些则是终生居住在动物体内，当动物细胞进行分裂时，顺便也把它们传给了下一代。

有时，共生藻可以明显地改变动物的行为，如黄绿藻和珊瑚浮浪幼体的共生就是一例。珊瑚浮浪幼体在海水中自由游动时，体内有黄绿藻的浮浪幼体，表现出明显的趋光性；而体内缺乏黄绿藻的浮浪幼体，则对光的有无和强弱毫无反应。这种共生关系，能使藻类发育得更快，使珊瑚群体生长得更加密集。此外，共生藻还对海葵的分布有影响。体内有藻类共生的海葵，总是分布在有阳光照射的地方，而普通海葵的分布，则不受阳光的限制。在很多昆虫的口腔、肠道、血管和排泄管里，以及各种细胞的原生质内，常常可以找到大量的细菌、真菌、立克次氏体、酵母菌和原生动物等微生物。有时，微生物还会使动物患严重疾病，但奇怪的是，这些微生物不但不会使昆虫致病，反而会使昆虫发育得更好、生殖力更强。

原来，微生物并不都是有害的，其中不少是同昆虫共生的，它们能为昆虫提供生活所必需的各种维生素、葡萄糖，有时还为昆虫提供消化酶。白蚁自身本无消化纤维素的能力，它之所以能够靠食木材为生，全靠生活在它肠道内的多鞭毛虫的帮助，因为只有靠多鞭毛虫所分泌的纤维素酶，才能把最难水解的木材消化为营养品，供白蚁食用。有人利用白蚁和多鞭毛虫对高温忍受能力的差异，做过这样一个实验，即用适当的高温把白蚁体内的多鞭毛虫杀死，而让白蚁存活，结果白蚁虽然继续大量地吃木材，但还是死于饥饿。白蚁的生存离不了多鞭毛虫，同样，多鞭毛虫离开白蚁的消化道，也会因失去它们世袭生存的环境而死亡。有趣的是，白蚁每次蜕皮时，肠内的多鞭毛虫都随着旧皮一道被丢弃，蜕了皮的幼虫则靠取食未蜕皮幼虫的粪便而重新把多鞭毛虫吃进肠内。在吃木材的蜚蠊肠道里也有类似的共生微生物，但这些微生物并不随每次蜕皮离开虫体，它们一旦在蜚蠊幼小时进入其肠内，就一劳永逸地永远留住在那里。

既然共生关系对参与共生的双方生物都是必不可少的，那么能否万无一失地使这种共生关系一代一代地传下去，就成了一件生命攸关的大事。大自然既然有能力创造出各种奇妙的共生关系，也必定有能力使这种关系在后代中保持下去。

蔗黑长蠊在产卵的同时，总是把肠内的共生微生物当成一种排泄物排出体外。幼虫从卵壳中刚一钻出来，就立即把这种"排泄物"吃下去，从而使幼虫一问世就找到了自己的共生对象。另有一种蠊象更是巧妙，卵子还没从母体中产下来，卵壳表面就已经涂满了共生微生物，幼虫孵出后的第一件大事就是把卵壳吃掉，这样，共生对象就被吃进了肚内。这件大事幼虫是绝不会忘记的，因为这已成了它固有的遗传习惯。

在油榄实蝇那里则是更妙，当卵子沿着输卵管下降时，共生细菌早已等在那里，相遇时立刻附着在卵的表面，接着便穿透卵壳侵入卵子内部，直接感染正在发育的小胚胎，所以，在幼虫出世之前，共生细菌就早已开始和它共生了。至于某些蜚蠊、象鼻虫和蚂蚁等昆虫体内共生的微生物，早在卵子形成之前，就大量潜入到了共生昆虫的卵巢之中，这种巧妙的安排真可谓是万无一失的了。由此看来，很多共生关系早在昆虫出世之前，就已经安排好了，而无须后代为此操心。不过，也有不少共生关系是在昆虫出世之后建立起来的，凡属于这样的共生生物，必定有极强的生殖力和极大的繁殖数量，使共生双方必能相遇。

一些虾虎鱼种类，可和枪虾类形成共生。枪虾会在沙中挖掘洞穴，这两种生物就居住在这个洞穴里面。枪虾几乎是全盲，因此若在地面①有天敌的状况下会变得非常脆弱，在危急的情况下虾虎鱼用尾巴碰触枪虾，以警告它们身处危险之中，随后两种生物都会迅速退回洞穴中保护自己。

在陆地环境，有一种鸟以擅长捕食鳄鱼身上的寄生虫而出名，而鳄鱼也欢迎鸟类在身上寻找寄生虫，甚至张大口颚以利鸟儿安全地至鳄鱼口中觅食，对鸟来说，这不仅是现成的食物来源，也是一个很安全的环境，因为许多掠食者不敢在鳄鱼身边攻击这些鸟类。鮣首鱼会利用头部的吸盘状构造，吸附在其他的鱼类表面，但是不对其造成伤害，借着被附着的个体的活动而行于水中。蚁栖树的树干中空，树干内分泌一种含糖的物质，可作为蚂蚁的养料。蚁栖树的树干内居住着上百万阿兹特克蚁，它们在树洞里筑巢，并以树干内的分泌物为食。由于蚁栖树的树干中空，所以支撑不了多大重量，附着其上的藤蔓植物就有可能把它们压垮。而阿兹特克蚁会为蚁栖树巡逻，啃掉入侵的攀缘植物。阿兹特克蚁会保护它们赖以生存的蚁栖树。

鞭毛虫是最奇特的共生生物之一。鞭毛虫生活在海岸地区，它们本身是透明的，但体内生长着一种富含叶绿素、可进行光合作用的扁藻，因此它们的身

---

① 通常是在水中的地面情况下。

体通常呈绿色，看起来就像大片的海草。鞭毛虫没有消化道，甚至连嘴巴都没有。扁藻会透过鞭毛虫透明的表膜吸收阳光，通过光合作用为鞭毛虫合成食物。扁藻还会循环利用鞭毛虫的排泄物，一辈子都生长在鞭毛虫体内。

清洁鱼有很多种，它们会帮助其他鱼类清理身上或口中的细菌和真菌。舟䲁、清洁工隆头鱼和加州尖隆头鱼均以其他鱼类身上的寄生生物为食。如果没有这些清洁鱼，其他鱼类就会受到寄生虫的困扰。因此，当清洁鱼靠近时，其他鱼类一般不会采取任何攻击行动，这让清洁鱼可以放心完成清洁工作。此外，其他鱼类有时还会主动去找清洁鱼来帮助自己清除细菌。

除了鱼之外，其他生物也有类似的共生关系。白鹭、黄嘴牛椋鸟、鸻鸟和棕头牛鹂常常飞到其他动物身上，以这些动物身上的昆虫、扁虱和其他寄生虫为食。鸻鸟喜欢跳到在晒太阳的鳄鱼嘴里，啄食它们口中的水蛭。很多清洁鸟类还会啄食斑马、野牛、疣猪和家畜身上的寄生虫，让它们不受寄生虫的侵害。在危险来临时，它们还会向宿主发出警报。

食蜜鸟是一种喜欢吃蜂蜡与蜜蜂幼虫的鸟类。但是它们身形娇小，没有力气啄开蜂巢。因此，它们必须依靠某些哺乳动物①来帮它们打开蜂巢。这种食蜜鸟一般会在那些喜食蜂蜜的动物周围不断跳跃，把它们吸引到蜂巢附近。当这些动物将蜂巢打开吸食蜂蜜时，食蜜鸟就可以吃到其中的蜂蜡和蜜蜂幼虫。

植物的生长需要氮，氮是一种非常重要的营养元素。然而，植物体本身不能从空气中获取氮元素。生长在肥沃土地上的植物虽然可以从地下的土壤中获取氮，但土壤中的氮很容易耗尽。有些植物为了获取氮，会与有能力从空气中汲取氮（或固氮）的物种结成共生关系，比如马铃薯和花生等豆科作物与根瘤菌之间的共生关系②。豆科作物为根瘤菌提供必要的能量，让它破坏无机氮的化学键；作为回报，根瘤菌会为豆科作物提供有机氮，并增加周围土壤的肥力。

植物和真菌是完全不同的两种生物，然而，它们的生命却紧密交织在一起——目前地球上大约90%的植物都由专门的真菌"伙伴"来为它们提供生存所需的养料。我们所说的真菌实际上指的是菌根。许多不同种类的菌根与树木或其他植物形成了紧密的共生关系，它们从土壤深处吸收养料，然后将养料提供给树木以换取树木通过光合作用合成的部分能量③。树根部生长的蘑菇和毒菌其实就是巨大的地下真菌网络的繁殖器官，植物通常利用它们更有效地获取

---

① 例如人类或者蜜獾等动物。

② 根瘤菌长在豆科作物根部的节瘤处。

③ 树木通过光合作用合成的部分能量是以糖的形式存在的。

养料。

　　许多植物要依靠动物来帮它们传播花粉。这些植物会开出艳丽芬芳的花朵来吸引传播花粉的动物。在共生关系中，花朵会为昆虫、蝙蝠和鸟类提供甘甜且富有能量的营养物质。当传播花粉的昆虫、蝙蝠和鸟类采完一朵花的花蜜后，它们会飞到另一朵花上继续采蜜，与此同时它们也把花粉带到了另一朵花上，从而完成授粉的任务。有的动物还进化出了非常特殊的特征，如形状奇特的喙，以便更高效地吸食花蜜。花朵也会进化成特别的形状，只让某一种动物来吸食它们的花蜜。这样一来，每种植物都有了专属于自己的授粉者。生物在相互作用中形成了共生的状态，生物的体型构造都向符合共生的方向生成。

三、共生是实现事物进化的奥秘

　　林恩·马古利斯将共生上升到哲学高度，她认为地球是一个活的生命，提出盖娅假说，它代表了一种新的生物世界观，这种新世界观更接近亚里士多德主义的哲学而不是柏拉图主义的哲学。依照笛卡儿开创的机械论二分法，自然物质与人的自由思想之间存在普遍的分离，将人和动物完全分离割裂，笛卡儿认为人的灵魂带有上帝的性质，动物只是没有精神、无理性的自动机器，这种机械的二分法使我们对世界的认识走向片面化。马古利斯把共生界定为多样的生物共同生存，两个有机体间的内在关系使相互之间的受益超过不利，共生可以导致生物的新颖性和不连续性，共生是在生物新颖性产生上的一个革命。

　　生物是相互依存并且通过共生的方式实现进化的。Robert M. Hazen 认为合作模式是生物进化的途径，生物在多样化状态下合作进化。Roderic Page 新出版的《缠绕的树》中认为，物种进化是一种共生的进化。"生物在互惠适应中进化"。[①] 美国人罗伯特·艾克斯罗德（Robert Axelrod）认为，共生关系主要说明了进化的另一个最新发展：回报理论。真菌和藻类形成了地衣；树胶为蚂蚁提供住处和食物，反过来蚂蚁也保护了树；小鱼或甲壳动物移去或吃掉可能是它的捕食者的大鱼身上甚至是嘴里的真菌。"这些共生现象说明生物由于互惠共生而存在"。[②] 在艾根的超循环理论中，我们已经认识到两种分子之间的共生。共生可以导致完全相互适应，此时融合中没有产生出任何新的东西，多样性和相互作用的自由性是自然界进化的奥秘。自组织复杂系统有广泛的协同共生现象，

---

① HAZEN R M. Genesis. The Scientifc Quest for Life's Origin［J］. On The Origin Of Life（OOL）. Metascience, 2007, 32（16）：303-306.

② 罗伯特·艾克斯罗德. 对策中的制胜之道——合作的进化［M］. 吴坚忠，译. 上海：上海人民出版社，1996：69.

哲学的协同因果关系、进化当中的跨学科的理论，以及复杂系统中的自组织都受到广泛的注视。当前西方有学者提出共生协同的世界观，即世界的存在到生成，属于复杂系统，是协同进化、互惠进化。未来是开放性的。① 还有学者提出协同学与东方世界观具有共同特征，即共生。协同共生与道家和佛教的思想非常接近，都认为世界是自组织的和谐共生统一体。

我们可以将生物共生关系形象地看作是进化的工具箱。比如，树木需要土壤提供养分，为此它们可以不断进化，进化出有利于吸收养分的根系。但是，这种进化需要漫长的时间。而土壤中的真菌本身具有从土壤深处汲取养分的能力，于是树木与真菌结合，双方形成共生关系，进化成为共生生物。这将比树木的单独进化要快得多，所以共生也是生物进化历程中一个重要的组成部分。因此，生物借助共生方法这个工具得以进化。

生物共生也是进化的产物，也就是说共生作为一种方法也是自然界运动演化的结晶，我们人只不过把它概括提炼出来而已。科学家告诉我们，物种选择性是产生共生现象的关键。在种群进化过程中，一些个体具有利于生存的共生特征，从而在进化中能将这些共生特征传给后代，物种选择性又不断地加强种群的这种共生特征，从而使得种群越来越依赖共生，于是共生就进化产生了。

第二节　作为哲学逻辑层面的共生

作为哲学逻辑层面的共生是自然界生物存在、进化发展的事实，同时它也是哲学理论思维所探讨的共同话题。

一、马克思的存在论也是一种共生思想

共生法则作为一种大自然的生态法则，在马克思的著作当中通过共生的逻辑体现出来。马克思也认识到了世界进化的奥秘和人类获致幸福的方法，预见了未来社会全球范围的交往互动的形成，人与人的平等共生，共同生成世界的新阶段的到来。他所提及的世界市场和世界文学的出现表明他认识到了一种世界范围系统的出现。马克思曾预测，"即将来临的世界革命将是向着长久的无阶级和无阶级冲突的社会进步的最后阶段——它也标志着人及其意识进化的终极

---

① HAKEN H，KNYAZEVA H. Arbitrariness In Nature：Synergetics And Evolutionary Laws Of Prohibition [J]．Journal for General Philosophy of Science，2000，31（2）：57－73.

阶段。这个终极阶段就像一种平衡系统那样是预定的。发动和加速这个宏观过程便是人类的任务"。① 马克思在提纲中揭示出一个不同于机械唯物主义僵化、片面、直线发展的世界图景，也不同于古希腊以来的还原论的世界演化模式，给我们揭示出一个多元共生互动的复杂性世界图景和演化模式。多元共生互动的世界图景和演化模式，包含以下内容：一是世界是一个复杂系统，是多元多维的；二是多元多维的复杂性因素之间是交互作用的，诸因素之间在相互作用中的地位是平等的，没有绝对的中心，也没有固定的程式；三是整个世界是一个瞬息万变、不断创生生成的过程；四是对任何一个事物的认识都必须从其变动过程的特定时间和条件出发，要从相互作用的过程去把握，不能抽象地去分析，应抛弃宏大的形而上学叙事主张；五是马克思将人与外界事物之间多元多维相互作用的复杂性过程界定为实践。我们对马克思关于世界图景的这种理解仍然是建立在唯物主义立场之上的，这种理解是对辩证法关于世界的普遍联系和永恒发展从多样性、多维互动性、生成性角度的一种提炼和阐发，有助于进一步细化对辩证唯物主义的理解。

共生的世界图景作为一种世界观的正式孕育是在《1844 年经济学哲学手稿》中，在手稿中已经体现出马克思强调的人与自然的共生关系。社会历史是人在共生过程中的生成过程，是人作为自然界的一个特殊部分的生成过程，人作为人是自然界的一部分，人与自然生成于同一过程，人与自然界是同时生成的，人与自然界属于一体，人与自然界是相互生成的，生成的过程统一于实践。他说："世界历史……是自然界对人说来的生成过程……人对人来说作为自然界的存在以及自然界对人来说作为人的存在，已经变成实践的、可以通过感觉直观的……"② 世界历史就是人与自然界之间的相互生成过程。正是手稿中马克思孕育的这种思想在提纲中系统而简练地阐述出来，这种思想没有用多元共生的复杂性生成模式的概念或辩证法概念表述出来，但马克思正是以这种思维方式在批判费尔巴哈和唯心主义，并提出实践的概念。而我们也只有以这种思想去字字推敲提纲，才能将每一句话、每一个字、每一个标点符号真正解释得通，才能理解得更深刻。提纲可以说标志着马克思哲学思想正式产生，马克思世界观、历史观正式诞生。马克思给我们展示了一个新的世界图景，即多元共生的复杂性世界生成图景。马克思结束了欧洲漫长的还原论的思维模式，也结束了

---

① 埃里克·詹奇. 自组织的宇宙观 [M]. 曾国屏，译. 北京：中国社会科学出版社，1992：285.

② 马克思. 1844 年经济学哲学手稿 [M] // 马克思，恩格斯. 马克思恩格斯全集：第 42 卷. 北京：人民出版社，1979.

近代以来机械线性的思维模式，以实践结束了主客二元对立的思维方式，也结束了理论理性和价值理性的对立，正是在这个意义上马克思实现了哲学的革命，结束了传统欧洲哲学，开辟了一个全新的哲学范式，即共生的世界图景。

马克思始终将世界看作一个矛盾交织的多元的、变动的过程，作为人的认识领域，他认为也是服从这一必然的，对独立王国的分析必须从世俗基础的矛盾运动过程中去寻找其根源，宗教、想象的世界是在世俗基础的多种矛盾关系中产生的，想改造它还须在这多种矛盾关系的世俗基础中，通过人与环境（社会）的矛盾运动（实践）来改变它。这里还是体现了马克思的人与环境（社会）的互动共生关系。马克思说："世俗的基础使自己和自己本身分离，并使自己转入云霄成为一个独立王国，这一事实，只能用这个世俗基础的自我分裂和自我矛盾来说明。因此，对于世俗基础本身首先应当从它的矛盾中去理解，然后用排除这种矛盾的方法在实践中使之革命化。"① 共生的世界是一种多元交互作用的世界，没有谁绝对的被动和主动，人与环境是一个交互作用生成变化的过程，这个过程就是实践，实践乃是人与环境的变动的、多维互动的过程，在互动中不断生成。没有固定不变的环境，也没有固定不变的人，人受环境影响，同时环境也受人的影响，人与环境共生共存，共同演变和生成，即共生互动。在实践中，人与环境同存共生，在合理的范围内，既不能过分突出人，也不能过分夸大环境，人既不是被机械决定的，也不是为所欲为的，所以必须对人与环境的关系通过实践合理地进行理解。实践是一个过程，是一个多维发散、多元无中心、不固定、变动不居的过程。马克思说："有一种唯物主义学说，认为人是环境和教育的产物，因而认为改变了的人是另一种环境和改变了的教育的产物——这种学说忘记了：环境正是由人来改变的，而教育者本人一定是受教育的。环境的改变和人的活动的一致只能被看作是并合理地理解为革命的实践。"② 马克思对社会关系做了解释，社会关系、社会生活本质是实践，是人与环境的多元共生互动关系，任何社会中的各种现象都是在这个多元共生互动过程中产生的，人在活动中可以产生这种现象，也可以通过对这个多元共生互动过程的理解来解释这种现象，这是一个不断产生结构又不断解构的无限循环的过程。马克思指出："社会生活在本质上是实践的。凡是把理论导致神秘主义方

---

① 关于费尔巴哈的提纲［M］//马克思，恩格斯. 马克思恩格斯全集：第3卷. 北京：人民出版社，1965：4.
② 关于费尔巴哈的提纲［M］//马克思，恩格斯. 马克思恩格斯全集：第3卷. 北京：人民出版社，1965：4.

面去的神秘东西，都能在人的实践中以及对这个实践的理解中得到合理的解决。"①

马克思对唯物主义做了进一步解释，马克思指出："直观的唯物主义，即不是把感性理解为实践活动的唯物主义，至多也只能做到对'市民社会'的单个人的直观。"② 唯物主义应当是看到多元共生互动的客观过程的唯物主义，即实践的唯物主义，这种唯物主义，不是脱离人的唯物主义，也不是脱离物的唯物主义，人和物是一种共生关系，脱离了物的人是不可想象的，同样，脱离了人类认识范围的物对人来说也是不可想象的。对诸如此类的先有人类还是先有自然界的问题，马克思给予了有力的一击。马克思指出："每个人都是父母生育的，你会追问谁生出了你的父亲、谁生出了你的祖父，你可以沿着这个无限过程追问下去，直到提出谁生产了第一个人和整个自然界这一问题。那么，对这个问题只能做如下的回答：你的问题本身就是抽象的产物，是个荒谬而无法回答的问题。请你问一下自己，那个无限的过程本身对理性的思维说来是否存在。既然你提出自然界和人的创造问题，那么你也就把人和自然界抽象掉了。"③ "你假定它们都不存在，而却又希望能证明它们是存在的。结果是请放弃你的抽象，放弃你的问题，如果你就要贯彻到底，如果你设想人和自然界是不存在的，那么你就要设想你自己也是不存在的，因为你自己也是自然界和人。不要那样想，也不要那样向我提问，因为一旦你那样想，那样提问，你就会把自然界和人的存在抽象掉，这是没有任何意义的。也许你是一个假定一切都不存在，而自己却想存在的利己主义者吧？"④ 马克思通过对先有人还是先有自然界的问题的回答，说明了自己的观点是：一切存在是共生的，一切都在共生互动中生成又不断消失，消失的过程也就是生成新事物的过程。可以说马克思是对主客二元对立的思维方式持否定态度的。历史是"作为既定的主体的人的现实的历史，而只是人的产生的活动、人的发生的历史。"⑤ 历史实际是个人与自然共生互动

---

① 关于费尔巴哈的提纲［M］//马克思，恩格斯. 马克思恩格斯全集：第3卷. 北京：人民出版社，1965：5.

② 关于费尔巴哈的提纲［M］//马克思，恩格斯. 马克思恩格斯全集：第3卷. 北京：人民出版社，1965：5.

③ 马克思. 1844年经济学哲学手稿［M］//马克思，恩格斯. 马克思恩格斯全集：第42卷. 北京：人民出版社，1979：130-131.

④ 马克思. 1844年经济学哲学手稿［M］//马克思，恩格斯. 马克思恩格斯全集：第42卷. 北京：人民出版社，1979：130-131.

⑤ 马克思. 1844年经济学哲学手稿［M］//马克思，恩格斯. 马克思恩格斯全集：第42卷. 北京：人民出版社，1979：159.

的生成过程，唯物主义应当从人与自然的双向互动的生成人的实践过程角度来理解。环境和人是共生互动的关系。"人创造环境，同样环境也创造人。"① 人与自然界在互动共生中共同存在和发展。我们这里这样理解马克思，并没有背离马克思主义唯物主义立场，不是要走唯物、唯心二元论，仍然是唯物主义一元论，是强调不要抽象地谈问题，抽象地谈问题才最终走向唯心主义，用相互生成的动态关系来看问题才能更加客观、辩证地看问题。

马克思指出："旧唯物主义的立脚点是'市民'社会，新唯物主义的立脚点则是人类社会或社会化了的人类。"② 马克思在这里进一步对唯物主义进行了解释，旧唯物主义将唯物主义界定在一个固定的时间点上，即市民社会，这又将多元共生、互动的客观过程僵化、凝固到一个暂时的现象上，将一个永恒变化的生成的过程凝固化、定型化，而新唯物主义着眼的是一个多元共生、互动、永恒运动生成的过程，它不只是一般的自然过程，更重要的是着眼于人与环境的共生互动变化过程，即实践过程，着眼的不是实践过程中某一阶段某一时间点上的人，而是处在整个共生互动生成过程中又不断生成的人，即人类。由此我们可以看出马克思的立意是多么的高远，他看问题的视野和角度远远超出我们一般人，他的目光是超时空的。他看到的人是一种生成变化的人，是从古到今整体的人，是走向同呼吸共命运人类共同体的社会关系的人。

马克思指出："哲学家们只是用不同的方式解释世界，而问题在于改变世界。"③ 马克思在这里强调，人更重要的是要在生成的实践过程中不断生成自身又促使世界生成，即认识世界和改造世界的统一。认识世界的过程和改造世界的过程统一于人与自然及人与人的相互生成的实践过程，他总是用生成变化的过程来看待世界，作为人的世界就是人类实践的过程。

自然界是一个互相生成和共同生成的过程。自然界的一切事物只有在相互作用过程中才能补充和完善生成自己，是一个互相生成和共同生成的过程。这也就是马克思所说的事物都是对象性的存在，不作为任何事物的对象，也没有任何事物是其对象的事物是存在不下去的。人自己的本质是通过与自然他物的共生互动表现出来的，人的本质总是投射在自己的对象中而表现出来。"说人是

---

① 马克思，恩格斯. 德意志意识形态［M］// 马克思，恩格斯. 马克思恩格斯全集：第3卷. 北京：人民出版社，1960：43.

② 马克思. 关于费尔巴哈的提纲［M］// 马克思，恩格斯. 马克思恩格斯全集：第3卷. 北京：人民出版社，1965：5-6.

③ 马克思. 关于费尔巴哈的提纲［M］// 马克思，恩格斯. 马克思恩格斯全集：第3卷. 北京：人民出版社，1965：6.

肉体的、有自然力的、有生命的、现实的、感性的、对象性的存在物,这就等于说,人有现实的、感性的对象作为自己的本质即自己的生命表现的对象;或者说,人只有凭借现实的、感性的对象才能表现自己的生命。"① 饥饿是自然的需要;因而为了使自己得到满足、得到温饱,他需要在他之外的自然界、在他之外的对象。饥饿是我的身体对某一对象的公认的需要,这个对象存在于我的身体之外,是我的身体为了充实自己、表现自己的本质所不可缺少的。人与自然他物互为对象,互相投射自己的本质力量。太阳是植物的对象,是植物所不可缺少的、确证它的生命的对象,正像植物是太阳的对象,是太阳唤醒生命的力量的表现,是太阳的对象性的本质力量的表现一样。一个存在物如果在自身之外没有自己的自然界,就不是自然存在物,就不能参加自然界的生活。一切存在物都是互为对象的存在物。事物的对象性进一步证明事物是共生的存在。"一个存在物如果本身不是第三者的对象,就没有任何存在物作为自己的对象,也就是说,它没有对象性的关系,它的存在就不是对象性的存在。"②

人与人是共生的。人们在互动共生中相互创造。"人们在肉体上和精神上互相创造着。"③ 人在共生互动中生成人的体质、生理、心理、情感、欲望、理智、感受、愉悦、幸福、痛苦等,生成人。人是理性存在物,人在共生中生成自己的理性,人在自己的知识中表现并确证自己。人是在与外物的共生中生成的。人们在互动共生中相互创造。"全面发展的个人是基于交换生产关系的……在发展的早期阶段,单个人显得比较全面,那正是因为他还没有造成自己丰富的关系,并且还没有使这种关系作为独立于他自身之外的社会权力和社会关系同自己相对立。"④ 马克思将人的感性看作是人在与环境的多维互动关系中表现出来的能动性,人的类本质就存在于这种能动性互动关系中。马克思指出:"费尔巴哈不满意抽象的思维而诉诸感性的直观;但是他把感性不是看作实践的人类感性的活动。"⑤ 马克思进一步阐发了人与环境的这种共生关系,人与环境时

①　马克思. 对黑格尔的辩证法和整个哲学的批判［M］//马克思,恩格斯. 马克思恩格斯全集:第42卷. 北京:人民出版社,1979:168.

②　马克思. 对黑格尔的辩证法和整个哲学的批判［M］//马克思,恩格斯. 马克思恩格斯全集:第42卷. 北京:人民出版社,1979:168.

③　马克思,恩格斯. 德意志意识形态［M］//马克思,恩格斯. 马克思恩格斯全集:第3卷. 北京:人民出版社,1960:42.

④　马克思. 政治经济学批判(1857—1858年手稿)［M］. 马克思,恩格斯. 马克思恩格斯全集:第30卷. 北京:人民出版社,1995:112.

⑤　马克思. 关于费尔巴哈的提纲［M］//马克思,恩格斯. 马克思恩格斯全集:第3卷. 北京:人民出版社,1965:4.

刻不停地处在相互作用、相互生成的过程中,众多复杂的因素都会在这个过程中起作用,所以没有永恒不变的人和人性,没有永恒不变的环境,把人的本质抽象为孤立的个体,是看不到人与环境这种变动不居的生成关系的,把人的本质规定为内在的、无声的,把许多个人纯粹自然地联系起来,这就等于将一个变幻不定的矛盾关系世界中的人固定化了,人成了一种不变的东西。

马克思将人的本质界定为一切社会关系的总和,是从人的生成来讲的,人是在人的活动与环境的改变的共生互动过程中产生的结果,而这个过程马克思界定为实践,人与环境的关系是通过社会关系表现出来的,社会关系生产的过程也就是实践运动的过程,是人与环境双向互动的过程,所以马克思所界定的人是一种没有固定化、静止化、抽象化的人,是具体化的人,马克思对人的界定实质上就是认为人是实践中不断生成的人本身,是其所是,人作为人离不开实践,人是在人与环境的共生互动的实践过程中不断生成、不断变化、不断发展的人。人的社会关系实际是人与自然、人与人共生互动关系的表现,人作为自然界的一部分是自然界的生命系统共生互动的结果,自然界是人无机的身体,人是自然界有机特殊的一部分,人作为人与自然界发生关系是通过社会进行的,社会关系是人作为人的特殊的自然关系,在现实性上是一切社会关系的总和。实际马克思就是想说明个人与自然界和他人的共生互动的生成关系,即社会关系的总和,是人的本质。由此可以看出,马克思对人的本质的界定是一种不界定的界定,是一种开放性的、动态的、具体的界定。

人与社会和自然界也是共生的。自然界作为人共生的对象只有在社会中才能实现,只有在社会中自然界才是人与人联系的纽带。只有在社会中自然界与人才共在共生,即互为存在和相互生成。只有在社会中人的自然存在对他来说才是他作为人的存在。因此,社会应当是人同自然界的完成了的本质的统一,是自然界的真正复活,是人的实现了的自然主义和自然界的实现了的人道主义,即人及人类社会与自然界在本质上是统一的,统一于社会的实践过程,社会中的人是复活了的自然界,人在社会中实现与自然界的统一,自然的共生原理与人及社会的生成规律和组构机制模式以及道德价值原则是一致的,共生的原理、机制、模式、价值是普遍的,人类社会必须遵循共生的原理、机制、模式、价值,这就类似马克思所说的"人的实现了的自然主义和自然界的实现了的人道主义"。① 同样,无论劳动的材料还是作为主体的人,都既是共生运动的结果,

---

① 马克思.1844年经济学哲学手稿 [M] // 马克思,恩格斯.马克思恩格斯全集:第42卷.北京:人民出版社,1979:121.

又是共生运动的出发点。因此，在社会的共生运动中，正如社会本身生产作为
人的人一样，人也生产社会。人的活动和享受，无论就其内容或就其存在方式
来说，都是社会的，是社会的活动和社会的享受。自然界的人的本质只有对社
会的人来说才是存在的，因为只有在社会中，自然界对人来说才是人与人共生
联系的纽带，才是他为别人的存在和别人为他的存在，即相互生成，才是人的
现实的生活要素；只有在社会中，自然界才是人自己的人的存在的基础；只有
在社会中，人的自然的存在对他来说才成为人。人与社会、自然共生而成。"因
此，社会是人同自然界的完成了的本质的统一，是自然界的真正复活。"① 人与
他人、人与他物只有在社会中实现共生之后，人在生成自己的同时才生成了他
人和自然界，共生构成了自然界整体和谐的生命活动，人将真正实现类的存在。
"人不仅仅是自然存在物而且是人的自然存在物，也就是说，是为自身而存在着
的存在物，因而是类存在物。他必须既在自己的存在中也在自己的知识中确证
并表现自身。"② 人与社会和自然界这种共生关系也正是辩证关系的进一步解
说，从不断生成角度进一步阐明了辩证法的运动、变化、发展观。

　　事物在共生互动的偶然性中实现发展。相互作用的事物是在偶然中实现创
生的。可以说事物在共生互动中偶然实现飞跃。偶然性实际是互动共生的世界
创生新事物的普遍状态。偶然性实际上是自然界进化的规律，同时也给予人类
社会以开放性，对于人以自己的理性规划社会发展以有限的界定，事物发展的
根本环境是开放性，偶然性实际证明了世界发展的自由开放性，任何以固定的、
程式化的认识绝对化地框定未来的做法都是违反偶然性的，也将最终为世界发
展的不可预测性所摧毁。③ 当然，我们肯定偶然性的作用，并不是否定必然性，
二者仍然是一种辩证统一的关系，我们无非是对偶然性的价值从另一种角度进
行了理解。

二、现象学中的共生思想

　　现象学的创始人胡塞尔在晚年也认识到了世界的共生存在。现象学以意向
性为逻辑起点，构建起基本的理论框架和思维方式，在现象学意向性看来，意
识不是自我封闭的，它总是指向某对象，总是有关某对象的意识，但这种意识

① 马克思. 1844 年经济学哲学手稿［M］// 马克思，恩格斯. 马克思恩格斯全集：第 42
卷. 北京：人民出版社，1979：121.
② 马克思. 对黑格尔的辩证法和整个哲学的批判［M］// 马克思，恩格斯. 马克思恩格斯
全集：第 42 卷. 北京：人民出版社，1979：169.
③ 恩格斯在《自然辩证法》中对偶然性在事物发展中的作用做了明确的说明。

并不是对某对象的强制和压迫，而是在纯粹的自身显现中呈现对象，同时，对象为意识的对象，对象只能是被意识到的对象，在这种共生关系中，意识和对象共同生成，共同呈现。这一观点为整个现象学的展开奠定了基础，尤其打破了主客二分的认识论，创造性地提出了主客相互生成的共现关系。

共生思想在胡塞尔的"共现"概念中进一步体现出来。在手稿 C 中出现了活生生的现在的概念，在这里他试图去重新阐述"现时的自我建构"问题，而没有在绝对主体的水平上指称自我建构。后期的胡塞尔是在一种匿名的前存在的水平上奠基自我现时性的，这种存在是先于表述，非单一的意识之流。自我和他者在活生生的现实中存在是同时的，相合的，共现的。事实上，换句话说就是，我生活在其他人已经生活于其中的世界中，活生生的现实意味着"向另一个共现的自我开放的可能性"，真正的道德生活建基于个人遵纪守法地追求自己的个性才能的展现，恰当地对待自己的爱欲，给生活一种"包容、理性的目标"。① 可见，胡塞尔是从超越古代本体论思维和近代主体性认识思维出发提纯了主体间性，是希望用一种变化的、生成的、"活生生"的共生关系来描述人的存在，同时、相合、共现是人与人的关系表征，人呈现自己的个性与他人相互生成，基于这样的人的存在性认识而倡导包容、理性的道德人格。胡塞尔的这种思想是可贵的，但它是建立在唯心主义基础之上的，这一点是要批判的。

现象学更重要的是提出了主体间性的概念，主体间性所反映的共生思维影响到科学哲学、分析哲学、后现代哲学等一系列现代哲学流派。主体间性是对人与人的共生关系的肯定和确认。主体间性意味着人类理论思维由本质主义的思维范式向共生的生成论范式转换。共生的生成论范式超脱出传统形而上学客体化思辨形式，关注人的存在本身，立足于人与人、人与物的相互生成、共同存在，力图回归生活世界，实现生存的合理性和世界的合理化。近代的哲学基石确立于个人主体性与自我的特性之上，近代哲学的主体性原则在本质上是个体主体性原则。此种哲学范式所蕴含的伦理实践关切，就是批判和否定古代、中世纪的群体伦理本位和神性至上，这为个体主义和道德自由主义的伦理价值形态奠定了理论上的根基。主体间性是对古希腊以来的本体论思维和近代以来的主体性认识论哲学的共生存在论范式的转向。主体间共生思想在柏拉图（Pla-

---

① KNIES K. Donohoe, Janet, Husserl on ethics and intersubjectivity: from static to genetic phenomenology [M]. Amherst: Humanity Books, 2004: 197.

to）、亚里士多德（Aristotle）哲学以及斯多亚学派①的政治社会伦理思想中就有萌发。在主体间性范畴下的主体不再是封闭的个体，每个个体都处于共生的关系网中，它们相对相关、相互依存。在这张关系网中，不再有唯一的、确定的中心，每一个个体都是平等共生的，它们既是中心又不是中心。而且，人与世界的关系是以人与人共生的存在方式为其前提。主体间性理论立足于人与人之间的共生关系。不论是"物"还是"他人"，它们不再是一种人与他者的认识和实用的关系，而是一种超越这种关系的共同生成关系，每个独立的个体不是把一切存在物都视为外在于我的对象性的存在，而是将其视为一种与我一样的另一个主体或伙伴。

现象学的主体间性认为主体间的关系是多元的、分化的和总体的，它是人的本质性的存在方式，是人的对象化活动中不可或缺的维度，由于人的存在方式本身具有多样性、异质性，从而使人的类存在关系、主体间关系呈现为多维性和异质性，因而主体间在内涵上意味着主体与主体之间、自我与他者之间存在着诸种关联方式和相互作用方式。② 文化世界本身具有多样性和差异性，这种差异性和多样性是由于交互主体在不同情境、不同背景下进行的构造。许茨（Alfred Schutz）认为，生活世界、日常生活世界一开始就具有主体间性特征，也就是一开始就是一个主体间际的、共在的、共同的世界。日常生活世界具有共享性、共同性。我所生活的这个日常生活世界绝不是我个人的世界，而是一个我和我的同伴们的共同世界，它为我们所共享。日常生活世界具有先在给定性和独立性。日常生活世界作为我们共同的环境，先在地并且持续地存在着，"这意味着，这个世界不仅是我的世界，而且也是我的同伴的环境"③。同伴是我的环境中的成分，我也是同伴的环境中的成分。我既影响着其他人，也接受其他人的影响，这意味着我们要以相同的经验方式来经验这个共同的世界。日常生活具有主体间际的此在性或在此性。这个世界处在我们实际的或潜在的力所能及的范围，也就是说，日常生活世界是共同的，我们以实际的此在和现在为中心，即以此时此地为中心、基于共同的时间维度和空间维度以及方向组织

---

① 古希腊的斯多亚学派，也叫画廊学派，代表人物有芝诺、克雷安德和克吕西波、巴内修斯、波塞唐纽斯、辛尼加等。早期斯多亚学派认为，我们每个人自己的本性和宇宙的本性是一致的，因为每个人的本性都是那个宇宙本性的一部分。所以，过合乎自然的生活，体现出人与自然的共生统一。

② 王晓东. 哲学视域中的主体间性问题论析 [J]. 天津社会科学，2001，26（5）：48.

③ 阿尔弗雷德·许茨. 社会实在问题 [M]. 霍桂桓，索昕，译. 北京：华夏出版社2001：410.

起来、建构起来的。在认定生活世界的主体间性本质的基础上，许茨进而提出了主体间生活世界的四重维度。在日常生活世界中，在自我与他人之间存在着各种主体间性关系类型。许茨以主体自我为中心视角进行审视，划分出四重世界即同在世界、同代世界、前人世界和后人世界，区分出四种不同类型的关系即所谓的同在关系、同代关系、历史关系和未来关系。同在世界是我亲身经验的所及处，与我的直接经验相关。我与他人处于直接的面对面的关系中，我能照顾他人的意识流和经验流，他人亦能照顾我的经验流。我们共同地在此，我们彼此发生着之间的相互影响和作用。我和我的同伴一起共同存在、共同生活，形成共同的交互性关系。在同代世界的主体间性关系中，我与其他人同时共存，一同生活在这个世界上，但是并没有为我亲身所经验，没有进入到我的身边，形成面对面关系。但是同代世界是我经验潜在的所及处，是我在可能性上力所能及的生活范围，同代世界中的人们之间的关系和影响是一种间接性关系、主客体关系。同代世界中的他人不是主体，而是我的客体。前人世界是指先于我存在之前而存在的社会世界，他是我的生命不曾经历的生活世界，在这个世界中，一些前辈在我出生之前就已存在，我无法对他们形成直接的经验，但是，对于我而言，他们已经作为一种文化世界、一种生活观念影响我、塑造我和改变我。而一些人必然要在我死后出生，而且对于我来说，他们将永远是我们有生之年无法觉知的陌生领域和状态，这就是后人世界。但是后人世界也是我们现在的一部分，也影响着我们，我们的行为是指向未来人和后人的。这些世界共同构成了我们的日常生活世界，成为生活的必要的组成部分，因而也构成了社会的内涵。但是，在这些主体间关系中，对于自我来说，真正重要的是同在关系和同代关系，因为这是每时每日都在发生的、直接的日常生活领域。为此，许茨提出"生动的同时性理论"，来实现人与人的沟通。生动的同时性概念是指沟通的主体之间处于共同的时间维度，是一种共在的生活经验，是自我与他我之间的面对面的我们关系。正是通过这种面对面的关系，通过同时性，实现了彼此的沟通和了解。他说："我们，我和他人，都通过一种生动的现在经验这个不断发展的沟通过程。"① 当这个过程持续进行的时候，他和我共享一种共同的生动的现在，共享一种生活经验，从而建立起了一种我们关系。通过这样建立起来的我们关系，我们——向我讲话的他和倾听讲话的我——都生活在我们共同的生动的现在之中，都在这种沟通过程中，并且通过这种过程被引向应当认

① 阿尔弗雷德·许茨. 社会实在问题［M］. 霍桂桓，索昕，译. 北京：华夏出版社 2001：296.

识的思想。我们是一起生成的。在这种面对面的生动的同时性关系中，我超越了另一个人的世界，同时，另一个人也超越了我的世界，我们彼此进入到各自力所能及的范围之中，从而互易视角，实现共同的理解，形成共同的经验。这种生动的同时性使我们在这个世界的共同存在成为可能，承担起构成世界的基本功能。① 许茨这种思想也体现出从共同生成的视角来看待生活世界，看到的生活世界是一种总体的、历时的、多维交织、生成变化的生活世界，从过去、现在、未来三个维度来统观人的当下存在，认为人的当下存在与他人、前人、后人是一体的，从而更准确地把握人和人的当下，珍视人与人面对面的、生动的同时性，凸显人的存在的共在性和共同性，这也是一种跨时空的共生思维，这种思想是对辩证法普遍联系和永恒发展观点的丰富与细化。

胡塞尔在《第一哲学》中提出共主观性，来表达个人主观性是在人们相互共同的主观性生成过程中产生的，离开了共主观性也就没有了个人自我的共生性。"彼此共主观的生成过程中生成的个人的主观性东西"②，个人主观性产生的具体过程离不开人在感官刺激和反应的过程中，主观性里离不开与其相关联的世界，是在人们共同的主观性中存在和变化发展，共同的主观性通过文化表现出来。"个人的主观性之研究者——这种主观通过刺激与反应与被主观意识到的直观的周围世界相关联，并与可以理解地与这个周围世界相关联的其他的主观、主观共同体以及劳动文化之主观构成物相关联"③。胡塞尔认为他发现了超越前人认识的第一哲学，通向这个哲学的道路就是共主观性，这个共主观性是人们意识的根本，是人心理产生的根本，相应心理学也应当以共主观性的领域为研究对象，正是在这个共主观性中孕育着人类认识最本质的东西。"我能够发现一条通向相应的绝对的设定超越论的共主观性——作为与一个处于可能性之中的可能的自我紧密结合的（作为属于一般自我的诸可能性的）超越论的共主观性——的道路。这样一种有关超越论的意识的本质学，在一种完全类似的而且在内容方面按照一切本质的特殊规定都与之相一致的心理学的本质学中当然有其相关物；另一方面，心理学的本质学具有属于身体之心灵的本质学的征兆。作为这样的东西，它本身必然在超越论的本质学一定会为可能的超越论的共主观性指出的诸科学之可能性的内部出现——作为诸可能性之一；正如超越论的本质学本身当然是一种这样的可能性一样——并且在这当中它的根本的与——

① 王晓东. 哲学视域中的主体间性问题论析［J］. 天津社会科学，2001，26（5）：172.
② 胡塞尔. 第一哲学：下卷［M］. 王炳文，译. 北京：商务印书馆，2006：318.
③ 胡塞尔. 第一哲学：下卷［M］. 王炳文，译. 北京：商务印书馆，2006：319.

自己——本身——相关也得到证明。"① 从以上分析和引证来看，胡塞尔的共主观性和主体间性一样，蕴含着共生思想，他从主观性共生角度提出其本体论，是一种共生本体论，作为他最引以为傲的第一哲学，其意旨在于他发现了超越一切不确定性的认识，找到了最根本的东西，对现象界悬搁之后就是人的最本质的东西，即意向性，而这个意向性的主观性又是一种共主观性，所以它最终以共生的思维结束了他的本质学。这种思想具有积极的价值和意义，但他将世界的本体划归为人的主观性即意向性，无论是共主观性还是意向性都属于纯粹的意识哲学，是彻头彻尾的唯心主义，无论胡塞尔怎么认为他从笛卡儿的"我思"中找到了一切不可怀疑的最本真的东西，从而建立了他所谓的科学性的哲学，都摆脱不了其在根本立场上唯心主义的荒谬。

同样，杜夫海纳（Mikel Dufrenne）认为，审美对象和审美知觉是相遇生成、交互作用、你中有我、水乳交融的亲缘关系，没有逻辑上的先后主次分别。审美对象和审美知觉之间相互依存、循环阐释，也就意味着审美主体和审美对象是一种共同生成的关系。审美对象激发、吸引审美知觉的"为我们"与审美知觉指向、见证审美对象的"为对象"的"互为"双向关系。② 这是一种在审美中主客体相互之间同时呈现、同时存在的相生关系。

在二战以后的法国现象学语境中，法国当代哲学家亨利·马尔蒂尼（Henri Maldiney）从思考"世界本身的敞开"到提问实现"跨界通达性"的可能性条件，试图在重新确立的敞开视域中建立人与世界之间更有机的联系。马尔蒂尼召唤从"世界性"的去蔽走向"共生"之路，探求一种具有动感、生气、多样化的"共生"关系，在敞开中与他者相遇，在生成性转化中实现共生。以上这些思想都蕴含着相互生成的共生思想。当然，我们罗列出的现象学的共生思想是建立在唯心主义基础之上的，但我们并不否认其思想中也存在有价值之处。

三、海德格尔"共在"中的共生思想

海德格尔认为存在就是共在。他将"共在"问题提高到存在论高度。他指出，无世界的单纯主体并不首先存在，无他人的绝缘的自我归根到底也并不首先存在。在周围世界中，通过用具的指引，我与他人结缘，世界是我的世界，也是他人的世界。此在的在世即是与他人的共同存在（To be is to with）。他人的存在与此在在世浑然不分。这种共同此在在劳作中通过用具的指引显现出来。

---

① 胡塞尔.第一哲学：下卷［M］.王炳文，译.北京：商务印书馆，2006：630.
② 尹航.重返本源和谐之途［M］.北京：中国社会科学出版社，2011：218.

他认为,"此在的世界开放出来的不仅有用具与物体,而且也有以在世方式存在的存在者,他们和此在本身具有同样的存在方式,他们共同在此"。①

这个世界不仅是存在者的世界,而且也是此在的世界,世界既不仅仅是客观的,也不只是主观的,而是客观和主观的交织,是主客观相互融合的整体。海德格尔最终在形式上把世界现象规定如下:"此在总已经出自某种'为何之故'把自己指引到一种因缘的'何所缘'那里;这就是说,只要此在存在,它就总已经让存在者作为上到手头的东西来照面。此在以自我指引的样式先行领会自身;而此在在其中领会自身的'何所在',就是先行让存在者向之照面的'何所向'。作为让存在者以因缘存在方式来照面的'何所向',自我指引着的领会的'何所在',就是世界现象。"②

个人的存在是与他人共在,世界是我和他人共同分有的世界,自我的存在就是与他人共同的存在,当个人感到别人存在时也就是感觉到自己的存在。共他人在此不等于共同现成存在。这里的"共同"是一种此在式的共同,即共同在世,所以世界向来也总是我和他人共同分有的世界。他人的自在存在就是共同此在。

个人只有在此在中存在,而此在就是与他人相互作用的过程,这个过程就是此在的过程。人人都在其共同在世的此在中照面。依照海德格尔的观点,人是一种理性共生的动物,生命并不仅仅意味着动物性,而是还意味着生活,是柏拉图和亚里士多德所谈的生活,它意味着言语。人是在世界中以话语关系与他人共生关系的生活中的存在。对海德格尔来说,语言是人的共生关系的存在,没有语言,人就无法与自己的本性相统一,也就是说,没有语言,人就根本不能作为人而存在,"语言寓含着人的本性"。③ 人作为存在既是与他人的共生关系,也是与自己的共生关系。④

共在是一种生存论上的存在方式,个人在理解存在时包含着对他人的理解,存在的人的世界就是在人与人的相互理解中生成的世界。此在的世界是在理解中共生的世界,在共生中理解的世界。所以海德格尔说:"他人的存在是共同此

---

① 陈嘉映.《存在与时间》读本 [M]. 北京:生活·读书·新知三联书店, 1999: 82.

② 马丁·海德格尔. 存在与时间 [M]. 陈嘉映, 王庆节, 译. 北京:生活·读书·新知三联书店, 1999: 101.

③ CAMPBELL S M. Heidegger and the Educated Life [J]. Philosophy, 2004, 33 (4): 22-26.

④ MCNEILL W. Care for the Self Originary Ethics in Heidegger And Foucault [J]. Philosophy Today, 1998, 27 (1): 54-65.

在。"因而此在作为共在本质上是为他人之故而存在，即使此在不趋就他人，即使它以为无须在乎他人，或者当真离群索居，它也是共存的方式存在。共在就是生存论上的"为他人之故"，他人的此在已经通过共在展开了。人与人的此在是在理解中发生的，在达到理解上的共通时，就开始了生存论上的存在，开始互相生成。"此在对存在的理解中包含对他人的理解。这种理解同样不是由认识得到的知识，而是一种原始生存论上的存在方式。此在的自我认识也以对共在的理解为基础。此在同他人一道在周围世界中有所操劳有所巡视有所发现，而自我认识首先来自对这些活动的理解。"① 个人只有不断与他人进行交往，才能认识共在，共在是共同生成的相互作用的过程，只有在相互作用中个人才能意识到自己的存在，才能认识他人和自己，在认识他人的同时也就认识了自己，在生成自己的同时也生成了他人，存在是一个人我互生的相互作用的过程。人就是以共在的方式而存在。人的共在本质上已经在人们共同情感和共同理解中体会出来，在话语中以明确的形诸言词的方式被分享。

海德格尔看到了此在即是共在，个人在与他人的共在中把握自己，但他看不到共在就是个人无时无刻不处在与他人和他物的相互作用中，看不到共在的实质，个人只有在相互作用中以他人或他物为参照才掌握自己在存在。所以，他列出了个人好多独在的情况，进行不同情况的分析和解释，显得有点牵强，其实他的许多这样的解释是与共在有偏差的，只需用相互作用的共同生成去理解问题便解决了。每个人的存在是在自己将自己的本质投放到他者当中时才实现的，一个人真正实现自己的本质的同时，也实现了他人的本质，因为人是在共在中实现自我的。此在本身就是共同此在。他人能够作为共同在世界中的存在者为某一个此在开展出来，只因为此在自己本来就是共同存在。同样，只因为自己的此在具有共在的本质结构，自己的此在才能为他人照面。

同时，海德格尔认为："独在也是共同在世，是共在的一种残缺样式。他们也共同在此——以冷漠的方式共同在此。"②

这实际上是一种偏颇的认识，他没有看到人与人本质上是共生的，没有跨越时空从整体上把握人的存在和人的生活世界。人生活在普遍联系的世界中，人是一个大类，是同呼吸共命运的共生体，整个世界是在共生中存在的。无论海德格尔对共在的解释完善与否，他都认为此在本身就是共同此在，此在自己本来就是共同存在，此在具有共在的本质结构，共在从生存论上规定着此在。

---

① 陈嘉映.《存在与时间》读本［M］.北京：生活·读书·新知三联书店，1999：86.
② 陈嘉映.《存在与时间》读本［M］.北京：生活·读书·新知三联书店，1999：83.

这些论述还是有道理的，此在本身就是共同此在，此在具有共在的本质结构，此在的自己是特定时空中各种相关存在综合生成的结果，此在自己的内涵就是此在中他在的综合，离开他在也就没有自在的此在。海德格尔的共在思想强调的是人与人的一种面对面的相遇、对话、互动，在相遇、对话中呈现活生生的人的存在，这种存在是共在，是共同呈现、互依互生，表现出共生的思想。也可以说，海德格尔以共在的方式表现了人是一切社会关系的总和的意蕴，只不过它是建立在唯心主义基础之上的，海德格尔的存在论是一种唯心主义，我们要抛弃这一点。

四、梅洛庞蒂的共生思想

梅洛庞蒂①持一种人与自然、主客体相互生成的共生思想。在他的《行为的结构》一书中，他反对以机械的刺激感应模式来解释人的活动。他的第二本书《知觉现象学》，被认为是最重要的对知觉的现象学研究，在这本书里梅洛庞蒂认为，人的身体中有一种不能用纯粹机械术语去解释的基本意向形式。在知觉活动与知觉者所处的环境之间似乎是一种共生关系，梅洛庞蒂试图用辩证法术语去描述它。因此他在意识与显现之间的关系上进行了前沿性研究。意识与身体之间的关系绝对不是直线式的。他发展了胡塞尔的生活体验的概念，认为生活体验是我们人类作为体现出来的存在进入到世界的方式。我们通过我们的感官发现、反映世界，同样我们也发现世界中的我们自身。世界和自我的体验一起共现。梅洛庞蒂被自我与世界之间相互互生的关系所吸引。胡塞尔在《观念Ⅱ》中已经谈到文化世界与自然世界的关系。梅洛庞蒂举例说，"当用一只手接触另一只手时，事实上，是我在感知自己接触的感觉"。② 他不是把动物看作一系列刺激反映活动，而是将动物看作一种与环境动态、灵活地互动的力的系统。机体与环境之间是辩证的而非机械的。在胡塞尔的现象学最后一部分中，他吸收了哥式塔心理学的内容，特别强调，"人类的体验不能被还原为一束构成刺激反映活动模式的原子，而最好应当从整体哲学的方法将人类的经验看作一种意识、身体和环境间巨大复杂的交织作用"。主客体间共生在一起，是一种复

---

① 梅洛庞蒂，法国哲学家，社会学家和心理学家，早年毕业于巴黎的路易大帝中学（lycée Louis-le-Grand），进入巴黎高等师范学校，与萨特为同学，1930 年获得哲学教师的学衔，著有《行为的结构》（La structure du comportement）《知觉现象学》（Phénoménologie de la Perception）等著作。

② MORAN D. Introduction to Phenomenology ［M］. London：Routledge Taylor &Francis Groop，2000：424.

杂多维的交织关系，就如同我们在讨论价值客观性与主观性问题时，要走出本质主义的思维模式一样我们也要认识到，客观与主观是不断建构的、逐渐深化的互动关系过程。

我们的目标就是理解意识与自然的关系即机体、心理甚至社会。从本质来讲我们这里理解了一种在偶然性中相互缠绕在一起的事件的相互作用。身体和作为感知的外界既是紧密联系在一起的，又被一道鸿沟所分隔着，他们是相互交织在一起的。几年后，在未完成的《可见的与不可见的》的手稿"交织"一章中，梅洛庞蒂又采用了身体和世界、主体和客体相互交织的观念。例如一只手握另一只手，左手接触右手，右手也感到被接触，这种情况是双向的。接触的同时也是被接触，然而却有截然不同的感觉。梅洛庞蒂经常引用胡塞尔未出版的《危机》中的一句话："先验主体是一种主体间性。"他的自然主义被描述为辩证法，他看到的人与世界的关系是一种前定和谐的交织关系。①

梅洛庞蒂强调的是自我和世界的不可分离性。现象学描述的方法能够促使我们对我们反思前的体验进行反思，通过这种方法我们可以反对对哲学和科学的歪曲理解。我们需要去理解我们完全相信的世界是在我们之外而存在的这种通常的经验它到底是怎样的。此外，我们的观点不仅仅是一种康德式的表象的综合，而应当是在一口呼吸中体验真实的世界。尽管一般情况下，我们能区分梦与观念的区别，然而，我们也能够根据事物做梦，以一种非二分法的方式想象世界，这种方式表明真实的世界不是建构于一系列基于我们内在综合表现之外的，它与我们的内在是紧密交织的结构。这就是我们必须去理解的我自身与世界是紧密交织的。我们嵌入到世界是通过我们的身体及其他的动力系统和知觉行为。身体和世界的关系是一种身体化的关系领域。世界是以身体与身体相遇来面对我们的躯体的。梅洛庞蒂在他的未完成的著作《可见的与不可见的》中甚至提到，作为身体表现出来的世界是感知与视觉的交织。在做了作为人类经验基础的知觉的分析之后，梅洛庞蒂后期的哲学研究转向对语言和社会一般交往反思的研究。20 世纪 50 年代早期，在他作为法兰西学院教授候选人所做的自己著述的说明材料中写道：我的前两本书试图重建观念世界。我在准备中的著作的目的是揭示人与事物之间的相互交往作用是如何进行的，思想是如何超越了促使我们进入到事实中的知觉领域的。梅洛庞蒂表达了身体和世界的一种密切关系：我们自己的身体就如同我们的心脏在我们的机体当中一样在世界当

---

① MORAN D. Introduction to Phenomenology ［M］. London：Routledge Taylor &Francis Groop，2000：403-404.

中；它保持了活生生的可见景观，它将生命灌入其中，内在地维持着它，并用它形成一个体系。

道格拉斯·璐认为梅洛庞蒂的现代观念蕴涵共生思想，对梅洛庞蒂来说，向世界开放的知觉既是当下现实的又是超验的，它提供现在的前景而不是隐含的背景，它是同我紧密接触但又在我之外。这个世界是怎样呈现在我的面前然而又同时在我之外？那是因为人类身体的结构，因为它是二维的存在。因为它以向外开放的方式体验自身又反向地反归于自身。然而这种身体的维度结构，作为生命的或现象的身体以及作为客体的身体无非是一种存在维度结构的例证而已。就如同我们看到的一样，作为呈现而呈现自身，但是并不是完全如此，它也是随处指向，就像散播在整个时空。因此，我们的形状知觉观念是身体同超验世界接触的第一种形式，如同我们所看到的一样，这些观念在更加抽象的语言表达中会被消除、扬弃。① 梅洛庞蒂从人的知觉与环境的关系来把握人的存在，人对身体的知觉与环境是共生的关系，二者相依互生，世界、自我、体验同时呈现，身体、自然界、自我、意识同时映出，身体与世界存在于相互交织的关系当中，由此引发出人与环境之间也是相互互生关系，所以它也强调一种互生关系，但梅洛庞蒂的实现存在将关系上升到事物本体的倾向，关系是人对事物存在的一种描述方式，它不能成为存在本身，还有梅洛庞蒂对人的理解过分突出人的知觉，这又走向了唯心主义，这一点是不可取的。

五、伽达默尔的共生思想

伽达默尔的诠释学思想中蕴含共生的思想。在理解文本时，我们一般认为要跨越历史这道鸿沟，设身处地地从文本的历史出发，才能得到对文本原来本意的理解。但是，伽达默尔（Hans-Georg Gadamer）认为，正是因为时间距离的存在，读者往往比作者能够更好地理解文本。"如果我们想理解流传给我们的句子，我们就必须进行历史思考，从这种思考中得出这些句子在何处和怎样被说出，它原来的动机背景是什么，它原来的意义是什么。因此，要想象句子的本来面目，我们就必须同时想象起它的历史视界。"② 例如莎士比亚（William Shakespeare）的作品，经历了社会的变迁和制度的更替，我们对其作品有了更加丰富的理解，对文本的理解要通过时间的距离达到视域融合，正是"前见"

---

① 哈贝马斯. 重建历史唯物主义［M］. 郭官义，译. 北京：社会科学文献出版社，2000：198.

② ［德］汉斯——格奥尔格·伽达默尔. 真理与方法诠释学Ⅱ［M］. 洪汉鼎译. 北京：商务印书馆，2007：64.

和时间距离，才促成了视域融合的形成。前见和时间距离构成了我们理解的先决条件，将解释者和读者、过去与现在融合在一个不断生成和敞开的文化整体之中，因为有了前见和传统，才使得理解得以发生，因为有了时间距离，才使得理解不再是无法逾越的鸿沟。

我们只拥有一个历史，因而我们的理解永远没有结束，理解如果都发生在过程中，事实上，他也是在进行着未来的筹划中。伽达默尔认为，"把当前的视界和历史视界相融合就是历史精神科学的工作"①。人都是存在于一定历史中的人，人的存在就是历史的存在，读者和作者在历史中都有自己的存在方式，历史将主体和客体统一起来，在对文章进行理解时，读者要带着自己的历史性，结合文本作者的历史性去理解文本，对于历史的理解也就是对于现在和将来的一种把握。这种视域的融合就是理解的发生，理解的发生就是历史、现在、将来的一种融合共生的过程，伽达默尔将这种融合的过程上升到本体论的高度。

伽达默尔受海德格尔影响，认为理解是对感同身受内化存在进行体悟，也就是说理解是人在世的基本方式，理解从既定的时间性和历史性处境出发，理解离不开前理解。文本作者的视域同读者的视域相融合，在进行融合的过程中，读者"前见"意识不断更新，对于文本的理解也会不断更新，也即是说，能否达到视域的真正融合，取决于读者能否将文本与自身相结合，在结合中融合，在融合共生中生成理解，这种视域的融合是运动生成性的。视域的融合共生是在语言中进行的，语言引导着过去视界和当前视界的不断综合。我们能互相理解，是通过我们互相谈话进行的，在语言的交流中形成理解。

文本的意义不是由作者所决定的，而是由不同境遇之后的读者和文本的互相作用所决定的，为此，它提出"效果历史"的概念。"真正的历史对象根本就不是对象，而是自己和他者的统一体，是一种关系，在这种历史关系中同时存在着历史的实在和历史理解的实在。一种名副其实的诠释学将会在理解本身中展示这种特有的历史实在。我把这所要求的称之为'效果历史'。理解是一种效果历史事件。它要证明，和一切理解相适应的就是语言性，诠释学事件就在语言性中发展。"② 效果历史就是指读者与文本、文本的历时视域与读者的现实视域之间相互渗透、相互影响的共生关系生成理解和意义。这种共生关系就是诠释学的关键地带，这个地带就是主客体的中间地带。诠释学的真正位置就处于

---

① 汉斯—格奥尔格·伽达默尔.诠释学Ⅱ：真理与方法［M］.洪汉鼎，译.北京：商务印书馆，2007：65.

② 汉斯—格奥尔格·伽达默尔.诠释学Ⅱ：真理与方法［M］.洪汉鼎，译.北京：商务印书馆，2007：76~77.

这个"中间地带"。诠释学以这种共生关系的中间地带为立场确立原则和方法，"诠释学在这种中间位置找到它的立足点，从这种中间位置出发就会把迄今为止的诠释学一直撇在一边的东西置于中心位置：时间距离及其对于理解的意义。"① 这个共生关系的中间地带由两条相望的地平线构成。一条地平线从文本的视界向外开放，另一条地平线由解释者的理解视野向文本的世界延伸过去。在这两条地平线的融合共生之处，出现的就是意义世界，意义不是单一的，在融合共生中不断生成着新的意义。解释者的历史与被解释者的历史相互影响、相互作用，在共生关系中达到了统一，使得理解得以生成。这种生成是一个无限的过程。解释者带着自己的前见从当下出发和被解释者的视域进行融合从而达到理解的目的，这种融合不是封闭的，随着理解的深入，理解者的前见会被改变，这种改变从而又成为了新的前见，为新的视域融合做了准备，这样反复无穷，不断生成新的理解。理解者和解释对象之间的中间空间地带，就是理解的创造性得以实现的地方。实际也就是说，在主客体融合共生过程中产生着理解，并不断产生着新的理解。

伽达默尔提出了"视域融合""效果历史"等概念，用融合共生的视角分析人的理解和意义世界，蕴含共生思想，这一点值得肯定，但是它将语言置于非常高的地位，并且将理解看作人的存在，进而将此上升为理解和意义世界的本体论，这偏离了辩证唯物主义，走向彻底的唯心主义，是需要批判的。

六、布伯的共生思想

布伯（Martin Buber）的思想中蕴含着大量的共生内涵。他将人与人的关系区分为"我—你"关系和"我—它"关系。"我—你"关系属于人与人真正的"相遇"和"到场"，即"对话"关系；而"我—它"关系属于"独白"，是人与人的"失之交臂"和"缺席"。这种关系以工具主义态度为特征，例如我们利用、改造自然，属于一种利用的关系，这种关系不限于对物的关系，也可以是对人的关系，将他人当工具来看待，我和他人之间的关系就成为"我—它"关系。"我—它"关系不是人与他者之间真正的关系，真正的关系是事物相互之间的双向关系，即"我—你"关系，在这种关系中，我们不是把他者当作工具而是当作目的，进行对话，这种相互之间的"告慰"和"回应"是在审美过程中进行的。例如我们可以在审美中与一棵树对话，这时我与这棵树的关系就不

---

① 汉斯—格奥尔格·伽达默尔. 诠释学Ⅱ：真理与方法［M］. 洪汉鼎，译. 北京：商务印书馆，2007：74-75.

再是工具关系。这种关系既包括对物的关系，也包括对人的关系。但布伯将"我—你"关系延伸的终点归结到上帝，这一点令人解释不通，这一点又将他引向彻底的唯心主义去了。人类实存的根本事实乃是人与人（Man with man）。人类世界的特征是：事物发生在此存在与彼存在之间，这个领域为存在着所共有但又超出各自特殊的范围，是一个二者不断交流的领域，这个领域他称为"之间"（Between）。对布伯来讲，"之间"具有最终的本体论意义，它是人际间所发生事件的真正场所和承担者。①

所有真实性生活都是相遇。他认为"相遇"具有"之间"的本体论结构。人不是作为一个孤立的实体被思考，而是在人与世界之联结的有疑问的本质中被思考。人的存在既不是个体性的，因为人离不开他人；也不是集体性的，因为人要保持自己。"之间"为人们的人生选择指出了一条超越个人主义和集体主义之路，将有助于再造"真正之人"，建立人类真正的团结。这一实在为关于人的"哲学科学"提供了起点，即"对与人相关的人的思考"，从这一起点出发，一方面改变了对个人的理解；另一方面改变了对集体的理解。人对他而言特殊的本质只有在一种活生生的关系中才可被直接认识。在这种关系中人的轮廓显现、清晰、丰满起来。当我们趋于将人看作彼此永恒的相遇时，我们就逐渐趋近"人是什么"这个问题的答案。只有通过与"你"的关系，"我"才实存。"人存在的基本事实是人与人要打交道。"人与人相遇存在一个共有的领域，即"之间"，这个领域超出了它们各自特有的范围，是人之间所发生的一切东西的真实场所和承载者，它随着人与人的相遇不断地重构。② 人是在与他者的关系中"整全"自己的。他认为能促进人生成的富有活力的关系有三重：一是人对世界及众物之关系；二是人对人们（即是个体的又是众多的）之关系；三是人对存在之神秘的关系，实际上就是人与上帝的关系。前两种关系我们赞同，第三种关系我们不赞成。人们之间的本质关系只能是从生命到生命的直接关系，在这种关系中，人的局限被解除了，其自我存在的障碍被突破了。他进一步提出人除了三重活生生关系之外，尚有另一种关系，即是人对自我的关系，但他认为这种关系不能被看作是一种本身真实的关系。他认为人是什么的问题不能由对实存或自我存在本身的考虑来回答，而只能由对人和他人对一切存在之关系的本质联系的考虑来回答。布伯所认可的人与人的关系应当是"我—你"关系，在这种关系中，人通过审美与他者发生心灵的对话，进行着生命的自由，

① 布伯. 论犹太教［M］. 刘杰，等译. 济南：山东大学出版社，2002：275.

② 布伯. 论犹太教［M］. 刘杰，等译. 济南：山东大学出版社，2002：25.

同时又与他者相契合，形成一种团结、默契、和谐的关系，这样既保持了个性，又形成了团结，防止了个人主义的肆意泛滥，也防止了"集体主义"对个性的约束。在这种关系中，人不会以工具性来理解他人，达致了康德的以他人为目的的效果。布伯的这种思想蕴含着一种人与他者的审美关系，在人进入审美关系后，人与人的关系就由"我—它"关系进入"我—你"关系，人与人的"之间"是相互生成的真正地带，能构建起真正的团结与和谐。但是它将"之间"这个中间地带上升到本体的高度，还是陷入到了类似关系本体论的认识，当然这种提法是违背唯物主义立场的。

七、巴赫金的共生思想

巴赫金（Mikhail Bakhtin）的思想里也涌动着共生的理念。他承认多样性在事物存在中的价值。多样性也叫异质性，在自然和社会的存在中自发地存在着，在差异性中保存着事物的特殊性。在人与人的关系上，他认为人离开与对象的共生关系便既没有时间也没有空间，既没有自己的躯体也没有自己的心灵，躯体和心灵只能作为他人所赐的礼物而为我所得。① 人与人是一种"你在我在，你亡我亡"的血肉与共的依存关系。脱离与他人的关系来理解一个人是不可能的。他人永远都是认识自我的镜子，完整的自我认识来自与我共生的他人之和，这种共生的关系是人出于对美的需要而呼唤。只有他人才能使人自身作为外部世界的一种同质物出现。我们的肉身和精神都来自与他物的共生创造过程。只有把我看作是他人，通过他人，借助他人，我才能意识到我，才能成为我自己。如果一个人与世隔绝、自我封闭，那么他将失去自己。人的任何一种内心活动都来自与他人和外物的"相遇"，来自这种激烈的"相遇"中，人本身无论是内在还是外在都是一种"深层交际"的产物，可以说"人即交流"。人是一种通过他人成为自己的人。人不具有固定的本质主宰自己，人完全而且总是处于"相遇""交际"的边缘线上，人观察自己是通过他人的眼光来进行的。自我不能没有他人，没有他人的自我是不存在的；自我必须置身于他人之中，在他人的反应和自我的观察中自我不断在定位。人不能在孤立的状态中自我证实和确认自己。生活是对话性的，意味着参与、提问、聆听、回答、同意等；人之所以产生就在于劳动交往中人处于他人之中，意识和语言的产生使人彻底超越动物界，人便进入对话的实践当中；人应当"像爱自己一样去爱别人"，自我隐藏在他人之中；自我的出生、地位、死亡、情感不在自我本身和单纯因我自己而

---

① 凌建候. 巴赫金哲学思想与文本分析法［M］. 北京：北京大学出版社，2007：34.

存在。美学乐趣是在自我中享受他人和他物的乐趣。① 巴赫金认为人的存在就是共生存在，只有在共生关系的变化中人才有时空，人的肉体和精神都是在与他者的共生关系中产生的，人完全是人与他人相遇、交际和对话关系的生成物，一个人完整人格的形成离不开与之共生的他人之和，人与他人的共生关系是以审美取向为基础和动力的。巴赫金的论述中也蕴含着人在审美中实现共生、在共生中实现审美的思想，审美产生于人对他人和他物的欣赏，而人在欣赏他人和他物中陶醉自己，实现自己，获得审美乐趣，最终人在他者当中确证自己，获得自己，人在欣赏和审美他人与他物当中生成自己，从而相互生成。当然巴赫金的思想仍然属于唯心主义，这一点是我们要扬弃的。

八、后现代主义、哈贝马斯、复杂性理论等的共生理念

后现代主义通过对单向度思维进行否定，从而走向多元思维的心路历程，这与共生世界观是一致的。在利奥塔看来，"后现代主义"实现多向度、多元化思维。

后现代主义哲学思维方式更加关注事物普遍联系和永恒发展的生生不息的共生运动过程，强调存在即共生过程，过程即创生，创生即互动，互动的主体是彼此差异共生的个体。这种通过差异个体间的共生作用来动态地把握事物的生成性过程，即诉诸事物内部"差异性"和"互动性"的"动力学"思维方式。这个总特征，与自组织动力学理论主张从差异子系统之间的共生作用去把握系统宏观运动模式（结构）生成过程的理论构思方法上是一致的。人与自然之间是一种共生关系。Zev Naveh 提出人类社会与自然之间是共生关系，在后工业社会人与人是一种共生关系，"公民应当有共生意识"②。

福柯认为希腊的普遍问题不是对自我的艺术，而是对生活的艺术，生活艺术，即如何去生活。并且他认为，"古希腊文化中最主要的发展之一就是生活艺术，而这种生活的艺术越来越变成了自我的艺术"③。生活的艺术是对单纯自我的超越走向、对生活本质的追求，实际就是走向一种共生共存的艺术。所谓关照自己，实际上是关照自我设计的自我存在，是关注历史性的在向世界敞开的

---

① 托多罗夫. 巴赫金、对话理论及其他 [M]. 蒋子华，张萍，译. 北京：百花文艺出版社，2001：313.

② NAVEH Z. Ten major premises for a holistic conception of multifunctional landscapes [J]. Landscape and Urban Planning, 2001, 57 (3/4): 269-284.

③ MCNEILL W. Care for the Self originary Ethics in Heidegger And Foucault [J]. Philosophy Today, 1998, 27 (1): 54-65, 60.

个人有限的自我存在，是一种共生的存在。这是一种从自我和他者、人类与自然的共生视角提出的论断。福柯以哲学的方式对启蒙进行了反思，从本体论角度界定了人作为生活艺术的存在，是一种超越自我单一思维、走向多元复杂共生的认识范式。福柯强调将生活艺术化、审美化，在艺术化、审美化追求中人超越自我，走向与他人共生，消除启蒙以来的单纯主体化倾向。当然，福柯的生活审美化没有与人的实践结合起来，脱离了马克思辩证唯物的观点，所以这种生活审美化只是一种空想，缺乏实现的途径。

　　哈贝马斯的方法是超越二元对立和相对主义的共生方法，摆脱了普遍主义和相对主义的尴尬局面进入到共生境域。哈贝马斯，将知识和意见共生互动的对话形式与人的类生活联系起来，他看到了共生相互作用的世界生成模式，认为社会文化规范取决于社会共生互动的学习过程，历史是相互作用的共生过程。① 他的整个理论都致力于提供一种对话，在对话中实现共生。他指出，人在主体本质的互动中达成共识，就实现了类行为。在人际的互动中人们交流和传播科学知识、道德知识、艺术知识。② 人类的共生离不开理性和意见的共生，人的生成离不开理性实践知识的共生互动，人就是在实践中不断实现理性实践知识的共生中生成的、前进的。文化制度应当保证不同种族及其文化生活方式相互之间的平等共存。话语交往是体现人本质生命的活动，而市场交换是非本质生命的活动。哈贝马斯把对话看作人共生互动的存在方式，这种对话消除了工具理性对人的遮蔽，是人的生命活动，在话语交流中共享科学知识、道德知识、艺术知识，也即实现理性和意见的共生互动、知识的共生互动，人的生成离不开实践中的理性和意见的共生，故而也尊重不同类型的文化的共生互动。哈贝马斯将对话看作人的生命活动脱离了人最本质的活动——实践，这不符合马克思辩证唯物主义的基本原理，但是他关于对话交往和知识共享的思想是有积极的价值和意义的。

　　从自组织动力学的观点看，社会进步是一个建立于个体交往共生关系基础上的自组织过程，社会演化是通过个体间共生作用所达成的行为的共同约定和规范进行的。"协同动力学方法论主张世界是非线性系统观，以开放体系的非平衡状态为研究对象，是多元复杂性互动的过程。"③ 阿尔都塞（Louis Pierre Al-

---

① 哈贝马斯. 重建历史唯物主义［M］. 郭官义，译. 北京：社会科学文献出版社，2000：198.

② HOROWITZ A. How can Anyone be Called Guilty? – Speech Responsibility, and the Social Relation in Habermas and Levinas"［J］. Philosophy Today, 2000, 29（3）：43–95.

③ 阿尔都塞. 保卫马克思［M］. 顾良，译. 北京：商务印书馆，2006：66.

thusser）认为："历史过程的真正主体不是作为生产关系承受者的个人，而是社会生产关系本身，即特定历史条件下的经济基础合成的一个整体生产关系结构，这是一种多元决定的结构。"① 这都反映出世界是一个多元复杂性共生互动的过程，多样性融通是事物的常态，也是事物的存在状态，互动的多维复杂性是事物运动的一个普遍维度。我们把握事物的维度应当是过去、现在、未来的时间尺度和空间的三维尺度的综合。

黑川纪章认为，如果信息社会可以作为是以差异创造价值的时代，那么，"它将是从现代建筑组合的线性联想、指示或者外延，向聚合的潜在联想和内涵转移的时代"。走出线性思维，走向聚合型思维，融汇差异性，是未来的方向。罗兰·巴特（Roland Barthes）给予了共生更高的评价，在其著作《神话作用》中这样说，"将这种共生价值的变形，或者是价值的增值作用"，称作"神话作用"，② 给予共生以神话的评价，这当然有点不适当，但也反映出他是深信共生理念的作用的。

九、中国哲学中的共生思想

纵观中国哲学发展历史，共生思想可以说是贯穿始终。《易经》当中富有共生思想。《易经》提出"天人合一"。在《周易·乾·文言》中有"夫大人者，与天地合其德，与四时合其序，与鬼神合其吉凶。"③ 这里的"合"就是天与人共生共在。"天人合一"即天与人共同生成。共生的最高境界就是"乾道变化，各证性命，保合太和，乃利贞。"④《易经》当中关于"中正"的描述，中正即适中、中道，保持事物之间的均势，维持事物的共生。例如，"讼元吉，以中正也。"诉讼大吉大利，是因为既中且正。"显比之吉，位中正也。"亲比显耀，是因为位置中正。"牵复在中，亦不自失也。"返回正道，又在中位，是没有过失的。"以祉元吉，中以行愿也。"行中道是会获福和大吉大利的。《易经》九二卦占据下卦、中位，中是无过无不及，行为适中，保持事物的中和状态。尚中正，是以《周易》为代表的中国传统思维的鲜明特色。《易传》在这方面对其做了淋漓尽致的运用和发挥。清人钱大昕说："《彖传》之言'中'者三十三；

① 薛伟江. 后现代哲学思维方式的特征——从自组织动力学的观点看［J］. 自然辩证法研究，2004，20（7）：7.
② 黑川纪章. 新共生思想［M］. 覃力，杨熹微，等译. 北京：中国建筑工业出版社，2009：305.
③ 刘金明. 日新之谓盛德，生生之谓易［J］. 周易研究，1998（3）.
④ 张立文. 和合哲学论［M］. 北京：人民出版社，2004：62.

《象传》之言‘中’者三十。其言‘中’也，曰‘中正’，曰‘时中’，曰‘大中’，曰‘中道’，曰‘中行’，曰‘行中’，曰‘刚中’，曰‘柔中’。刚柔非中，而得中者，无咎。故尝谓六十四卦，三百八十四爻，一言以蔽之，曰中而已矣。"① 古人对"中"的推崇，是从空间角度对事物差异性协调统一的一种形象又抽象的把握和表述，处于"中"的位置能够最大限度兼顾各方面，保持事物的多样性存在，这种多样性存在又有机地协调在一起，这就是事物存在的最佳状态，这种状态叫作合。作为人来说达到这样一个目标的途径是走中道，这种思想属于我们这里所说的共生理念。

在多样性事物之间保持协调统一之外，《易经》还推崇事物之间的交合互动，也就是强调事物的差异性互动。这是事物存在的机制，也是产生新事物的天然机制。例如："天地不交，而万物不通也；上下不交，而天下无邦也。""天地氤氲，万物化醇，男女构精，万物化生。"② 《易经》强调了世界的生成性，生成既是存在，也是创新，是最值得我们珍惜和崇尚的。《周易·系辞》中有"日新之谓盛德，生生之谓易"。《周易·系辞传》中有"天地之大德曰生。"如果说天地宇宙自然也有价值，这个价值取向就是不断产生新的事物、生成新事物，用我们现在的话来说就是创新。万事万物存在相互作用，生命连续不断，万物层出不穷，实现共同生成，这些都体现出共生思想。

下面我们从《易经》的卦辞内容来详细分析其蕴含的共生思想。《易经》以"阴阳两爻""乾坤两卦"推演出六十四卦，以表示万物生存的奥秘尽在于既有对立，更要合作，合作共生的方式有六十四中境况，循环往复，以至无穷，而演化出无数种生态景观：合理的配合方式就是共生方式，这样的卦辞就吉利；不公平的配合方式导致难以共生，就呈现凶卦险卦。《易经》的中心卦爻是乾、坤、咸、泰，"乾为男阳，坤为女阴，咸卦乃男女相感成交之卦，阴阳相感成交之卦，于自然之本能，生息之天性，尽以显示"。"咸卦在于两性感通，泰卦在于两性交通。""乾坤者万物之男女也，男女者一物之乾坤也"，《易经》以男女共生才有人类的繁衍来说明万物皆如是。③

试看《易经》第一卦：乾—— 乾为天，乾上乾下。

乾：元，亨，利，贞。

初九：潜龙，勿用。

① 刘玉平．周易的阴阳和谐思维［J］．济南大学学报，2002（3）．

② 马恒君．周易正宗［M］．北京：华夏出版社，2007：128．

③ 蔡尚思．周易思想要论［M］．长沙：湖南教育出版社，1991：30．

九二：见龙在田，利见大人。

九三：君子终日乾乾，夕惕若，厉无咎。

九四：或跃在渊，无咎。

九五：飞龙在天，利见大人。

上九：亢龙有悔。

用九：见群龙无首，吉。①

《易经》第一卦"乾卦"，以结局"见群龙无首，吉"而表示了"九龙共生"，无首为吉，没有"一家独裁"的专制才是吉利的共生理想。

第二卦"坤"——"坤为地，坤上坤下"："象曰：至哉坤元，万物资生，乃顺承天。坤厚载物，德合无疆。含弘光大，品物咸亨。牝马地类，行地无疆，柔顺利贞。"坤代表大地，具有包容万物、承载万物、滋养万物的品德，万物各展其特性，蓬勃发展，实现万物共生，使各种生命都能顺利成长。

第七卦"师"——"地水师，坤上坎下"："象曰：地中有水，师；君子以容民畜众。"师为军队，一支军队要打胜仗，必须要有"容民畜众"的胸怀，容许有差异性，这符合我们所说的共生理念的内涵。

第八卦"比"——"水地比，坎上坤下"："象曰：地上有水，比；先王以建万国，亲诸侯。"比：比附，亲近相就。意思是说一个开明的帝王，能够做到"建万国，亲诸侯"，允许差异性共生，有这样的气魄和胸怀，才能民富国强。

第九卦"小畜"——"风天小畜，巽上乾下"："九五：有孚挛如，富以其邻。""象曰：有孚挛如，不独富也。"孚：诚信；挛：紧握拳头，喻示团结——心怀诚信，团结周边，团结好邻居，不独富而惠及友邻，实现与友邻的共生。

第十二卦"否"——"地天否，乾上坤下"："象曰：天地不交，否。"上下不通不能互动，阴阳不相交不相融通，差异性的事物缺乏互动，万物不能共生，必然泰去否来，陷入困境。

第十三卦"同人"——"天火同人，乾上离下"："同人：同人于野，亨。"共同生活于广阔的大地上，即是一种共生的生活状态，"利涉大川，利君子贞"，君子应当是明白共生之道的人。这里可以看出，《易经》对美好人格的界定是与是否通晓共生大道紧密相关的。

"六二：同人于宗，吝。"聚众在宗庙，只在宗族中讲团结，不与万物共生，不会有吉利。"象曰：同人于宗，吝道也。"所以，那些只局限于狭小的利益圈的人是不会有吉利之兆的，相反只有能包容万物，与更广泛的人群共生才能获

---

①　褚葛静. 易经的智谋［M］. 北京：中国物资出版社，2004：1.

得大发展。

"上九：同人于郊，无悔。"郊有万物，能够融入万物当中，与万物同在共生，获得好的结果，才能无怨无悔。

第二十七卦"颐"——"山雷颐，艮上震下"："彖曰：……天地养万物，圣人养贤，以及万民；颐之时义大矣哉！"天地、圣人没有只顾自己的，皆以共生为德。由此可见，《易经》将共生提升为一种道德境界，是圣人的德性，圣人惠及万民。在古人这里，天地也有德性，天地养万物，天地的德性就是共生。

第三十一卦"咸"——"泽山咸，兑上艮下"："咸：亨，利贞，取女吉。""彖曰：咸，感也。柔上而刚下，二气感应以相与，止而说，男下女，是以亨利贞，取女吉也。天地感而万物化生，圣人感人心而天下和平；观其所感，而天地万物之情可见矣！"咸卦通过刚与柔、男与女、天与地、圣人与芸芸众生等这些两两相对的事物相互感应互动而呈现美好的状态，相对的事物互动形成物质、能量、信息、情感等方面的交汇融通，事物就会出现一种欣欣向荣的局面。所以《易经》给我们总结道：感通也即协调的互动是万事万物持续生成的一般规律。自然界是这样，人类社会也是这样，所以国家的上层管理者要经常深入社会的最下层互动感应一下，有利于国泰民安；自然科学领域与社会科学领域互动感应一下，会产生更新的科学思想；外向型和内向型的人互动感应一下，会更有利于人格健全和人际和谐；敌对的两国互动感应一下，可能会化解更多的战争，等等，这都属于共生的思想。

第三十二卦"恒"——"雷风恒，震上巽下"："彖曰：恒，久也。刚上而柔下，雷风相与，巽而动，刚柔皆应，恒。恒亨无咎，利贞；久于其道也，天地之道，恒久而不已也。利有攸往，终则有始也。日月得天，而能久照，四时变化，而能久成，圣人久于其道，而天下化成；观其所恒，而天地万物之情可见矣！"——"刚上而柔下，雷风相与"，"日月得天，而能久照，四时变化，而能久成"。这一卦是接续上一卦，突出的是恒，即持续性。两两相对的事物或方面互动感应，如果能持续恒久，那么就会出现长久的繁荣。所以，持续恒久的互动感应是自然界和人类社会演化发展的规律。

第四十一卦"损"——"山泽损，艮上兑下"："损：有孚，元吉，无咎，可贞，利有攸往？曷之用，二簋可用享。""彖曰：损，损下益上，其道上行。损而有孚，元吉，无咎，可贞，利有攸往。曷之用？二簋可用享；二簋应有时。损刚益柔有时，损益盈虚，与时偕行。"损刚益柔，损益盈虚，使多与少、大与小、高与低、贫与富的差距缩小，这是符合事物发展规律的，会与时偕行，长久而不衰，这个规律就是共生规律，符合共生规律，就会恒久地持续发展下去。

第四十二卦"益"——"风雷益，巽上震下"："益：利有攸往，利涉大川。""象曰：益，损上益下，民说无疆，自上下下，其道大光。利有攸往，中正有庆。利涉大川，大道乃行。益动而巽，日进无疆。天施地生，其益无方。凡益之道，与时偕行。"这一卦和上一卦说明的道理接近，损上益下，使事物始终处于中正的状态，事物就能持久地存续延展下去。

第六十三卦"既济"——"水火既济，坎上离下""象曰：水在火上，既济；君子以思患而预防之。"水火两种截然对立的事物也能协调相生。万事万物的共生需要我们努力维护，要时刻警惕这种共生状态被破坏，所以要居安思危，严防"小狐汔济，濡其尾"（小狐狸在几乎渡河成功时，因为尾巴打湿而不能坚持到底），共生态须时刻精心维护。①

我们通过对《易经》内容的分析，可以归纳出易经的共生思想有以下内涵：第一，共生是事物应然的存在状态，应当保持事物的多样性协调统一，这样能够最大限度地兼顾各方面因素。第二，推崇事物之间的交合、互动、感应，也就是强调事物的差异性互动，特别是两两相对的事物之间的互动感应，这是一种自然存在的创新机制，持续恒久的互动感应是自然界和人类社会演化发展的规律。第三，自然和社会都存在共同的价值，一个是生成性，即创新；一个是共生性，只有在共生的环境下才有创新。第四，共生的社会道德诉求：包容差异性；包容应当有普遍性；有德之人是通晓共生之道的人；德性就是共生。第五，追求一种平衡，对立的两个事物差异性必须有但不能太大，这是事物持续恒久发展的规律。第六，我们人类应当认识到共生的规律，时刻以之为准绳校正我们的行为，防止偏离共生大道而滑向危险。

中庸思想也深刻地体现出共生理念。在中庸思想中共生是存在的一般规则，也是个人达至幸福的途径和状态，一个人如果坚持了自身内在和外在各种关系的共生中庸，那么，他作为人的存在就已经实现了自我同一和幸福，实现了人生的自足，这种幸福的状态不被名利和外物所左右。人要实现共生的存在，就必须从自身内心出发去立言行事，真心地去爱，真心地去做，真心地与人交往，真心地与自然界共处，只有从真心本性出发立言行事才能真正生成自己，才能达致幸福，只有从真心本性出发才能真正体悟出中庸共生存在的道理，只有体悟出并明白了这个道理，才能更加真诚地与他人、他物共生相处，才能真心地遵循中庸共生之道。"诚"是发自真心对事物的感受，是深藏在内心的一种感受，对本真心性的表达本身就蕴涵着中庸，以内在心性出发行事，共生中庸的

---

①　朱健国．"共生主义"初探［EB/OL］．慧海佛光网站，2013-05-19.

智慧就蕴涵其中，只有从这个真心本性出发，才能真实地呈现自己，也才能达到与他人、外物相通，即生成自己，也生成他人和外物，这也就是孔子所说的己欲达而达人，己欲立而立人，推己及人，这样就达到了与天地万物共通为一体。自己的本真个性活动既生成自己，也生成外物，人与自然界相互生成，自然界生成人，人也生成自然界，人作为自觉的自然界，自然界作为不自觉的人，人是自然界身体的一部分，自然界也是人身体的一部分，同时人在自然界盲目力量之上以理性自觉生成，又超越了自然界，所以人可以与天地参。一切事物共同生长而互不相害，并行而不悖。

《国语·郑语》中西周末年著名思想家史伯提出，"夫和实生物，同则不继。以他平他谓之和，故能丰长而物归之；若以同稗同，尽乃弃类"。可以看出，"和"就是共生，是对异者的吸纳和包容。"和"是世界存在的根本依据，所以他说"和实生物""先王以土与金木水火杂，以成百物"。"和"也是世界的一种基本存在状态，所以有"故先王……是以和五味以调口，刚四支以卫体，和六律以聪耳，正七体以役心，平八索以成人，建九纪以立纯德，合十数以训百体"。①"和"也是一种方法，只有实现了"和"，才能达到"丰长而物归"。与"和"相反的是"同"。事物失去多样性走向单一化，就会出现"以同稗同，尽乃弃矣"的结果。现实世界的例子可以说是举不胜举，欧洲移民者在澳大利亚导致的没有天敌的兔子事件，明清的"八股文"和"文字狱"导致的文化的衰落，历史上独裁不纳谏覆亡的君王，等等，都说明了"异味相和"、生成万物的共生道理。从史伯的思想我们可以归纳出这样几点：第一，肯定事物差异性存在的价值，差异性事物之间的协调互动是新事物创生的自然机制。第二，用差异性协调组合的方法来锻炼人，促进人的发展。第三，用差异性组合的方法来治国理政，实现国泰民安。第四，对同质化持否定态度，认为同质化会导致事物衰竭。这都符合共生理念的内涵。

孔子的"仁"的思想也有共生的内涵。仁者爱人，在《论语·颜渊》中樊迟问仁，子曰："爱人。"他讲求忠恕之道。在《论语·雍也》中有"己欲立而立人，己欲达而达人"。在《论语·卫灵公》中有"己所不欲，勿施于人"。这些都是一种人与人的共生。《论语·子路》中有"君子和而不同，小人同而不和"，强调人与人差异性、独立性地共生相处。惠施提出"大同而与小同异，此之谓小同异；万物毕同毕异，此之谓大同异"，也强调事物之间的差异性不是根本对立的，而是异中有同，在差异中共生的。老子的"万物负阴而抱阳，冲气

---

① 左丘明. 国语·郑语 [M]. 北京：中华书局，2002：62.

以为和"① 也体现出共生的思想。墨子"兼爱"的基本含义是视人如己，不分亲疏远近、贫富贵贱，同等程度地爱一切人，要求所有的人互爱、互利、互惠和共生。董仲舒说："天人之际合而为一，同而通理，动而相益，顺而相受，谓之道德。"② 这也表现出天人相融共生的思想。渴望"大同世界"，这是我国传统文化实现"人与人"共生的崇高理想。陶渊明写的《桃花源记》，生动地描绘了一个没有剥削压迫、没有战乱、没有尔虞我诈、人民安居乐业的世外桃源，反映了作者对美好生活和共生的强烈愿望。王充提出"天地合气，万物自生"的思想，也是一种共生。周敦颐提出的"乾道成男，坤道成女，二气交感，化生万物，万物生生，而变化无穷焉"，体现着互动共生。张载说的"有象斯有对，对必反其为，有反斯有仇，仇必和而解"以及他的"民胞物与"的思想都说明着共生存在的道理。程颢提出"仁者，浑然与物同体"，也包含着与物共生的思想。王夫之提出"性者生也，日生而日成也"；戴震提出"道，犹行也；气化流行，生生不息，是故谓之道"；梁漱溟提出宇宙就是生命、生活的天人合一论，在他看来，宇宙为一大生命。生物进化与人类社会进化，同为宇宙大生命开展的表现，他称这种生命为"宇宙之生"。这些思想都体现出万物一体互动生成的共生思想。这些思想家的观点反映了互爱、互利、互惠、对立、统一、互动、生成的思想，符合共生理念的内涵。

在新儒学思想家中领衔的新儒学思想家钱穆、唐君毅和冯友兰都对"天人合一"的观念置以很高的地位，认为这是儒家对全人类最有意义的贡献，天人之间的互动共感揭示出了人类—宇宙统一的世界观。梁漱溟认为调和折中正是儒家修养达到平衡、和谐、均衡的一个标志。熊十力非常看中《周易》的"生生"一词，他提出的自然活力论要求的就是调和折中。冯友兰非常赞赏张载的四句话："为天地立心，为生民立命，为往圣继绝学，为万世开太平"，认为这表现出仁爱之心和同情共感的人与万物一体的共生人性。③ 他的人生自我修养的最高境界就体现出"天地精神"。冯友兰认为张载表述"民吾同胞，物，吾与也"的《西铭》是宋明儒学的核心典籍，它道出了天人合一的共生观念。④ 唐力权⑤的"场有哲学"，探究万事万物之间的共生互动作用，以"活动"代替了

---

① 冯文达，郭齐勇．新编中国哲学史上册［M］．北京：人民出版社，2004：149．
② 阎丽．董子春秋繁露译注［M］．哈尔滨：黑龙江人民出版，2002：172．
③ 杜维明．新儒家人文主义的生态转向：对中国和世界的启发［J］．中国哲学史，2002（2）．
④ 冯友兰．新原人［M］//贞元六书：第2卷，上海：华东师范大学出版社，1996：496．
⑤ 唐力权为美国美田大学教授，国际中国哲学研究会执行会长。

"实体"，以"作用"代替了"属性"，认为事物在一定的活动状态中存在，活动者即活动本身的存在，无活动之外的活动者。事物之间既存在相对性又存在相关性，既存在自体性又存在互体性。"'场有'就是所有相对相关性的总和以及相对相关性关系网的存有、蓄积与权能。"① 这种思想也体现出事物在共生活动关系中存在、演化，"场有"也可以说是对事物共生关系的一种深层概括。中国著名社会学家费孝通，在《乡土中国》中写道："在人类里我们看到了另一种关系。他们愿意牺牲一些自己的利益来成全别人的意志。成全别人和利用别人，正是一个对照。同心同德，大家为了一个公共的企图而分工努力，就是帕克所谓的 Consensus。在这种契洽关系中，才发生道德，而不单是利害了；在这里才有忠恕之道，才有社会，才有团体。"② 这些思想家的作品均体现出和谐、平衡、均衡的思想，这种思想属于共生理念的内容。当然，唐力权以活动代替实体的提法偏离了唯物主义。

佛教也蕴含着共生的思想。"心"即为因缘和合而成，意含众生之心，虽然是一种唯心主义，但体现出因缘和合的共生思想。从总体上说，智𫖮从性起论出发，倾向于把宇宙万有和圆融境界的共同生成归结于一心（最高主体性），强调万物互为缘起、重重无尽。智𫖮把从"因分"上谈宇宙万物的共同生成，称为缘起。③ 一切现象均依据一定的条件而产生和变化，处于普遍的因果联系之中，可以称之为共生缘起。佛教提倡：不管是人间社会的现象还是自然界的现象，能单独地产生事物的变化是不可能的，一切都由缘而起，而且是相互有关才产生的。因此，如果存在着 A 和 B 的话，那么 A 就是由 B 带来的 A，而 B 也是因为有了 A 而产生了 B。为此，与其去重视 A、B 的个性，不如重视 A 与 B 之间的关系性。④ 日本的黑川纪章认为，"共生思想是以印度的唯识思想与日本的大乘佛教思想为早期教科书的"。所以"共生"中蕴含着"作为日本文化根基的佛教思想"。⑤ 佛教认为一切皆由缘起。佛教有一个专门的偈，称为"法身偈"，常刻在佛像、佛塔的内部或基座上，内容是："若法因缘生，法亦因缘灭；是生灭因缘，佛大沙门说。""佛大沙门"是对佛陀的尊称。这是宣扬宇宙万法依因缘而生灭，包括物质方面的外境与精神方面的心识，都由"缘"即原因或

① 陶原坷．"场有哲学"与中西文化比较研究［J］．学术研究，1995（1）．
② 费孝通．乡土中国［M］．上海：上海人民出版社，2006：360．
③ 习细平．略论智𫖮法界缘起思想的核心及其思维特色［J］．理论界，2006：10．
④ 朱健国．"共生主义"初探［EB/OL］．慧海佛光网站，2013-5-19．
⑤ 黑川纪章．新共生思想［M］．覃力，杨熹微，等译．北京：中国建筑工业出版社，2009：34．

条件的和合而生起，缘集则法生，缘去则法灭。这是缘起论的基本思想。缘起是佛教最基本的观念，最根本的教理，显示佛教对宇宙与人生、存在与生命的根本看法。缘起思想是佛教的具体教说和重要理念，如因果、空有、中道、平等、慈悲、解脱等的哲学基础。佛教是宣扬和提倡平等的宗教，"其平等的含义概括起来有四个层次：一是人与人之间的平等，二是众生平等，三是众生与佛的平等，四是众生与无情的平等"。[①]"无情"，即无情感意识，不具精神性的东西。如中国佛教天台宗学学者有人就宣扬"无情有性"说，认为草木花卉、山川大地都有真如佛性，大自然的花香树绿、风动水流，都是佛性的体现。在同样具有佛性这一点来说，无情之物与众生并无本质区别，彼此是平等无二的。应当说，这是对自然界生物和无生物的尊严的确认，是对自然界万物的特有的敬重、悲切和呵护。佛教将共生从人与人推及到人与其他生命乃至整个自然界万事万物，可以说具有普遍性的共生思想。可以看出，佛教有两个观点值得我们重视：第一，缘起说反映出万事万物处于相互交织的关系网当中，任何一个事物的出现都是诸多因素聚合为某一个结点而产生的，是差异性事物聚合的结果，同样任何一个事物的消亡又都是多样性事物结合关系消失的结果；第二，所有存在物均具有平等性，肯定事物差异性之间的对等价值，肯定每一个个体的存在价值。这均符合共生思想。但我们要看到，佛教毕竟是一种宗教，属于唯心主义，其基本的立场是我们要批判的。

综上所述，共生是人类哲学思维的共同追求，它将人与世界、主体与客体纳入共同生成的统一整体当中，是对自古希腊以来的本体论思维和启蒙以来的主体性认识论思维的超越，代表着人类思维发展的一种方向。

那么，共生的存在论与马克思主义哲学的存在论是什么关系呢？

马克思主义哲学认为世界在本质上是物质的，世界的真正的统一性是在于它的物质性，物质是第一性的，意识是第二性的，意识是高度发展的物质——人脑的机能，是客观物质世界在人脑中的反映。物质世界是按照它本身所固有的规律运动、变化和发展的，事物发展的根本原因在于事物内部的矛盾性，事物矛盾双方又统一又斗争，促使事物不断地由低级向高级发展，因此，事物的矛盾规律，即对立统一的规律，是物质世界运动、变化和发展的最根本的规律。

共生法则揭示出一个多元共生互动的复杂性世界图景和演化模式。世界是一个复杂系统，是多元多维的，多元多维的复杂性因素之间是交互作用的，整个世界是一个瞬息万变、不断创生生成的过程，差异性事物之间的协调互动是

①　方立天. 中国佛教哲学的现代价值［J］. 中国人民大学学报，2002（4）.

新事物创生的自然机制，事物在相互作用的偶然性机制中产生新事物。共生的世界演化模式对同质化持否定态度，认为同质化会导致事物衰竭。人及社会的生成规律和组构机制模式与这种自然的共生原理是一致的，人类社会必须遵循共生的原理、机制、模式、价值。人与人是共生的，人与社会和自然界也是共生的，人们在互动共生中相互创造。

我们对马克思关于世界图景的这种理解仍然是建立在唯物主义立场之上的，仍然坚持世界统一于物质，物质是第一性的，意识是第二性的，意识是客观物质世界在人脑中的反映。物质世界是运动、变化和发展的，事物发展的动力在于事物内部的矛盾性。共生的世界演化模式是对辩证法关于世界的普遍联系和永恒发展从多样性、多维互动性、生成性角度所做的一种提炼和阐发，有助于进一步细化对我们辩证唯物主义的理解。我们仍然坚持必然性和偶然性的辩证统一关系，我们只是从另一种角度对偶然性的价值做了进一步阐发。

第三章

共生的方法论考察

　　共生作为事物普遍的存在状态，是否蕴涵具有哲学意蕴的方法呢？我们知道辩证法是事物运动变化的基本规律和方法，共生方法则是对辩证法的进一步具体化的描述。共生方法深化了从联系出发认识世界的观点，更加深入对事物关系性生成的分析；共生方法深化了事物的运动变化的观点，从时间性和日常生活视角分析问题；共生方法深化了从事物对立统一角度把握事物的观点，强调在事物多样性竞争协同中衍生新事物，突出事物差异性在事物发展中的地位；共生方法深化了矛盾分析的方法，强化了综合统筹的方法，在事物发展中争取最大化地整合各种资源；辩证法强调，共生方法深化了必然性和偶然性的统一的关系原理，更突出事物演变的复杂性、不确定性，提出试错式前进的方法；共生方法深化了从普遍联系角度认识事物的方法，强调从一律平等的角度看待事物。

第一节　关系性认识存在的方法

　　对事物的把握应当从其内外部关系来进行，这是一种动态、多维、历时、全面、具体的分析，其基本依据是因为事物都是在与他者共生中存在发展的，对内外部的共生关系进行分析，就会对事物有一个全面、准确的把握。

一、关系性分析把握事物的方法

　　共生的过程是一个多样性事物相互关系变化的过程。事物的存在是相互关系中的存在，在关系的变化中改变、演化，所以共生的过程实际也可以看作关系的变化过程，研究事物，就是要研究关系：内部关系、外部关系。内部关系属于事物的性质，外部关系属于事物的环境。从生成关系理解事物，理解人，所以马克思主张人的本质是一切社会关系的总和。马克思指出:"费尔巴哈把宗教的本质归结于人的本质。但是人的本质并不是单个人所固有的抽象物,实际上,它是一切社会关系的总和。"① 费尔巴哈不是对宗教本质——现实世界进行批判,他撇开宗教产生的历史根源,孤立地观察宗教,并将人假定为一种抽象的、孤立的人类个体,把人的本质理解为纯粹自然属性的共同性。这是没有看到人在共生关系中历史的生成过程。人有自然属性,有社会属性,人是通过社会关系与自然界共生、与他人共生的,自然界只有进入到人的社会关系中才成为人,人只有通过社会关系才能作为人进入到自然界,人在社会关系中与物与人共同生成。人与环境是一个时刻不停地处在相互作用、相互生成的过程中的共生关系,众多复杂的因素都会在这个过程中起作用,所以没有永恒不变的人和人性,没有永恒不变的环境,把人的本质抽象为孤立的个体,是看不到人与环境这种变动不居的生成关系,把人的本质抽象为纯粹自然的共同的感性,这就等于将一个变幻不定的矛盾关系世界中的人固定化了,人成了一种不变的东西。马克思将人的本质界定为一切社会关系的总和,是从人的生成来讲的,人是在人的活动与环境的改变的共生互动过程中产生的结果,而这个过程马克思界定为实践,人与环境的关系是通过社会关系表现出来的,社会关系生产的过程也就是实践运动的过程,是人与环境双向互动的过程,所以马克思所界定的人是一种没有固定化、静止化、抽象化的人,是具体化的人,马克思对人的界定实质上就是认为人是实践中不断生成的人本身,是其所是,人作为人离不开实践,人是在人与环境的共生互动的实践过程中不断生成、不断变化、不断发展的人。人的社会关系实际是人与自然、人与人共生互动关系的表现,人作为自然界的一部分是自然界的生命系统共生互动的结果,自然界是人无机的身体,人是自然界有机特殊的一部分,社会关系是人作为人的特殊的自然关系。人在现实性上是一切社会关系的总和。实际马克思就是想说明个人与自然界和他人的共生互动的生成关系,即社会关系的总和,是人的本质。由此可以看出,马克思对人的本质的界定是一种不界定的界定,是一种开放性的、动态的、具体的界定。马克思指出:"社会生活在本质上是实践的。凡是把理论导致神秘主义方面去的神秘东西,都能在人的实践中以及对这个实践的理解中得到合理的解决"。② 在这里,马克思对社会关系进一步做了解释,社会关系、社会生活本质

---

① 马克思. 关于费尔巴哈的提纲 [M] //马克思, 恩格斯. 马克思恩格斯全集: 第 3 卷.
北京: 人民出版社, 1965: 5.
② 马克思. 关于费尔巴哈的提纲 [M] //马克思, 恩格斯. 马克思恩格斯全集: 第 3 卷.
北京: 人民出版社, 1965: 5.

是实践，是人与环境的多元共生互动关系，任何社会中的各种现象都是在这个多元共生互动过程中产生的，人在活动中可以产生这种现象，也可以通过对这个多元共生互动过程的理解来解释这种现象，这是一个不断产生结构又不断解构的无限过程。

维特根斯坦（Ludwig Wittgenstein）的"语言游戏"说也是对世界关系性存在的一种肯定。他是以语言消解不变的本体存在，语言本身是一个关系性范畴。用语言的变动关系变相地描述世界的变化，说明世界处于相互作用的共同生成过程中。虽然他撇开主客体关系以语言的变动关系描述世界，但其表达出世界的瞬息万变的关系变动过程。首先，语言游戏是语言内部的真值函项关系活动，语意来源于它们的使用条件，这个使用条件就是语境的共生关系。其次，语言游戏体现着生活形式。日常生活是语言的"老家"。想象一种语言就意味着想象一种生活形式。语言游戏表达出活生生的日常生活变动的世界。语言是生活世界关系生成的产物，同时它本身也是不断生成的变动关系。其三，语言游戏是多种多样的，体现出共生的多样性原则。同一个语词可以出现在不同的语言游戏中，在不同的语境中含义不同。不同的语言游戏并没有共同的本质，它们之间只是"家族相似"，这就表示共生关系性存在的世界是生动、具体的，只有相似，没有雷同。其四，语言游戏具有一定的规则，规则乃是约定俗成的，是在生活实践中随着共生关系而变化生成，这些规则也是共生关系的表现。"我们称之为'符号''词''语句'的东西有无数种不同的用途。随着共生关系的变化，语言游戏的规则也变化。而这种多样性并不是什么固定地、一劳永逸地给定了的东西；可以说新的类型的语言、新的语言游戏产生了，而另外一些逐渐变得过时并被遗忘"。① 维特根斯坦对语言变动关系的分析折射出他对世界共生关系的认识，即认为一切都处在瞬息万变的关系中生成，维特根斯坦的这些思想是宝贵的，但他将语言关系作为本体来研究，没有看到语言是人对客观世界的一种反映方式，语言关系也是客观世界各种关系的一种反映，我们要抛开其唯心主义的因素。

共生的方法论不追求对世界是什么的问题回答，它关注世界怎么样存在，人与世界以什么样的关系存在才是善的，所以共生的方法也是关系分析的方法。共生方法不是实体性看待世界的本质主义方法，而是在变动关系中观察世界。福柯的权力系谱学就强调："实体意义上的'大写的权力'是不存在的，存在的是繁多的不同形式的权力共生关系，它们可以运转于家庭关系、制度内部、行

---

① 维特根斯坦.哲学研究［M］.李步楼，译.北京：商务印书馆，1996：17.

政活动以及统治阶级和被统治阶级之间。同时，权力关系不能作线性处理，在权力结构与其微观'毛细血管'之间，并无直线的同质逻辑关联。"① 福柯从权力关系来分析社会现象，揭示从关系角度分析问题的视角，当然，福柯的思想也是唯心的，他分析权力关系，但忽略了权力关系离不开物质生产关系，离不开物质生产实践。

自组织动力学、协同学在处理"力"这一概念时，从力的相互共生作用的关系角度理解力。"物体之间的相互作用，用'力'这个概念来表达。"② 可见共生的这种方法也体现在协同学、自组织理论中。依照 George F R Ellis 的观点，"宇宙学目前研究采用的是共生的方法"。③ Jill Howard 认为，"在生产者和消费者之间是一种共生学关系"。④ 共生方法已经被应用到许多领域，例如"在民主互动、自然科学、心理学、多元化道德等"方面。⑤ Melvin L. Sharpe 认为共生关系维持了和谐的公共组织关系，"提供了一种促进社会发展的有效方法"。⑥ 共生的方法已经被应用在"对话的教育理论"中。⑦ 共生方法还被广泛应用在社会科学中，哈佛大学的 Miller 在分析"社会正义中运用了共生方法"。⑧ 关系性分析把握事物的方法被广泛运用到各个领域，成为逐渐被大家认可的一种方法。对于这些认识，我们都应当站在辩证唯物主义立场上来看待。

我们从马克思的文本和西方思想家的文本归纳出关系性分析把握事物的方法，事物处在运动变化的关系中，在这种运动变化的关系中不断地生成，对事物的把握要分析其所处的内外部关系，这是对马克思主义哲学当中普遍联系观点进一步具体化、细化。

---

① 维特根斯坦．哲学研究［M］．李步楼，译．北京：商务印书馆，1996：506.

② 方励之，李淑娴．力学概论［M］．合肥：安徽科学技术出版社，1986：80.

③ George F R ELLIS. Issues in the Philosophy of Cosmology［J］．Philosophy of Physics，2007，26（2）：183-185.

④ HOWARD J. Physics and Fashion：John Tyndall and Fis Audiences in Mid-Victorian Britain［J］．Studies In History and Philosophy of Science：Part A，2004，35（4）：729-758.

⑤ KENDLER H. A Personal Encounter with Psychology［J］．History of Psychology，2002，5（1）：52-84.

⑥ M L SHARPE. Developing a Behavioral Paradigm for the Performance of Public Relations［J］．Public Relations Review，2000，26（3）：345-361.

⑦ BINGHAMC W. A Dangerous Benefit：Dialogue，Discourse，and Michel Foucault's Critique of Representation［J］．Interchange，2002，33（4）：351-369.

⑧ OPPENHEIMER1 J, Considering Social Justice：A Review of David Miller's Principles of Social Justice［J］．Social Justice Research，2002，15（3）：22-26.

二、在生成关系中促进事物生成

共生关系可以分为内部共生关系、外部共生关系，也可以叫矛盾关系。人的机体内部共生关系形成人的性质特征，外部共生关系又改变着人的性质特征。马克思指出："旧唯物主义的立脚点是'市民'社会，新唯物主义的立脚点则是人类社会或社会化了的人类。"① 马克思在这里进一步对唯物主义进行了解释，旧唯物主义将唯物主义界定在一定固定的时间点上，即市民社会，这又将多元共生、互动的客观过程僵化凝固在一个暂时的现象上，将一个永恒变化的生成的过程凝固化、定型化，而新唯物主义着眼的是一个多元共生、互动、永恒运动生成的过程，它不只是一般的自然过程，更重要的是着眼于人与环境的共生互动变化过程，即实践过程，着眼的不是实践过程中某一阶段某一时间点上的人，而是处在整个共生互动生成过程中又不断生成的人，即人类，这是一个具有时间维度和空间维度的概念。在这里马克思将人界定在一个不断生成的实践过程中。

马克思指出："哲学家们只是用不同的方式解释世界，而问题在于改变世界。"② 马克思这里强调人更重要的是要在生成的实践过程中不断生成自身又促使世界生成，即认识世界和改造世界的统一。认识世界的过程和改造世界的过程统一于人与自然及人与人的相互生成的实践过程。作为一种世界观的正式孕育是在《1844 年经济学哲学手稿》中，在手稿中已经体现出马克思强调的人与自然的共生关系：社会历史是人在共生过程中的生成过程，是人作为自然界的一个特殊部分的生成过程，人作为人是自然界的一部分，自然界对人来说作为人的存在，人与自然是生成于同一过程，人与自然界是同时生成，人与自然界属于一体，人与自然界是相互生成的，生成的过程统一于实践。他说："世界历史……是自然界对人说来的生成过程……人对人来说作为自然界的存在以及自然界对人来说作为人的存在，已经变成实践的、可以通过感觉直观的……"③世界历史就是人与自然界之间的相互生成过程。正是手稿中马克思孕育的这种思想在《关于费尔巴哈的提纲》中系统而简练地阐述出来，这种思想没有用多

---

① 马克思. 关于费尔巴哈的提纲［M］// 马克思，恩格斯. 马克思恩格斯全集：第 3 卷. 北京：人民出版社，1965：5-6.

② 马克思. 关于费尔巴哈的提纲［M］// 马克思，恩格斯. 马克思恩格斯全集：第 3 卷. 北京：人民出版社，1965：6.

③ 马克思. 关于费尔巴哈的提纲［M］// 马克思，恩格斯. 马克思恩格斯全集：第 3 卷. 北京：人民出版社，1965：131.

元共生的复杂性生成关系的概念或辩证法概念表述出来，但马克思正是以这种思维方式在批判费尔巴哈和唯心主义，并提出实践的概念。而我们也只有以这种思想去字字推敲《关于费尔巴哈的提纲》，才能将每一句话、每一个字、每一个标点符号真正解释得通，才能理解得更深刻。《关于费尔巴哈的提纲》可以说标志着马克思哲学思想的正式产生，马克思辩证法的正式产生，马克思世界观、历史观的正式诞生，马克思给我们展示了一个新的世界图景，即多元共生的复杂性关系世界图景，马克思结束了欧洲漫长的还原论的思维模式，也结束了近代以来机械线性的思维模式，以实践结束了主客二元对立的思维方式，也结束了理论理性和价值理性的对立，正是在这个意义上马克思实现了哲学的革命，结束了传统欧洲哲学，开辟了一个全新的哲学范式—共生的世界图景，即所有人平等和睦相处，共生共存共荣，这就是马克思的超越性。这种多元共生的复杂性关系世界图景也提供给我们在共生关系中把握事物的方法，这种方法是建立在唯物主义而不是唯心主义基础之上的。

对事物的消除，特别是对坏的事物的消除，要在事物产生的多样性共生的复杂环境过程中去进行，只有进入共生的过程中推进新的共生条件产生，才能消除该事物。特别是，应该在矛盾的复杂共生运动的实践中消除不良事物。例如马克思对宗教的态度。对宗教的消除只能通过宗教产生的过程来消除，作为一种社会现象也是在诸多现实社会的矛盾共生互动过程中产生的。费尔巴哈把宗教世界归结于世俗基础，但这仅是完成对宗教分析的第一步，世俗的基础使自己和自己本身分离，并产生一个独立的宗教王国，对这个事实的分析只能用这个世俗基础的共生关系的矛盾变化关系来说明。马克思说："因此，对于世俗基础本身首先应当从它的矛盾中去理解，然后用排除这种矛盾的方法在实践中使之革命化。"① 在《关于费尔巴哈的提纲》第五条中，马克思指出："费尔巴哈不满意抽象的思维而诉诸感性的直观；但是他把感性不是看作实践的人类感性的活动。"② 分析一个事物，要从生成这个事物的因素出发，看它生成的环境：强化这种环境，就会促进它的发展，消解这种环境，就会瓦解它的存在。对任何一个事物都不能用宿命论的观点去看待，任何一个事物都是因环境不同而处于不断的生成过程中。要想促使事物朝向哪个方面发展，就得将其置于相应的生成环境。这是结合马克思的文本对马克思主义哲学当中事物运动变化和

---

① 马克思 . 关于费尔巴哈的提纲［M］//马克思，恩格斯 . 马克思恩格斯全集：第 3 卷 . 北京：人民出版社，1965：4.

② 马克思 . 关于费尔巴哈的提纲［M］//马克思，恩格斯 . 马克思恩格斯全集：第 3 卷 . 北京：人民出版社，1965.4.

普遍联系观点的一个更进一步认识。

三、在相互作用中把握事物的方法

在相互作用共生中认识事物、改造事物、生成事物，每一个事物都有其生成的条件和过程，对有害的事物，可以通过消除或破坏其生成的条件，打乱其生成的过程，来消除它。对有益的事物，可以创造条件促进其生成，维护其生成的过程，促进其发展。协同动力学、后现代主义哲学思维方式都反映出事物内部要素间相互共生作用的规律性。事物之间的共生包含斗争和合作。对话中也包含竞争和协同。"揭示传统语言在运用和话语中所包含的竞争、协调和掩饰策略。"① 德里达指出："一切生命，特别是人类文化和思想的生命运动，其动力都来源于区别、差异以及它们的相互冲突。"延异是表达"运动和变化中的差异化运动本身"，是"不断自我增殖的差异化过程"。② 福柯用军事、战争机制分析权力机制和社会关系。福柯的微观权力理论也指出各种力量相互依赖又互相否定的共生关系。利奥塔也看到语言游戏存在竞争性，他甚至强调了合作是一种特殊的竞争。利奥塔（Jean-Francois Lyotard）还指出科学研究离不开意见的冲突、合作和共生。德里达（Jacques Derrida）的"延异"概念表达出语言系统内部相互冲突与聚合共生的关系。伽达默尔（Hans-Georg Gadamer）的"视界融合"也体现出一种异中之同的共生关系。所以共生不是存在的并列，而是在互动中相互作用，包括斗争竞争和协同协作两个方面，在这样的相互作用中事物不断演变，所以要通过竞争斗争和协同合作两个方面把握事物。对于人类社会来说，斗争和竞争的主要渠道和形式应当是语言和理性的对话与辩论，而不是武力的较量屠杀和专断。动物之间的竞争是暴力，所以它们是动物；野蛮人竞争的方式主要是武力，所以他们是野蛮人；文明社会的人竞争的途径和方式应当是理性对话和辩论。从马克思主义观点和立场来说，当然还存在生产力发展的竞争，生产力发展会引起经济基础、上层建筑的一系列变化。

四、集群发展的方法

依据共生规律，事物的发展保存一定的数量才能提供进化发展的条件，有了一定的数量才能竞争、协同、信息汇聚、优化和发展，所以集群发展是促进

---

① 薛伟江. 后现代哲学思维方式的特征——从自组织动力学的观点看 [J]. 自然辩证法研究，2004，20（7）.

② 玛俊，等. 后现代主义哲学讲演录 [M]. 北京：商务印书馆，2003：320.

事物发展的一个方法。格尔斯（Gilsing）从集群创新的角度提出集群治理的概念。集群发展优于个体发展，集群具有自组织力量，这是集群创新的力量之源，也是增强竞争力和活力之源。可以对集群进行自组织管理、激励和约束、政策权和利益分配、与外界交流、合作和效率的制度管理①。集群治理的最终目的是要建立和保持集群的持续竞争优势（Gilsing，2000）。② "种群共进理论认为组织间的关系更多是一种竞争的态势，是竞争就会导致优胜劣汰，不能适应环境的组织就会消失，这样就会有外部的'新成员'加入种群，使得种群中组织共同进化，内部资源重新分配与整合。当然，面临外部的组织，种群内部的组织则会相对地联合在一起，就某些方面进行合作，使该种群不断优化成长。"③ 种群共进理论也遵循了共生的规律，种群内部的各个个体相互之间竞争、协作、互补，促进共同发展。

集群共生方法在经济领域的一个典型的例子就是连锁经营。连锁经营使得各单元之间在一定的共生环境（连锁环境）中按某种内在要求结成共生体（连锁一体化的共生系统）。这种共生体按一定的连锁机制形成某种共生模式，即连锁模式，推进连锁经营在共同进化和共同受益中发展。由于连锁过程是连锁单元在特定时空条件下的共同进化过程，单元之间的关系服从共生过程的一般本质，即共同进化、共同适应、共同发展。在激烈的市场竞争中，连锁经营用连锁单元之间的相互吸引和合作代替了相互排斥与斗争，用合作的方式去拓展市场，相互补充和促进，扩大经营，可加速连锁单元的进化创新，实现共存共荣，共同发展，为连锁单元提供了在相互激励和合作中发展、进化的有效途径。连锁经营促进各连锁单元共同进步和发展。

在人才培养上也要注重共生的集群效应。人才成长存在共生效应，同类相聚是事物存在运动的一种现象。人才也会相互靠近，通过人才去发现人才也是一条汇聚人才之路。朱克曼（Harrict Zuckerman）在《科学界的精英》一书中指出：某一学会、学府或研究机构一旦有诺贝尔奖金获得者在此活动或工作，就必定有新秀冲破种种阻力往此汇聚，这是人才团聚的基本模式。1979 年诺贝尔物理学奖授奖时，发生了一件有趣的事，三位获奖者中，两位是美国纽约市布

---

① GILSING V. Cluster Governance：How Clusters Can and Renew Over Time ［R］. the DRUID PhD-conferece, Copenhagen：January，2000.

② 王海光. 企业集群生共生生活治理的模式及演进研究 ［M］. 北京：经济科学出版社，2009：11.

③ 王海光. 企业集群生共生生活治理的模式及演进研究 ［M］. 北京：经济科学出版社，2009：28.

朗克斯高级理科中学的毕业生，而且他们还是同班同学，一个叫格拉肖，一个叫温伯格。后来人们又发现：除了两位获得诺贝尔奖的同学外，还有六位同学也做出了显赫的成绩，成为专家教授，他们是：范伯格——哥伦比亚大学物理系主任，物理学教授。芬斯特——国立阿贡实验室和芝加哥大学加速器物理学家及计算机工程师。格林伯格——国立阿贡实验室和芝加哥大学加速器物理学家及计算机工程师。格林伯格——纽约市立学院物理学教授。拉森——坦布尔大学物理学教授，前物理系主任。萨拉奇克（女）——纽约市立学院物理学教授。斯顿汉姆——马萨诸塞大学物理学教授。大家发现这条成才之路的起点便是布朗克斯中学。温伯格说：你想成为什么部门的人，多少有点取决于你与谁一起上学。这里有一种共生效应。那么，这群杰出物理人才的共生效应（中学时代的共生效应）是哪些因素相互作用而产生的呢？他们认为有以下几条：热爱科学、献身科学的共同目标；共同探讨、相互促进的学习风气；学有余地，鼓励思想自由翱翔的教育风格。① 这种共生效应是对马克思主义哲学普遍联系观点的进一步深化：在事物普遍联系中，集群汇聚会形成一种整体的环境氛围，这种整体的环境氛围会激发每一成员朝一个方向努力，产生类同的价值趋向，蕴生共生效应。

第二节 时间性认识事物的方法

我们的日常生活时刻处于流变当中，对任何问题的分析都不能离开时间，从日常生活的具体性出发，绝对不能抽象地谈论问题，陷入到本质主义里去，进入到时间和具体性中，我们的理论才能生动。

一、整体性、时间性方法

时间性是世界共生演化的第一特性。世界共生演化的过程中无物永驻，一切如白驹过隙，瞬间即逝，存在的是永不停息的共同生成的过程。所以，时间性是共生过程的第一特性。这与后现代主义的出现是不谋而合的，后现代主义肯定一切都被置于流变不定的状态中。任何一种语言都成了对其他语言的阐释，并不存在一整套恒定正确的阐释规则。多样化共生受到欣赏，一切信念都被理

---

① 钱学森、李宝恒，杨沛霆，等．现代领导科学与艺术［M］．北京：军事译文出版社，1985：317.

解为特定的社会—文化—经济的（socio-cultural-economic）历史语境中的产物。后现代主义的特点是对本体自我（substantial self）观念进行消减。"对本体自我进行去中心化或消减淡化是摆脱现代学术视域局限的根本所在"。①

共生的世界演化模式就强调事物存在的暂时性、变动性、多元性、多维性、无中心性、对永恒本体的消解，等等，是与当代学术视界共通的。黑格尔（Georg Wilhelm Friedrich Hegel）、伯格森（Henri Bergson）、胡塞尔、海德格尔、梅洛庞蒂的思想，都强调人类存在的时间性和历史性。从共生方法对具体的生活经验和现象的观察促使我们反思人类历史性和时间性的意义。一个人不可能超越历史和时间，时间和思想是相互缠绕共生的，思想与时间以独有的方式存在：时间是我们思想本身的另一面。基于对最基本的时间性和历史性的认识，我们应当反对任何形式的绝对知识体系，绝对知识体系是一种无时间的世界变化观点。历史从来不是作为单一的意义之流被理解。正如梅洛庞蒂所说："我们决不会从无中得到房子的知觉观念。所有的思想如同所有的知觉一样，都是特定条件和角度的产物。"② 马克思主义哲学更是这样的思想，从运动、变化、发展的眼光看待问题，但这里强调整体性、时间性是对运动、变化、发展的看问题方法更加具体和细化的深化，是从另一个维度的突出的提炼。

二、从事物的具体性和日常生活出发观察分析问题的方法

避免片面、抽象、一般地谈论事物，而是从事物的具体性和日常生活出发观察、分析问题。维特根斯坦的约定论强调命题的意义在于它的使用条件，在于它的生活形式的"老家"。"想象一种语言就意味着想象一种生活形式"。③ 语言游戏的规则是依据一定条件约定的。规则都是暂时的，都随着特定的时间、条件而变化。"命题是什么，在某种意义上取决于语句的形成规则（例如德语的形成规则），在另一种意义上则取决于语言游戏中的记号的使用"。④ 我们必须从事物存在的条件来观察事物、分析问题，因为任何一个事物都是各种相关因素相互作用下产生和演化了该事物，事物又在多维因素的作用下不断演化，所以我们把握事物要从多维因素的互动角度出发动态地去看待，要反对本质主义

① 小约翰·B.柯布.建构性的后现代主义 [J].柏敬泽，译.广西师范大学学报（哲学社会科学版），2006（2）.
② MORAN D. Introduction to Phenomenology [M].London：Routledge Taylor &Francis Groop，2000：404.
③ 左丘明.国语·郑语 [M].北京：中华书局，2002：62.
④ 维特根斯坦.哲学研究 [M].李步楼，译.北京：商务印书馆，1996：80.

的思维定势。"本质主义的倾向由来已久，早在苏格拉底（Socrates）追问'美是什么''勇敢是什么'等等的时候就存在了，经过柏拉图的理念论，终于确定了直到今天仍然根深蒂固的传统观念，这就是现象与本质的划分。"① 本质主义倾向使人们脱离事物的实际生成过程而固定、僵化地看问题。维特根斯坦的"语言游戏"说给我们呈现出一幅语言生活世界共生的图景。他提出纠正"偏食"思维方式，即反对僵化地认识生活世界。他用"概观"（ubersicht）来表示应全面、系统地把握语词的多种意义。我们之所以不理解，一个主要根源就是我们没有看清楚词的使用。——我们的语法缺乏这种全景概观。全景概观地表述就会产生理解，而这种理解就在于看到关联。因此发现和发明过渡性环节是很重要的。对我们来说，全景概观的表象是一个极其重要的概念，它标志着我们的表述方式，标志着我们观察事物的方式。

由此我们可以看出，通过对事物多方面的、综合性的整体把握，就能把握事物各方面的特殊性，一个事物的当下特征是由周围复杂因素作用的结果。同一个事物或人处于不同的环境就有不同的特征。我们要想把握事物就必须从所有的影响作用的因素入手，从日常生活的具体实践中入手，才能在变化中认识和把握事物。维特根斯坦认为："当哲学家使用一个词——'知识''存在''对象''我''命题''名称'并试图把握事物的本质时，人们必须经常地问自己：这个词在作为它的老家的语言游戏中真的是以这种方式来使用的吗？——我们所做的乃是把词从形而上学的使用带回到日常的使用中来。"② 维特根斯坦的这种"语用学转向"的本质正在于把语言、知识和科学置于人类生活实践的语境中来理解和认识，从而在根本上改变了哲学发展的方向。其实，这种方法在 20 世纪 30 年代中国也有人提出并应用了③，这就是我们经常所说的实事求是，理论和认识要无时无刻都与实际紧密联系，具体问题具体分析。"'实事'就是客观存在着的一切事物，'是'就是客观事物的内部联系，即规律性，'求'就是我们去研究。"④ 维特根斯坦的语言哲学中蕴含着这种思想，但我们要注意他的思想是建立在唯心主义基础之上的。

---

① 毛泽东. 改造我们的学习［M］//毛泽东选集. 第 3 卷. 北京：人民出版社，1977：329.
② 维特根斯坦. 哲学研究［M］. 北京：商务印书馆，1996：72-73.
③ 这里指毛泽东同志在延安时期提出的实事求是论述。
④ 毛泽东. 改造我们的学习［M］//毛泽东选集. 第 3 卷. 北京：人民出版社，1977：801.

第三节 在多样性中推进事物发展的方法

每个事物都有自己的价值，保持事物的个性就是保持事物的价值，个性的事物聚合在一起就是多样性的事物，保持事物的多样性就是尽量发挥事物各自的价值，综合多样性事物就是争取最大化的资源利用。

一、统筹兼顾的方法

共生的方法，也是统筹兼顾的方法，就是尽量将事物的各方面都兼顾到，争取最广泛的覆盖面，获得来自各方面的有益因素，只有这样事物才能存在和发展。这也就是争取最大化支持的方法。这点也通过中庸的思想体现出来。孔子、柏拉图、西塞罗、亚里士多德都特别强调中庸。中庸最本质的方面就是体现了共生。子思认为，中是万事万物生育发展的根本，各种各样的事物统一共生，在保持自我生存的同时也兼顾他物的生存，保持一种共存的状态，实现各自发展又相互补益，这就是世界存在的根本道理。所以他说："喜、怒、哀、乐之未发，谓之中。发而皆中节，谓之和。中也者，天下之大本也。和也者，天下之达道也。""致中和，天地位焉，万物育焉。"① 只有保持一种共生的状态，万事万物才能各展其个性特色，相互衍生和发展，又互不灭绝对方，到位但不越位，在共存中实现共同生成。达到这样的状态，万物富有活力而又有序，生生不息。人既要有欲望还要节制欲望。

中庸思想就最本质地体现出统筹兼顾的方法，就是尽量将各种有利因素或者各种因素有利的方面都征集过来，争取获益最大化的方法，而且各种因素的不利的方面经过综合往往会中和或者生成有利因素，而处于中间位置的原则往往会实现争取获益最大化的、避免单一化风险的目标。《尚书》中就已经记载了很多关于古代圣王执中、行中的例子，如《盘庚篇》的"各设中于乃心"、《吕刑》"罔非在中"、《诏诰》《洛诰》的"时中"、《酒诰》的"作稽中德"等。在《尚书·大禹谟》中，有被宋儒称为"十六字心传"的那一著名的箴言："人心惟危，道心惟微，惟精惟一，允执厥中。"《尚书·洪范》记载，周武王向殷代的遗臣箕子请教国事，箕子提出九条大法，其中就有中道的思想："无偏无颇，无偏无党，王道荡荡。"由此，我们可以把《尚书》中强调"执中"的

---

① 子思. 中庸［M］刘强，编译. 哈尔滨：哈尔滨出版社，2007：12.

政治智慧，看作是中庸之道的思想源头。"中庸"一词，语出《论语·雍也》。孔子说："中庸之为德也，其至矣乎！民鲜久矣。"意思是，中庸乃至高的道德修养境界，长久以来，很少有人能做得到了。孔子这样推许的"中庸"，其含义到底是什么？其境界到底又有多高呢？朱熹解释说："子程子曰：不偏之谓中，不易之谓庸。中者天下之正道，庸者天下之定理。""中庸者，不偏不倚，无过不及，而平常之理，乃天命所当然，精微之极致也。"① 这样，"中庸"一词的含义就是，中是一种凡事都追求不偏不倚、无过不及的最为恰当的状态；庸，则是说这样做是不可更易的常理。概括而言，中庸的含义就是，中是一种常理。另一种解释来自汉代的郑玄。《中庸》郑玄注："中庸者，以其记中和之为用也；庸，用也。"意思是，中庸，就是中道之运用。这两种解释，在"中"的含义为中道上没有差别，只是在"庸"的含义上有一点分歧，而这一点分歧实际并不是本质性的。如果一定要从文字学的角度分析，参照许慎《说文解字》的说法，"中，内也；上下通也""庸，用也"，则"中庸"的本义就是中道的运用，郑玄的解释更符合中庸的本意。中庸之道体现的共生思想就表现在不偏不倚、无过不及、处处守中、时时用中、固守本位、恰如其分、恰到好处，上升到安身立命的行为准则就是"温而厉""强而义""威而不猛""乐而不淫""能文能武""亦庄亦谐"，"不卑不亢""无偏无颇"，既不要易怒又不要麻木，既不要鲁莽又不要怯懦，既不要无耻又不要羞怯，既不要放荡又不要冷漠，既不要挥霍又不要吝啬，既不要谄媚又不要傲慢。

柏拉图在《政治家》中对中庸之道做了详细的阐述。"真正的'中庸'却是对一个确然不移的标准的信守，它不随顺任何一己一时的好恶，也不因意力的强制或念愿的诱惑而有所变通。"② "所有的技艺——纺织的，治国的，或讨论本身的技艺——若不奉行中道就会遭到败坏。它们都慎防着过度与不及；而正由于奉行中道，它们才创造了所有的卓越与美。……每一个真正的艺术家的职责就是在他所处理的那类事物中，通过发现并遵循中道来创造这样一个混合物或和声。"③ 坚持中庸就是兼顾事物各方面的因素，做任何事情都必须做到兼顾各方面因素，由于所有技艺尊奉的都是中庸之道，就像织布者把经线和纬线恰切地织在一起，政治家也必须把人性中不同因素的各部分结合在一起。④ 西塞罗说："中庸是使一切言行都恰到好处的学问"，也是"在恰当的时间做适当

---

① 朱熹. 四书章句集注［M］. 北京：中华书局，1983：17.
② 柏拉图. 理想国［M］. 郭斌和，张竹明，译. 北京：商务印书馆，1986：133.
③ 柏拉图. 政治家［M］. 黄克剑，译. 北京：北京广播学院出版社，1994：11.
④ 巴克. 希腊政治理论［M］. 卢华萍，译. 吉林人民出版社，2003：390-391.

的事情的学问"。①

亚里士多德在《伦理学》中对中道做了详细的分析。他认为，中道有绝对与相对之分。绝对中道即事物的中道，是数学上而言的。例如十较大，二较小，那么六就是事物本身的中道。相对中道即对人而言的中道，它不太多，也不太少，这是因人而异的。比如吃饭，吃十磅太多，两磅太少，我们就不能因此叫他吃六磅，因为六磅对于这个人来说，可能太多，也可能太少。亚里士多德所说的德性或美德的中道，就是这种对人而言的相对的中道。在亚里士多德看来，人的欲望、情感和行为都存在着三种可能，即过度、不及和适中，而德性的目的就是在于根据理性的原则来处理欲望、情感和行为。人人都有欲望，个个皆具情感，如果处理不当，或者不及，或者过度，这都是恶的表现，唯有适中（适度），才是德性的特征。而中道，即德性。亚里士多德还提出用过度—适中—不及的模式来分析说明各种品德。比如勇敢，亚里士多德认为，其过度是鲁莽，其不及是怯懦。唯有勇敢，既有所惧，也有所不惧，且事事处处以理性为指导，故最符合中道原则。其他例如，节制是纵欲放荡与麻木不仁的中道；乐施是挥霍与吝啬的中道；慷慨是粗俗与卑鄙的中道……问题已经很清楚了，"凡行为共有三种倾向，其中两种是恶，即过度和不及，另一种是德性，即遵守中道。"②

依照中庸的共生方法确立的人生处世方法可以概括如下：第一，做事不要辛苦过度：人生不能没有工作，因此每个人都不能不做事。做事当然要勤劳，但是也不能太辛苦；太辛苦了，以后做事就畏难、畏苦，就不能长久，不能持之以恒。现代社会人们生活节奏快、压力大，常常出现"过劳死"的现象，这就不符合共生的方法。第二，享欲不要过度：人不能没有物质生活，适度的物质是维持生命不可或缺的条件。但是有的人享乐过度，过分地放纵物欲之乐，就背离了共生之道。第三，待人不要太苛：人与人相处，要懂得待人之道，最重要的，就是待人要厚道，要替人设想。作为领导者，要待人如己，甚至要宽以待人，严以律己，如果待人严苛，或者是过分放任，都不是处世之道。第四，用物不要太奢：对于日常用物，有的人往往过度消费，平常没事就喜欢逛街购物，并且乐此不疲，有的人则非名牌不用。其实东西能用、够用就好，不要太

① 西塞罗. 论老年·论友谊·论责任［M］. 徐奕春，译. 北京：商务印书馆，1998：155-156.
② 浪淘沙. 亚里士多德与孔子"中庸之道"学说的比较——读亚里士多德《尼科马可伦理学》有感［EB/OL］. 慧海佛光网站，2013-5-19.

过豪华、奢侈，物质太多，往往导致人为物役，物质太丰往往会变成一种负担。①

中庸的这个"中"绝不会是二分之一的"中"那样简单而确切，而是说要找到这个事情的最恰到好处、合度的解决方式，如同找到 0.618 的黄金分割的精妙一样。古语有"其斯以为舜乎"，意为：大概这就是舜之所以为舜的原因了吧，是说舜之所以会成为圣人就在于他行了中庸之道。《尚书·大禹谟》有舜传位给夏禹时曾经说的一句话，就是著名的"十六字真经"："人心惟危，道心惟微，惟精惟一，允执厥中。"说的就是如何把握那种精微的度，如何把握最高的领导艺术的平衡。

中庸的共生方法在政治、文化等领域也有广泛的应用。在政治领域，它表现为宽猛相济、德刑并用的治国方略。但德刑并用不是指德教与刑罚平分秋色，而是指德主刑辅，按儒家的观点看，德主刑辅恰恰是一种实质的"中"，而德刑并重是一种表面上的"中"，表面上的"中"并不合乎真正的"中庸之道"，而实质的"中"才体现了中庸之道的真实内涵，所以共生不是完全绝对的对等，而是对等和不对等的中间，也就是有差异的对等。另外，中庸之道还表现为一种政治理想或者说是一种为政的最高境界，这就是儒家经典所谓"致中和"的境界。孔子的孙子子思所作的《中庸》说："中也者，天下之大本也；和也者，天下之达道也。致中和，天地位焉，万物育焉。"② 这就是说，达到了"中和"，不仅实现了整个人类社会的和谐，而且也实现了人类与自然万物的和谐。而这正是儒家孜孜以求的为政者的终极境界。《礼记·礼运》所设计的"大同"社会蓝图，也是一个高度和谐的社会，在这样的社会里，"选贤与能，讲信修睦，故人不独亲其亲，不独子其子，使老有所终，壮有所用，幼有所长，矜、寡、孤、独、废疾者皆有所养。男有分，女有归。……是故谋闭而不兴，盗窃乱贼而不作，故外户而不闭"。在文化政策上共生法则反对提倡文化的"损益"式发展。《论语·为政》有："殷因于夏礼，所损益可知也；周因于殷礼，所损益可知也。其或继周者，虽百世可知也。"所谓"损益"就意味着对传统文化有肯定、有否定，有继承、有创新。这种文化既非故步自封，也非目空一切，而是主张在继承传统中优秀成分的基础上与时俱进，逐渐发展一个民族的文化，也就是我们所说的对传统文化批判又继承的态度。中庸共生方法应用于经济领域，则表现为经济政策上的"富民"措施。儒家从"中庸之道"的立场出发，不赞

---

① 郑琳芳，感悟人生——中庸之道［EB/OL］．中广网-河南分网，2010-01-25.
② 子思．中庸［M］．刘强，编译．哈尔滨：哈尔滨出版社，2007：12.

成将社会不同阶层间贫富差距拉得过大的制度安排，也反对统治阶级过度地剥削民众，因为这些都有碍于社会的和谐与安定。既不能贫富分化加剧，也不能搞平均主义，而是人和人有差距，但差距不悬殊，这就是共生。当然，对于古代思想家的中庸思想，我们要用马克思主义的立场去看待，其思想有积极、进步的一面，也有糟粕的一面，我们这里从共生理念的角度分析其内在道理，仍然是建立在辩证唯物主义基础之上的，这种方法仍然是辩证的方法，只不过是对辩证法的进一步具体化的提炼。

依照共生原则，合作与竞争、协同与摩擦、和谐与斗争也是共生，任何单一化都会导致片面化并带来风险。例如中国和美国的关系，既要合作又要竞争，既要协同又要摩擦，既要和谐又要斗争，最终目的只有一个，即国家利益最大化。毛泽东同志在抗日战争期间对国民党也采取既联合又斗争的策略，在战胜国民党方面也取得了良好的效果。这种方法即符合事物进化的斗争与合作共生方法。

史密斯（J. Maynard Smith）和普莱斯（G. eorge Price）利用博弈论的方法研究了进化稳定的策略问题，其基本思想是："对于一个群体来讲，存在一种进化稳定策略，一般情况下，斗争策略和合作策略的混合策略是进化稳定策略。这种策略体现出共生法则。""鹰鸽博弈"很好地证明了这种混合策略的进化稳定性。其中"鹰"和"鸽"分别指斗争型和和谐型这两种策略类型。斗争型策略：坚决战斗；和谐型策略：回避战斗。鹰鸽双方的得益可以用矩阵表示如下：在矩阵中，v 代表双方争夺的利益（比如领地、增殖机会等），c 是争夺中失败一方的损失。如果双方都采用攻击策略，那么双方获胜和失败的概率都是 1/2，因此各自的期望利益都是（v-c）/2。如果双方都采用和平策略，那么双方能够分享利益或各有一半机会获得利益而没有损失，因此各有 v/2 单位得益。如果合作策略遇到斗争策略，那么斗争策略方获得利益 v，合作策略方得不到任何利益也没有损失。由上述矩阵可以看出，由于 v>v/2，所以只有鸽策略不可能形成进化稳定策略，一味退让总要吃亏。当 v>c 时，鹰策略是进化稳定策略，即如果资源的价值大于争斗成本时，争斗是合算的，但如果种群全由鹰派组成，这时就要考虑个体之间战斗能力的差异，自然选择必然促进战斗力的增长，使得争斗成本 c 逐渐增加，最后使不等式倒转，导致鸽派的侵入，进入混合策略。一般情况下，鹰派和鸽派通常是共存的，稳定的群体采用的都是两者的混合策略。博弈论分析表明，如果种群中仅有生存斗争，那它是无法在进化中稳定并得以进一步发展的。只有合作和斗争两者的结合才能使种群在进化中得以稳定发展。博弈论研究也说明，和谐与斗争的结合也是一种共生辩证法，揭示出共生法则的哲学规律。① 所以，中庸的共生方法为许多实业家所钟爱。日本"企业之神"松下幸之助曾在其《关于中庸之道》一文中说，中庸之道的真谛是："不为拘泥，不为偏激，寻求适度、适当"；中庸之道"不是模棱两可，而是真理之道，中正之道"②。松下公司正式遵循这个信念，得以循序渐进发展，最终创造了一个企业王国。统筹兼顾的方法是对辩证法普遍联系的观点的进一步深化，是对事物处于相互联系的立体多维的关系网的何种位置进行分析把握，在运动变化的复杂性关系中，对怎样才能使事物处于最佳状态做了分析，只有处于能够兼顾各方面因素的位置，具备兼顾各方面有利条件的特点，才能对事物存在和发展最有利。统筹兼顾的方法也是对质量互变规律的深化和发展，事物的运动变化要注意把握度的原则，既不能过之，也不能不及，要适度，但是这只是从事物运动变化的量的角度来考虑的，而统筹兼顾的方法是对事物各方面变化关系角度而言，强调各种条件、各种因素的兼顾状态，既有量的考虑，也有多维多角度各方面因素的质的综合考虑。统筹兼顾的方法也是对对立统一规律的深化和发展，对立统一规律强调矛盾对立的双方既斗争又统一，而统筹兼顾的方法强调矛盾对立的两个事物或因素必须兼顾，各自的特点必须兼顾，这样对事物的存在和发展最有利，与矛盾的同一性有共性，承认对立双方的共存性，但是是从兼取二者各自的有利因素角度而言的；同时，也不否认矛盾对立双方的斗争性，事物只有在互动中才有发展，但强调的是因环境条件的变化，此时利用对立的这一方，彼时利用对立的另一方。

二、多样性共生的方法

共生即共同生成，自然界是以保持事物多样性条件下在相互作用中偶然实现进化发展的，自然界演化的历史是一个所有事物共同生成的过程。共生的自然进化机制，要求自然界必须保持存在物的多样性，每个事物都要保持自己的特性，每个事物都应保持自由，这样才能促进事物之间的相互作用，促进事物的进化发展。事物的进化发展是一个概率问题，即不同事物在偶然相互作用中衍生出新事物，新事物是偶然中产生的，它产生的几率取决于事物的种类的数量以及事物之间相互作用的范围和深度，所以，自然界要进化发展，就是要保持事物的特性和自由度，促进事物之间广泛而深入的接触，只有这样，事物之

---

① 李帅英，刘海龙，刘彦慈，等. 从生物界的和谐现象谈和谐思想教育［J］. 继续教育研究，20058（11）.

② 郑琳芳. 感悟人生——中庸之道［EB/OL］. 中广网—河南分网，2010-01-25.

间才会交换信息，激发衍生出新事物。美国学者埃里克·詹奇认为，进化是事物相互作用过程中偶然产生的，新事物产生于偶然性。相互作用的自由度是保持相互作用的范围、深度、维度多样复杂的前提条件。"在生命起源的过程中，许多事情可以用迟钝的和极不可能发生的偶然事件来解释。"① 在多样性共生中自然界"负反馈"作用前进。②

多样性是自然界进化的条件，也是事物存在的状态。"从自然属性上，不仅可以说生物多样性与人类社会休戚相关与共；就是对于地球村来说，生物多样性也是其资源的保障和功能调节的枢纽"。③ 迄今为止，人类所依赖的能源绝大部分来源于绿色植物对太阳能的固定和转化，包括煤炭、石油等古代动植物化石性燃料。生物多样性的共生功能提供了社会圈的食物来源，调节水文过程、防止水土流失、调节气候、吸收和分解污染物、储存营养元素并促进养分循环，维持大气圈和水圈的循环和调节功能，维持和提供生物圈与社会圈进化的基本条件。

事物的进化发展产生于突变，而突变产生于非理性。例如，"在生物进化中，多样化的起源很明显地被确立为一种突变"。④ 拉兹洛认为，自然进化的根本性质就是偶然性，生命的诞生和进化实际是自然界意外的收获。进化和突变就发生在相互共生作用最密集的时点。可以说加快事物发展变化的途径就是加强事物之间的联系和相互作用，尽量保持事物的多样性。例如，会聚就是动态系统倾向于在共同分享的环境内形成超循环圈的趋势。会聚引入了当代主流生物学理论短缺的一个基本因素，会聚在进化中的作用消除了在相对较短的时间间隔内单靠纯粹的偶然性生物进化过程怎么竟会达到复杂的高层次这个困惑。通过超循环圈形成等级结构——换句话说就是会聚共生的法则——可以解释生物进化何以能上升到更高的组织层次。我们可以在整个生物进化过程中观察到会聚共生的作用。在生命早期历史上，真核（有核）细胞的进化就是通过前核（无核）细胞当中的会聚过程实现的。接下来，多细胞物种又是从真核细胞生物当中的超循环圈产生出来的。在更高的层次上，整个生态系统又是多细胞物种

---

① 埃里克·詹奇. 自组织的宇宙观［M］. 曾国屏，译. 北京：中国社会科学出版社，1992：114.

② 波普尔. 科学知识进化论［M］//纪树立，编译. 波普尔科学哲学选集. 北京：生活·读书·新知三联书店，1987：249.

③ 曾健，张一方. 社会协同学［M］. 北京：科学出版社，2000：324.

④ 卡林·诺尔-塞蒂纳. 制造知识：建构主义与科学的与境性［M］. 王善博，等译. 北京：东方出版社，2001：22.

当中的超循环圈造成的结果。随着已有物种连锁它们共同居留范围内的催化循环圈并共同会聚成更高层次的系统，生命就不断朝结构和功能的崭新的联合形式推进。正如柏格森所说："本质上是创造的生命秩序在我们看来不是表现在其本质中，而是表现在其某些偶性中：这些偶性模仿物理和几何秩序；这些偶性像几何和物理秩序那样向我们呈现出一种可以概括为可能的重复，这就是在我们看来重要的东西。毫无疑问，总的来说，生命是一种共生进化，即一种不断的变化。"①

朝高组织层次进化会聚的条件是复杂系统享有的活力和自主性。大致在原生细胞层次上就出现了自创生系统：细胞中的超循环进化到有了复制整个细胞结构的能力。细胞分裂使单细胞有机体成了原则上是不朽的系统：只要保证维持在边界条件范围以内，它们总能自己把自己复制出来。当物种会聚到多细胞组织层次上，又增添了新的自创生功能。创造繁殖出整个生物机体的方式，以弥补个体作为一个复杂非平衡系统的表型注定要死亡的缺憾，两性繁殖方式成了物种内产生变体的源泉，依靠这种重组机制就可确保产生出适应多种不同小生境的个体。可见生物就是这样在多样性中互动会聚衍生，不断出现新的层次和物种。由于大自然中的新事物是在不同事物相互作用中的偶然性中产生的，新事物创生的过程是一个概率的过程，新事物的偶然产生是以无数不同事物相互作用的失败次数为基数的，所以，拉兹洛说："新事物的创生就是一个偶然性中的赌博冒险。每一进化都以无数生命的短暂出现和牺牲为代价，进化层次越高，牺牲的程度越大，因为进化复杂程度越大，在相互作用中的偶然性几率越小。"②

自然界中的生物，活动的自由度越大，其生存和发展能力越强，因为它纳入自身范围的共生的存在物越多，获得资源和能量的体系就越大，通过相互作用获得信息和聚合的新生物就越多。人是类存在物，他将整个自然界纳入改造当中，他的对象性事物范围最广，获得信息量最大，发展的自由度最大，所以人类成为生物界独特的一支。"在生命进化的过程中，只有一条道路是比较宽阔的，允许生命的主流自由通过，这就是从脊椎动物通向人类的那条大路。蜜蜂社会或蚂蚁社会循规蹈矩，团结一致，但却一成不变；而人类社会向各种进步敞开，不断地与自身做斗争"。③ 概括起来说，自然界进化的奥秘告诉我们，要

---

① 亨利·柏格森. 创造进化论［M］. 姜志辉，译. 北京：商务印书馆，2004：102.

② E·拉兹洛. 进化——广义综合理论［M］. 闵家胤，译. 北京：社会科学文献出版社，1988：84.

③ 亨利·柏格森. 创造进化论［M］. 姜志辉，译. 北京：商务印书馆，2004：88.

想保持事物的繁荣发展，就必须保持事物的多样性和每个事物的特性以及自由度，尽量将自然界偶然进化的信息都保存下来，每一个事物都是自然界"费尽千辛万苦"才创生出来的，一旦消失，将永不会再出现，因为世界不会重复，要尽量保持每个事物的自由性和特性，增强事物相互作用的深度和广度，只有这样，自然界才能衍生发展。

依照多样性共生方法，人类的食谱应当多元化、广谱性，相反，人的食谱越窄，所获得营养成分越寡样而贫乏，对于人的体质的提高越不利。欧美人餐桌上的"饭菜"，种类少则几十种，多则成百上千种，大油大肉者鲜见。而我国人民餐桌上的"饭菜"，就是那么少许的几十种，而且多半大油大肉。两者相较，我们的饮食是热量相对较高，营养价值相对较低；他们的饮食是热量相对较低，营养价值相对较高。这也许正是我国现代人的平均身高，普遍不及欧美现代人的原因之一。所以我们健康的做法就是一日三餐，尽量保持食物种类的多样性。① 再例如，企业在经营时一定要善于合作，争取多样化的合作伙伴。例如，丰田汽车采取的就是共生的生态创新战略，具体做法就是将市场延伸到世界的各个角落，根据各地市场的特点，研究开发出符合市场需求的汽车，在全球选择合适的供应商，充分利用当地的资源和劳动力，在当地以独资、合资等形式建立汽车装配线，构建企业生态，整合各结点的核心能力，创建适应性创新机制，推动系统不断创新，实现共赢，以适应动态变化的网络环境，"它改变了传统的你死我活的竞争方式，以协作和共生作为战略目标，实现企业生态系统内各个企业的共生。"② 这就是说，丰田公司采用多点布置、多样共生的方法，占领市场，取得了成功。依照共生方法，企业生态系统内各结点企业之间的联系越密切，企业间的关联程度越大，创新性越强，企业生态系统对环境的适应性就越强，企业的竞争力也就越强，反之，企业间的联系越松散，企业间的关联程度越小，创新能力就越差，企业生态系统对环境的适应能力就越弱，企业的竞争力也就越弱。企业也采取共生战略，不在一棵树上吊死，与诸多公司合作开发产品，制衡不同竞争对手，在合作中不至于处于被动状态。依照共生方法，企业之间建立信息共生平台并形成知识库，知识创新的机会就越来越多。这就是美国人伯特（R. Burt）所谓的用"结构空洞"来推进知识创新。结构空洞中一般没有或很少有信息和知识的流动，但正是由于这个结构空洞可以

---

① 谢家雍. 生态哲学三元三角模型初探［M］. 北京：人民出版社，2008：71.
② 李玉琼. 网络环境下企业生态系统创新共生战略［M］. 北京：经济科学出版社，2007：187.

将两个关系稠密地带的信息沟通起来，使信息和知识沟通共生融合起来形成创新机制，带来了新的信息和知识，这就为活动于结构空洞中的主体带来了竞争优势，就可能获得创新发展的融合共生机制。利用"结构空洞"为还未建立共生关系的系统之间创造条件建立共生关系，实现知识信息共生，形成创新机制。通过诸多措施促进企业间知识信息融合，进而形成各个企业相互不断地进行交流学习的平台，促进企业合作创造新的知识，这就是企业间打通壁垒、共享知识、建立联系的共生法则。

总起来说，多样化整合是一种智慧，这种智慧与其说是科学的，不如说是艺术的，是创艺，是创新，是共生构建，是和谐缔造。在多样性互动中推进事物的方法注重事物的差异性，后结构主义思想家德里指出："各种痕迹性符号的内在生命运动，当然要靠其本身及其系统内各种因素的不断差异化来产生和维持。"① 利奥塔"对知识合法性的考察，也是通过多种异质性语言间的游戏来说明知识实际上是生成性的获得过程。伽达默尔在其新解释学中，将理解的结构看作解释者与被解释者相互作用、不断形成新视界的融合共生过程，这是在差异和交互作用共生中进行的"。② 协同学原理也强调这种思想。"判断一个系统是否具备自组织的基本前提就是要研究体系的组成部分构成是要素还是元素，即组成部分不仅在数量上面，在性质上要相互独立且有相当的差异。"③ 同时还更关注个体特殊性。从普遍（universality）走向特殊（locality）是共生的一个显著特征。后现代主义者们认为，过去那种维系语言、社会、文化及知识结构的普遍逻辑已经失效。虽然这种建立在元话语基础上的普遍逻辑曾赋予了整体性合法化的根据，但是，如今这种普遍的逻辑纽带已然腐朽，所有元叙事的合法性业已崩溃，失去了其原有的可靠性和约束力。事物具有普遍性，但我们更应该关注个体性，自然是多样、异质的，人更是这样，发现并了解每个人的个性和其独有知识，对于推进社会的共生发展具有巨大的意义。共生强调事物的特性、人的个性，在独特性和个性的互动中实现事物的信息交流与发展演化。特殊性和个性是事物独立存在和与他物平等的基础。这些西方思想家的认识当然有其局限性，但对多样性、差异性共生的方法意蕴也是对辩证法有积极意义的。马克思主义哲学关于普遍联系的思想，给我们勾画了一个普遍联系的世界图景，多样性共生的方法对联系的状态、方式进行了进一步深入的细化，多样性共生

① 玛俊．等．后现代主义哲学讲演录［M］．北京：商务印书馆，2003：320.
② 刘放桐，等．新编现代西方哲学［M］．北京：人民出版社，2000：500.
③ 吴彤．自组织方法论研究［M］．北京：清华大学出版社，2001：39.

106

的联系方式更有利于事物进化发展。

三、互惠共生进化的方法

互惠共生进化方法是指系统进化发展必须尽量保持各要素之间的对称性互惠共生。所谓对称性互惠共生，也是从生态学引申出来的一个范畴，是指事物之间各自对等互惠，共同存在和发展。生物学研究已经证明，对称性互惠共生是自然界中的一个主要组织规则，是生物组织形成与发展的主要动力，而且互惠共生控制生物的生存与繁殖。人类社会发展已经证明并仍在证明对称性互惠共生的作用，共生进化的事实证明，任何无效和不稳定的系统一定违背了对称性互惠共生法则。一个秩序良好、繁荣发展的社会必然是建立了基本的对称互惠的社会关系。全球是否和平与发展，取决于国与国、民族与民族、文明与文明之间是否建立起了对称互惠的共生关系。我国对外交往中实行互利共赢原则，就有利于营造我国与周边国家共生的良好环境。一个系统发展的趋势和方向取决于内部各要素之间对称互惠共生群体占主流时的趋向。系统内部没有形成对称互惠共生的占主流的势态时，这个系统是不稳定的，而且极有可能走向解体。一个人也一样，他的事业能否成功，取决于他与周围的人是否建立更多的对称互惠共生关系，建立的对称互惠共生关系越多，获得的支持力量和资源越多。互惠共生进化的方法也是对马克思主义普遍联系思想的进一步细化，事物的存在稳定性与各要素之间的互惠共生程度相联系，事物发展的趋势也与事物内部各要素之间对称互惠共生群体占主流时的趋向相联系。

第四节　复杂性分析事物的方法

事物多维动态的共生进化过程是一个复杂性的过程，充满着不确定因素，切忌简单化、直线化和封闭化。我们在运用真理认识和改造客观世界过程中不具有绝对的科学性，对任何规律和定理、公理的运用都是一个证伪的过程，我们的理性是试错式前进的。

一、不确定性分析方法，以开放的态度看待事物

事物共存并相互作用是事物的存在状态。"物体是相互联系的，这就是说，

它们是相互作用着的，并且正是这样相互作用造成了运动。"① 人是在交往中自己创造自己的。"人是唯一能够由于劳动而摆脱纯粹动物状态的动物——他的正常状态是和他的意识相适应的而且是要由他自己创造出来的。"② 相互作用的事物是在偶然中实现创生的。一粒种子被风吹到什么地方去，这对于母植物是偶然的。这粒种子在什么地方找到发芽的土地，这对于子植物也是偶然的；确信一切都建立在牢不可破的必然性上面，这是一种臆想。"在一定地域，甚至在整个地球上，自然界各种对象的混杂的集合，即使有永恒的源头决定，却仍旧像过去一样，是偶然的。"③ 可以说事物在共生互动中偶然实现飞跃。实现创生，这只能在偶然中发生，就这一点而言，是必然的。和这两种观点相对立，黑格尔提出了前所未闻的命题："偶然的东西正因为是偶然的，所以有某种根据，而且正因为偶然，所以也就没有根据；偶然的东西是必然的，必然性自己规定自己为偶然性，而另一方面，这种偶然性又可以说是绝对的必然性。"④ 我们在讲必然性时谨防走向命定论，让人失去自由，封闭了事物发展的可能。

偶然性实际是互动共生的世界创生新事物的普遍状态。偶然性实际是自然界进化的规律，同时也给予人类以启示：社会必须保持开放性，对于人以自己的理性规划社会发展以有限的界定。事物发展的根本环境是开放的，偶然性实际证明了世界发展的自由开放性，任何以固定的、程式化的认识绝对化地框定未来都是违反偶然性的，也最终为世界发展的不可预测性所摧毁。达尔文是"从最广泛地存在着的偶然性基础出发的。各个种内部的各个个体间有无数偶然性的差异，这些差异增大到突破种的特性，而且突破的近因只在极其稀少的情况下，才可能得到证实，正是这样一些偶然的差异使达尔文不得不怀疑生物学中一切规律性的原有基础，不得不怀疑原有的形而上学的固定不变的种的概念。"⑤ 这进一步证明了这一点。共生方法论反对用封闭的、单一的、固定的、不变的逻辑、规则、公式及普遍规律去解释世界，而主张开放的、灵活的、多

① 恩格斯. 自然辩证法［M］//马克思，恩格斯. 马克思恩格斯全集：第20卷. 北京：人民出版社，1971：409.

② 恩格斯. 自然辩证法［M］//马克思，恩格斯. 马克思恩格斯全集：第20卷. 北京：人民出版社，1971：535.

③ 恩格斯. 自然辩证法［M］//马克思，恩格斯. 马克思恩格斯全集：第20卷. 北京：人民出版社，1971：562.

④ 恩格斯. 自然辩证法［M］//马克思，恩格斯. 马克思恩格斯全集：第20卷. 北京：人民出版社，1971：562.

⑤ 恩格斯. 自然辩证法［M］//马克思，恩格斯. 马克思恩格斯全集：第20卷. 北京：人民出版社，1971：563.

元的、不确定的方法。共生方法论其实是一种非决定论，它强调偶然性在事物发展过程中的作用，重视事物发展的不确定性。当然，我们在肯定偶然性价值的同时，并不否认事物也存在必然性，必然性也是客观存在的，我们没有否定辩证唯物主义关于必然性与偶然性的关系，我们这里强调的偶然性意指人对必然性的认识是有限的，我们不能将人所认识到的必然性绝对化，如果这样也就走向唯心主义了。我们应当以开放的态度看待事物的未来发展，所有认识到的必然性都有待于实践的证实，所以，我们这里所谈的偶然性意指我们对事物的运动变化应当持开放的态度，用这种方法处理问题就可能更接近真理，更客观、科学。

二、作为一种补充性的方法：试错式前进的方法

事物演进的过程是一个在多样性交互作用中偶然产生新事物的过程，是一个在无数失败的尝试中偶然获得成功的过程，这也正是波谱所说的认识的证伪过程，利奥塔强调的知识的误构。爱德华·威尔逊也说："这就是覆盖在地球表面的生物圈层，其中包括你和我们赖以生存的地球以及其上的一切都是奇迹，但可悲的是，还有太多太多的生命还未被我们发现，更谈不上它们有什么用途和怎么利用他们，就已经从地球上永远地消失了。"[1]

自然界的进化就是以一种试错的方法在进行，排除错误，也叫"自然选择"，这是一种"负反馈"。所以自然界的进化完全是一种敞开的遇境，面向未来的世界永远是开放的，未来在变成现实之前任何决定论式的绝对化界定都是形而上学的，新世界的形成总是在相互作用中偶然生成的。成功总是以大量失败为基础的，新事物的产生总是以无数次的失败为条件的。当然，我们人类社会是靠有意识的人来推进的，人类社会不能再像自然界这种盲目的力量仅靠负反馈的试错式前进的方法，否则，人类社会前进的代价就太大了。人类对必然的认识是有限的，人类的理性也是有限的，这就决定了自然界的这种方法也不是完全没有价值的。在人进行实践创新的时候，在对必然的认识还未掌握，在不能实施确定性计划方案的时候，为了探索事物，获取新知识，就可以采取试错式前进的方法，在一种多样性相互作用中观察新事物的产生，获取新知识。

知识的多样性差异相互作用产生新的知识，对个人个性才能的发挥和个人理性实践知识的多样化充分发挥并交汇融合，有利于知识的增长。人类在自觉

---

① 爱德华·威尔逊. 生命的未来［M］. 陈家宽，李博，杨凤辉，等译. 上海：上海世纪出版集团，上海人民出版社，2005：36.

认识了规律之后，促进新事物产生的确定性会增大，但还是摆脱不了"失败是成功之母"这句老话。也正因为这一点，我们说，试错式方法是人类有计划的科学证实方法之外的一种补充方法。

在产生新思想的问题上，利奥塔试图通过"误构"概念的提出为科学知识的合法性建立标准。"通过关注不可确定的现象、控制程度的极限、不完全信息的冲突、量子、'碎片'、灾变、语用学悖论等，后现代科学将自身的发展变为一种关于不连续性、不可精确性、灾变和悖论的理论。"① 与"误构"相对的一个概念是"革新"（innovation）。"革新"意味着在系统同一的逻辑结构之内进行；"误构"是于系统异质的逻辑关系中进行的，"误构"能激发系统新的活力。

"误构"总给社会关系以错位。他说："我们甚至可以说，系统应该促进它们的移位，因为系统要同自身的'熵'做斗争，因为一次出乎意料的'打击'和由此引起的一个对手或一群对手的移位等于创新，而创新可以给系统带来它不断要求并不断消耗的性能补充。"② "误构"可以创造出差异性、异质化的社会生动生活局面，克服同质化危险。让公众"自由地通往存储器和数据库"会促进不同意见的充分表达，"一种政治显露出来了，在这种政治中，对正义的向往和对未知的向往都受到同样的尊重。"③

那么，误构正印证了事物在多样性共生互动中偶然性实现创生，这个创生的过程就是误构的过程，一个开放的、高成本的创生过程。通过利奥塔的分析，可以看出知识是在试错式的途径中前进的。人类思想的前进就是在理性的碰撞中不断闪现思想火花的，人类随着知识积累的程度和速度的提高而不断增强改造世界的能力，推动人类社会不断发展。随着人们认知方式的转换，方法体系、价值观念、文化模式、文明范式、生活模式、行为习惯、经济运作、政治生活等方面将发生全面的根本性转变。当然，对利奥塔的"误构"思想，我们要认识到其具有片面性，人类知识的革新、人类的创新、社会的发展最主要的还是人有目的、有计划的科学性证实的过程，这是人类社会的主要方法，"误构"这种试错式方法只能局限于人对未知领域的茫然的情况下，为了推动实践的进行，

---

① 利奥塔.后现代状况——关于知识的报告［M］.车槿山，译.北京：生活·读书·新知三联书店，1997：125-126.
② 利奥塔.后现代状况——关于知识的报告［M］.车槿山，译.北京：生活·读书·新知三联书店，1997：33.
③ 利奥塔.后现代状况——关于知识的报告［M］.车槿山，译.北京：生活·读书·新知三联书店，1997：140.

为了探索未知领域，为了获取新知识，而使用的一种补充性方法。马克思主义哲学的实践论强调在实践中认识和改造世界，人们依据自己的认识在改造世界，这个过程中是一个证实的过程，但特定时间人们的认识总是有限的，对未知领域人们也可以用证伪即误构的方法进行探索，这也是推进人类实践的一种方法，是丰富马克思主义方法论的一种尝试。

那么，共生的方法与马克思主义哲学唯物辩证法是什么关系呢？

唯物辩证法，即"马克思主义辩证法"，以自然界、人类社会和思维发展最一般规律为研究对象，是辩证法思想发展的高级形态，是马克思主义哲学的重要组成部分。认为物质世界是普遍联系和不断运动变化的统一整体；辩证规律是物质世界自己运动的规律；主观辩证法或辩证的思维是客观辩证法在人类思维中的反映。唯物辩证法是最全面、最丰富、最深刻的发展学说，它包括三个基本规律，即对立统一规律、质量互变规律和否定之否定规律，以及现象与本质、原因与结果、必然与偶然、可能与现实、形式与内容等一系列基本范畴，而对立统一规律为核心，它是宇宙观，又是认识论和方法论。

通过这一章的考察论证，我们归纳出共生的基本方法，这些方法是对唯物辩证法的应用和深化发展。

关系性认识存在的方法。对事物的把握应当从其内外部关系来进行，这是一种动态、多维、历时、全面、具体的分析，其基本依据是因为事物都是在与他者共生中存在发展的，对内外部的共生关系进行分析，就会对事物有一个全面、准确的把握。从关系性分析把握事物，在相互作用中把握事物的方法，就是要研究关系：内部关系、外部关系。对坏的事物的消除，要在事物产生的多样性共生的复杂环境过程中去进行，进入共生的过程中推进新的共生条件产生来消除该事物，要想促使事物朝向哪个方面发展，就得将其置于相应的生成关系。集群发展的方法也是一种关系性认识存在的方法，就是事物的发展保存一定的数量才能提供进化发展的条件，有了一定的数量才能有竞争、协同、信息汇聚、优化等各种关系发生，才能促进事物发展。我们从马克思的文本中概括出这种观点，概括出马克思的多元共生的复杂性关系世界图景，是对辩证法关于世界是普遍联系理论、矛盾理论的进一步细化和具体化。

时间性认识事物的方法。我们的日常生活时刻处于流变当中，对任何问题的分析都不能离开时间，从日常生活的具体性出发，绝对不能抽象地谈论问题，进入到时间和具体性中，我们的认识才具有科学性。所以要从事物的具体性和日常生活出发观察、分析问题，避免片面、抽象、一般地谈论事物。这种方法与马克思主义哲学从运动、变化、发展的眼光看待问题是一致的，但这里强调整体性、时间性是对运动、变化、发展的看待问题方法更加具体和细化的深化，是从另一个维度的突出的提炼。

在多样性中推进事物发展的方法。每个事物都有自己的价值，保持事物的个性就是保持事物的价值，个性的事物聚合在一起就是多样性的事物，保持事物的多样性就是尽量发挥事物各自的价值，综合多样性事物就是争取最大化的资源利用。那么就是要做到统筹兼顾，就是尽量将事物的各方面都兼顾到，争取最广泛的覆盖面，获得来自各方面的有益因素，争取最大化支持，只有这样事物才能存在和发展。要保持事物的多样性共生，保持事物的多样性，保持事物的特性，每个事物都应保持自由，这样才能促进事物之间的相互作用，促进事物的进化发展。事物的进化发展有一个概率问题，既要尊重必然性，也要保护偶然性，要保持事物的特性和自由度，促进事物之间广泛而深入的接触，激发衍生出新事物，这也是马克思主义唯物辩证法关于普遍联系和新事物的产生规律的进一步细化。

复杂性分析事物的方法。事物多维动态的共生进化过程是一个复杂性的过程，充满着不确定因素，切忌简单化、直线化和封闭化。我们在运用真理认识和改造客观世界过程中不具有绝对的科学性，对任何规律和定理、公理的运用都受到人类理性有限性的制约，我们不能将人所认识到的必然性绝对化，所有认识到的必然性都有待于实践的证实，所以，我们有时也要采取不确定性分析方法，以开放的态度看待事物，用这种方法处理问题我们可能更接近真理，更客观、科学。因而在人类有计划、有目的的证实性科学方法之外，还有必要采取作为一种补充性的方法：试错式前进的方法，这也有利于我们探索未知领域，获取新知识。这是对马克思主义唯物辩证法关于人的认识及真理的相对性和绝对性、事物发展的必然性和偶然性辩证关系的探索应用与进一步深入分析和具体化。

第四章

共生的认识论考察

世界是一个多种存在相互作用的共同生成的过程，自然界是人无机的身体，人是自然界有机的身体，一切都是共存共生的整体，要想达到对世界的认识，就必须在相互作用的共生过程中进行，认识也是一个实践中共同生成的过程，是生成意见的过程。同样，对世界的改造也只能进入到实际共同生成的实践过程中进行。人的脸是自然界上亿年共生演化过程中的产物。世界是一个矛盾共生交织的多元的、变动的过程，作为人的认识领域，马克思认为也是服从这一必然的，对独立王国的分析必须从世俗基础的矛盾运动过程中去寻找根源，宗教、想象的世界是在世俗基础的多种矛盾关系中产生的，想改造它还须在这多种矛盾关系的世俗基础中，通过人与环境（社会）的矛盾运动（实践）来改变它。认识也是在人与环境（社会）的互动共生关系中进行的，它的发展也是遵循多元共生方法的。

第一节　多元共生的认识方法

认识的发展离不开一个宽松的舆论环境，个人和时代的局限性决定了任何人的认识都不具有绝对的正确性，最平凡的普通人也有思想闪光的时刻，最高明的科学家也有认识的谬误和盲点，获得相对而言的正确的认识方法就是让尽可能多的意见、观点、看法表达出来，辩论是激活思想宝库的最好途径，认识就是在意见的多元共生中前进的。

一、认识在意见的多元共生中向前推进

认识是一种多样性的意见碰撞、衍生新的认识的过程，正确意见的获得的保证条件就是多样化的意见氛围，一个没有反对意见的真理要么是教条，要么是宗教。所以认识要想前进，必须坚持意见多元共生的方法，正确的意见来自

辩论，又在辩论中发展。所以一个好的研究团队必然是意见共生的团队，一个好的决策群体，必然是允许意见共生的群体，一个好的政府，必然是给各种声音留出传输出口的政府。多元共生的认识论坚信一切知识都有存在的理由。"科学是今天的神话，而神话是多年前的科学理论。"①　"多元论可以提供给我们对确定知识产生的最好机会。"②

费耶阿本德（Paul Feyerabend）建议我们应该使用一套多元的或多重的共生理论，互相验证以揭示出它们的错误和局限。他认为这是前苏格拉底思想家（以及后来成功的科学家）使用的"理论多元论"，他们认识到了人类最早的解释体系和社会的共生起源。根据密尔的观点，"人们在多元文化的社会中能够得到最好的发展，因为这种社会容纳了许多思想、传统和生活方式。这样的社会也最适合知识的增进。一种多数的观点要比一种建立在'四个不同根据'上的一致的知识分子的观点要来得好。"③

麦克斯韦（Maxwell）、玻尔兹曼（Ludwig Edward Boltzmann）、核姆霍兹（Helmholtz）、赫兹（Heinrich Rudolf Hertz）、迪尔凯姆（Deile Durkheim）都偏爱一种方法论的多元共生主义，这种方法论的多元共生主义被大量的研究事实所印证。费耶阿本德提倡多元共生主义方法论，反对统一的、固定不变的模式。他认为方法和理论的共生多元化是对科学动力学的贡献。"怎么都行"首先体现的是一种自由宽松的学术环境和民主的科学精神，它与学术上的独断专横是对立的。科学作为一种创新的认识和实践活动过程，这个过程离不开科学家的组合研究和集体研究。在科学研究体中的所有成员的意见都是平等共生的，需要协商和相互合作，其科学研究活动过程也就是民主的意见共生实践过程，对各种理论观点的评价因个体的知识背景及实验检测手段的差异和时代的局限性而很难达到绝对明确的一致，这就需要宽松和谐的意见共生型学术环境，发扬民主、不谋私利的科学精神，如果专横、独断则会把科学推向死亡的深渊。

维特根斯坦的哲学思想也体现出多元共生的认识论思想。他认为世界是由各种生活形式组成的异质类聚物，语言是由各种语言游戏组成的异质类聚物。在不同的生活形式中，或者说对于不同的人而言，人生问题必然具有不同的

① 约翰·普赖斯顿，保罗·费耶阿本德. 知识、科学与相对主义 [M]. 陈健，等译. 江苏人民出版社，2006：2.
② 约翰·普赖斯顿，保罗·费耶阿本德. 知识、科学与相对主义 [M]. 陈健，等译. 江苏人民出版社，2006：6.
③ 约翰·普赖斯顿，保罗·费耶阿本德. 知识、科学与相对主义 [M]. 陈健，等译. 江苏人民出版社，2006：228.

答案。

　　费耶阿本德极力反对认识论上的一元主义，强调一切方法和规则都有一定的适用范围，都不是普遍的标准。一切认识方法，甚至最明白不过的方法论都有其局限性。因此，他要求必须放弃一元论认识方法，而采用发散式、开放式的多元共生认识方法。他提倡的多元共生方法论是既不把任何方法看作是普遍有效的，永远适用的，也不排斥任何方法，把它说成毫无用处，毫无价值。我们要认识世界，就必须自由地使用一切方法，包括理性主义者最瞧不起的方法，同样也要保留一切观念，包括最可笑的神话。科学家所使用的一切手段、一切观念、一切方式都是合理的。古代原子论的发明、哥白尼革命、现代原子论、分子运动说、色散理论、立体化学、量子论的兴起、光的波动说等，这些科学上的进步与发展都是"因为某些思想家决定摆脱某些'明显'方法论法则的束缚，或者只是因为他们于无意中打破了这些法则"。①

　　这些科学上的进步及其对传统方法论规则的"背叛"正是共生认识论的体现。费耶阿本德曾在论著中多处肯定中国文化尤其是中医文化，可以用中国文化的理想"和而不同"来概括费耶阿本德的文化理想：多样性传统的平等互利、自由共生。②"真理是在各种观点的共生中形成的"。③ 哈贝马斯将黑格尔的独白理论转变为对话，认为学习的过程是意见不断共生共享的过程。④ 这也符合一种共生认识论思想。

　　我们借鉴费耶阿本德、维特根斯坦等西方思想家的认识方法，但他们唯心主义的立场是我们要否定的。认识在意见的多元共生中向前推进的方法仍然坚持马克思主义认识论的唯物主义立场，坚持认识与实践的统一，在此基础上为了获得更加正确的认识，我们强调不同认识见解的交汇，在不同意见碰撞中实现认识正确性的最大值。

二、共时与历时的共生认识方法

　　认识的发展既在同代人的意见共生中进行，也在个人与传统知识文本的阅

①　费耶阿本德. 反对方法——无政府主义知识论纲要［M］. 周昌忠，译. 上海：上海译文出版社，1992：1.

②　王书明，万丹. 从科学哲学走向文化哲学——库恩与费耶阿本德思想的后现代转型［M］. 北京：社会科学文献出版社，2006：240.

③　KAUFMAN Y. The Unfored Force of the More Familiar Argument—A Critique of Habermas Theory of Commumcative Rationality［J］. Philosophy Today，1994，20（4）：348.

④　CAMERON W S K. On Communicative Actors Talking Past One Another—The Gadame—Habermas Debate［J］. Philosophy Today，1996，22（1）：36.

读中进行，即历时的意见共生，就是今人与古人的意见共生。文本的理解是一种时空错位的距离性交往类型，即作者与读者的非共时性沟通和意义的共生过程。伽达默尔说，"解释学的基本问题是：在通过写作而固定下来的意义与通过读者进行理解的意义之间的距离如何能够达到沟通"。① 前见是理解的条件，视域共生融合是理解的本质。历史就是伽达默尔所谓的"效果史"。"真正的历史对象根本就不是对象，而是自己和他者的统一体，或一种共生关系，在这种共生关系中同时存在着历史的实在以及历史理解的实在。理解按其本性乃是一种效果历史事件。"② 依据伽达默尔的哲学解释学，解释的对象不可能还原为真正客观，解释者的视域（前见）总要与其他的视域相融合共生，从而产生新的统一的视域。所以伽达默尔说，我们所知的历史对象根本就不是对象自身，而是自己和他者的共生统一体。历史是解释者理解的产物，也就是他的历史性视域共生的产物。这里的关键在于解释者对历史的建构——历史是历史事件与解释者共建的。这样的历史，就既有历史事件的真实，又有理解历史事件的真实：两者的共生结合就是历史的真实，就是真实的历史。这也就是所谓"效果历史"，也可以叫作理解中认识的共生发展史。

历史总与传统纠缠着。依据伽达默尔的上述效果历史观，传统是被主体建构着的，传统就是已有前见作为视域与新的视域的不断的共生融合，甚至可以说它就是共生效果史。在这种意义上，传统就是主体对传统的不断创造，是他理解的产物。理解者处于传统之中，传统也存在于理解者之中，二者共同生成。正因为传统具有这种理解的历史性共生本质，它对认识的发展就具有本质性作用。我们的意见共生既有现时的，又有历时的，传统就是前人的意见与我们意见的共生，在纵向和横向的意见共生中推进认识不断发展。我们对伽达默尔的认识论否认认识具有客观性这一点是否定的，人的认识是建立在认识对象的客观性基础之上的，对于真理性的认识必然具有与客观相符合的内容，其内容是客观的，形式是主观的。同时，我们也不能因为认识形式的主观性而否认历史事件的真实。但是，我们对在实践基础上当代人意见的共生与当代人与前人意见的共生有利于认识的发展和正确认识的获得这一点是予以肯定的。

三、非中心化的知识共生认识方法

认识是意义的生成过程，是主体间意见和理性交互的产物，主体之间是对

---

① 伽达默尔．赞美理论［M］．夏镇平，译．上海：上海三联书店，1988：149- 150.
② 汉斯·伽达默尔．真理与方法［M］．洪汉鼎，译．上海：上海译文出版社，2004：384-385.

等的共生关系，所有的意见没有高低贵贱、聪明愚笨之分，没有固定的中心。如利奥塔指出，"英雄圣贤、宏灾巨难、伟大的探险、崇高的终极"这些原动力全消失了。一个教授与信息库系统是没有什么区别的。面对后现代这一知识状况利奥塔得出了不应该再有"知识分子，知识分子已经死亡的结论。科学知识与叙事知识一样是一种话语，我们不能把科学知识当成唯一合法的知识形式，我们不能说科学知识比叙事知识更具有所谓合法性，叙事知识与科学知识具有同等的地位。如利奥塔所说："与此同时，各科学领域的传统界限重新受到质疑：一些学科消失了，学科之间的重迭出现了，由此产生了新的领域。知识的思辨等级制被一种内在的、几乎可以说是平面的研究网络所代替，研究的边界总在变动中"。① 罗蒂在谈到科学与非科学的其他学科之间的本质区别时，认为科学并不具有特别的认识论地位，科学与其他文化部门之间的分界不足以构成一个独特的哲学问题，科学只是话语的一种普通形式而已。伦理道德、文学艺术与科学具有同等地位。例如：物理学是研究宇宙某一部分的一种方法，伦理学则研究人类行为准则的问题，各有各的用处。因此他并不认为伦理学比科学理论更为相对，更为主观，也并不需要变得"科学"。② 但这并不是相对主义，相对主义抹杀事物的一切差别，共生认识方法是作为一种方法来从认识上肯定一切存在的平等地位，它的界限是人的真善美范围。

科学知识只有在多样、异质的科学话语的形成过程中才能实现创新。利奥塔说："小叙事，依然是富有想象力的发明创造特别喜欢采用的形式，这首先表现在科学中。"③ 用交互原则取代主从原则。在传统西方哲学里，主从原则是传统哲学的指南，它们或像古希腊宇宙本体论那样坚持"它"是支配者，"我"是从属者；或像康德（Immanuel Kant）的理性本体论那样坚持"我"是自然的立法者，而"自然"是从属者。而在共生理论的视野里，认识者都处于平等的地位。

伽达默尔强调意义的当下在场，反对"语音中心论"所强调的忠实于讲话者和原文，伽达默尔强调的是意义永无止境、生生不息的现时生成和共同变化。"语音中心论"的"当下""声音"是实指，声音消逝处意味着意义永久性的缺

---

① LYOTARD J F . The Post Mordern Condition：A Report on Knowledge ［M］. London：Manchester university press，1986：39.

② RORTY R. The Consequence of Pragmanism ［M］ . London：Minnesota：University of Minneta Press，1982：Pvi.

③ LYOTARD J F. The Post Mordern Condition：A Report on Knowledge ［M］ . London：Manchester university press，1986：39. P60

失和遗憾。对于伽达默尔，声音的消逝恰恰成全了意义，实现了意义的数量级增加和翻新，从而向更广阔、更灵活、更有生气的共生动态意义转变，这些不断共同生成的意义每一次都是一种新的体验，一种新的世界经验，不断丰富和充盈此在，属于一种非中心的注重语义的生成性。因此，在特定时空中构成的语境、形成的经验和各种意义图景，只能被有意义地超越，这才是认识的发展语境。

任何人的精神能力和理性都是有限的，任何伟人的精神能力和理性也都是有限的，全人类的精神能力和理性即使集合起来也仍然是有限的。因为一个人的理性有限，所以需要他人的理性补充帮助；因为全人类的理性集合起来也仍然有限，所以需要人类之外的各物种和自然的生存规律暗中协作，客观补助，因而"人与万物平等，从这个意义上，人永远需要人类之外的万物和自然规律"。① 任何认识主体都不要自我中心化，要形成流变的非中心化的意见生成生态，防止权威板结化的认识凝固局面。

完全抹杀科学知识和经验知识的差别这是不对的，完全将各种认识和知识对等也有走向相对主义的弊端，但承认各种类型的知识都具有一定的价值，取消对知识的固化和权威的迷信，这一点是可取的，我们这里所说的非中心化的知识共生认识方法，也正是从这个角度而言的，当然也是建立在唯物主义基础之上的。

第二节　共生的认识原则：在审美共生实践中促进事实的真和价值的真的统一

对真的界定，通常我们是从自然科学的视角去进行的，真理是标志着主观同客观相符合的哲学范畴，是客观事物及其规律在人们意识里的正确反映，这属于事实的真。其实真也应当包括我们自己内心的真，这种真应当是一种审美的真，事物是否在我们内心引起了真实的美感和愉悦，这属于价值的真。作为认识的一个基本原则，我们应当坚持事实的真与价值的真的统一。

一、在审美共生中凸显价值的真

在一定程度上可以说，我们对外界事物不一定能完全把握，但我们自身应

---

① 朱健国."共生主义"初探［EB/OL］. 慧海佛光网，2013-05-19.

当可以做到对本真内心审美的真实表达。我们所说的价值的真与内心感受到的美是不可分离的，这被海德格尔称作在者的"真理"（truth）。海德格尔在《艺术作品的本源》中提出了一种全新的美学观念，即艺术之美是存在者"真理"（truth）的显现。存在者"真理"在日常生活中被遮蔽和隐匿，而在艺术中却被揭示出来。艺术之美是存在者真理的显现。海德格尔以一双农鞋为例加以说明。农鞋被画入凡·高的一幅著名油画。农鞋是农妇在劳动忙碌时所穿的。凡·高油画中的农鞋却具有无穷的意蕴：农鞋被磨损的黑洞洞的破口中，透露着农妇劳动的艰辛。破旧农鞋与寒风料峭、一望无际的田垄共同诉说着农妇坚韧而滞缓的步履。鞋上沾满潮湿而肥沃的泥土。昏黄的暮色笼罩着艰辛而行的农妇。农鞋展现出大地无声的召唤和沉甸甸谷物的辛劳收获。"这器具浸透着对面包的稳靠性无怨无艾的焦虑，以及那战胜了贫困的无言喜悦，隐含着分娩阵痛时的哆嗦，死亡逼近时的颤栗。"①

　　一双普通的农鞋摆在我们面前时，没有什么不平凡的，而通过画的各种色彩、明暗、泥土、田野、寒风等各种因素的共生，农鞋的真在共生的审美中得以显现，我们看到了一个关于农鞋的真实故事。一双农鞋，也就是存在者，它的真实在作品的美中被展示出来，走进了"林中空地"（lighted lightings）。存在者如何被揭示出来，也正是艺术的审美中存在者"真理"得以显现的过程。②当然，海德格尔此处的"真理"并不是我们平常所说的知识与事实符合一致的真理，存在者"真理"不是在人的科学求知活动中获得的，而是在审美中获得的。存在者真理到底是怎样显现的？海德格尔将那作为开放的开放性的真理最后称为林中空地。也就是说，存在者"真理"是在既遮蔽又敞开的"林中空地"显现的，存在者"站入"（stand within）或"站出"（stand out）"林中空地"，唯在此际，存在者才能作为存在者而"存在"。以建筑作品为例，一座古希腊神庙坐落于岩石之上，显示出了岩石的笨拙，风暴愈加猛烈与强暴，愈显出神庙的坚固与泰然，白色的岩石在阳光照耀下愈显得白昼更加光明，夜晚更加幽暗，天空更加辽阔，而树木、草地、兀鹰、公牛、长蛇和蟋蟀等也都显现出自己的本真。这个建筑作品在各种存在者共生中显示出美和真，这种涌现同时也照亮了此作品中作为大地的岩石。审美是在存在者共生中对真的获得。艺术就像科学，艺术创作是将存在者真理带出。朱光潜也提到，审美直觉是存在

① 海德格尔．艺术作品的本源·林中路［M］．孙周兴，译．上海：上海译文出版社，2004：18.
② 肖双荣．海德格尔的艺术之思［J］．湖北社会科学，2007（3）：121.

者真理境界的起点，并且贯穿在存在者真理显现过程的始终，审美直觉既是创造亦是欣赏。审美直觉作为欣赏，是蕴涵有丰富的有机构成的整体经验的，直觉不是单纯的表象、想象、"灵感，而是有理性参与的包含情趣、性格在内的综合的心理机制"。① 审美直觉作为创造，在诗的境界中，它是表现与传达意象的统一活动。表现意象，主要凭借理智、情感、灵感于一体的创造的想象，理智的基本功能在于存在者的选择与综合；情感的主要功能在于驱动想象去选择与创造意象，发现"真理"。灵感属于潜意识，是一种缺乏理智支配而受情感和外界环境指使的自由联想，它的基本作用在于蕴蓄、酝酿、涌现"真理"。美借助理智、情感、灵感以营构一个完整的"真理"。艺术是"真理"进入"存在"的突出方式。存在者"真理"实质上就是一种生活"真理"，也就是我们所说的价值的真。"具体的自由能显现本真生活的真理形态，它的本质规定"，这是因为"真理的本质乃是自由"。② 海德格尔将自由当作真理的本质，原因在于他是从"存在之为存在"的角度来阐释自由的，换言之，自由让存在者成其所是。让自由的生命绽放，让生命从遮蔽的状态中呈现出来。

可见，美与价值的真是紧密相联的，在艺术的审美中人获得了发自内心的愉悦和快乐，这种愉悦让人领悟到生活和生命的意义是什么，这种审美实践的过程是人与审美对象相交融与相统一的过程，也即共同生成的过程。人与对象的关系一旦上升到艺术的高度，那么人的存在也将进入到一个崭新的阶段，所以我们要艺术地认识事物，艺术地处理问题。美是在人诞生之后才在人脑海中被领悟到的，人类进化的过程，也是对美的认识不断增长的过程，也可以说，人进化的程度以及人类文明的程度与人认识美和掌握美以及践行美的程度是成正比的。只有在审美共生实践中，我们才能更加真实地认识生活，这也就是我们所说的认识到作为生活价值的真。价值的真需要在我们共生的审美实践中去认识和发掘，只有我们认识到价值的真，我们才不会迷失生活的方向，我们的科学技术和工具性知识才能为我们服务。当然，这种价值的真属于主观的东西，所以这个"真理"我们是加了引号的，尽管它是主观的，但是它也是建立在人对客观事物反映的基础之上的。所以，海德格尔所谓的"真理"，实质是人主观的价值判断，不是我们所说的真理的含义。

① 朱光潜. 谈美书简 [M]. 上海：上海文艺出版社，1980：66.
② 海德格尔. 论真理的本质 [M] // 孙周兴. 海德格尔选集. 上海：上海三联书店，1996：221.

二、价值的真与事实的真共同生成

事实的真属于我们对科学的认识，价值的真属于我们对我们存在的反思性认识，我们应当努力促进二者的共同生成。首先，我们只有坚持了价值的真，才能从自己审美共生的实践出发去探寻事实的真，因为在审美共生实践过程中，我们是从自己所喜欢和所爱的事情去投入到对事实的认识的，在这个认识实践过程中，自己从认识实践活动本身获得了对美的认识和愉悦，这种审美和愉悦激发的兴趣促使自己更加投入对事实真的探究中去，也就是说在审美共生实践中获得的价值的真是个人投入事实真的认识活动的强大动力。在美的追求中达到对真理的认识，这个过程对人来说是一个乐此不疲的过程，即在存在者价值真理的认识过程中达到对客观事物规律性真理的认识，在审美共生的认识实践中达到合目的与合规律的认识。

其次，只有坚持了价值的真，我们对事实的真的认识才能有一个正确的判定方向，我们的工具理性才能为价值理性所导航。在我们掌握了价值的真之后，我们会对我们的生活、生产、行动有一个正确的把握，我们明白我们存在的意义是什么，我们存在的旨归是什么，我们不会偏离我们的审美、愉悦和幸福去做背离我们人类自己的事情。可以说价值的真对事实的真起着一个规范的作用，价值理性对工具理性起着领航作用，会使科学更好地服务于人而不是背离人、危害人。

再次，从审美共生实践出发探究价值的真的过程中也蕴含着事实的真，因为美与共生和事实的真是相联系的。一方面，美与共生有着内在的必然联系。美的实现是主客体共同生成的境界，美离不开事物之间的共生。生命是以共生的状态而存在的，生命体本身也是一个多因素的共生体，美就在共生当中，共生也必然是一种美。单一的音调是刺耳的噪音，而不同的音符有机地组合共生就成为动听的音乐，再可口的食物一味地吃必然腻烦，而粗粮、细粮、水果、蔬菜、肉类各样综合搭配，必然是健康而又可口的美食。我们每天运动、思维、操劳、休息，生活和身体才能健康，单一的工作、学习、活动即令我们厌烦，给我们的身心带来疾病等不健康的因素。自然界有山、水、各样植物、动物综合共生形成自然美景，我们的生活也一样，生活的美是建立在共生的生活方式之上的，在一定程度上可以说差异就是一种美。审美的过程是物我共生的过程，我在物中，物在我中，物我为一，物我相互生成，在这个相互生成的过程中，主体的认识获得了事物的真。如金圣叹《鱼庭闻贯》所说的："人看花，花看人。人看花，人到花里去；花看人，花到人里来。"① 审美交往，可以用这种"来去自由"的共生交流来比拟。在这种自由情境之中，人与人、人与物之间的关系是平等对话的和趋向自由的，而并不是一方倾轧另一方的功利关系，这是由美的本性所决定的。从这个意义上说，共生的认识方法所形成的情境才是理想认识情境，是属美的认识情境。事物共生的存在是一种客观，是一种事实，是一种真实；同时共生的存在是一种美，所以我们说共生的审美也是一种客观的真。

另一方面，美与事实的真有紧密的联系。李泽厚认为，"人在客观行动上驾驭了普遍客观规律，这种主体实践所达到的自由形式就是美的境界"。② 可见，美本身就是人对事实的真（客观规律）掌握之后的自由状态。人获得事实的真而进入自由的状态在内心自然就产生了一种美。从这个逻辑看，要想获得美，也必须认识事实的真，综合前边我们对价值的真与事实的真的关系的认识，可以看出，美与事实的真和价值的真之间形成一个良性循环圈。对价值的真的获得会促使人获得美，那么，美对获得事实的真有没有直接促进作用呢？

鲍姆嘉通（Alexander Gottlieb Baumgarten）认为，"审美思维对应的现象完善，要比逻辑思维对应的概念正确更加真实"。③ 按照尼采的观点，"艺术的感性较之逻辑超感性的真更加真实。"④ "艺术就是真理的生成和发生"。⑤ 我们可以看出，美是感性与理性的奇异结合，审美的感性个别里面也包孕着"真"的普遍性，"审美的真"表现出现象的真和完善。钱学森晚年一再强调对科学的认识可以与艺术结合起来，艺术能给人思维的火花。钱学森的堂妹钱学敏说钱学森是一个大科学家，他的艺术天分也不错，他一直强调，科学要跟艺术结合，搞科学工作的，应该学点艺术。温总理去看望钱学森时，钱学森特意补充了一个教育问题，说他小的时候，父亲让他学理科，又让他学绘画、音乐，艺术上的修养对他的科学工作很重要，它开拓了他的科学素养。蒋英是钱老的夫人，中央音乐学院的老师，他们俩一个是"航天之父"，一个是音乐大师。有一次颁奖大会，钱老即兴演说，特别提到了蒋英给予他的帮助。"几十年来，蒋英给我介绍了音乐艺术，正是这些艺术里所包含的诗情画意和对人生的深刻理解，使

---

① 金圣叹. 鱼庭闻贯［M］//金圣叹全集（四）. 南京：江苏古籍出版社，1985：41.
② 李泽厚. 李泽厚哲学文存：下编［M］. 合肥：安徽文艺出版社，1999：644.
③ 鲍姆嘉通. 美学［M］. 简明，译. 北京：文化艺术出版社，1987：后记.
④ 尼采. 权力意志［M］. 张念东，凌素心，译. 北京：商务印书馆，1996：468.
⑤ HEIDEGGER M. Poetry Language Thought［M］. London：Harper&Row Publishers Inc，1975：71.

得我丰富了对世界的认识，学会了艺术的广阔思维方法。或者说，正因为我受
到艺术的熏陶，所以我才能够避免机械唯物论，想问题能够更宽一点，更活一
点。"① 数学家在探寻定理时，最准确的公式必然是简洁而美观的公式。数学或
许可以说是美的具体化，数学本身就是美的。一般认为，简洁、对称、平衡、
有序、玄妙、和谐统一、色彩、光照等均是美的要素。科学发现中的美举不胜
举，比如自然形成的雪花是六角对称的，由六十颗碳原子组成的 C60 是一个完
美的球形分子，晶体中的原子是周期性排列的，等等。在古代，"地心说"认为
所有的天体均围绕地球转动，因此对行星运动的描述变得十分复杂。后来哥白
尼经过研究发现：如果把太阳放在太阳系的中心，则对行星运动的描述将会大
大简化。于是著名的"日心说"就在这个"简洁"的思想指导下被提出来，并
且被后来的实验所证明。地壳的运动也是遵循省力的波浪形规律运动的。自然
界规律性的东西必然是美而简洁的，著名物理学家杨振宁对自然科学中描述客
观规律的微分方程的美赞不绝口，他专门写了一本论美的著作叫《美与物理
学》。"康德的"三大批判"，是以《判断力批判》作为终点，他实际是把美学
作为沟通认识论和伦理学的桥梁来看待的。由此，他从牛顿（自然因果）到卢
梭（意志自由，道德）的概括便宣告完成。在这种完成中，"美"是"真"和
"善"的统一，是"真"与"善"融汇整合的历史成果；而审美，则是"真"
与"善"的统一在心里上的反映，"真"的结构是社会、历史、文化、主体、
感性、形式、自然的转化或积淀，其表现则是心里诸功能（如情感、想象、知
觉和理解等）的结合。由以上结构和功能诸因素进行不同配比与组合，便形成
了不同审美感受和艺术风格。所以我们也可以说，美蕴含着事实的真与价值的
真的统一。这种思路，与中华易理对美及审美的把握，是可以互补互证的。②
"以美启真"的中国易理，首先是在肯定"美"中历史地积淀着人类认识成果
（"真"）的前提下，用"美"来开启人们对"真"的把握的。那么，有人要
问：美是价值性的主观的判断，真理是主观对客观的正确认识，我们这里认可
美对获得事实的真有直接促进作用是不是意味着主观会产生客观，这不是走向
唯心主义了吗？人对美的感受是否和人对客观真理的获得具有直通作用，还是
一个需要我们进一步去思考和研究的问题。通过前边的诸多例子，我们可以不
完全归纳出美对真的获得具有帮助作用，从这个意义说，对美的认识有助于获

---

① 章咪佳，梁建伟. 做科学要学点艺术——钱学森堂妹在杭谈"科学艺术观"［N］. 钱
　　江晚报，2008-10-29（3）.

② 李思强. 共生构建说论纲［M］. 北京：中国社会科学出版社，2004：122.

得对真的认识，这并不是说认识了美就获得了真，我们没有脱离实践对认识的基础性作用，是在坚持实践这个物质过程的前提下谈美的认识对真的获得的帮助作用，而并不是说从美的认识就会生出对真的认识，不是说从主观产生客观，所以，我们这里没有走向唯心主义，还是坚持的唯物主义。

那么，既然美对事实的真也具有启迪作用，我们在探寻客观规律的时候，也可以不妨用美的原则来促进我们对大自然的认识，开拓我们的思路，启迪我们的智慧，促进我们对事实的真的不断认识。

价值的真理要求我们处理问题时首先要对生活的真有一个把握，这是我们生活实践存在样态的前提，有了这个前提，我们才能在不偏离人的本真存在的情况下投入到对物的实践当中，这样我们才能在实践过程中获得本真的生命和快乐、审美、幸福，达到人与物的共生，而在这个审美共生实践基础上我们才能在心醉神迷的实践中不断认识客观事物的真理，正如在希腊所谓努斯精神的推动下去认识逻各斯，在主体能动性推动下探寻客体客观规律，不断开发和利用自然界。而以审美共生实践为基础、以达到价值的真为前提的人类实践推动下的科学技术无论如何发展在本质上与人的生命都是一致的，与整个自然界是共生的，工具理性的发展绝对不会偏离价值理性的导航的。而且，以审美共生实践为基础、以达到价值的真为前提的人类认识真理的过程也会加速，人获得科学真理的灵感也会增多，会更加有利于促进科学真理的发现和工具理性的发展。所以，美是主体的真与客观的真的统一，美的本身是一种共生的存在状态，在审美共生实践中达到事实的真与价值的真的统一应当作为人类认识的一个重要原则。

那么，共生认识论与马克思主义哲学认识论是什么关系呢？

马克思主义哲学的认识论是辩证唯物主义认识论，它是可知论，认为客观物质世界是可知的，人们不仅能够认识物质世界的现象，而且可以透过现象认识其本质。人类的认识能力是无限的，世界上只有尚未认识的事物，没有不可认识的事物，从而与不可知论划清了界限。马克思主义哲学认识论的基本前提是反映论，认为物质世界是不依人的主观意志而独立存在的，人的意识是物质长期发展的产物，是人脑的机能，是对物质世界的反映。坚持从物到感觉和思想的唯物主义认识路线，与从思想、感觉到物的唯心主义认识路线划清了界限。马克思主义哲学认识论是实践论，在人类认识史上，第一次把科学的实践观引入认识论，认为实践是认识的基础、认识的来源、认识发展的动力、认识的目的和检验认识真理性的唯一标准。它把辩证法应用于认识论，强调人的认识是一个不断深化的、能动的辩证发展过程。认识的辩证法，表现在认识和实践的关系上，认识来自实践，又转过来指导实践，为实践服务；表现在认识过程中，人对世界的认识不是一次完成的，而是一个多次反复、无限深化的过程。

共生的认识论认为认识的发展离不开一个宽松的舆论环境，获得相对而言的正确的认识方法就是让尽可能多的意见、观点、看法表达出来，辩论是激活思想宝库的最好途径，认识就是在意见的多元共生中前进的。认识是一种多样性的意见碰撞衍生新的认识的过程，正确意见的获得的保证条件就是多样化的意见氛围，在不同意见碰撞中实现认识正确性的最大值。认识的发展既在同代人的意见共生中进行，也在个人与传统知识文本的阅读中进行，即历时的意见共生，就是今人与古人的意见共生。要取消对知识的固化和权威的迷信，要坚持事实的真与价值的真的统一。只有坚持了价值的真，我们对事实的真的认识才能有一个正确的判定方向，我们的工具理性才能为价值理性所导航。美与共生有着内在的必然联系，美的实现是主客体共同生成的境界，美离不开事物之间的共生。美与事实的真有紧密的联系，对美的认识有助于获得对真的认识。那么，共生的认识论仍然坚持可知论，认识是人的实践基础上的反映论，是人脑对物质世界的反映，坚持从物到感觉和认识的唯物主义认识路线，坚持实践是认识的基础、认识的来源、认识发展的动力、认识的目的和检验认识真理性的唯一标准。也坚持人对世界的认识不是一次完成的，而是一个多次反复、无限深化的实践—认识—实践的过程。共生的认识论在坚持马克思主义哲学认识论的基础上肯定了多样化意见的共生对认识的发展的积极价值和审美在人对客观事物真理性认识中的价值，这是对辩证唯物主义认识论的深化和发展。

第五章

共生视域下社会合理化生成的概览考察

前边几章我们对共生理念从存在论、方法论、认识论进行了论证考察，对共生理念进行普遍性规律的认识，最终是为了将其应用在社会领域，总结提炼人类社会的一般规律。那么，以后几章，我们将共生理念应用于社会历史领域进行研究，也可以叫共生理念的社会历史观考察。通过研究我们可以知道社会怎样构建才是合理的，社会处于什么样的状态才是合理的，用更加合理的社会发展理念指导社会，用更加合理的方式方法构建社会。

依照共生理念，事物都是处于生成的过程当中，是在各种因素相互作用中生成的，社会也一样，人类社会也是一个生成的过程，但人类社会不同于自然界无机物的生成过程，自然界的生成过程是盲目的，人类社会的生成过程应当是自觉的，有人的理性认识在起作用，这个生成的过程与我们以什么样的理念来指导密切相关，以什么样的方式来构建密切相关，所以我们这里提出社会合理化及社会合理化生成的概念。社会合理化就是指社会的构建和社会的样态要符合我们所认识到的正确的客观规律。社会合理化生成就是指我们要按照我们所认识到的正确的客观规律去主导构建社会，促进社会更加符合事物生成的客观规律，实现社会不断发展。社会在我们的设计中生成，这种设计不是主观臆断，而是要符合客观规律，所以我们要随着人类社会的发展不断探索规律，促进社会更加合乎规律化，实现社会更加合理化地生成，更好地为人类谋福祉。

那么，共生理念的社会历史观考察，就是我们在论证和探索社会合理化生成的一般规律，也是我们从共生的视域对社会合理化生成的一种考察，最终目的就是促进社会更加合理的生成和发展。社会合理化在韦伯和哈贝马斯那里属于社会合乎其所谓的"理性"化范式范畴，这个问题我们将在"共生理念与现代性语境下的社会合理化"一章专门论述。我们这里所说的社会合理化是从一般和广泛意义上而言的，即指的是什么样的社会是合理的，怎样构建社会是合理的。我们认为，合理的社会应当是能促进生产力发展的社会，能提高社会文明程度的社会，能谋求人类的幸福的社会，能实现人的全面发展的社会，我们应当以有利于实现上述目的的方式构建社会，这才是合理的。

　　这一章我们着重从人类社会的发展史实和内在逻辑来进行论述，探讨共生也是人类社会发展的一般规律，用共生理念构建社会是合理的，符合共生规律的社会就是合理的社会，社会处于共生的状态就是合理的。这种社会能促进生产力的发展，能提高社会文明程度，能谋求人类的幸福，能实现人的全面发展。

第一节　社会合理化生成的基本内容：多元共生的进化发展观

　　共生是人类社会进化发展的一种规律，社会的进化发展是一种生成的过程，符合共生规律的社会才能实现合理化生成。综观人类史，人从被淹没于自然中走出，走向与自然的分离，也将走向与自然的共生。在任何既定情境里，一种因素的本质就其本身而言是没有意义的，它的意义事实上由它和既定的情境中的其他因素之间的关系所决定，正是在整体的关系中，寻求恒定的结构，整体的一切环节共存于一体，而这种共存体本身就是这些环节的本质的、直接的现实存在，历史是由不同质的环节构成的，这些环节构成了历史的相对独立的层次，各个不同的环节或层次并不直接地相互表现，它们各自有自己的历史，复杂整体是一种具有多环节主导结构的统一整体。这些相对独立的层次在历史的整体中相互依存，它们在整体中的地位决定着它们的作用，历史的发展只有在它们的相互依存和作用中才能得到实现。阿尔都塞提出了"多元决定"论或"结构因果"论。真实的矛盾总是同具体的环境紧密地结合在一起，因而真实的矛盾只有通过环境并在环境中才是可被辨认的和可以捉摸到的。"一切矛盾在历史实践中都以多元决定的矛盾而出现"。① 经济矛盾虽然在历史发展中处于决定地位，但它从来都不是单独地和以纯粹状态起作用的。

---

　　① 阿尔都塞. 保卫马克思［M］. 顾良，译. 北京：商务印书馆，2006.

第一节　人类社会合理化生成的共生逻辑

一、社会的发展和进化遵循共生合理性逻辑

自然进化的标准也可以应用于社会领域。社会进化和学习能力可以与生物进化相互促进。社会文化在个人之间的共生互动中得到发展，文化的进化同时也促进人自身的进化。人类社会的发展，是与个体的发展统一在一起的，没有哪个社会个体的人牺牲掉了而人类社会发展程度提高了，当然也存在局部范围、特定条件下，个体的牺牲维护了整体的发展，而就人类文明的整体构建来说，如果个体的主体性和创造性被泯灭了，社会整体就很难实现大发展。一个社会的繁荣发展必然也是个人的个性和创造性、主体性充分展现的结果。在将生物学进化理论应用于人类社会时，也要考虑到复杂性问题。对于自然界的发展而言，事物的种类和数量越多，碰撞形成新事物的可行性和几率越大，对于人类社会来说，人们犯错误的次数越少，人类的进步越快，其原因就在于自然界演化的方式是多样性的碰撞几率模式，而人类社会的模式是理性信息自觉模式为主体的模式。所以，对社会中的人来说，对人组成的社会来说，知识、信息的积累和利用是起决定性作用的，个人的发展和进化更主要的是依靠个人对知识的吸收和积累，即学习的过程，可以说，学习是实现个人全面发展和进化发展的决定性途径。物种使自身再生产，是在足够数量的种群避免死亡的时候，而社会使自身再生产，则是当它们能够避免过多错误蔓延的时候。如果有机体的生存能力对种的学习过程也是一种检验的话，那么，对于社会来说的相应的检验就存在于生产尺度和技术性、实践性有用知识的功利化过程之中了。社会的进化和发展、人的知识积累与人的进化是同步的，积累的知识主要包括科学工具性知识、道德实践性知识、主体内在审美知识三个方面，如果还有的话，那应当将体格锻炼的知识也增加进去，这样在知识的基础上，实现人的智、德、美、体的全面发展，促进人的全面发展。技术理性和道德实践理性是社会进化的主要方面。

二、自然进化的方向和价值性尺度可以应用于社会进化

自然界的进化是在盲目力量作用下的概率演化，这种盲目力量蕴涵着自然界演化的天然机制，即首先保证了发展演化的无限性，从广度和深度上都实现

了自然界的发展；其次，它给个体的特性展现提供了广阔的空间和自由度；再次，它给个体事物互动提供了最大的活力，为新事物的产生提供了最充分的领域。这样的共生进化机制同样也是适用于人类社会的，首先，人类社会是自然界演化的产物，是自然界的一部分；其次，人的理性是有边界的；再次，人的活动应当实现理性与非理性的统一。那么，社会共生的合理性可以概括为：一是社会应当保持发展的无限性，给人的发展留下无限的广度和深度；二是社会存在应当保持多样化，包括人的个性的多样化、文化的多样化、生活方式的多样化等；三是社会为个人的个性展现提供广阔的空间和自由度；四是社会为个人交往创造最大的活力，为人的创造性活动提供最宽松的环境。

美国科学家詹奇认为"社会文化与生物进化都具有自然界的统一性。生物进化的规则在社会文化领域也是行得通的"。① 社会文化的宏观进化可以说是社会生物微观进化的延续。社会也是共生系统。共生中，每个系统都要对自己的个体自主性做些牺牲，通过互相交换和互相参与，获得新的自主性层次，在环境中建立起更高的协调系统。社会和生态系统都是特殊形式的共生系统。正如细胞器的共生系统保证了细胞的代谢，不同细胞的共生保证了有机体的代谢，有机体共生系统则保证了在社会生物层次上或生态层次上的代谢。共生维持了事物的存在和发展，所有系统都是以某种共生为特征的。

社会的发展是在保持人的个性多样化和个人理性共生的前提下进行的。人是符号的动物，人依靠理性和实践从动物中分离出来，在劳动中凝聚、汇集知识与信息是人类社会发展的助推器，人的理性和知识也是在人们不同意见的交流中共同生成的。所以当代的话语伦理、对话政治也符合共生互动的理性生成普遍法则。哈肯在《协同学》中指出："人的理性，当他孤居独处时，是委琐而踌躇的，而按照与之相联系的人数的多少，人的理性益臻坚定和自信。"人的集体行为方式的这个竞争原则不仅对无生命世界和生物成立，而且对精神领域也成立，新思想生存在不断相互争论中，并且只有通过科学界的集体努力和集体智慧才能发展和延续下去。

人类文化是与自然相对立的系统，但同时它与自然之间又是相互依赖、相互影响、相互制约、相互作用的。人类文化包括器物层面、制度层面、意识层面、行为层面。器物层面表现为农、林、牧、副、渔等一系列的人工自然系统，意识层面是社会圈与生物圈之间相互作用的序参量，制度层面是社会圈与生物

---

① 埃里克·詹奇. 自组织的宇宙观［M］. 曾国屏，译. 北京：中国社会科学出版社，1992：196.

圈进行物质、能量、信息交换的模式的凝结，或人们在特定环境下为满足特定需求所制定的生存与发展策略，行为层面是社会圈与生物圈相互关系的具体体现。与生物多样性相对应，人类的社会圈在以上的四个层面的相互联结上表现出文化多样性。社会圈的文化多样性表现为处于不同的生态地理区域的民族和人群有着自己和与之共生的生态环境之间的特定关系。有人认为，在原始宗教里巫师带领部族所念的咒语就是表达一种社会圈与生物圈之间关系的契约："我们保护你的神圣的山林湖泊和一切草木生灵不受侵犯，你保佑我们风调雨顺四季平安。"① 由此可以看出，文化多样性有助于规定人们与自然环境之间在各种不同的条件下实现相互协调共生。此外，文化多样性还表现为人们在衣食住行方面的风俗习惯，例如耕作放牧的实际选择，捕留数量的决定。社会应当给人自由的活动空间，使人充分展现自己的个性，保持社会的多样化、文化的多样化，才能推动社会的发展。拉兹洛指出，"社会是人的行动和相互作用的结果，但又不是有意识的人类设计的产物"。② 这就是说，社会应当促进人的自由交往共生，社会发展是开放的，不要用人有限的理性去框定社会的发展。

人类依靠文化和学习超越了生物遗传进化的能力。社会学习加速了人的行为多样化特征。人通过学习过程实现了进化的突进，在学习过程中，人类积累的信息和知识突飞猛进，相应的人的内心结构模式也得到不断的发展，人在知识信息的积累中进化和发展着自身。自然界的进化依靠的是盲目的力量，是多样性事物的互动碰撞，而人的进化和发展是实现了对自然界盲目力量的超越，实现了理性自觉，在回顾、总结自然界盲目力量过程中积累信息和世界演化模式来有意识地主动发展自己，推动社会发展。可以说，人类社会的进化和发展是在自然界已经停止的地方开始了自己的进化，而且这种有意识自觉的进化比盲目力量下的进化要快得多，是呈加速度发展的，加速度发展的速度与人类积累的自然知识、道德知识、审美知识的量成正比。可以这样说，人类理性自觉的发展是以自然界的盲目发展为基础的，自然界在漫长的发展历程中，形成了多种多样的生物和存在物，是在盲目力量的作用下，多样性的事物相互作用而产生的，自然界的成果是盲目积累出来的，而人类社会之所以能够发展，原因是人能够认识、发觉自然界盲目积累的信息，将其变成人改造自然界的知识力量，人在改造自然界过程中也在进化和发展着自身，所以人类发展的程度取决

---

① 曾健，张一方. 社会协同学 [M]. 北京：科学出版社，2000：236.

② E. 拉兹洛. 进化——广义综合理论 [M]. 闵家胤，译. 北京：社会科学文献出版社，1988：91.

于人类发掘自然界信息量的广度和深度以及发掘的速度。也就是说，人的理性自觉是建立在对自然界盲目积累的信息的发掘基础上的。人既是自然界盲目力量演化的结果，是自然界盲目积累的信息，同时，又是利用和开发这种信息的力量。自然界是在盲目的多样性共生存在中进化发展的，人类则是在个人理性知识的多样性和个性的多样性中自发进化发展的。

自然界盲目力量的信息和人类的理性自觉是相互依存、互相生成的关系，自然界在演化中产生了人，人又在活动中改变着自然界，二者相互生成。人的理性自觉在时间和空间内是有限的，即人的理性在特定条件下是有限的，这就决定了人在运用自己的理性过程中是服从自然界的总规律的，即盲目力量发展的规律，理性是在边界上让位给了非理性，如果以有限的理性框定事物的整个发展，就会导致整个自然界以及人类社会发展的停滞和破坏。所以，人类理性的自觉与自然界的不自觉必须协调、统一起来，实现二者的互补，这样人类社会才会持久地发展，人自身才会无限进化。世界是无限的，是多变的，理性地边界、框定自然界的发展，即人为地将无限的世界"有限化"，必然导致发展和进化的停滞。

生物学启发我们将注意力直接引向进化学习机制。在文化传统基础上，显然有着一个产生变异的机制，它在某种目前还不甚明确的意义上，与突变相应。自然进化并非被这样一些个体有机的个体学习过程——这类过程拓展并改进了遗传设计规定的行为——所影响，因为行为的改进被限于单个有机体的生命周期之内，而不能将其纳入下一轮遗传构造的再生产中。与此不同，在发展的社会文化阶段，学习过程一开始就是社会或组织起来的，因此学习结果可以被传递。这样一来，文化传统就是某种中介，通过这种中介，实现了传统与现在的共生、历史与现实的共生，即实现了历时的共生，产生变异的发明创新能够在自然进化机制已经停止工作以后操作运行起来。

突变过程和社会学习过程间的区别是一目了然的。在社会进化的场合，学习过程的发生并不是通过遗传构造的变化，而是通过知识潜能的变化，基因型与表现型的区分在这个水平上失去了它的意义。被传递的、主观享有的知识乃是社会系统的一部分，理性和知识的共生是社会进化的特征。个人不是孤立个体的存在物，他们之成为个体，只能是在社会化过程中完成的。自然进化在一个物种的成员中间导致某种或多或少相似的行为保留成分，而社会学习过程则归结为一个加速的行为多样化结果。

三、西方社会学家关于人类社会合理化生成的共生思想

西梅尔认为，社会学不应该单纯地研究社会系统，而是更加应该注重分析个人行为。个人行为不仅体现了作为"社会的原子"的个人行动者的动向及其与社会的关系，也是关系到整个社会的许多重大事件进行决策的具体场所。个人行为并不是孤立进行的。社会中的任何个人所进行的行为都是共生互动的，都是在相互关系网中实现的，在共生互动中建构"意义"网络。米德认为人的意识可以表现为"心灵"（mind）和"自我"（self），而两者同人的有机生命一样，在社会的共生互动生活中不断演化。人的"自我"只有在同"他人"（others）的沟通和交往中，才能在行为中真正地存在和呈现出来。① 人的心灵和自我都是在社会生活经验的不断积累中形成和发展的。而社会经验的基本内容主要是在人与人之间的关系中所建构的意义网络。"意义"同四个要素密切相关。第一个要素是人的意识。只有人的意识才有可能产生意义，也才有可能使意义不断扩大和更新。因此，意义是人的意识生命活动中的首要产物和基本条件。换句话说，人的意识与意义是互为条件和互为因果的。但是，人的意识和意义之间，必须靠一系列符号和信号作为中间环节。人的意识靠其自身所认定的符号表达和运载意义的内容；而不同的意义又要靠不同的符号作为其表达和运载的形式。因此，符号，作为中介因素，就成为意义的内容和形式的统一体，成为一种具有双重结构的象征。第二个要素是社会的共生互动。所谓社会的共生互动，就是各个意识主体之间的相互关系和交流，而其互动的内容，基本上是各主体的意义世界之间的交换。只有人的意识而没有社会的共生互动，人的意识就是虚空的存在，没有任何内容，也不可能继续存在和发展。而意识的内容和形式就是上述"意义"所决定的。因此，意识一旦同社会共生互动相联系，就产生了意义世界，也产生了意识得以社会化的条件和环境。同时，社会的共生互动和环境又不断地为扩大意义世界提供广阔的可能性。从这个意义上说，人的意识就是在社会互动中不断扩大和更新其意义网络。第三个要素是环境。所谓环境就是人所处的生活世界，是由自然世界、社会世界和人的主观世界所构成的。人的生活世界为人的意识在意义世界中的存在和发展提供客观条件和可能性。环境一方面是人的意识不断成长和演化的条件，从这个意义上说，环境为意识成长中的意义世界提供丰富的客观内容；另一方面，环境又成为人的意识的对象，从这个意义上说，环境成为人的意识的创造活动以及人的意识的

---

① 高宣扬. 当代社会理论：上 ［M］. 北京：中国人民大学出版社，2005：412.

意义世界的指涉对象和改造对象，环境与意义共同生成。第四个要素是人的行为及其展开。人的意识的发展以及人与人之间的社会共生互动，都是在行为的展开中进行的。但人的行为一刻都离不开人的意识所创造的意义世界。因此，从这个意义上说，人的行为都具有一定的意义，为一定的意义所指导，并为实现某种意义而进行。但是，任何意义都离不开意识活动及其演化，离不开社会的互动，也离不开人的行为所处的环境。因此，同一定的意义密切相关的行为，都是在特定的环境下，由不同阶段的意识活动而在社会共生互动中进行的。以上四个要素之间是密不可分的，构成整个社会象征性共生互动的生命活动的基础。心灵、自我和社会是共生互动的。人的有机体与其他生物有机体不同。人不只是有自己的生理结构，而且更重要的是有特殊结构的心灵和自我，有进行反省的能力。因此，人对周围环境具有积极的改造倾向，能使环境符合人的需要，对于环境做出能动的反应。

在米德看来，人要使自己具备自我意识，首先必须把自己当作自己的对象，像同其他对象发生关系一样同自身发生关系，像别人对待他那样对待他自身，这就是他所说的"通过他者来领略与自身的关系"。① 换句话说，自我的形成，一方面要认识自己，把握自己的主体性，另一方面又必须认识他人，通过他人，通过对他者的沟通，再反转过来重新认识和比较自己。在这个自我的互动中建立自我同一性。人的行为既然是在社会中进行，人的自我也必须在社会行为和人的主体间的互动中才能形成、发展并发挥作用。根据这样的观点，任何人的自我都是双重结构的：一方面包含着由社会因素所造成的自我，另一方面是人的自我意识所产生的自我。前一部分就是作为宾格的我（me），后一部分是作为主格的我（I）。自我就是宾格的我和主格的我的反复的重合和结合。因此，任何自我都是同时包含着社会互动和自我意识活动的产物。作为宾格的我，是作为社会一员的自我，受社会的规则、规范、制度和各种倾向的约束和影响，同时又受社会行为和社会整体结构的影响。从这个意义上说，宾格的我在某种程度上表现了社会的性质，记录着社会互动的过程和结果，同时也反映了社会整体的某一部分因素。作为主格的我，是对社会和社会规则做出反应的自我，具有自由的主动性，能使社会环境发生变化。所以，作为宾格的我和作为主格的我，是一个统一自我的不可分割、相互影响的两个方面，是在社会行为网络中逐渐形成和发展的自我的相互联结的生动表现。在复杂的社会活动中，每个行动者所包含的两个自我，往往相互交错和相互影响，并随社会行动的需

---

① 高宣扬. 当代社会理论：上［M］. 北京：中国人民大学出版社，2005：412-413.

要而不同程度地呈现不同的角色，实现主格的我与宾格的我的统一。自我的基本意涵是自我意识同社会的共生关系所决定的。一方面，自我作为自我，是相对于社会而形成的。脱离同社会的关系，自我就没有任何意义；另一方面，自我同社会的相对关系，指的是自我同社会所保持的既统一又区别的双重关系。就自我和社会的统一性而言，社会给予自我提供形成自我的内容和各种资源，同时也为自我的存在和展现提供广阔的客观可能性。就两者的区别性而言，指的是自我始终维持在主体的自我意识结构中，它是属于主体的内在结构。与自我不同，社会是外在的客观存在，是在主体之外不断发生变化和发生作用的。但是，自我的双重结构又造成自我同社会之间保持双重的复杂关系。西梅尔和米德对自我的形成进行了深入的分析，看到了符号在人的活动中的重要作用，对人的意识和心灵的分析非常详细，强调了符号的共生互动对人和社会形成的作用，但是他忽略了人是物质性存在，作为物质生产的生产方式对人和社会的形成具有决定作用。

20世纪60年代以后，出现了由古尔德纳（Alvin Gouldner，I920—I980）、贝克尔（Gary Stanley Becker）、弗雷德·戴维斯、弗赖德森、古斯菲尔德（J. R. Guesfield）、哈本斯坦因、基利安（Lewis Killian）、罗芭姐、毛克施、斯通、特纳、威尔逊、柏林巴纳雅刚等人所发展的多元互动共生社会理论。人的存在和发展所依赖的上述个体性和社会性，人的生存所需要的基本利益所显示的个体性和社会性，决定了人的基本生存方式一定包含个体性和社会性的矛盾，同时也一定包含着解决这一矛盾的可能方案。这也就决定了人必须在维持个人生存的同时，进行与他人利益的交换，并在交换中协调他们的关系。总之，人的本性决定了人的基本生存方式的双重性：个体性和社会性。而交换正是在人的实践活动中去解决上述双重性和矛盾性的最好行动方式。

舒兹认为，任何个人都生活在由周在世界或环境（Umwelt）、共在世界（Mitwelt）、前在世界（Vorwelt）和后在世界（Folgeweh）所构成的生活世界（Lebenswelt）中。周在世界是行动者个人同其直接相伴随的其他人的关系所构成的，这是所谓"我们—关系"（we-relationships）。共在世界是行动者个人同通过类型化而相关的较远的他人的关系所构成的，这是所谓"他们—关系"（they-relationships）。前在世界是行动者个人同其先前相关的他人在过去建立的关系所构成的，因而也是行动者用以诠释其过去经验的重要基础。而后在世界是行动者个人同其意在未来收效的行动中所可能遇到的事件的关系构成的。在以上四种世界中，共在世界是最重要的，因为它是由个人世界观和用于指导其行动所仰赖的最"优先熟悉的类型化"（prevailing typification）建构而成的。①因此，共在世界是社会学家研究行动者的行动、研究人类行动如何在其共同的社会过程中建构他们的实在的首要关键（paramount subject matter）。舒兹对社会关系作了非常仔细的分析，这些分析有积极的意义，但他还是没有看到生产方式在社会发展中的决定作用。

共生是不同的个人密切地生活在一起，共生是人的基本存在方式，"人必须与自然共生，……处在同一社会中的人们为了生存，必然建立起共生关系"。②共生关系是主体之间交换资源和分享资源的网络，每个主体既享有权利，又承担义务。权利和义务存在于共生关系之中，并且一方的权利与另一方的义务对称。个人与社会在共生中，永续不断地相互构建。个人之间互动形成共生关系，每个人通过社会共生关系的网络影响社会，包含经济、政治、文化以及其他方面的影响。组织之间、组织与个人之间互动，形成共生关系，每个组织通过社会共生关系的网络影响社会，包括经济、政治、文化以及其他方面的影响。社会共生论认为，个人发展就是改善自己与他人或社会的共生关系，组织发展就是改善内部共生关系和外部共生关系，社会发展就是改善各方面的共生关系。

通过以上分析，我们可以归纳出，人类社会的发展遵循以下几点：第一，社会的进化和发展与人的知识积累与人的进化是同步的。第二，人的"自我"只有在同他人的沟通和交往中，才能在行为中真正地存在和呈现出来。在人与人的交往中，应当积累科学工具性知识、道德实践性知识、主体内在审美知识，促进文化的更新和发展，从而推动人的发展。第三，社会应当保持发展的无限性，给人的发展留下无限的广度和深度。第四，社会存在应当保持多样化，包括人的个性的多样化、文化的多样化、生活方式的多样化等。第五，社会为个人的个性展现提供广阔的空间和自由度。第六，社会为个人交往创造最大的活力，为人的创造性活动提供最宽松的环境。这些概括是符合我们所界定的共生理念的内涵的，都是在坚持社会存在决定社会意识，人的发展离不开生产方式的前提下，在坚持马克思主义哲学社会历史观的前提下阐发的，只不过我们更强调了知识的积累和人的交往互动在社会发展中的作用，是对马克思主义哲学社会历史观的进一步深化。

---

① 高宣扬. 当代社会理论：上［M］. 北京：中国人民大学出版社，2005：487.

② 胡守均. 社会共生论［M］. 上海：复旦大学出版社，2006：3.

第二节 人类社会合理化生成的共生史实

一、原始社会和奴隶社会的共生史实

共生在人类社会的各阶段都有它存在的不同形式。原始社会人和人的共生主要表现为生存上的依赖性和安全上的依赖性，主要限制在狭小的单个氏族社会，有时为了生存和安全，氏族之间、部落之间经常发生战争。人类社会进入阶级剥削的社会，不能否认这时也存在着"共生"理念的不完备形式，在普通的民众中共生理念得到了长足发展。奴隶社会是缺乏人道、极端残忍的社会，奴隶在奴隶主的残酷压榨下自发地产生了"共命运"的意识。在奴隶社会，统治阶级为缓和阶级矛盾，利用人们共生的心理制造某种共生的氛围。下层人民群众团结起来与统治阶级不断进行斗争，在一定程度上也促进了统治阶级缓和矛盾，维护了社会共生。

二、封建社会的共生史实

中国和欧洲的封建社会虽然都是以政治上的专制和思想上的禁锢为根本特征的，但也存在共生的思想。处于下层的普通民众也普遍具有共生理想，集中表现在被统治阶级一次次的反抗上。例如中国封建社会屡次的农民起义，陈胜、吴广起义提出"王侯将相宁有种乎?"的口号，宋王小波、李顺起义提出"吾疾贫富不均，今为汝等均之"的口号，钟相、扬么起义提出"等贵贱，均贫富"的口号，李自成起义提出"等贵贱、均田、免粮"口号，太平天国洪秀全起义提出"天下一家，同享太平"，"无处不均匀，无人不饱暖"的口号，要建立"有田同耕，有饭同食，有衣同穿，有钱同使，无处不均匀，无处不保暖"的理想社会。这都体现出下层百姓对共生社会的期盼。在欧洲也有闵采尔起义，提出"财产公有"的口号等。下层人民群众的武装斗争和暴力反抗是对社会现实的不公正的否定和颠覆，这种情况下的暴力行为本身也属于共生理念的应有内涵。

欧洲中世纪宗教神学凌驾于世俗政治之上，把世人置于上帝的子民地位，以"'上帝'对世人的公平保佑来实现虚假的共生理想"①。中国的封建社会以

---

① 周成名，李继东. 共生时代的哲学和伦理基础 [J]. 湘潭大学社会科学学报，2000，24 (5)：45-48.

儒家为主导的思想中也孕育着共生思想。《礼记·礼运》中提出："大道之行也，天下为公。选贤与能，讲信修睦，故人不独亲其亲，不独子其子，使老有所终，壮有所用，幼有所长，矜、寡、孤独、废疾者皆有所养，男有分，女有归，货恶其弃于地也不必藏于己，力恶其不出于身也不必为己，是故谋闭而不兴，盗窃乱贼而不作，故外户而不闭，是谓大同"。① 这个大同世界和陶渊明的"世外桃源"，是历代知识文人追求的共生理想。在哲学上道家、阴阳家提出"天人合一"、人与自然和谐共生的思想，儒家"仁"的核心理念和"中庸"的基本方法成为贯穿中国哲学本体论的主要线索。在中国封建社会的历史上，作为统治阶级，其有意无意地利用共生思想，都起到了推动社会繁荣的作用，

凡是遵循了共生法则的，社会都得到巨大发展。例如唐代，在思想观念上是儒、道、佛并存，特别是佛教思想中蕴涵的宽容、平等、缘起、普度众生等思想，体现出共生的理念，禅宗思想的发展和繁荣对人的身心自由起到了发觉和促进作用。唐代在民族政策、对外交往以及政治纳谏中都体现出共生原则。所以，唐代出现了中国历史上的顶峰时代，空前地繁荣强大。而相反，清朝时期，实行思想文化上的文字狱、对外交往上的闭关锁国、重农抑商的经济政策，虽然经过统治者的勤政治理出现了所谓的"康乾盛世"，但仍摆脱不了整体衰竭没落的命运，中国远远被摔在世界的后边，内忧外患，成为被动挨打的对象。

三、资本主义的共生史实

资本主义社会打破了封建社会的身份等级标准，提出自由、平等、博爱的口号，确立了人道主义、存在主义等新的价值理念，在市场经济中，形成了人与人的互动共生机制，社会取得巨大发展，但以金钱为代表，物对人的奴役现象非常严重。社会主义革命让最广大的普通劳动人民群众翻身当家做主，实现了广大老百姓的共生。

第三节　中国社会主义建设实践的共生之道

一、新中国成立初社会主义改造和建设当中的共生思想

在新中国成立初，毛泽东就提出统筹兼顾、综合平衡的整体观经济思想，

---

①　杨天宇. 礼记译注［M］. 上海：上海古籍出版社，2004：265.

这种思想是符合共生理念内涵的。中国经济的各行各业、各个领域、各条战线，是一个有机的整体，只有在整体上做到统筹兼顾、综合平衡，才能使健康、科学、协调的经济发展成为可能，这也就是我们所概括的在多样性中推进事物发展的方法当中的统筹兼顾的方法，争取各方面有利因素的最大化支持。毛泽东把统筹兼顾作为社会主义建设时期的一项战略方针，突出强调地提出来，有着广泛的指导意义。这里的统筹兼顾，是指对于全体中国人的而不只是对于部分人的统筹兼顾。统筹兼顾的战略方针，关注国民经济的各个方面，比如粮食问题、灾荒问题、就业问题等，这些问题都是关系到全国人民切身利益的大事，都要采取共生方法来解决。实行统筹兼顾，不仅有利于调动一切积极因素建设社会主义，同时也有利于维持社会稳定。正如毛泽东所说："统筹兼顾、各得其所，这是一个战略方针。这个方针，就是调动一切积极力量，为了建设社会主义。实行这个方针比较好，乱子出得比较少。"① 调动一切积极因素与共生方法的原则相一致。对于解决生产、生活这对矛盾，一样需要统筹兼顾。毛泽东强调生产是基础，必须在发展生产的基础上，改善人民生活。没有生产就没有生活，没有多的生产就没有好的生活。这就是生产与生活的共生。

1956 年 4 月 25 日，毛泽东在著名的《论十大关系》一文中，从十个方面，论述了综合平衡、积极平衡这一思想。中国经济的总体结构是平衡的，中国的经济规划没有犯和苏东国家一样的忽视农业、轻重工业严重失衡的结构性失误，在处理重工业和轻工业、农业的关系上，没有犯原则性的错误。我们比苏联和一些东欧国家做得好些。像苏联的粮食产量长期达不到革命前最高水平的问题，像一些东欧国家由于轻重工业发展太不平衡而产生的严重问题，在我国是不存在的。这就是农业、工业的共生，重工业与轻工业的共生。

在沿海工业和内地工业的关系上，毛泽东尤其注意平衡布局，三线建设正是平衡思想的产物：我国的工业以前集中在沿海。新的工厂不能都建在沿海。新的工业大部分应当摆在内地，使工业布局逐步平衡，并且利于备战。所以在新中国成立后布局工业体系时，在内地部署了许多重要的工业企业，这些工业企业至今还是内地工业的主力，对于内地发展至关重要。很好地利用和发展沿海的工业老底子，可以使我们更有力量来发展和支持内地工业。这就是沿海与内地的共生。

在汉族和少数民族的关系方面，毛泽东提出要巩固各民族的团结，帮助少

---

① 毛泽东.关于正确处理人民内部矛盾的问题（1957 年 2 月 27 日）［M］//毛泽东选集.北京：人民出版社，1991：367-368.

数民族发展经济建设和文化建设，避免苏联民族关系严重失衡的不良局面在我国出现："我们着重反对大汉族主义。地方民族主义也要反对，但是那一般地不是重点。""我们要诚心诚意地积极帮助少数民族发展经济建设和文化建设。在苏联，俄罗斯民族同少数民族的关系很不正常，我们应当接受这个教训。"① 这就体现出各民族的共生，防止大汉族主义，反对民族主义，各民族一律平等。类似地在宗教信仰方面，坚持公民宗教信仰自由，信教的人与不信教的人共生，互相不能歧视和树立敌意，当然共产党人是不能信仰宗教的，只能坚定马克思主义、共产主义信仰。

今天，坚持毛泽东统筹兼顾、综合平衡的共生理念，也是中国全球经济战略设计的精神指南：改革开放以来，中国在经济格局及利益分配上，有背离了这一伟大信念的倾向，造成了一定的社会矛盾与经济矛盾。我们让一部分人先富起来时，必须兼顾共同富裕的原则，否则就背离了我们发展的初衷，会严重伤害绝大多数中国人民的经济利益。让农民工进城，推行城镇化，必须同时兼顾农村发展，否则就会加速中国农村经济与社会的双重衰败。放眼全球，中国经济在产业引进方面，既要引进，更要注重消化创新，否则就会永远成为外商的附庸；在向外发展方面，既要勇于开拓，还要巩固本土，需要整体规划与有效的战略协同。

毛泽东依靠人民、服务人民的历史观也体现出共生思想。人民永远是社会的绝大多数成员，坚持社会的绝大多数成员的原则就是坚持历史主体的原则，就是共生方法原则。"人民、只有人民，才是创造世界历史的动力。"② 历史是人民创造的，全心全意为人民服务正是中国共产党的宗旨所在。作为中国人民最伟大的民族英雄，毛泽东心中总是装着人民、信任人民，其经济思想无疑体现着"依靠人民、服务人民的历史观"。人民群众是真正的英雄，拥有无限的创造了，蕴藏了极大的积极性，是中国经济向深度和广度进军的主要力量："群众是真正的英雄，而我们自己则往往是幼稚可笑的，不了解这一点，就不能得到起码的知识。"③ 共产党人高明之处就在于深刻认识并践行这种共生理念，所以在许多艰难的困境中攻坚克难取得了巨大的胜利，创造了许多历史的奇迹。群

---

① 毛泽东. 论十大关系（1956年4月25日）[M] //毛泽东选集：第5卷. 北京：人民出版社，1977：267-288.

② 毛泽东. 论联合政府（1945年4月24日）[M] //毛泽东选集：第3卷. 北京：人民出版社，1991：1031.

③ 毛泽东. "农村调查"的序言和跋（1941年3月4月）[M] //毛泽东选集：第3卷. 北京：人民出版社，1991：791.

众的意志就是恩格斯所说的历史合力的方向，是群众意见和智慧的共生互动的结果。"人民群众有无限的创造力。他们可以组织起来，向一切可以发挥自己力量的地方和部门进军，向生产的深度和广度进军，替自己创造日益增多的福利事业。"① 我们应当相信人民——精神振奋、斗志昂扬、意气风发的中国人民，将掌握中国的命运，创造中国的财富，并战胜一切困难与挑战，这也正是习近平同志所说的"人民必胜"的道理。"我们应当相信群众，我们应当相信党，这是两条根本的原理。如果怀疑这两条原理，那就什么事情也做不成了。"② 永远坚定不移地走群众路线这条党的生命路线是党的力量之源和执政之基，也正因此中国共产党才具有历史和现实的执政合法性，也正因此党才是中国现代化和中华民族伟大复兴的确信无疑的中坚力量和领导力量，也正因此我们党才是全体中国人民和整个中华民族可信赖的党，也正因此我们党的领导一定是科学的，一定能实现人民的幸福、民族的富强。党的十八届五中全会提出，坚持共享发展，必须坚持发展为了人民、发展依靠人民、发展成果由人民共享，做出更有效的制度安排，使全体人民在共建共享发展中有更多获得感，增强发展动力，增进人民团结，朝着共同富裕方向稳步前进。到 2020 年我国现行标准下农村贫困人口实现脱贫，贫困县全部摘帽，解决区域性整体贫困，这就体现了共生理念的内涵。所以，党应当最大限度地汇集全体人民的力量和智慧，在群众的意见和智慧共生互动中激发人们振奋精神、昂扬斗志、意气风发地去工作和生活，维护人民群众作为人的存在状态，此外还要引导和教化人们更本真地去生活，以更加自觉的共生意识去生存，去获得幸福。

毛泽东说："社会的财富是工人、农民和劳动知识分子自己创造的。只要这些人掌握了自己的命运，又有一条马克思列宁主义的路线，不是回避问题，而是用积极的态度去解决问题，任何人间的困难总是可以解决的。"③ 依靠人民，是我们的取胜之法；服务人民，是我们的出发点："应该使每一个同志懂得，只要我们依靠人民，坚决地相信人民群众的创造力是无穷无尽的，因而信任人民，和人民打成一片，那就任何困难也能克服，任何敌人也不能压倒我们，而只会

① 毛泽东.《多余劳动力找到了出路》一文的按语（1955 年）//中国农村的社会主义高潮：中册.北京：人民出版社，1956：578.
② 毛泽东.关于农业合作化问题（1955 年 7 月 31 日）[M]//毛泽东文集：第 6 卷.北京：人民出版社，1999：423.
③ 毛泽东.《书记动手，全党办社》一文的按语（1955 年）[M]//中国农村的社会主义高潮：上册.北京：人民出版社，1956：5-6.

被我们所压倒。"① 所以，我们要全心全意地为人民服务，一刻也不脱离群众；一切从人民的利益出发，而不是从个人或小集团的利益出发，做到向人民负责和向党的领导机关负责的一致性，这些是我们的出发点。这都体现出争取力量和智慧最大化的共生方法原则。坚持了共生的方法原则，我们就可以克服任何困难。当今，我们依靠人民群众，激发创新创业活力，推动大众创业、万众创新，坚持创新发展，把创新摆在国家发展全局的核心位置，不断推进理论创新、制度创新、科技创新、文化创新等各方面创新，把创新贯穿于党和国家一切工作，使创新在全社会蔚然成风，就一定能够跨越经济发展的"中等收入陷阱"。

毛泽东"群众作主、群众受益"管理观体现出政治制度、社会管理的共生法则。例如"对企业的管理，采取集中领导和群众运动相结合，工人群众、领导干部和技术人员三结合，干部参加劳动，工人参加管理，不断改革不合理的规章制度，等等。"② 集中领导与群众参与相结合，工人群众、领导干部、技术人员在管理过程中共同发挥作用，这是一种多方面意见共生的管理方法，这都典型地体现出共生理念。类似的还有，毛泽东主张中国的企业管理走"政社合一""党委挂帅""党委领导下的厂长负责制""两参一改三结合"的道路，这样做也是从动员人民群众、调动一切积极因素的角度出发的。当然，"党委领导下的厂长负责制"不一定适应现代企业的管理，但在高等学校的管理上我们还是采取这一管理体制的。这些管理思想体现出政社共生、党政共生。"两参一改三结合"是共生法则运用的典范案例。1958 年 11 月，毛泽东开始提出"两参一改三结合"的原则。1960 年 3 月，毛泽东在中共中央批转《鞍山市委关于工业战线上的技术革新和技术革命运动开展情况的报告》的批示中，对这一原则做了进一步的明确，即干部参加劳动，工人参加管理，改革不合理的规章制度，技术人员、工人、干部三结合。③ 这样，得到国家层面肯定与推广的鞍钢宪法，开创了中国社会主义企业管理的基本模式与方法，实现了管理过程中的上下交互共生，技术人员、工人、干部互动共生。

在分配问题上，做到兼顾各方利益，也体现出共生法则。毛泽东说："国家和工厂，国家和工人，工厂和工人，国家和合作社，国家和农民，合作社和农

---

① 毛泽东.论联合政府（1945 年 4 月 24 日）［M］//毛泽东选集：第 3 卷.北京：人民出版社，1991：1031.

② 毛泽东.读苏联政治经济学教科书的谈话［M］//毛泽东选集：第 5 卷.北京：人民出版社，1977：295-296.

③ 毛泽东.毛泽东选集：第 5 卷［M］.北京：人民出版社，1977：80.

民，都必须兼顾，不能只顾一头。无论只顾哪一头，都是不利于社会主义。"①
在分配问题上，必须兼顾国家利益、集体利益和个人利益，这体现出国家与工
厂共生，国家与工人共生，国家与合作社共生，国家与农民共生，合作社与农
民共生，国家利益与集体利益和个人利益相互共生。

二、改革开放过程中的共生思想

就中国当代的改革开放来说，全方位对外开放，既对社会主义国家开放，
也对资本主义国家开放，既对富裕国家开放，也对贫穷国家开放，中国与世界
走向共生，促进了资金、技术、信息与外界的交流互动，社会随着开放的深度
不断增加而向前发展，也可以说是加入全球"经济共生"。从生产关系来看，我
们实行以公有制为主体多种所有制共存的所有制形式，公有、集体所有、私有、
个体经济、外资经济等所有积极因素都得到调动，各种所有制形式并存，共同
促进生产力的发展，最大限度地发挥了各方面的积极性，最大程度地整合了各
方面的资源，促进了经济的发展。在贫富差距问题上，我们缩小贫富收入差距，
扶持弱者，实现共生。实行农民免税后，结束了几千年来的农民缴公粮的历史。
实行全民医保、农民工照顾政策等，都是对社会的弱者给以扶植，实现全民的
共生。在政治上，我们实行人民代表大会与政治协商立法与政治协商体制，最
大限度地让人民群众参与国家社会事务管理，综合各民主党派、社会各界的智
慧和力量管理国家社会事务，这也是一种共生的政治管理体制。共产党与各民
主党派肝胆相照、荣辱与共，是政党制度的共生理念。从社会理想来说，走向
共同富裕，也是要实现全民的共生。在国家管理体制上，实行"一国两制"，
港、澳、台与大陆资本主义和社会主义并存共生，优势互补，共同繁荣。文化
上，实行"百花齐放、百家争鸣"的政策，是思想领域的共生体现。外交上，
国家不分大小、强弱、贫富一律平等，与周遍国家一律开展对等的经济、文化、
政治往来，与世界各国交往中提出互利共赢的贸易原则，这些都体现了社会主
义的共生价值理念。当前，我们还要用共生理念解决我国自对外经济开放以来，
所出现的城市与农村、沿海与内地等地区发展不平衡问题，促进共同发展。在
科学发展观和和谐社会理念中更富有共生思想。科学发展观的五个统筹：统筹
城乡发展、地区发展、经济与社会的发展、工农业的发展、政治与文化的发展
等，都是一种共生思维，全面、协调、可持续完全体现着共生理念。我们的民

---

① 毛泽东. 论十大关系（1956 年 4 月 25 日）[M] //毛泽东选集：第 5 卷. 北京：人民出
　版社，1977：267-288.

族区域自治制度也体现出各民族共生的思想。物质文明、精神文明、政治文明、生态文明体现出多种文明共生的建设思路，经济建设、社会建设、文化建设等体现着多方位共生发展之路。在我们党历史上群众路线体现着我们党依靠群众力量的共生方法、认识和决策的共生方法，统一战线团结一切可以团结的力量共生方法。十八大报告中提出：促进工业化、信息化、城镇化、农业现代化同步发展，支持小微企业特别是科技型小微企业发展，优先推进西部大开发，全面振兴东北地区等老工业基地，大力促进中部地区崛起，积极支持东部地区率先发展。采取对口支援等多种形式，加大对革命老区、民族地区、边疆地区、贫困地区扶持力度。科学规划城市群规模和布局，增强中小城市和小城镇产业发展、公共服务、吸纳就业、人口集聚功能，这些都体现出推动地区平衡共生、弱势群体共生发展的思路。在外交上，中国将继续高举和平、发展、合作、共赢的旗帜，坚定不移地致力于维护世界和平、促进共同发展，中国将始终不渝地奉行互利共赢的开放战略，通过深化合作促进世界经济强劲、可持续、平衡增长。中国致力于缩小南北差距，支持发展中国家增强自主发展能力。中国坚持在和平共处五项原则基础上全面发展同各国的友好合作。我们将改善和发展同发达国家关系，拓宽合作领域，妥善处理分歧，推动建立长期、稳定、健康发展的新型大国关系。我们将坚持与邻为善、以邻为伴，巩固睦邻友好，深化互利合作，努力使自身发展更好，惠及周边国家，体现出共生的外交战略。在党建和人才方面，要坚持党管干部原则，坚持五湖四海、任人唯贤，坚持德才兼备、以德为先，坚持注重实绩、群众公认，深化干部人事制度改革，使各方面优秀干部充分涌现，各尽其能、才尽其用，体现出共生的选人、用人机制，把各类人才的作用都充分发挥出来。

三、社会主义的价值原则和社会理想符合社会共生规律

社会主义的价值原则和社会理想是符合社会共生规律的，崇尚消灭阶级差别，实现人与人在价值和事实上的平等，共同富裕和共同享有尊严，创建一种社会平面化而非金字塔式的结构，这符合人与人共生的社会发展规律，所以社会主义的优越性就表现在遵循社会共生规律，具有巨大的、持续的发展活力。纵观中国封建社会历史，每一个封建王朝都是建立在农民起义后的社会平面化基础之上，封建王朝经济繁荣，社会稳定发展。而当出现土地兼并、贫富分化之后，社会矛盾日积月累，最终必然导致大规模农民起义，王朝瓦解。在农民起义战争中大地主、官僚纷纷被杀，土地重新流入农民手中，新王朝又建立在这样一个贫富差距缩小的社会基础之上，又开始了一个新的王朝的兴替过程。

而且纵观中国历史上各个王朝，凡是非常强大的王朝都是建立在经过农民起义比较彻底革命的时代，例如汉、唐王朝。而对于没有经过农民起义而是通过军事政变等手段建立的王朝，例如宋王朝，软弱，经常被外族欺凌。在封建社会财富载体是土地，而当今工业社会的财富载体是货币，所以当今的市场经济社会，货币资本的过分集中将导致国家经济衰退。从当前世界经济形势来看，在美国金融危机之后、世界经济低迷的情况下，我们从改革开放以来取得巨大成就，而且经济实力已经跃居世界第 2 位，正在继续保持良好的发展势头，不可忽视一个基础性因素是建国后我们消灭了阶级，13 亿中国人在私有财产状况方面的基本上是接近的，虽然目前出现了贫富分化现象，但是总体上来说，绝大多数中国人的私有财产差距不大，这都得益于中华人民共和国后消灭阶级差别的社会平面化的基础，这也是中国经济蒸蒸日上的一个看不见的社会基础，所以社会主义消灭阶级差别符合社会平面化的社会共生发展规律，而美国作为当前科技创新能力居于世界前列的超级大国，目前发展动力不足，政府债务严重，一个重要的原因是美国的富人阶层占有的社会财富比例太大，富有阶层与中下阶层贫富差距很大，导致社会发展失去动力，可以说其违反了社会共生规律。欧盟出现债务危机，经济发展缓慢，其原因与美国接近。日本从 20 世纪 90 年代以来就处于经济迟滞状态，也与其社会贫富差距加大有关系。印度作为发展中国家，发展速度高于发达国家，但是与中国的经济发展差距还比较大，原因就在于，印度是资本主义私有制，社会贫富差距和社会等级化导致其发展受到掣肘。所以，社会主义的优越性就表现在它的基本价值和社会理想符合社会共生规律。

第四节　人作为类群共生一般规律

一、当代国外社会的共生经验

就当代国外社会经验来看，美国芝加哥经验社会学派借用生态学，创立了人文区位学。"在人文区位理论中"，共生被认为是支配城市区位秩序的最基本因素之一。① 与共生相联系的另一个基本因素是竞争，它源于人们为谋求生存而对社区内有限资源的相互争夺。一方面，社区是个共生系统，其内部各组成

---

① 吴飞驰．关于共生理念的思考［J］．哲学动态，2000（6）．

部分要相互依赖生存；另一方面，这个共生系统又存在竞争，这也是人类生存和社会发展的必要条件。共生中的竞争和竞争中的共生，构成了城市社区的区位秩序。在人文区位学看来，社区区位秩序的本质是在竞争中通过自身调整，达到一定的社区平衡状态。这种平衡，即是社区内共生维持的条件，体现了社区的共生性质。社区平衡是社区共生系统运行的基本目标，随着环境条件的变化，社区平衡将被打破，形成新的不平衡，通过内部调整，共生系统又将形成新的平衡。

"全球化"是世界范围的共生在逐步形成。"欧共体"等国际组织说明"地域共生"在形成。世界将最终走向"经济共生""科技共生""文化共生""政治共生"，在社会发展的各个方面都反对"一花独放""一家垄断""一人专制""一国独大""一术横行"。①

二、社会合理化生成的类群共生趋向

人的存在是一种类的整体性共生的存在。人类社会的历史证明了人是在自发的类群共生中前进的，作为当代人应当由自发的类群共生走向自觉的类群共生。"类"特征一方面表现为对纯粹私人性的超越，可以理解为在实践基础上发生着社会关系的人的具体的统一性。另一方面人的"类"特征表现在以"自由自觉"的活动将自己同包括动物在内的自然界直接区别开来，并通过对自然的改造来确证自己是类的存在物。因此，通过实践，自然界总是表现为人的创造物和人的现实。近代以来人类的实践在改造自然以确证自己的存在时，遗忘了人与自然内在深层的相聚、相连关系。人是存在着的，是在世界中存在着，也一定是与他者共在着的，这是人存在的本真状态。无论是个体还是民族、国家，只要始终关注人类存在的状态，我们就能通过论辩不断地揭示出世界的公共性并遵循这些公共性构建新的公共生活。舒茨的社会现象学关心的是主体间的共生、理解和共识问题。舒茨认为，胡塞尔的失足就在于局限于感知的认识论层面来解决问题，这一结果，正是胡塞尔将生活世界悬置的结果。在他看来，生活世界正是主体间理解共生和达成共识的基础条件。在生活世界中，人们基于各种现实的需要，在各种具体的情景下，参与社会行动，从而进行沟通和共生互动。通过共同在场和面对面的情景，个体与他人互换空间视角，使他人的意识流反思式地呈现出来。这种情况可称为"生动的同时性"。② 在舒茨看来，生

---

① 朱健国．"共生主义"初探［EB/OL］．慧海佛光网站，2013-5-19.
② 王晓东．哲学视域中的主体间性问题论析［J］．天津社会科学，2001（26）：42-46.

动的同时性就是主体间共生的本质。哈贝马斯指出："相互理解共生的基础上经济和政治体系结合在一起。"① 社会应当坚持知识、团结和个性。在现实世界，人与人的团结共生关系被生活世界的殖民化所破坏。现代社会应当为实现人与人的共生而努力。社会应当是异质多元的，应当保持宽松的空间，为社会成员的互动提供广泛的空间。社会建立在对话的基础上，"提倡人们应当无条件地相互尊重和话语共生"。② 哈贝马斯还提出，在金钱和权力的破坏下人与人共生的关系被异化。人被异化的社会是失去团结的社会。③ 自由民主的政府应当保持一种人与人共生互动的交往关系。交往理性中蕴涵的共生原则应当是启蒙运动的本质核心。工具目的理性会毁坏人与人之间的真诚的共生交往关系，官僚体系和专家支配的社会破坏了人与人本真共生关系的形成。④ 西方思想家偏重于从意识和话语方面强调社会的共生，忽略在物质实践活动中实现共生，这一点是我们要避免的。

第二节　马克思共生的社会合理化思想意蕴

一、关于马克思社会合理化内涵的推断

马克思没有提过社会合理化的概念，但是在马克思关于必然王国、自由王国和共产主义的论述中我们可以概括提炼出他关于什么样的社会是合理化的思想。

马克思关于从必然王国向自由王国飞跃的思想，提出人们摆脱了盲目必然性的奴役，形成符合自己全面发展的社会关系，从而也成为自然界的自觉的主人，自由王国应当是这样一种社会状态，是在由必需和外在目的规定要做的劳动终止的地方才开始，因而按照事物的本性来说，这种社会存在于真正物质生产领域的彼岸。像野蛮人为了满足自己的需要，为了维持和再生产自己的生命，

① COOK D. Communication in Constellation Adorno and Habermas on Communicative Practices Underlate capitalism ［J］. Philosophy Today, 2002, 28（1）: 45.
② MAHONEY J. Proceduralism And Justification In Habermass Discource Ethics ［J］. Philosophy Today, 2002, 28（3）: 300.
③ COOK D. The Two Faces of Liberal Democracy in Habermas ［J］. Philosophy Today. 2001, 27（1）: 98.
④ WONG D. Foucault Contra Habermas Enlightment, Power, and Critique ［J］. Philosophy Today, 2005, 31（1）: 56-61.

必须与自然进行斗争一样，文明人也必须这样做。而且在一切社会形态中，在一切可能的生产方式中，他都必须这样做。这个自然必然性所导致的社会状态会随着人的需要以及满足这种需要的生产力的扩大而扩大，社会化的合理化状态应当是人作为联合起来的生产者，合理地调节他们和自然之间的物质交换，把社会关系置于人们的共同控制之下，而不让它作为盲目的力量来统治自己，在最无愧于和最适合于人类本性的条件下来进行这种物质变换，这个社会状态就是必然王国的彼岸，人类能力的发展成为目的本身，人们工作日的缩短是根本条件，人们的自由时间成为生活的主体。正如马克思所说："事实上，自由王国只是在由必需和外在目的规定要做的劳动终止的地方才开始，因而按照事物的本性来说，它存在于真正物质生产领域的彼岸。像野蛮人为了满足自己的需要，为了维持和再生产自己的生命，必须与自然进行斗争一样，文明人也必须这样做。而且在一切社会形态中，在一切可能的生产方式中，他都必须这样做。这个自然必然性的王国会随着人的发展而扩大，因为需要会扩大，但是，满足这种需要的生产力同时也会扩大。这个领域内的自由只能是：社会化的人，联合起来的生产者，将合理地调节他们和自然之间的物质交换，把它置于他们的共同控制之下，而不让它作为盲目的力量来统治自己；靠消耗最小的力量，在最无愧于和最适合于他们的人类本性的条件下来进行这种物质变换。但是不管怎样，这个领域始终是一个必然王国，在这个必然王国的彼岸，作为目的本身的人类能力在发展，真正的自由王国，就开始了。但是，这个自由王国只有建立在必然王国的基础上，才能繁荣起来。工作日的缩短是根本条件。"① 人类就不必把全部时间和精力都花费在物质资料的生产上，而可以腾出一部分时间从事文学、艺术、科学等物质生产领域以外的其他活动，这种以剩余劳动为基础的、用以从事文学、艺术、科学等活动的时间，就是社会所游离出来的自由时间。正如马克思所说的："整个人类的发展，就其超出对人的自然存在直接需要的发展来说，无非是对这种自由时间的运用，并且整个人类发展的前提就是把这种自由时间的运用作为必要的基础。"②

马克思关于共产主义的表述，也可以看出其合理化社会的样态，"共产主义是私有财产即人的自我异化的积极的扬弃，因而也是通过人并且为了人而对人的本质的真正占有，因此，它是人向作为社会的人即合乎人的本性的人的自身

---

① 马克思，恩格斯．马克思恩格斯全集：第46卷上［M］．北京：人民出版社，1979：41.

② 马克思，恩格斯．马克思恩格斯全集：第3卷［M］．北京：人民出版社，1960：514.

的复回，这种复回是彻底的、自觉的、保存了以往发展的全部丰富成果的。这种共产主义，作为完成了的自然主义，等于人本主义；而作为完成了的人本主义，等于自然主义。它是人和自然之间、人和人之间矛盾的真正解决，是存在和本质、对象化和自我确立、自由和必然、个体和类之间抗争的真正解决。它是历史之迷的解答，而且它知道它就是这种解答"。① 马克思在《哥达纲领批判》中指出，到共产主义的高级阶段，迫使人们奴隶般地服从分工的情形已经消失，从而脑力劳动和体力劳动的对立也随之消失，劳动不仅仅是谋生的手段，而且成了生活的第一需要；生产力随着个人的全面发展也增长起来，而集体财富的一切源泉都充分涌流——那时，社会才能在自己的旗帜上写上：各尽所能，按需分配。所以，共产主义社会应当是生产资料归社会占有，消灭了人剥削人的现象，所有社会成员都参加劳动，生产力高度发展，人摆脱了各种奴役，人的全面发展得到实现。

所以，我们可以概括出马克思社会合理化的内涵应当是：社会是自由人的共生联合体，在社会关系中人与人紧密地结合在一起；有利于生产力发展的社会是合理的；有利于人全面发展的社会是合理的；有利于人与人平等共生的社会是合理的；有利于人摆脱各种奴役和异化、实现幸福的社会是合理的；有利于人的个性、能力充分展现的社会是合理的；有利于实现人与自身、他人、社会和自然界统一的社会是合理的。对这样的内涵的界定，我们可以从后边内容的考察中进一步论证。

二、马克思经济交换的共生思想

生产实践是一个人与人共生互动的发展过程，在共生互动中传递信息和技术，推动人类文明连续性发展，在协作中取长补短、有机组合形成集体力，推动生产力发展。在经济交换中，人紧密地结合在一起，体现出一种共生关系。

由于劳动分工的出现特别是现代分工不断发展，一方面使得经济主体越来越分散，但另一方面占主导的是导致经济主体之间相互依存、相互依赖不断加强。离开了共生，人类无法生存和繁衍。"正是人类特有的共生本质导致分工的出现。反过来分工的出现与合作一起又构成了人类共生的经济基础与前提。"②

人们的生产经济活动，是一个共生互动的过程，人们在经济活动中相互依

---

① 马克思．1844 年经济学哲学手稿［M］//马克思，恩格斯．马克思恩格斯全集：第 42卷．北京：人民出版社，1979：120.

② 吴飞驰．关于共生理念的思考［J］．哲学动态，2000，66（6）：21-24.

赖，进行交换。马克思指出："各个人看起来似乎独立地（这种独立一般只不过是错觉，确切些说，可叫作——在彼此关系冷漠的意义上——彼此漠不关心）自由地互相接触并在这种自由中互相交换。"① 各个人看起来是相互冷漠的、并列的关系，实际是紧密地联系在一起，是一种密切的共生关系。

在经济活动中，人们的自然差别是人们进行交换的基础，个性才能的不同表现是相互交往的基础，在差异中相互弥补不足，实现交换，人们之间不是彼此漠不关心的人，而是互为一体、互为需要的关系，客体化在商品中的个人就成为另一个人的需要，反过来也一样，于是他们彼此不仅处在平等的关系中，而且也处在社会的关系中，在这种关系中不断生成。马克思指出："个人 A 是个人 B 所需要的某种使用价值的所有者，B 是 A 所需要的某种使用价值的所有者。从这方面说，自然差别又使他们互相发生平等的关系。但是他们因此并不是彼此漠不关心的人，而是互为一体，互为需要，于是客体化在商品中的个人 B 就成为个人 A 的需要，反过来也一样；于是他们彼此不仅处在平等的关系中，而且也处在社会关系中。"②

也就是说，每个人的需要是另一个人使用价值的所有者。人与人之间发生平等的交换关系，互为一体，互为需要，个人 A 的劳动价值就会客体化在个人 B 中，人与人处于平等的社会关系中。人与人就是建立在自然差别基础上的平等共生关系。

人和动物不同的地方在于人总是生产不同的东西，而动物生产的是相同的东西，人的才能是自我个性特征的表现，在生产中人与人应当是一种个性本质自我同一的过程，我的个性才能对我来说是本质，而对需要这方面的人来说是另一个人的享受和自我本质的实现，人与人是相互依存的。马克思指出："一个人的需要可以用另一个人的产品来满足，反过来也一样；一个人能生产出另一个人所需要的对象，每一个人在另一个人面前作为这另一个人所需要的客体的所有者而出现，这一切表明：每一个人作为人超出了他自己的特殊需要等等，他们是作为人彼此发生关系的；他们都意识到他们共同的类的本质。"③

动物不会出现这些共生的生产关系，不会出现大象为老虎生产或者一些动

---

① 罗伯特·艾克斯罗德. 对策中的制胜之道——合作的进化［M］. 吴坚忠，译. 上海：上海人民出版社，1996：113.
② 马克思. 政治经济学批判（1857—1858 年手稿）［M］//马克思，恩格斯. 马克思恩格斯全集：第 30 卷. 北京：人民出版社，1995：197.
③ 马克思. 政治经济学批判（1857—1858 年手稿）［M］//马克思，恩格斯. 马克思恩格斯全集：第 30 卷. 北京：人民出版社，1995：197.

物为另一些动物生产的情况。蜜蜂再多也不可能形成社会，因为每只蜜蜂都生产相同的东西，一窝蜜蜂也只是一只蜜蜂。而人因为各自独特的个性和知识信息的共生互动才会从动物中分离出来。由此可见，马克思经济思想中蕴含的是人的存在问题，人的存在是个性化的存在，个性化的存在决定了不同的人的生产是不同的，所以生产也是个性化的，这种个性化的生产差异构成了人的生产的互补性，这种差异性和互补性是生产分工的基础，这种生产分工的互补性最终可以上升到人的个性化存在的互补性，这种差异性、互补性符合共生理念的内涵。

三、马克思关于人与人共生的辩证关系

人与人的关系是一种辩证法的共生关系，每个人表现个性本质，同时也实现他人的本质，为他人服务，也是在为自己服务。每个人只有作为他人的手段时才是实现了自己的目的，是互为手段，互为目的，这种关系不是有意实现的，而是在个人表现自我的个性才能过程中实现的。马克思指出："每个人为另一个人服务，目的是为自己服务；每个人都把另一个人当作自己的手段互相利用。"①

也就是说，每个人只有作为另一个人的手段才能达到自己的目的，每个人只有作为自我目的即自为的存在，才能成为另一个人的手段即为他的存在；每个人是手段的同时又是目的，而且只有把自己当作自我目的时才能成为手段，即每个人只有把自己当作自为的存在才能把自己变成为他的存在。人与人的这种相互关联是一个必然的，也是客观事实的。在经济领域里这种平等共生关系作为交换的自然条件是交换的前提。各个人在谋取自我目的时却自然地结合成紧密的共生关系。这也就是说，只有与他人共生才能自生，想要自我生存就得与他人共生。

我们这几段的分析，实际是对人存在的差异性、互补性的详细论述。人们互为目的、互为手段，是自为的存在和为他的存在的统一，这都是建立在人的个性化存在的基础上的，也就是说这种个性化、差异性的存在构成了人的存在的相互依存性，这种相互依存性通过人们之间相互之间的经济交换关系表现出来，同时还有人与人之间的知识、意志、情感、审美等领域的互动，这就是人与人之间的共生关系。

---

① 马克思.政治经济学批判（1857—1858年手稿）[M]//马克思，恩格斯.马克思恩格斯全集：第30卷.北京：人民出版社，1995：198-199.

四、马克思关于人与人在生产中平等共生的思想

人与人的交换是自由平等的，这是共生的一个基本原则。每个人的产品是自我个性特征的物化，都渗透着个人的意志、情感和审美。人们在交换产品的过程中蕴涵着人们之间对对方本质的需要，平等的交换意味着对对方个性才能、意志、情感和审美的认同和尊重，所以交换是非暴力的，应当是一种对话形式。人与人之间的交换是自由平等的。马克思指出："他们作为交换者发生他们被假定为和被证明为平等的人的那种社会关系的动因，那么除了平等的规定以外，还需要加上自由的规定。尽管个人 A 需要个人 B 的商品，但他并不是用暴力去占有这个商品，反过来也一样，相反地他们互相承认对方是所有者，是把自己的意志渗透到商品中去的人格。……每个人都是自愿地转让财产。"①

人与人的平等关系在古代和中世纪没有实现，因为在古代是强制劳动，在中世纪是特权劳动，都没有实现对劳动者意志、个性特征的肯定，生产中的交换必然要求平等和自由，这就是共生的生产过程。马克思指出："因此，如果说经济形式，交换，在所有方面确立了主体之间的平等，那么内容，即促使人们去进行交换的个人和物质材料，则确立了自由。"② 可见，平等和自由不仅在以交换价值为基础的交换中受到尊重，而且交换价值的交换是一切平等和自由产生的现实基础。一方面，平等和自由是交换价值在意识层面的表现，另一方面，平等和自由作为在法律的、政治的、社会关系上发展了的东西又是交换价值在上层建筑上的固化。而这种情况也已为历史所证实。古代不存在这种自由，这种意义上的平等和自由所要求的生产关系是在近代才出现的。古代世界的基础是直接的强制劳动，当时的社会就建立在这种强制劳动的基础上。中世纪的劳动本身是一种特权，不是生产一般交换价值的劳动。只有到资本主义社会，劳动才摆脱了强制劳动，走向平等交换。当然这种平等也是相对而言的，在资本主义社会人平等交换也不是完全能实现的，资本家对工人的工资与工人的劳动的交换就不是对等的。就是在当代社会，由于各种复杂因素和具体情况的存在，绝对平等的交换也是不存在的，这里所说的平等和自由也是一种价值取向。

平等是人与人本质相统一实现的表现。在共生中，人们发生交换，既是产品的交换，也是知识和信息的交换，又是情感、意志、审美的表达。在交换中

① 马克思.政治经济学批判（1857—1858 年手稿）［M］//马克思，恩格斯.马克思恩格斯全集：第 30 卷.北京：人民出版社，1995：198-199.
② 马克思.政治经济学批判（1857—1858 年手稿）［M］//马克思，恩格斯.马克思恩格斯全集：第 30 卷.北京：人民出版社，1995：200.

相互生成：人与自然界相互生成，人与人相互生成。在商品经济时代，货币是这种共生交换的媒介和手段，通过它进行这种交换。马克思指出："所以货币制度只能是这种自由和平等制度的实现。"① 流通本身不会产生不平等，而只会产生平等。"对卖者来说，一个用 3 先令购买商品的工人和一个用 3 先令购买商品的国王，两者职能相同，地位平等——都表现为 3 先令的形式。他们之间的一切差别都消失了。卖者作为卖者只表现为一个价格 3 先令的商品的所有者，所以双方完全平等，只是这 3 先令一次是以银的形式存在，另一次是以砂糖形式存在。"② 马克思认为市场经济下人类走向平等交换是一种进步，但并不意味着马克思就完全肯定资本主义的平等。

马克思、恩格斯在《神圣家族》中指出："平等是人在实践领域中对自然的意识，也就是人意识到别人是和自己平等的人，人把别人当作和自己平等的人来对待。"③ 平等表明人的本质的统一，人的类意识和类行为、人和人的实际的同一，也就是说，它表明人对人的社会的关系或人的关系，这应该是马克思所要表达和倡导的，也是符合共生理念内涵的。

五、马克思关于生产力在共生交往中实现发展的思想

人与人的共同协作在社会发展中有重要作用。人与人的共生协作不光是一种生产过程，而且还是产生新的整体力量的过程。个人在共生协作中提高和增强了个性才能展现的水平和层次，协作的环境提供了个人施展个性才能的平台，产生了整体的新力量。而且人的个性才能也只有在协作中才能发挥出来，人的本质同一性只有在协作共生中才能真正实现。社会不是个人力量的简单相加，而是有机统一地整合出新力量，真正体现出系统论的整体大于部分之和的特征，整体相对于个体具有质的差别，这就是共生在生产中表现出的效果，共生协作创造出新的生产力。马克思在《资本论》第一卷中指出："一个骑兵连的进攻力量，与每个骑兵分散展开的进攻力量的总和或每个步兵分散展开的抵抗力量的总和有本质的差别，同样，单个劳动者的力量的机械总和，与许多人手同时完成同一不可分割的操作（例如举起重物、转绞车、消除道路上的障碍物等）所

---

① 马克思.政治经济学批判（1857—1858 年手稿）[M] // 马克思，恩格斯.马克思恩格斯全集：第 30 卷.北京：人民出版社，1995：201.
② 马克思.政治经济学批判（1857—1858 年手稿）[M] // 马克思，恩格斯.马克思恩格斯全集：第 30 卷.北京：人民出版社，1995：201.
③ 马克思，恩格斯.神圣家族 [M] // 马克思，恩格斯.马克思恩格斯全集：第 2 卷.人民出版社，1957：48.

发挥的社会力量有本质的差别。"① 在共生的生产协作中，共同劳动的效率是单个人劳动根本不可能达到的。单个人的劳动只能在很长的时间内或者是很小的规模上才能达到同样的效率。人与人的协作提高了个人生产力，而且是创造了一种新的生产力，这种生产力本身必然是"集体力"。② 马克思在《资本论》第一卷中指出："且不说由于许多力量融合为一个总的力量而产生的新力量。在大多数生产劳动中，单是社会接触就会引起竞争心和特有的精力振奋，从而提高每个人的个人工作效率。"③ 因此，许多个人在一定时间的共同工作日中提供的总产品，比同样人数的单干的劳动者每人劳动相同时间或者一个劳动者连续劳动相同天数、每天工作同样的时间所提供的总产品要多得多。这是因为人天生是社会动物，人与人在协作共生中激发出自己的特长和才能，这种协作共生是人生产劳动的条件。马克思指出："许多相互补充的劳动者做同一或同种工作，是因为这种最简单的共同劳动的形式即使在最发达的协作形态中也起着重大作用。"④ 马克思指出："这种生产力是由协作本身产生的。劳动者在所有计划地同别人共同工作中，摆脱了他的个人局限，并发挥出他的种属能力。"⑤ 人只有在与他人的共生中才能摆脱自己的局限，放大自己的作用和功能，实现自己的类本质。

生产中的共生创造出新的生产力，而且共生互动是实现知识、信息、技术交流汇集的存储机制和人类文明的加速器。"创造发明等人类积累的财富，只有在交往的情况下才能流传积累。马克思对暴力毁灭文明持否定态度，每一次对文明的毁灭都会造成人类重新进行知识和技艺的积累。人类的协作和共生是知识信息技术传播的基础"，历史的例证说明了这一点。"某一个地方创造出来的生产力，特别是发明，在往后的发展中是否会失传，取决于交往扩展的情况。当交往只限于毗邻地区的时候，每一种发明在每一个地方都必须重新开始；一些纯粹偶然的事件，例如蛮族的入侵，甚至是通常的战争，都足以使一个具有

---

① 马克思．资本论：第 1 卷［M］//马克思，恩格斯．马克思恩格斯全集：第 44 卷．北京：人民出版社，2001：378.

② 马克思．资本论：第 1 卷［M］//马克思，恩格斯．马克思恩格斯全集：第 44 卷．北京：人民出版社，2001：378.

③ 马克思．资本论：第 1 卷［M］//马克思，恩格斯．马克思恩格斯全集：第 44 卷．北京：人民出版社，2001：378.

④ 马克思．资本论：第 1 卷［M］//马克思，恩格斯．马克思恩格斯全集：第 44 卷．北京：人民出版社，2001：380.

⑤ 马克思．资本论：第 1 卷［M］//马克思，恩格斯．马克思恩格斯全集：第 44 卷．北京：人民出版社，2001：382.

发达生产力和有高度需求的国家处于一切都必须从头开始的境地。"① 在缺乏交往的情况下人类的知识和技艺经常会失传。"在历史发展的最初阶段,每天都在重新发明,而且每个地方都是单独进行的。发达的生产力,即使在通商相当广泛的情况下,也难免遭到彻底的毁灭。关于这一点,腓尼基民族被排挤于商业之外,由于亚历山大的征服以及继之而来的衰落,腓尼基人的大部分发明长期失传。另外一个例子是中世纪的玻璃绘画术的遭遇。"②

我们都知道,马克思主义的社会历史观认为,生产力决定生产关系,经济基础决定上层建筑,在社会发展的诸多因素中,生产方式起着决定性的作用,而生产方式中生产力是社会发展的动力。生产力的发展有劳动者即人的因素、劳动对象和生产工具这两个物的因素,当然现在还把科学技术作为第四因素考虑了进去,生产工具的变革和更新在生产力发展中起着显著的作用。我们通过马克思这些文本的分析,认为马克思所理解的生产力还应当把社会和信息的因素加进去,人与人的社会性协作和交流传播信息是推动生产力发展的另一个重要因素,这两个因素也会渗透进劳动者、生产工具、劳动资料、科学技术当中,会促进科学技术的传承和创新,促进生产工具不断改进,促进劳动资料范围不断扩大,同时也会促进劳动者素质不断提高。社会性协作和交流传播信息也是系统论的内容,也符合共生理念的内涵。依照我们这里所概括的马克思的这个观点,经济全球化是符合生产力发展的要求的,对于在全世界范围内推进人类的生产协作和知识信息交流具有加速作用,将会大大推动人类生产力的发展,所以马克思提出世界历史的概念,也就是对经济全球化的肯定。

依照马克思的分析,野蛮战胜文明的暴力是破坏生产力发展的一个大敌,由于战争暴力毁灭了人类的许多发明创造,人类的知识信息等失传了,人类不得不重复进行发明创造,从而人类发展的速度大大降低了。除去战争暴力外,专制独裁也是毁灭人类文明的罪魁祸首,例如秦始皇的焚书坑儒致使先秦的许多典籍失传。这些非共生的行为给人类造成的损失太大了。

六、马克思关于生产和社会在共生互动中不断合理化的思想

在交往共生中,人类社会不断得到合理化发展。"过去农民为了自己必需的

---

① 马克思,恩格斯. 德意志意识形态 [M] // 马克思,恩格斯. 马克思恩格斯全集:第 3 卷. 北京:人民出版社,1960:61.
② 马克思,恩格斯. 德意志意识形态 [M] // 马克思,恩格斯. 马克思恩格斯全集:第 3 卷. 北京:人民出版社,1960:61.

衣着而顺便从事的织布业，是由于交往的扩大而获得了进一步发展的第一种劳动。"① 在共生交往中促进了生产的发展。"美洲和东印度航路的发现扩大了交往，从而使工场手工业和整个生产的发展有了巨大的高涨。"② 交往共生的范围越大，发展的速度越高，社会新质性跃迁越快，社会阶段的变化和革新可以说是共生互动中创生新事物的结果，共生互动是人类社会发展的动力。共生交往的扩大形成世界历史，世界历史的形成促进了人的普遍性的确立，增强了人的类本位的实现。"大工业通过普遍的竞争迫使所有人的全部精力极度紧张起来。……它首次开创了世界历史，因为它使每个文明国家以及这些国家中的每一个人的需要的满足都依赖于整个世界，因为它消灭了以往自然形成的各国的孤立状态。"③

我们可以看出，马克思是深刻认识到人类前进的步伐与人类交往的广度和深度是紧密联系的，也就是人类共生互动的广度和深度是成正比的，互动必须以共生为前提，没有差异性存在的共生就没有互动的条件和基础，互相吞并变成单一化的社会组织是一个逐渐丧失生机和活力、逐步走向衰落和灭亡的组织系统。生物界的互动当中虽然也有吞并衍生新物种的情况，但始终必须保持生态系统的多样性。人类社会的互动最主要的是理性、意见、知识的互动（竞争、斗争），反对暴力的互动。马克思说大工业通过普遍的竞争迫使所有人的全部精力极度紧张起来，将全球卷入互动市场，使人类的共生互动达到一个新的阶段，激发出所有人的潜能和活力，人类的知识、技术、理性在这个交往过程中得到极大聚集和增长，人类前行的步伐大大加快。只不过由于工具理性占优势的发展，与价值理性没有平衡发展，导致现代文明诸多问题的出现。但我们要坚信共生互动是人类发展的一个基本机制，共生不是绝对共存，不是油水分家、互不粘连，而是充满着竞争和协同，在竞争中也有斗争。但作为现代文明的人类来说，不应该再出现在渔猎社会和农业社会那种残暴的武力互动，我们不能否定武力互动在历史上曾起过积极的作用，但我们现代社会是不能提倡的，人与人的交往、群体与群体的交往如果充满着暴力交往，那么我们又倒退到野蛮状态了，人类的进化主要靠的是知识和理性，交往的主要中介就是语言，在语言

① 马克思，恩格斯. 德意志意识形态［M］//马克思，恩格斯. 马克思恩格斯选集：第1卷. 北京：人民出版社，1995：62.

② 马克思，恩格斯. 德意志意识形态［M］//马克思，恩格斯. 马克思恩格斯选集：第1卷. 北京：人民出版社，1995：64.

③ 马克思，恩格斯. 德意志意识形态［M］//马克思，恩格斯. 马克思恩格斯选集：第1卷. 北京：人民出版社，1995：68.

的交往中传递知识，增进情感，提升理性水平，促进理论理性、实践理性、审美理性协调发展，最终实现人的发展，这样的社会是我们所努力要创造的。我们这种突出交往互动和话语、信息、理性的交流对社会发展的巨大作用的观点仍然是建立在马克思主义社会历史观基础之上的，仍然坚持唯物主义的社会历史观。

每个人分立的、个人的力量只有在人们的交往和相互联系中才能真正实现。个人的本质只有在共生的社会中才能实现。"生产力表现为一种完全不依赖于各个个人并与他们分离的东西，它是与各个个人同时存在的特殊世界，其原因是，个人（他们的力量就是生产力）是分散的和彼此对立的，而这些力量从自己方面来说只有在这些个人的交往和相互联系中才能成为真正的力量。"① 这里所强调的是，生产力是建立在单个人生产能力基础之上的，但又不是单个人的生产能力，而是一种社会性的群体的力量、集体的力量，这种集体的力量与单个人的生产能力不是一个性质的东西，个人生产能力必须在这种集体力量的环境下才能实现。

普遍交往是建立在全部个人的基础之上，而不是个别或部分人基础之上的，所以全球化要求不分种族区域，所有人的利益都应当受到尊重。"现代的普遍交往不可能通过任何其他的途径受一个个人支配，只有通过受全部个人支配的途径。"② 共产主义是共生的一种更高的理想，是个人的个体性和个性得到充分的展现、发挥的社会。一个受个人专断支配的社会不是共生的社会，例如中国的封建帝制、各种类型的专制和独裁，都是专断代替理性话语共生。所以，马克思说的受全部个人支配的途径是一种个人理性和意见共生极发达的社会。所以人类进入到世界历史阶段，距离共产主义的人的自我同一的距离越来越短了，速度越来越快了。

整个自然界和人类社会是一个不断相互生成的过程，人和自然界相互生成，自然界也是不断在生成中的自然界，离开人与自然相互生成的自然界是不可理解的，这一切过程都是时间性的，不同的时间生成的结果是不同的，离开与人相互生成的自然界的人类也是不可理解的，一切生成的过程都是不可逆的，正像马克思所说的："这种活动、这种连续不断的感性劳动和创造、这种生产，是

---

① 马克思，恩格斯．德意志意识形态［M］∥马克思，恩格斯．马克思恩格斯选集：第1卷．北京：人民出版社，1995：75.

② 马克思，恩格斯．德意志意识形态［M］∥马克思，恩格斯．马克思恩格斯选集：第1卷．北京：人民出版社，1995：76.

整个现存感性世界的非常深刻的基础。"① 只要这种生成过程停顿一年，不仅在自然界将发生巨大的变化，而且整个人类世界以及人的直观能力，甚至人本身的存在也就没有了。人类的生成过程包括物质精神财富的生产活动、人享受物质精神财富的消费活动，这个过程只有建立在人的个性本质才能的表现实现基础上时才是合理的。生产的发展与社会的分化发展是相互作用和促进的。"费尔巴哈在曼彻斯特只看见一些工厂和机器，而一百年以前在那里却只能看见脚踏纺车和织布机；或者他在罗马的康帕尼亚只发现一些牧场和沼泽，而奥古斯都时代在那里却只能发现到处都是罗马资本家的茂密的葡萄园和讲究的别墅。"② 整个世界处在共生的动态变化过程中，人的体质特征和能力特征与社会和自然界均处于一个变动不息的相互生成过程中。"费尔巴哈特别谈到自然科学的直观，提到一些秘密只有物理学家和化学家的眼睛才能识破，但是如果没有工业和商业，自然科学会成为什么样子呢？甚至这个纯粹的自然科学也只是由于商业和工业，由于人们的感性活动才达到自己的目的和获得材料的。"③ 人的意识、情感、意志、能力等均是在社会性的共生互动过程中生成的，这个生成过程关系将自然界、人类结合成为一个密不可分的整体，人的精神性的东西就是在这个物质的过程中生成的，这应当就是马克思所理解的唯物主义的内涵所在。

　　马克思所理解的这种充满着相互作用的复杂性关系的物质性生成过程应当就是生产劳动，所以在生产劳动过程中生成了人和人类社会以及人化的自然界，人类对世界的判断不能超出这个物质性的生成过程，唯物主义应当是从这个角度来理解的。人类社会的演进其决定性因素就是生产劳动，在生产劳动这个共生互动的过程中人和自然界整个发生着深刻的变化，如果生产停顿一年，"费尔巴哈就会看到，不仅在自然界将发生巨大的变化，而且整个人类世界以及他（费尔巴哈）的直观能力，甚至他本身的存在也就没有了。"④ 超出生产劳动这个物质性的生成过程谈问题就容易走向唯心主义，"这种先于人类历史而存在的自然界，不是费尔巴哈在其中生活的那个自然界，也不是那个除去在澳洲新出现的一些珊瑚岛以外今天在任何地方都不再存在的、因而对于费尔巴哈说来也

---

① 马克思，恩格斯．德意志意识形态［M］//马克思，恩格斯．马克思恩格斯选集：第1卷．北京：人民出版社，1995：49.
② 马克思，恩格斯．德意志意识形态［M］//马克思，恩格斯．马克思恩格斯选集：第1卷．北京：人民出版社，1995：49.
③ 马克思，恩格斯．德意志意识形态［M］//马克思，恩格斯．马克思恩格斯选集：第1卷．北京：人民出版社，1995：49.
④ 马克思，恩格斯．德意志意识形态［M］//马克思，恩格斯．马克思恩格斯选集：第1卷．北京：人民出版社，1995：49.

是不存在的自然界。"① 人类的生活世界永远都是建立在我们实践基础上的，人类的一切都在人与世界的共生实践中生成，不能离开实践谈人的认识问题，这才是坚持了马克思主义的认识论。

第三节　马克思共生社会合理化理想的逻辑追求：共产主义

共产主义是人类由自发走向自觉的阶段，人实现了类本质的普遍性。马克思从共同生成的观点出发，认为人类社会是人类与自然相互生成、人与人相互创造的结果，共产主义是人由自发的自我同一性走向自觉的自我同一性的状态，人类历史走向自觉的时代，进入真正的人类历史时代，结束了蒙昧的史前史时代。"共产主义和所有过去的社会的不同的地方在于：它推翻了一切旧的生产和交往的关系的基础，并且破天荒第一次自觉地把一切自发产生的前提看作是先前世世代代的创造，消除这些前提的自发性，使它们受联合起来的个人的支配。"② 这就是说，共产主义把人类自发的形成的前提逐步自觉化，人类自觉地构建共产主义社会的基础，消灭了剥削和压迫的社会是一种社会结构平面化的结构，这种平面化的社会结构所形成的人的关系是平等的、独立的、自由的关系，这种关系符合共生理念的内涵，也可以叫共生关系，这种关系的形成应当也是共产主义社会产生的一个前提。在共产主义社会人类将共生关系看作是人类在漫长的历史中一种自发的创造性的运用，并将这作为人类社会走向高级文明的规律性的路径，从而全面自觉地加以运用，所以，共产主义社会也是人类由自发的共生走向自由、全面自觉的共生状态，在这个全面自觉的共生状态的社会，个人的个性充分展现，每一个个人的理性和权力都得到保护，人的幸福指数大大提高。

一、共产主义是人实现自我同一性和个性丰富性的社会

人类的历史就是人与人共生交往的历史，交往互动推进人类社会前进。随着人类社会的发展，人的自我同一性程度越来越高，人类社会的发展也是以人

---

① 马克思，恩格斯．德意志意识形态［M］// 马克思，恩格斯．马克思恩格斯选集：第 1 卷．北京：人民出版社，1995：49.

② 马克思，恩格斯．德意志意识形态［M］// 马克思，恩格斯．马克思恩格斯选集：第 1 卷．北京：人民出版社，1995：79.

的自我同一性为动力和基础的。在共产主义社会，人的自我同一性由蒙昧走向自觉，在人与世界、人与人的相互生成过程中，生成了人的同一性生成过程，这也是生成史的结果。"共产主义只有作为占统治地位的各民族'立即'同时发生的行动才可能是经验的，而这是以生产力的普遍发展和与此有关的世界交往的普遍发展为前提的。"① 人们是相互依存的，人类进入到世界历史阶段之后个人之间形成全面的依存关系，人与人的关系成为真正生成自己的关系，而不再是对自己造成束缚和压迫的社会关系，社会成为真正属于自己生成的力量而不是异己的统治自己的力量。"各个个人的全面的依存关系，他们的这种自发形成的世界历史性的共同活动的形式，由于共产主义革命而转化为对那些以及力量的控制和自觉的驾驭，这些力量本来是由人们的相互作用所产生的，但是对他们说来却一直是一种异己的统治着他们的力量。"② 在共产主义社会，各个个人之间的全面依存关系，应当是相互生成的共生关系，在历史进程中自发地一点一点逐步形成，最终走向全面的形成，即世界历史阶段所有人共同自觉地践行，人摆脱了共产主义史前时期人受社会关系等奴役的状况，共产主义实现了人的自我同一性，每个人的自由发展是其他人自由发展的条件，人和人实现了交往过程中的本质的统一，在共生中实现了自我本质的统一。所以共产主义是要实现人的真正自由平等。"代替那存在着各种阶级以及阶级对立的资产阶级旧社会的，将是一个以个人自由发展为一切人自由发展的条件的联合体。"③ 在共产主义社会，个人实现了自己的自由发展，这种自由发展的实现与他人和社会不是对立，而是高度统一的，即个人在实现自我自由的同时也铺就了他人实现自由发展的道路、创造了他人自由发展的条件，自我的自由发展与他人的自由发展是共同生成的，任何一个个人不能实现自由发展都会影响到他人自由发展的实现和整个社会作为自由人联合体的实现。《共产党言言》中指出："代替那存在着阶级和阶级对立的资产阶级旧社会的，将是这样一个联合体，在那里，每个人的自由发展是一切人自由发展的条件。"④ 它提到，共产主义社会是一个"自由人的联合体"。也就是说，共产主义社会为人们富有个性的共生互动提供了广

① 马克思，恩格斯. 德意志意识形态［M］//马克思，恩格斯. 马克思恩格斯选集：第1卷. 北京：人民出版社，1995：39.
② 马克思，恩格斯. 德意志意识形态［M］//马克思，恩格斯. 马克思恩格斯选集：第1卷. 北京：人民出版社，1995：42.
③ 马克思，恩格斯. 共产党宣言［M］//马克思，恩格斯. 马克思恩格斯全集：第4卷. 北京：人民出版社，1958：491.
④ 马克思，恩格斯. 共产党宣言［M］//马克思，恩格斯. 马克思恩格斯全集：第4卷. 北京：人民出版社，1958.491.

阔的自由空间，个人的个性展现、自由发展与他人的个性展现、自由发展是相互统一的，是同时形成的，是共同生成的，我的自由和幸福就在你的自由和幸福当中，同样，你的自由幸福也在我的自由幸福当中。"在共产主义社会里，任何人都没有特定的活动范围，每个人都可以在任何部门内发展"，可以根据"自己的心愿今天干这事，明天干那事"①，这就是"自由人的联合体"的含义。"自由人的联合体"的另一层含义应当是，所有的人都是一种平等的关系，没有来自社会、职业、家庭等的人与人的权力隶属关系，不存在金字塔的社会结构。人们从自己的爱好和兴趣、审美和快乐出发去选择工作，工作成为个人实现自我发展、展现自我个性、真正生成自己的生命的活动，是人不断完善自己、丰富自己、发展自己的活动，是完全实现了人的生存性实践和审美快乐性实践的统一，是人真正实现了事实性关系和价值性关系的统一。

在共产主义社会，人的个性差异性得到完全的肯定和展现，生活内容的多元化、生命形式的多样化、社会内容的丰富性都得到空前拓展，人创造财富的能力、人自我实现的程度、人的生活幸福指数都得到极大提高，人的审美知识和实践广度、人的道德知识和操行境界、人对自然的科学知识和技术能力都得到极大提高。人在生成过程中，打破旧的生存条件，生成新的生存条件。共产主义社会里的人是实现了人自我同一性的类本质的普遍的人，是在交往过程中实现自由个性的人，共产主义社会里人的生成是以自我同一性出发进行本质的、普遍的人的交往的过程，是真正的人的生命生成的过程。共产主义社会是尊重和突出人的个性的社会，保持人的个性是共产主义实现人的解放的表现，实现人的共生是共产主义文明的表征。"而无产者为了保住自己的个性，就应当消灭他们至今所面临的生存条件，消灭这个同时也是整个旧社会生存的条件，即消灭劳动。因此，他们也就和国家这种形式（在这种形式下组成社会的各个个人迄今都表现为某种整体）处于直接的对立中，他们应当推翻国家，使自己作为个性的个人确立下来。"所以，我们这里所理解的共产主义，除具有生产力高度发展、社会物质财富极大丰富，实现按需分配、消灭了阶级、国家等特点以外，还应当增加人消除了各种异化、实现了自我同一性，走向全面自觉的共生，个性得到全面的展现，实现了自由发展这一特性。劳动成为人自我价值实现的手段而不是谋生的手段，当劳动成为人个性才能展现的载体和自我兴趣获得的载体之后，劳动将被消灭。人的存在就是生活实践，人的幸福就是生活实践过程

---

① 马克思，恩格斯.德意志意识形态［M］//马克思，恩格斯.马克思恩格斯选集：第1卷.北京：人民出版社，1995：37-38.

本身，人实现了过程和本质的统一。共产主义应当是在事实性表述基础上再加上价值性表述，这应当是符合马克思本意的。

二、共产主义是所有人共生的社会

共产主义的价值追求是绝大多数人的生存和发展，保持绝大多数人共生的社会是合理的社会，是符合事物共生发展规律的社会。"至今发生过的一切运动都是少数人的运动，或者都是为少数人谋利益的运动。无产阶级的运动是绝大多数人为绝大多数人谋利益的独立自主的运动。无产阶级是现代社会的最下层，它如果不摧毁压在自己头上的、由那些组成官方社会的阶层所构成的全部上层建筑，就不能抬起头来，挺起腰来。"① "你们一听到我们要消灭私有制，就惊慌起来。在你们的现今社会里，私有制在十分之九的成员中间已经被消灭了；这种私有制之所以存在，正是因为它在十分之九的成员中间已经不存在。可见，你们责备我们，原来是说我们要消灭那种以社会上的绝大多数人没有财产为必要条件的所有制。"② 可见，在经典作家那里，追求绝大多数人的共生是一种理想。

迄今来说我们的社会是所有个人交往共生的产物，在共产主义社会将更加体现出所有个人之间的共生。共产主义制度是建立在个人发展的基础之上的，我们现在的人类社会制度是个人共生互动的历史产物。"共产主义者实际上把过去的生产和交往所产生的条件看作无机的条件。然而，他们并不以为，给他们提供资料是过去世世代代的意向和使命，也不认为这些条件对于创造它们的个人说来是无机的。"③ 人的生成只能在集体中去完成，也就是说人是交往过程的产物，也只有在共生中才存在自由。"只有在集体中，个人才能获得全面发展其才能的手段，也就是说，只有在集体中才可能有个人自由。"④

共产主义社会是真正实现人与人平等的社会，人与人之间是平等共生、互为本质的社会。共产主义是讲究人人平等的，所以每个人都可以是一个自食其力的劳动者，反对人对人的剥削，反对人对人的压迫。"共产主义并不剥夺任何

---

① 马克思，恩格斯. 共产党宣言［M］//马克思，恩格斯. 马克思恩格斯全集：第4卷. 北京：人民出版社，1958：477.

② 马克思，恩格斯. 共产党宣言［M］//马克思，恩格斯. 马克思恩格斯全集：第4卷. 北京：人民出版社，1958：482.

③ 马克思，恩格斯. 德意志意识形态［M］//马克思恩格斯选集：第1卷. 北京：人民出版社，1995：37-38，79.

④ 赫尔曼·哈肯. 协同学——大自然构成的奥秘［M］. 凌复华，译. 上海：上海世纪出版集团，上海译文出版社，2005：84.

人占有社会产品的机会，它只剥夺利用这种占有去奴役他人劳动的机会。"① 所以，共产主义是要消灭阶级，实现人类的解放，让所有人在经济上平等，通过经济上的平等，实现真正的平等。"如果说无产阶级在反对资产阶级的斗争中一定要团结成为阶级，如果说它通过革命使自己成为统治阶级，并以统治阶级的资格运用暴力消灭旧的生产关系，那么它在消灭这种生产关系的同时，就消灭阶级对立存在的条件，就根本消灭一切阶级，从而也就一并消灭它自己这个阶级的统治。"② 任何剥削的存在都是非共生的，剥削存在的社会是最终要失去发展动力和活力并可能走向混乱的社会。

马克思认为在扬弃了私有制之后，摆脱了买卖交换的商品逻辑之后，人将复归到自己的本真生存状态中，即人与人的相互生成过程中，每个人为自己本真生命的存在也是为别人的本真生命的存在，为别人的存在也就是为自己的存在，自己的个性的展现是别人个性的获得，自己又在别人的个性中找到自己的个性存在。"在被积极扬弃的私有财产的前提下，人如何生产人——他自己和别人；直接体现他的个性的对象如何是他自己为别人的存在，同时是这个别人的存在，而且也是这个别人为他的存在。"③ 共产主义是一种实现全人类普遍交往和共生的世界历史意义的社会状态。马克思指出："无产阶级只有在世界历史意义下才能存在，就像它的事业——共产主义一般只有作为'世界历史性的'存在才有可能实现一样。"④ 社会主义和未来共产主义社会是实行"公共生产"制度的社会形态，它的建立就是为了从根本上消除异化。在这样的社会中，人成了历史的主人，成了从事一切公共实践活动的主体，并意识到了自己就是自身力量的主宰，从而不再受到外在异己事物与环境的束缚。在《资本论》第3卷的末尾，马克思指出："事实上，自由王国只是在由必需和外在目的规定要做的劳动终止的地方才开始，因而按照事物的本性来说，它存在于真正物质生产领域的彼岸……这个自由王国只有建立在必然王国的基础上，才能繁荣起来。"⑤

---

① 马克思，恩格斯.共产党宣言［M］//马克思，恩格斯.马克思恩格斯全集：第4卷.北京：人民出版社，1958：485.

② 马克思，恩格斯.共产党宣言［M］//马克思，恩格斯.马克思恩格斯全集：第4卷.北京：人民出版社，1958：491.

③ 马克思.1844年经济学哲学手稿［M］//马克思，恩格斯.马克思恩格斯全集：第42卷.北京：人民出版社，1979.121.

④ 克思，恩格斯.德意志意识形态［M］//马克思，恩格斯：马克思恩格斯全集：第3卷.北京：人民出版社，1960：40.

⑤ 马克思.共产主义和卡尔·海因岑［M］//马克思，恩格斯.马克思恩格斯全集：第4卷，北京：人民出版社，1958：926-927.

也就是说劳动从生存型转向审美共生型的时刻，也就是共产主义原则体现的时刻，审美共生和自由是相同的。共产主义是人的交往过程的结果。历史就是过程的历史。"共产主义不是学说，而是运动，它不是从原则出发，而是从事实出发，被共产主义者作为自己前提的不是某种哲学，而是过去历史的整个过程，特别是这个过程目前在文明各国的实际结果。"①

三、共产主义是人与人、人与社会、人与自然共生的社会

共产主义是实现了人真正生成的社会，在共产主义社会人从审美快乐原则出发进行各种实践活动，在实践中达到了对真理的认识，实现了真善美的统一，实现了人与自然、人与社会、人与人、人与自身、存在与本质、对象化和自我确证、自由和必然的真正统一。人类的发展史就是共产主义的生成史。对共存共生的共产主义社会的规律的认识过程也就是人类社会由自发到自觉走向共产主义的过程，也是一种不断自觉化的加速度生成运动。共产主义是消灭了私有制，是对人自我异化的积极的扬弃，人实现了对自我本质的占有，是人在保存了以往全部社会财富的基础上进行积极扬弃从而对人本真的恢复。共产主义的产生是自然界生态规律发展演变的结果，"它的实现实际是自然界的自然主义的完成。因此，历史的全部运动，即是这种共产主义的实现的产生活动，即它的经验存在的诞生活动，同时，对它的能思维的意识说来，又是它的被理解到和被认识到的生成运动。"② 历史的全部生成运动过程可以说是两个过程的生成过程，一个是在盲目的自然共生中生成人和社会的过程；一个是人逐渐认识并自觉运用、遵循共生法则促进人和社会生成的过程。共产主义的生成过程也就是人类社会由自发的共生到走向全面自觉的共生的过程。

共产主义强调，人的所有实践活动只有从兴趣出发才能将人的生存性实践和审美快乐性实践统一起来，在实践中实现真善美的统一，实现人与自然、人与社会、人与人、人与自身、存在与本质、对象化和自我确证、自由和必然的真正统一。也就是说，共产主义是一种尊重人的兴趣的个性化社会，个人从兴趣出发处理与自然界物的关系和人类社会的人的关系，将所有的实践关系作为自己真正生命生成的纽带和载体，在兴趣中将实践过程和自然界、人的存在当作一个美的艺术来完成，在美的艺术中实现事实性存在与价值性存在的统一，

---

① 马克思. 共产主义和卡尔·海因岑［M］// 马克思，恩格斯. 马克思恩格斯全集：第4卷，北京：人民出版社，1958：311.
② 马克思. 1844年经济学哲学手稿［M］// 马克思，恩格斯. 马克思恩格斯全集：第42卷. 北京：人民出版社，1979：120.

实现人与自然、人与人的完美统一，形成以人的幸福为最终目的的道德伦理与科学理性的统一，并将美的规律运用于政治、经济、文化，制度、机制、体制、管理、生产、学习，生活、交往、思维等社会存在的方方面面，创造一个如同自然美景般的社会。共产主义崇尚人的个性和兴趣，从而使人表现出一种博爱，这种博爱在实践中体现出来。"无神论的博爱最初还只是哲学的、抽象的博爱，而共产主义的博爱则从一开始就是现实的和直接追求实效的。"① 这种博爱所通向的是人与自身、人与人、人与自然的统一共生。对人的兴趣的尊重，对博爱的强调，更加体现出共产主义突出人的自我同一性的实现，这并不违背马克思主义哲学的唯物论立场，也不是要滑向资产阶级人性论，而是在贯彻马克思主义哲学唯物主义基本立场、强调共产主义物质性的同时，还要看到马克思对共产主义价值性的界定。

人与人、人与自然的共生离不开人与社会的共生，社会本身作为自然界共生的结果、人与人共生的结果、人与自然界共生的结果，它在机理和价值上更应当遵循共生之道。整个世界是一个生成的过程，每一个实践中的存在既是生成过程的结果同时又是出发点。人就是在社会的关系运动中生成的，人的自然在社会关系的运动中成为人生命的一部分，自然界在社会关系运动中成为人的自然界，人的爱、欲望、享受只有在社会关系中才能成为人的生命活动。无论劳动的材料还是作为主体的人，都既是运动的结果，又是运动的出发点。社会性质是整个自然界运动的一般性质，即共生的运动。正像社会本身生产作为人的人一样，人也生产社会，人和社会双向互动共生。活动和享受，无论就其内容或就其存在方式来说，都是社会的，是社会的活动和社会的享受。自然界的人的本质只有对社会中共生的人来说才是存在的，因为只有在社会中，自然界对人来说才是人与人联系的纽带，才是他为别人的存在和别人为他的存在，才是人的现实的生活要素，在共生中这一切有机结合起来。只有在社会共生中，自然界才是人自己的人的存在的基础。只有在社会共生中，人的自然的存在对他来说才成为人。因此，"社会是人同自然界地完成了的本质的统一，是自然界的真正复活，是人的实现了的自然主义和自然界的实现了的人道主义。"② 整个人类的社会活动和人的欲望享受等都是在社会关系的运动中生成的。"社会的活动和社会的享受绝不仅仅存在于直接共同的活动和直接共同的享受这种形式中，

① 马克思．1844 年经济学哲学手稿［M］∥马克思，恩格斯．马克思恩格斯全集：第 42 卷．北京：人民出版社，1979：121.
② 马克思．1844 年经济学哲学手稿［M］∥马克思，恩格斯．马克思恩格斯全集：第 42 卷．北京：人民出版社，1979：121.

虽然共同的活动和共同的享受，即直接通过同别人的实际交往表现出来和得到确证的那种活动和享受，在社会性的上述直接表现以这种活动或这种享受的内容本身为根据并且符合其本性的地方都会出现。"① 社会的活动和社会的享受是共生生成的活动和共同生成的享受，这是符合人的本性的，在这种活动和享受中生成了社会，生成了人，在这种社会中人与自然实现了本质的统一。

总之，马克思的共产主义从本质上来讲是人的真正生命生成过程，人从自我的兴趣出发自由地选择自己的生活和实践方式，生存性实践和审美快乐性活动有机地统一起来，人在生成自己的同时也在生成着自然界和他人，生成着社会关系及实践活动，共产主义社会是人与存在共同生成的社会。

那么，共生的社会合理化思想与马克思主义唯物史观是什么关系呢？

我们对共生的社会合理化的分析，其内容与马克思主义社会历史观并不矛盾。马克思主义唯物史观与共生的社会进化观既相联系又相区别。

1. 马克思的唯物史观认为社会存在与社会意识是辩证统一的关系。共生的社会合理化思想坚持社会存在与社会意识是辩证关系原理，坚持社会意识是对社会存在的反映，社会存在的变化发展决定社会意识的变化发展；坚持社会意识具有相对独立性，社会意识对社会存在具有能动的反作用，落后的社会意识对社会的发展起阻碍作用，先进的社会意识可以预见社会发展的方向和趋势，对社会的发展起积极的推动作用。所不同的是共生的社会合理化思想强调人的理性共生互动，促进个人默会知识的交流汇聚，发挥社会意识对社会存在的能动反作用，促进社会创新能力增强，进而改造社会存在，推动社会发展。

2. 共生的社会合理化思想坚持唯物史观的生产力与生产关系的辩证关系原理。生产力是最革命、最活跃的因素。生产力的状况决定生产关系的性质，生产力的变化发展会引起生产关系的变革。生产关系对生产力具有反作用，当生产关系适合生产力发展状况时，它对生产力的发展起推动作用；当生产关系不适合生产力发展状况时，它对生产力的发展起阻碍作用。所不同的是共生的社会合理化思想强调共生协作和知识信息对生产力发展的促进作用，强调劳动者之间知识、信息的共生互动对生产力的推动作用，强调人的个性在生产力发展中的作用。

3. 共生的社会合理化思想坚持唯物史观的经济基础与上层建筑的相互作用及其矛盾运动。经济基础决定上层建筑，上层建筑对经济基础具有反作用。当

---

① 马克思.1844 年经济学哲学手稿 [M] //马克思，恩格斯. 马克思恩格斯全集：第 42 卷. 北京：人民出版社，1979：122.

上层建筑适合经济基础的状况时，它促进经济基础的巩固和完善；当它不适合经济基础的状况时，会阻碍经济基础的发展和变革。当上层建筑为先进的经济基础服务时，它就促进生产力的发展，推动社会进步；当它为落后的经济基础服务时，则束缚生产力的发展，阻碍社会前进。所不同的是共生的社会合理化思想倡导共生机制在上层建筑和经济基础领域的作用，对促进经济基础和上层建筑合理化具有重要作用。

4. 共生的社会合理化思想坚持唯物史观的社会基本矛盾思想。社会主义社会的基本矛盾仍然是生产力和生产关系、经济基础和上层建筑之间的矛盾。但这一矛盾是非对抗性的矛盾，它只能通过社会主义自我发展、自我完善加以解决。改革是社会主义的自我完善和发展。改革的根本目的，就是使生产关系适应生产力的发展，不断解放生产力，发展生产力。所不同的是共生的社会合理化思想强调社会成员之间的平等共生是建立良好社会秩序的基础，社会成员在物质、精神等方面的平等共生，有助于促进社会基本矛盾良性互动，有助于社会和谐稳定、可持续发展。改革的过程中，就要坚持共生的方法，实现各方面因素、各种力量共生互动，实现社会繁荣发展。

总之，我们通过对马克思著作文本的揭示，进一步挖掘了马克思著作的更多内涵，并没有违反马克思主义社会历史观的物质决定意识，生产方式在人类社会发展中的决定性作用，生产力与生产关系、经济基础与上层建筑的辩证关系，群众史观，共产主义等基本内容，是对唯物史观基本内容和范畴的丰富与发展。

第六章

社会合理化生成的人学追求：基于审美的
共同生成观

这一章我们从人学角度进一步考察共生理念。对共生理念在社会历史观的人学领域进行考察，也即为社会合理化生成的人学逻辑研究，我们认为社会合理化生成的人学逻辑是基于审美的人学逻辑，人学逻辑的旨归就是基于审美的共同生成观。基于审美的共同生成观是社会共生合理化生成思想的一个核心观点，一切存在都是一个生成的过程。现代西方哲学的特点是一种生成观，但它抹杀了确定性，陷入相对主义之中。"马克思也持一种世界的生成观，它是以实践为基础的日常生活与非日常生活的统一，是继承与创造、确定性与非确定性或流与变的统一。"① 社会的审美生成观也是基于实践的生成观，它更强调事物的相互生成，共同生成，作为人如何做到与他人、他物的共同生成，其出发起点是人在审美中实现自我同一性。

第一节　自我同一性与人的内在本质的合理化生成

人要想实现自我生成和发展，必须在工作、婚姻、社交等生活领域保持自我同一性，否则将出现自我分裂和异化的情况。

一、自我同一性思想

自我同一性概念来自于笛卡儿。笛卡儿提出自我的意识与自我是否具有同一性、怎样达到同一性的问题。自我同一性包含三方面的关系，我与自身内在世界、我与他人、我与外在自然的关系。劳动实践应当是一种保持自我同一性的活动过程。马克思反对将劳动看作只是一种为了维持人们肉体生存所必需的活

---

① 李文阁. 生成性思维：现代哲学的思维方式 [J]. 中国社会科学，2000，30（6）：45-
53.

动。劳动应当与人的本质力量和生命活动相统一。劳动不应当只降低为动物的活动方式。在劳动中生成人的三方面的关系，即人与自我的关系、人与人的关系以及人与自然的关系。这些关系反映在自我意识中确立出人对自我的认识，这种认识必须与人的真实生命活动相统一。

二、自我同一性：自我与他者的共同生成的发轫点

马克思的自我同一性思想全面而深刻地揭示了基于人的个体自我怎样展开整个社会物质生活网络，为我们分析社会指出了正确的路径，即人在保持自我同一性的基础上生成社会，这个生成过程与物质生产能力紧密相连。但人怎样具体做到人与自身的同一，马克思提到了人的感性、享受等概念，我们这里将这些上升到审美层面，引入审美实践的概念，来分析人如何具体做到自我同一性。人在审美实践中保持与自身、与他人、与自然界的统一，人在保持与自身同一的前提下，生成自身，生成他人，生成自然界，达到人与他人和自然界外物共同生成。

自我是在与他人共同存在的环境中形成的，自我的根据是他人，他人的根据又是自我，互为根据。自我的同一性也是一种与他人的同一性。与他人和外物保持同一性也就是要与自己保持同一性。费希特看到了这一点。马克思是在劳动中，在实践中，强调人的本质的生成，人个性的生成，人的欲望、享受、审美、快乐等人的特征的生成，人幸福的获得。人的本质离不开社会关系的总和，但它更是在实践中不断生成的个性才能特征，人在实践中体现出自我的自由，应将自由、个性、审美、愉悦、幸福感引入实践范畴，实践不仅仅是主体变革客体、生产力和生产关系的矛盾运动过程。我们理解马克思的实践观，一般只笼统地谈主客体之间的改造与被改造的关系，不涉及人的自由、个性、审美、愉悦、幸福感等这些概念，笔者认为这些概念的引入并没有违背马克思主义唯物论的立场，也没有改变马克思的实践观的根本宗旨，而是使实践这个概念更加与活生生的人联系起来，这个人是有血、有肉、有意志、有感情、有喜怒哀乐、有审美情趣的人，我们的实践不是冷冰冰的石头，是活生生的人的活动，这种对实践的理解是对马克思实践观的丰富和发展，是进一步的深入研究和细化。

在理论理性与实践理性、科学理性与道德理性、工具理性与价值理性、洛克的经验论流派与笛卡儿的唯理论流派之间存在着一道鸿沟，康德、黑格尔未能真正解决这个问题，我们这里找到了一条路径：就是以美的实践来达到既真且善，实现共同生成。哈贝马斯在交往理性中要求以话语伦理达到工具理性与

价值理性的沟通，仅仅要求谈话人是真诚的，没有提出以美的原则来达到真与善的结合。

能否这样认为：我们对事物的认识，如果仅仅停留在一般的感受上，可以说，并没有真正认识该事物，而且如果该事物打动了你的心灵，使你产生美的感受，使你产生发自内心的爱，那么，你便达到了自己真心的表达，只有当你产生心灵审美的深刻触动时，你才找到真正的自己，真实的自己，即本我，因为只有真正与你本质相一致的感受才能触动你的本真，虚假的东西是不会获得你真实的审美感动的，而你在找到本我、真我时，实现了本质的统一，你实现了自我同一性，既本真地生成了自己也本真地生成了对象，实现了你作为人的类的生存，你与对象真正本质地互相生成。当然，个人的审美感受，即本真的自我的感受，你寻找或实现本真自我的路径，是在你与对象本真的相互生成中不断变化的，即你的本真是在本真地与对象互生过程中不断生成的，所以你的审美感受也是不断变化的，即你寻找到的本真的自我也是在本真的生成过程中不断生成变化的，一切都没有定格于某一固定的点上。你寻找本真的自我是一个与对象相互反映作用的过程，离开与对象相互作用的过程，你无从寻找本真的自我。每个人的本真都是自身与特定的对象在特定的相互作用共生过程中形成的特殊的个性的自我本真，寻找真正与你本真相对应的对象，你便在与自己的个性本真相符合的对象中获得了审美的享受，同时实现了你作为类的人的自由和幸福，同时你在享受美的同时，也美化了对象，生成了对象，达成了与自然万物融为一体、和谐一致，实现了人与万物的统一。从人的角度而言，你在自由审美的同时，也美化了自然万物，你的自我审美与万物的美化是一致的。当然，这是一种理想状态，在现实生活中不是能完全实现的，但可以作为一种应然的价值去倡导，使人们的存在状态努力朝向这种理想状态去接近，促进人的幸福指数不断提高。

所谓实践就是指主客体共生互动的关系，主体与客体仅仅是逻辑上假设的区分，在实践的过程中是相生相依、不分先后、不能独立、互为一体的。如何实现这种合理化？必须在实践中遵守共生原则，即保持人与世界、人与人的普遍平等关系，在价值的天平上一律平等，互相尊重，尊重相互之间的差异性，尊重人的个性。每个人从自己的本真内心表达自我，与他人共生互动，这是良性互动的前提，只有这样的良性互动，才能实现共生，即共同生成和发展，才能既保证事实知识的增长，又保证价值理性得到实现，也保证审美理性的自由表达，才能排除理性片面化、绝对化以各种表现方式对人的压制。对人来说，在平等的话语权中审美理性、价值理性、工具理性都得到表达。在存在地位的天平上保持平等是维续和谐的前提。从逻辑而言，审美理性是最原始的理性，它不能用因果律进行分析，而价值理性在一定程度上是源于审美理性，用因果律分析价值理性的因果链条起点是审美理性，工具理性或理论理性是以价值理性来进行价值分析的，审定工具理性或价值理性该不该做、好还是坏的最终基点是审美理性。价值理性包括人与人的道德关系、人与物的道德关系。从审美理性和道德理性出发来看待科学理性，工具理性就会从人的价值出发得到正确的引导，就不会出现工具理性对世界的宰制，从而实现生活世界的真正复活。

　　人应当与自己的本质保持同一性。马克思的本意就是从人的本质个性才能的实现和人的幸福的表达来看待生活世界，人在本真的实现中实现了自己，达致幸福，在幸福和审美中获得发展，生成自己，生成别人和外物。人在个性的自由展现中实现自己，在生命的真实活动过程中实现自己，这种过程本身就是人的目的和生活的意义所在，是人生命本真的实现，是个人审美和幸福之所在，所以生命生成的过程与自我审美和获致幸福的过程是一致、统一、直接的，不需要任何中间环节。在生命本真的活动中形成的产物例如产品，是生命活动的附属品，而这又是人类生存和发展的物质与精神财富。这个时候，产品等附属物就成为人真正的生命活动的一部分，而不是凌驾于人之上，对人进行约束的外物和异己力量。"当分工一出现之后，每个人就有了自己一定的特殊的活动范围，这个范围是强加于他的……而在共产主义社会里，任何人都没有特定的活动范围，每个人都可以在任何部门内发展，社会调节着整个生产，因而使我有可能随我自己的心愿今天干这事，明天干那事，上午打猎，下午捕鱼，傍晚从事畜牧，晚饭后从事批判"，① 与自身本质保持同一性。只有随着生产力的这种全面发展，人们之间的普遍交往才能建立起来。"由于普遍的交往，一方面，可以发现在一切民族中同时都存在着没有财产的群众这一事实（普遍竞争），而其中每一民族同其他民族的变革都有依存关系；最后，狭隘地域性的个人为世界历史性的、真正普遍的个人所代替。"② 在未来的社会，个人之间、民族之间的依存是紧密的，每一个局部的变革都与世界整体是紧密联系在一起的，在世界历史真正形成之后，共生的伦理必将成为世界伦理，这种伦理是形成世界历史性的、真正普遍的个人的伦理基础。

---

① 马克思，恩格斯. 德意志意识形态［M］// 马克思，恩格斯. 马克思恩格斯选集：第 1 卷. 北京：人民出版社，1995：37.

② 马克思，恩格斯. 德意志意识形态［M］// 马克思，恩格斯. 马克思恩格斯选集：第 1 卷. 北京：人民出版社，1995：39.

三、如何在生产劳动中实现人与世界的共同生成

人在劳动中与他人和外物共生互动，劳动的过程就是共生互动的过程。人的劳动成果本应当是人在实现自己本质、表现自己个性特点的过程中的副产品，产品这个物是人本质和个性的物化和外化表现，与生产者本人是直接同一的，但是占有者所拥有的劳动产品不是自己本质和个性的产物，那么他就与产品相异化，同时生产者本身与自己的产品更是相异化。"私有财产本身由于它的相互外化或异化而获得外化的私有财产这个定义。首先因为它不再是这种财产占有者的劳动产品，不再是占有者的个性的特殊表现，因为占有者使它外化了，它脱离了曾是它的生产者，并且对于不是它的生产者来说获得了私人的意义。"①在资本逻辑的理性社会，人的理性是片面的，人与自身、与他人和他物处于相分裂的状况，货币成了人全面异化的罪魁祸首。"不论对材料的性质即私有财产特殊物质还是对私有者的个性都完全无关紧要的货币中，表现出异化的物对人的全面统治。过去表现为个人对个人的统治的东西，现在则是物对个人、产品对生产者的普遍统治。"②

我认为个人劳动的产品应当是个人本质和个性的表现，是个人本真存在的直接产物，但这个产物本身就是他人本质的一个需要，是人与人共生的有机联系的一部分，这个产品只有在通过货币的中介交换中才实现了个人之间本质的依存和物化个性的互补与共生。马克思认为私有制是导致人异化的根本原因，笔者认为私有制社会存在人的异化，但私有制不是其根本原因，公有制也会出现人的异化，异化的根本原因在于社会的不公正和个人错误价值观的引导以及生产力水平达不到等，当然我们既不能绝对地说公有制好，也不能绝对地说私有制好，所有制形式是人在社会这种形式中对实践活动产生的产品的关系形式，在人与人共生的互动社会过程中，依照共生的一般原理，应当是二者共同存在，只不过不同时间、地点、条件下二者的比重不同，最终目的都是实现人与人的共生。

生产本身是人生成的三个方面的统一：首先，生产过程是人本身和社会生成的过程，人的生成与社会的生成应当是同一过程的不同角度，人就是在社会中生成的，社会应当是人作为人而生成的独特的途径和形式，人的生成与社会

---

① 马克思．詹姆斯·穆勒《政治经济学原理》一书摘要［M］//马克思，恩格斯．马克思恩格斯全集：第42卷．北京：人民出版社，1979：27.

② 马克思．詹姆斯·穆勒《政治经济学原理》一书摘要［M］//马克思，恩格斯．马克思恩格斯全集：第42卷．北京：人民出版社，1979：29-30.

的生成相统一。其次，人在生产中与自身相统一。生产的过程应当是人作为人的生成过程，也即人的本质和个性生成与表现物化的过程，人的本质和个性是个人在遗传和各种环境作用下所形成和表现出来的心智、意志、情感、技艺、能力、审美、艺术、创造性等各方面人性的特色。生产的过程与人的本质的形成和个性的表现应当是统一的。再次，生产的过程应当是个人生成自我与生成他人的统一，即个人只有从自我本质同一性出发生成本真的自我、普遍的自我、类的自我，才是真正生成了自我，在生产中生成自我的同时也生成着他人的本质，也生成着本真的他人、普遍的他人、类的他人。例如，你是一个富有音乐艺术个性才能的人，你在本真自我的生产中谱写了美妙的乐曲，演奏出了动听的音乐，唱出了感人的歌曲，你在表现自己生命的同时，他人也在你的产品中共鸣了自己生命的本质和个性。你生产的目的是表现自己的生命和个性，他人在你的产品中得到生命的回响和共鸣的享受，这是你生产的额外的结果。所以，在你的生产中，实现了你自己的本质个性和他人的本质个性的双重统一。也可以说，你在享受的同时也实现了他人的享受。这就是马克思所说的人类的生产、普遍的生产、本真的生存，因为你在生产中实现了自我本质的同一，与自我本质同一的生产和生存是内在必然性的生存，是个人真正获得幸福的生存，这样的生存能持久，能持续存在，因为你实现了与自己内在本质的同一，否则，你就是个与自己本质不同一的、处在与自己本质相异化中的人，这样的人是偶性的人，这样异化的存在状态是与你自身本质相冲突的，给你带来痛苦而不是幸福的生存和生产，这样的存在和生产及生存是偶性的，不具有你本性的内在同一，是你不愿意忍受和持续下去的生产和生存，所以，这样的生产和生存是不具备必然性和人的类本质的生产与生存。只有在生产和生存中保持自我本性同一的人，他的生产才是保持自我本真的生产，这种生产和生存是在生产自己的同时也生产了他人的生产，实现了同一个生产过程生成自己和他人本真生命的二重同一的效果，所以每个人在生产自我，同时也生产着自己的类，是自我生产和类生产的统一，在这样的生产中形成的社会关系是真诚、团结、互助、共生共存的本真的人际关系和社会关系。① 关于人与自身本质的同一性指的是什么，更准确地说是人与自身本性或特性或个性的同一，个人的独特本性既包含着人作为类的共性，更富有个人从遗传和生成环境中形成的独具的性格、气质、意志、情感、品质、审美、技艺、才能、创造力等，这些都是个人特有和独具

---

① 马克思．詹姆斯·穆勒《政治经济学原理》一书摘要 ［M］//马克思，恩格斯．马克思恩格斯全集：第 42 卷．北京：人民出版社，1979：34.

的，个人能从这些个性的对象性活动中得到快乐和幸福，本性的体现是个人发自内心所追求的，是不需要中介环节的，是本性与对象直接的统一。正如马克思所说："假定我们作为人进行生产。在这种情况下，我们每个人在自己的生产过程中就双重地肯定了自己和另一个人。"① 我在我的生产中物化了我的个性和我的个性的特点，因此我既在活动时享受了个人的生命表现，又在对产品的直观中由于认识到我的个性是物质的，可以直观地感知我作为人的权力和个人的乐趣。在别人享受或使用我的产品时，我为我的劳动满足了他人的需要而感到自我价值得到肯定，并感到我作为人的本质得到物化并创造了与另一个人的本质和需要相符合的物品。对他人来说，我是他与类之间的中介，我们互为中介实现了向作为类的人的转换，他人也同时意识到和感觉到我是他自己本质的补充，是他自己不可分割的一部分，是他身体生命延伸的一部分，这时我认识到我自己被别人的思想和爱所证实，我的生命价值、意义、权力和快乐以及本质在别人对我发自内心的爱中得到确证，并感到无比的幸福。在我个人的生命表现中，我直接创造了你的生命表现，因而在我个人的活动中，我直接证实和实现了我的真正的本质，即我的人的本质、我的社会的本质。我们的生产同样是反映我们本质的镜子。情况就是这样：你那方面所发生的事情同样也是我这方面所发生的事情。最后，生产的过程应当是人的生成与自然界生成的统一，人在生产中不仅生成自己的类，也生成整个自然生命系统的大类，达到人与自然的和谐、统一。

所以，马克思从人的本真出发看待人的活动。是否可以这样说，爱是我们每个人活动的出发点，从这个出发点出发我们做出自己选择的决定，从这个出发点出发，我们进行思考和行动，从自己本真的爱出发我们选择自己的职业，选择自己的婚姻，选择自己的朋友，选择自己的爱好和活动，那么，你的一生是在真实地活着，与自己的本质和生活是本真相统一了，那么，你的工作本身就是你的快乐所在，你的婚姻本身就是你的幸福所在，你的朋友本身就是你的欢乐所在，你的爱好和活动本身就是审美和愉悦所在，你的生活真谛就在你生活过程里，你实现了与自己本质的同一，你是一个幸福的人，你无须在生活过程之外去寻求生活的快乐和审美，你无须为生活过程的附属物——产品而受奴役。你的生活是真实的生活。"中国传统哲理所确立的和生、和处、和立、和达和和爱原理。这五大原理的基础和核心是共爱，即兼爱意识"，"人类要懂得爱，

---

① 马克思. 詹姆斯·穆勒《政治经济学原理》一书摘要［M］//马克思，恩格斯. 马克思恩格斯全集：第 42 卷. 北京：人民出版社，1979：34.

学会爱，这是人类生命生存的第一要义"。① 费尔巴哈也提出爱、博爱，用对人类的爱代替对神的爱和敬畏，把宗教变成伦理学，而又把伦理学变为宗教，费尔巴哈新的宗教信奉"爱"，这脱离了人的阶级性和社会性，属于抽象的爱。我们这里所说的爱是对人的兴趣爱好的肯定，人的兴趣爱好是通过人对事物和他人的爱来表现的，与费尔巴哈的爱侧重点和内涵不一样。当前在我国社会主义社会，阶级已经被消灭，人与人是平等的关系，人们通过从自己作为兴趣的爱出发立身行事，更有利于幸福的获得和社会的和谐，所以这里谈的爱不是抽象的爱，不是费尔巴哈所说的爱。

　　如果在审美实践中，个人从本真内心出发真实地生成了自己，这时你会发现你的生成离不开他人和他物，他人和他物是你生成自己、实现自己作为人的类的普遍性的中介，别人和他物是你自己身体的一部分，你在生成自己的过程中就生成着他人和他物，而他人和他物的生成是你自己生成的有机组成部分。所以共生理性要求每个人要像爱惜自己的身体一样爱惜别人和自然界。如果我们从人的内心审美出发进行生产，那么，我们每个人在自己的生产过程中就双重地肯定了自己和另一个人：我在我的生产中物化了我的个性和我的个性的特点，因此我既在活动时享受了个人的生命表现，又在对产品的直观中由于认识到我的个性是物质的，可以直观地感知到属于自己创造性的权力而感受到个人的乐趣。在他人享受或使用我的产品时，我直接享受到我的劳动满足了他人的需要，从而物化了我作为人的本质，又创造了与他人的本质和需要相符合的物品。对享受我的产品的人来说，我是他与万物共生的中介，"他自己意识到和感觉到我是他自己本质的补充，是他自己不可分割的一部分，从而我认识到我自己被他的思想和他的爱所证实。在我个人的生命表现中，我直接创造了他人的生命表现，因而在我个人的活动中，我直接证实和实现了我的真正的本质，即我作为人的本质，我的社会的本质"。②

　　马克思认为的实践——劳动，是人与环境互相生成的过程，在这个过程中，人的主体性和环境相互作用生成人、改变环境，人作为主体（努斯的自由、快乐、个性、特性）是同自然环境发生关系，是直接的、本质的、必然的，人与环境、人与动物是本质上的直接生命互动关系。在私有制下，人为了工具和手段而劳动实践，这种与环境的互动关系是非本质的、偶然的、外在的，是与人

---

① 李思强.共生构建说论纲［M］.北京：中国社会科学出版社，2004：112.

② 马克思.詹姆斯·穆勒《政治经济学原理》一书摘要［M］//马克思，恩格斯.马克思恩格斯全集：第42卷.北京：人民出版社，1979：36.

作为人无关的。人作为人应该是自由、快乐的。

四、违背自我同一性的共同生成原则导致人的异化

马克思认为人的本质是社会的存在物，在社会这个人与人相互共生互动过程中人生成了自身，社会的联系既是人生成的环境和条件，也是积极实现其存在的直接产物，在这个共生互动的相互作用过程中，人是与自己的活动、生活、享受等相一致的过程，是直接实现自我本质过程中生产社会联系的过程，人生产自身与社会联系的形成是直接同一的过程，社会联系的过程是人作为人生成的过程。人不能保持自我的同一性而形成社会是人与自身相异化的社会，这是一个非人性的社会，是人与自身处处相背离的社会，是人不作为普遍的类而存在的偶然性的人存在的社会，人不能保持与自身的同一性，这样的人的存在是偶性的存在的人，是失去作为人的内在必然性的人，这样的人表现在人生观上是一种扭曲的人，是不幸的人，是人不愿意以这种方式持续存在的人。正如马克思所说的："人自身异化了以及这个异化的人的社会是一幅描绘他的现实的社会联系，描绘他的真正的类生活的讽刺画；他的活动由此而表现为苦难，他个人的创造物表现为异己的力量，他的财富表现为他的贫穷，把他同别人结合起来的本质的联系表现为非本质的联系，相反，他同别人的分离表现为他的真正的存在；他的生命表现为他的生命的牺牲，他的本质的实现也表现为他的非存在的生产，他支配物的权力表现为物支配他的权力，而他本身，即他的创造物的主人，则表现为这个创造物的奴隶。"① 生产活动、产品的交换活动都是马克思所说的类活动，是真实的、有意识的、真正的存在的社会活动和社会享受。因为人的本质是人的真正的社会联系，所以人在积极实现自己本质的精神创造、生产人的社会联系、社会本质，社会本质不是一种同单个人相对立的、抽象的、一般的力量，"而是每一种单个人的本质，是他自己的活动，他自己的生活，他自己的享受，他自己的财富。"② 生活的真实和意义就在这里体现出来，如果这样，那么，人的本真和生活世界就会不断得到实现和升华。人如果违背共生的生成原则，不从自己本质出发去生成自己，只能是将自己异化为非人，人的生成过程就会被扭曲。所以，人就是在从自己本真出发而形成的过程中不断生成的。有史以来，人类的血泪悲剧就是一部人的异化史，马克思以关注众生的悲

---

① 马克思．詹姆斯·穆勒《政治经济学原理》一书摘要［M］//马克思，恩格斯．马克思恩格斯全集：第42卷．北京：人民出版社，1979：24-25.
② 马克思．詹姆斯·穆勒《政治经济学原理》一书摘要［M］//马克思，恩格斯．马克思恩格斯全集：第42卷．北京：人民出版社，1979：24-25.

悯之心努力寻找其根源和解救人类的途径，我们应当感谢马克思对人的终极关怀，更应该继续他的理论去进行探寻和实践。

异化的劳动是对人本质生命的否定，是人的消亡的过程，而不是生成的过程。众所周知，市场经济一方面是提升生产效率并优化资源配置的社会机制，但另一方面，也正是市场经济固有产生发展异化的弊端。在市场中，一切都是围绕利润和金钱而展开的，市场作为客体的逻辑总使它把人本身的自由淡化、弱化。所谓异化，就是作为主体的人所创造的东西反而形成了对人的自由的威胁和危害。客体总趋向成为人的主宰者，给人造成了伤害，其中包括市场造成的金钱拜物教，从古至今，这是人间许多悲剧惨剧的根本原因。异化的最大危害，在于从根本上阻滞人的主体自由的实现。人们可以发现，在审美境界中，这种异化确实不存在，因为人是自由无碍的。我的劳动是自由的生命表现，因此是生活的乐趣。在私有制的前提下，它是生命的外化，因为我劳动是为了生存，为了得到生活资料。我的劳动不是我的生命。我在劳动中应当肯定自己的个人生命，从而也就肯定了我的个性的特点。劳动是我真正的获得财富。"在私有制的前提下，我的个性同我自己疏远到这种程度，以致这种活动为我所痛恨，它对我来说是一种痛苦，更正确地说，只是活动的假象。因此，劳动在这里也仅仅是一种被迫的活动，它加在我身上仅仅是由于外在的，偶然的需要，而不是由于内在的必然性的需要。"① 马克思的共产主义从本质上不是从物的层面来考虑的，物是实现其本质的基础和保障，从本质上讲，共产主义实现了人与人、人与自然的共同生成，是人的个性得到实现、幸福得到实现的状态，这种状态从微观的个人到宏观的社会都不同程度地表现出来，在现实生活中个人也可以不同程度实现共产主义社会的本质生活。比如，在现实条件范围内，你有选择职业的自由，有选择婚姻的自由，有选择朋友的自由，你是从工具理性出发做出功利性的选择还是从价值理性出发做出与自我幸福和审美愉悦相统一的选择，这是你的自由，但你可以作出与你真实的生成相统一的选择，实现真实的自我和幸福。

五、在自我同一性的实践中实现社会与人的共同生成

社会的活动和享受是在人的相互共生的过程中表现出来的，社会的发展是在相互的本质同一性的活动中表现出来的，所以社会的发展也是一个共生互动

---

① 马克思．詹姆斯·穆勒《政治经济学原理》一书摘要［M］//马克思，恩格斯．马克思恩格斯全集：第42卷．北京：人民出版社，1979：38.

的过程，在共生中生成自然界、生成人类社会、生成人自身。"社会的活动和社会的享受决不仅仅存在于直接共同的活动和直接共同的享受这种形式中，虽然共同的活动和共同的享受，即直接通过同别人的实际交往表现出来和得到确证的那种活动和享受，在社会性的上述直接表现以这种活动或这种享受的内容本身为根据并且符合其本性的地方都会出现。"① 作为类的人，在社会化的活动中实现的是共同的生产、生活活动和共同的享有这些活动物质及精神的产品，它不仅仅是形式上的财产公有，而是人与人在生命本质活动中必然要共同活动和共同享受，是自然而然形成的，是每个人在自我活动时发自内心的需要他人的活动与自己有机融合，没有他人的活动同时也就失去自我的活动，同样，每个人在享受的同时也必然需要他人作为自我享受有机内容的享受，缺乏了他人的享受活动自我的享受活动也无法成立，所以这种社会化的类的人是全面共生的，是一种有机的共同生成。

人的本质同一性与社会是双向生成的。人的本质的丰富性是社会实践的产物，同时又推动社会的生成，人在享受中实践，也在社会实践中生成享受、生成爱，人的本性是一个产生人的活动又在社会的活动过程中生成的。如马克思说："那些能成为人的享受的感觉，即确证自己是人的本质力量的感觉、实践感觉（意志、爱，等等），一句话，人的感觉、感觉的人性，都只是由于它的对象的存在，由于人化的自然界，才产生出来的。"② 要使人的感觉真正成为人的感觉，而不是动物的感觉，就得将人的生活与物质统一起来，使物质真正成为人的物质，而不是与人相异化的物质，说白了，应当是人与物质保持一种审美关系，人与自然界、与他人保持一种审美的关系，这种关系一种享受的关系，是一种真正的人与人的关系，是一种真正的人与物的关系，在这种关系中，人实现了与物和他人的同一，实现了自我同一性。这种审美是视觉的审美、听觉的审美、感觉的审美、思维的审美。要真正使人的眼睛成为人的眼睛、耳朵成为人的耳朵、感觉器官成为人的感觉器官、思维成为人的思维。使人的身体与自身保持同一性，与自我的本质保持同一性，与自我的生命活动保持同一性，真正实现人的全面发展。不要再出现马克思所说的："囿于粗陋的实际需要的感觉只具有有限的意义。对于一个忍饥挨饿的人说来并不存在人的食物形式，而只有作为食物的抽象存在；食物同样也可能具有最粗糙的形式，而且不能说，这

---

① 马克思.1844 年经济学哲学手稿［M］//马克思，恩格斯.马克思恩格斯全集：第 42 卷.北京：人民出版社，1979：122.

② 马克思.1844 年经济学哲学手稿［M］//马克思，恩格斯.马克思恩格斯全集：第 42 卷.北京：人民出版社，1979：125-126.

种饮食与动物的饮食有什么不同。"① "忧心忡忡的穷人甚至对最美丽的景色都没有什么感觉;贩卖矿物的商人只看到矿物的商业价值,而看不到矿物的美和特性,他没有矿物学的感觉。因此,一方面为了使人的感觉成为人的,另一方面为了创造同人的本质和自然界的本质的全部丰富性相适应的人的感觉,无论从理论方面还是从实践方面来说,人的本质的对象化都是必要的。"② 从人的主体方面来看:只有音乐才能激起人的音乐美感;对于没有音乐美感的人来说,最动听的音乐也毫无意义。不是人作为人的对象,因为人的对象只能是人的一种本质力量的确证,也就是说,它只能像人的本质力量作为一种主体能力自为地存在着那样对人而存在,因为任何一个对象对人的意义,都是同人的相应感觉紧密相连的,都是以我的感觉所及的程度为限的,所以社会的人的感觉不同于非社会的人的感觉。人的本质的客观的展开具有丰富性,主体的人以感性的丰富性而表现出来的,例如有音乐感的耳朵、能感受形式美的眼睛,等等,作为人的享受的感觉是确证人自己本质力量的表现形式。人的"实践感觉(意志、爱,等等),一句话,人的感觉、感觉的人性,都只是由于它的对象的存在,由于人化的自然界,才产生出来的。五官感觉的形成是以往全部世界历史的产物。"③ 从马克思的这句话可以理解马克思的世界生成观点,五官、审美、情感、意志、享受、爱等属于人的东西都是自然界漫长的共生过程中的产物,特别是社会共生的产物,而社会活动也是自然界活动产物的一部分。而同时,人的自然本质又是在社会的活动形式中生成的。工业是自然界同人、自然科学同人的现实的历史关系。因此,如果把工业看成人的本质力量的公开的展示,那么,自然界的人的本质,或者人的自然的本质也就是基于审美实践的共生关系的产物。人的本质就在自然界多样性事物的共生关系当中,就在人与自然万物的共生关系当中,就在人与人的共生关系当中。

发自内心的情感活动就是人最典型的生命活动和类行为,它是个人在享受的同时也实现了对方的享受,是一个益自己也益别人的活动,他在生成自己的同时也生成了对方,是一个最富整体性和本质同一性的活动。它是一个爱对方同时也是对方爱自己的过程,双方以这种生成活动过程本身为追求目的,是最

---

① 马克思.1844年经济学哲学手稿[M]//马克思,恩格斯.马克思恩格斯全集:第42卷.北京:人民出版社,1979:122.

② 马克思.1844年经济学哲学手稿[M]//马克思,恩格斯.马克思恩格斯全集:第42卷.北京:人民出版社,1979:122.

③ 马克思.1844年经济学哲学手稿[M]//马克思,恩格斯.马克思恩格斯全集:第42卷.北京:人民出版社,1979:122.

直接、没有中间环节的过程。所以，马克思曾说，爱情两性关系是人最本真的关系。

马克思社会理论的出发点是人的幸福，关注的是生命的存在，可以说有三个层面：就生活的本质而言，什么是幸福；就个人而言，以什么样的生活方式生存是幸福的；就社会而言，以什么方式组构人类是幸福的。① 万事万物都是共生即相互生成的，没有彼，就没有此，没有此，就没有彼，万物共时共生共同演化。自然界的共同生成是一个盲目的过程，是自然形成的，而人类的生成过程要由自发走向自觉，在以理性方式生存的过程中，如果没有走向自觉的共生，就经常会出现自我异化的现象，这与人类的本质是相违背的。所以只有到共产主义社会，才进入了真正的人类历史阶段。这就是马克思的世界观，在共生中生成各自本质，万物相依互存，是一个有机整体，没有极限的整体。交往本身就是自我同一性的本质性生成的生命活动。"共产主义的手工业者联合起来的时候，…交往、联合以及仍然以交往为目的的叙谈，对他们说来已经足够了。"② 孤独的人不但是痛苦的而且也无法生存，人类的快乐、幸福就存在于人与人、人与自然的交往过程中，与人共乐才是真正的快乐。

社会是一个生成的过程，是在个人之间的共生互动过程中生成的，是人互动的结果。波普尔（Karl Popper）说："这使我们回复到本章开头的马克思的格言：人——即人的精神、需求、恐惧和期待，人类个体的动机和志向——如果有区别的话，与其说是社会生活的创造者，毋宁说是它的产物。"③ 应该承认，我们的社会环境的结构以及人自身在一定意义上是人造的、人自己设计的，其制度传统既不是上帝的作品，也不是自然的作品，而是人的行动和决策的结果，是有意识地设计出来的，是可以依照需求、希望或动机来解释的。然而，社会历史的结果往往不是每个人具体的计划、目的和设计的结果，历史的结果在人的意想之外，历史的结果是人行动的副产品。我们所能做的就是尽量保持社会的多样性和每个人的自由活动性以及本真，努力实现每个人的幸福，而历史的发展未来和结果是人在追求幸福的过程中共生互动的产物，历史前进的过程是在偶然性中发生的，这就是社会共生发展的规律，根据这则规律，我们应当知

① 马克思.1844年经济学哲学手稿［M］//马克思，恩格斯.马克思恩格斯全集：第42卷.北京：人民出版社，1979：122.
② 马克思.1844年经济学哲学手稿［M］//马克思，恩格斯.马克思恩格斯全集：第42卷.北京：人民出版社，1979：122.
③ 波普尔.科学知识进化论［M］//纪树立，编译.波普尔科学哲学选集，北京：三联书店，1987：158.

道我们在社会的宏观管理上应该做什么和不应该做什么。"只有很少一部分社会制度是有意识地设计出来的，而大部分制度，正如我们以前说过的，已作为人类行动的无需设计的结果'生成了'。"① 社会，包括我们人自身的未来，在我们的预期当中，又在我们的预期之外，它总是依稀可见，又扑朔迷离，而正因为这样，未来才充满幻想和魅力，但有一点是必然的，未来的结果就在现存多样性存在的共生互动结果当中，逻辑与历史进行着捉迷藏的游戏，结束一个谜底，又开始了新的。

理性是在社会交往实践中生成的。语言也是在个人共生互动中产生的。我们应尊重每个人的理性，实现意见共生的理性生成环境。理性如同语言一样，可以说是社会的产物，一个鲁宾孙式的个人可能会有足够的智慧驾双驭许多困难的情境，但他不会发明语言。人们相互之间的争论就是意见汇集、生成理性的过程。我们应当倡导争论，我们注重的是争论本身而不是与之争论的人。因此，我们可以说，我们的理性如同语言一样来自于与他人的交流。

人在生产实践中生成自身，又在生产实践中生成自然界，这个相互影响的共生过程如马克思所说："人本身是他自己的物质生产的基础，也是他进行的其他各种生产的基础。因此，所有对人这个生产主体发生影响的情况，都会在或大或小的程度上改变人的各种职能和活动，从而也会改变人作为物质财富、商品的创造者所执行的各种职能和活动。在这个意义上，确实可以证明，所有人的关系和职能，不管它们以什么形式和在什么地方表现出来，都会影响物质生产，并对物质生产发生或多或少决定的作用。"② 人与自然及物质生产活动存在于同一个相互作用的过程，在这个过程中，人与物质生产过程是紧密联系、相互作用的。

第二节　人在审美中实现共生

前边我们说了人在实践中与他人和自然界共同生成，人要认识到他人和自然界也是自己身体的一部分，人要有物我为一的整体意识，那么，人应当从什么入口去达到物我统一呢？现实生活的突破口在什么地方呢？共生生成论认为，

---

① 波普尔. 科学知识进化论 [M] //纪树立，编译. 波普尔科学哲学选集，北京：三联书店，1987：158.

② 马克思. 剩余价值论 [M] //马克思，恩格斯. 马克思恩格斯全集：第 26 卷. 北京：人民出版社，1972：300.

个人获致幸福与他者是可以获得统一的，也只有实现了这个统一，个人才能真正生成自己、生成他人、生成自然界。这个突破口就是实践中的审美感性，它包括人的意志、爱等方面。以审美的价值取向引导人的生活世界，实现理论理性、实践理性、审美理性的统一，在理性的互动完善中实现人的真正生成。前边我们也提到了审美，为了进一步深化对这个问题的认识，我们这里做进一步探讨。

一、美的探源与马克思的审美共生思想

美与共生本身也是紧密相联的。美的实现是主客体共同生成的境界，美离不开事物之间的共生。生命是以共生的状态而存在的，生命体本身也是一个多因素的共生体，美就在共生当中，共生也必然是一种美。单一的音调是刺耳的噪音，而不同的音符有机地组合共生就是动听的音乐，再可口的食物一味地吃必然腻烦，而粗粮、细粮、水果、蔬菜、肉类各样综合搭配，必然是健康而又可口的美食，我们每天运动、思维、操劳、休息，生活和身体才能健康，单一的工作、学习、活动令我们厌烦，给我们的身心带来疾病等不健康的因素，自然界有山、水、各样植物、动物综合共生形成自然美景，我们的生活也一样，生活的美是建立在共生的生活方式之上的。董仲舒说："和者，天之正也，阴阳之平也，其气最良，物之所生也。"① 他十分崇尚宇宙的整体和谐："天地之道而美于和"，"天地之美，莫大于和"。② 将"和"上升到美之境界的是庄子，《庄子集释天道》中有"大和至乐""与人和者，谓之人乐；与天和者，谓之天乐"③，这便是天人共生的艺术审美之境。嵇康的"以大和为至乐，则荣华不足顾也"④ 也是对人"逍遥游太和"的高度自由的境界追求。张立文提出的"和爱之道""和达之性""和立之言"也是对共生审美存在的一种追求。"和"作为一种美的境界是"主体生命情感的搏动，心灵性命的发用"⑤，中国艺术的最高境界就是"大和至乐"的至美境界。中国古代的"和羹"就是说明不同材料、调料，经过加工融合，达到"济不及""泄其过"的平衡、和谐状态，便

---

① 刘玉平．《周易》的阴阳和谐思维［J］．济南大学学报，2002（3）．
② 刘玉平．《周易》的阴阳和谐思维［J］．济南大学学报，2002（3）．
③ 庄子．天道［M］//庄子集释：卷五．北京：中华书局，1981：458．
④ 嵇康．答难养生论一首［M］//嵇康．嵇康集校注：卷四［M］．北京：人民出版社，1962：190．
⑤ 张立文．和合哲学论［M］．北京：人民出版社，2004：319-320．

做成美羹。① 美便在不同材料、调料的搭配共生当中。"和五味以调口""和六律以聪耳"都是共生以达到美的表征。中国书法也讲究"体五材之并用，仪形无极；象八音之迭起，感会无方。至若数画并布，其形各异；众点齐列，为体互乖。一点成一字之规，一字乃终篇之准。违而不犯，和而不同，……穷变态于毫端，合情调于纸上。"这是书法家在运用字形、点划、结构和运笔的共生来达到艺术美的效果。点划的迟疾、方圆、曲直"违而不犯，和而不同"，达到"大和至美"的共生境界。② 在古希腊的自然哲学学派中，毕达哥拉斯学派特别重视数学，他们提出了简单性、和谐性及美的原则，认为天体星球间有一定数目比例关系，这种关系造就了一种天体的和谐，这种和谐使苍穹无限的宇宙星空，处于一种纷繁而不乱、多变而有序的永恒的运动之中，它很像一支气势雄伟又娓娓动听的交响乐，发出一种美妙而和谐的音响。在事物和而不同的共生中产生着美，至美、至仁、至慈。以上分析，都强调和谐构成审美意义的共生。当然，竞争、对立、斗争也会形成美，在各种竞技比赛中，也会产生美，吸引来观众的观看，例如世界杯足球赛、奥运会比赛，球迷和各类运动竞技"粉丝"是被这种竞技所产生的美所吸引。

　　共生就是美，生命因为具有多样性而美丽。黑格尔对美的本质从共生的内涵进行了揭示。共生本身就是一种美，差异性事物的共生关系生成美。"比单纯的符合规律更高一级的是和谐。和谐是从质上见出的差异面的一种关系，而且是这些差异面的一种整体，它是在事物本质中找到它的根据的。"③ 这就是说，和谐性共生更值得我们重视和推崇。差异性事物的共生构成平衡对称，形成美。"要有平衡对称，就须有大小，地位，形状，颜色，声调之类定性方面的差异，这些差异还要以一定的方式结合起来。只有这种把彼此不一致的定性结合为一致的形式，才能产生平衡对称。"人体的美就在于差异性平衡对称相互共生，"人的身体组织有一部分就至少是整齐一律和平衡对称的。我们有两只眼睛，两个胳膊，两条腿，同样的坐骨，肩膀骨等等。"④ 在黑格尔看来，仅仅有差异面的统一只是符合事物的规律，而达到差异性事物的共生之后，就具备了美的根据。"符合规律固然还不是主体的完整的统一和自由，但是已经是一种本质上的差异面的整体，不是仅仅现为差异面和对立面，而是在它的整体上现出统一和

---

① 张立文. 和合哲学论［M］. 北京：人民出版社，2004：327.
② 张立文. 和合哲学论［M］. 北京：人民出版社，2004：328.
③ 黑格尔. 美学：第1卷［M］. 朱光潜，译. 北京：商务印书馆，1979：180.
④ 黑格尔. 美学：第一卷［M］. 朱光潜，译. 北京：商务印书馆，1979：168.

互相依存的关系。"他认为在单纯的符合规律之上更高一级的是和谐。"和谐是从质上见出的差异面的一种关系，而且是差异面的一种整体，它是在事物本质中找到它的根据的。"他以颜色为例，"例如黄和蓝，经过中和而成为具体的同一。这两种颜色的和谐之所以美，是由于它们的鲜明的差异和对立已经被消除掉了，因而在蓝黄差异本身就现出它们的协调一致。它们互相依顾，因为它们所合成的颜色不是片面的，而是一种本质上的整体。"同样在声音方面，"基音，第三音和第五音就是声音的这种本质上的差异面，它们结合成一整体，就在差异中现出协调。形状以及它的位置、静止、运动等方面的和谐也可以由此例推。"① 所以统一共生就是美本身。"艺术也要求颜色在一幅画中不显现为各种颜料的随意排列，也不显现为对立面突然消除，只是清一色，而是几种颜色被调解成为协调一致，产生一种完整而统一的印象。"② 同时，美就是理性与感性的统一共生，这种统一共生自然而然地实现了心灵与自然的统一。在审美当中，普遍性与特殊性、自由与必然、心灵与自然达到统一共生，统一共生就体现出艺术的原则和本质，我们应当通过审美教育把这种统一共生体现在现实生活中。这种统一是认识的原则，也是存在的原则。人遵从这个认识原则也就获得了美，也就获得了对存在的认识。美使人从视角直通心灵，感性直通理性，在审美中人获得解放，摆脱物对人的奴役。美使视觉得到愉快的刺激，并通过视觉而实现感官刺激与灵魂契合，美具备使人的心境怡悦的一切特性。所以，黑格尔说："审美带有令人解放的性质。"③ 从黑格尔的分析我们可以归纳出：美是差异性事物协调统一关系在人感官获得的一种感觉，而且这种感官的刺激感觉与人的知觉、理性是相统一的，这就是说，美使人获得愉快的感觉，同时能使人的精神得到升华，使人获得一种精神的自由。黑格尔关于美的这些思想观点是有积极价值与合理性的一面的，但是，我们要注意到，他的思想根基是唯心主义的，这一点是需要抛弃的。

康德对美的概念进行了分析，认为美分为质的方面和量的方面。就量的方面来考虑，审美愉快不同于生理的愉快和道德的愉快，审美愉快与对象的存在无关，只与对象的形式有关。审美超越了任何道德的或生物的利害关系，是对对象存在无所欲求的自由的快感。审美愉快充分体现了人作为感性与理性相统一的存在本质。从量的方面看，审美不凭概念而能普遍地引起愉快，康德称之

---

① 黑格尔. 美学：第一卷［M］. 朱光潜，译. 北京：商务印书馆，1979：199.
② 黑格尔. 美学：第一卷［M］. 朱光潜，译. 北京：商务印书馆，1979：319.
③ 黑格尔. 美学：第一卷［M］. 朱光潜，译. 北京：商务印书馆，1979：108.

为"判断"。审美判断不是如一般逻辑判断那样由确定的知性范畴来规范束缚想象，使它符合于一定的概念，产生抽象的知性认识，而是想象力与知性概念处在一种协调的、自由的运动中，超越感性而又离不开感性，趋向概念而又无确定的概念，在想象中自由地唤起知性，这种想象作为一种心情的合目的性的内在感觉而表达出来。马克思所说的审美与康德还不完全一样，康德的审美不包括生理的愉快和道德的愉快，而马克思所说的审美是基于人的感性、享受、爱等的，这里的感性已不是动物性的，而是属于人的审美感性。这里的美已非由鲍姆加登命名始建却"名存实亡"的传统艺术和美的认识论科学，而是回归美学本义的社会存在本体论意义上的感性学或感觉学。

伽达默尔非常重视康德所说的审美判断力，它将审美判断力转向了兴趣，认为："感性趣味是我们感觉里最动物性的和最内在的一种感觉，因而它已经包含了我们在对事物的高级判断里所作分辨的端倪。所以，趣味的感性差别——以最直接的方式享有的接受和拒绝——实际上并不是单纯的本能，而是介乎感性本能和精神自由之间的东西。这一点正表现了感性趣味的特征，即它对于那些属于生活最紧迫需要的东西具有选择和判断的距离。""趣味"这一概念是西方思想家格拉西安的社会教化的一种理想形式，这种形式可以超越宗教的教化作用。趣味是某种类似于感觉的东西，它的活动不具有任何有根据的知识，所以它是人最根本的东西，如果趣味对某物表现了否定的反应，那么人不能说出其原因，但人内心却又明确地知道自己的感觉。因此，趣味对人来说是一种内心明确知道的东西，用伽达默尔的话来说就是具有"可靠性"。趣味与康德所说的判断力相联系，与审美相联系。趣味虽然不是道德判断的基础，但它与道德紧密相关，应当是道德方向的指针，也应当是道德的最终归宿。如同伽达默尔所说的，是道德判断的"最高实现"。而且伽达默尔将趣味与适度、中庸联系起来，认为道德伦理学要与适度、中庸联系起来，适度和中庸的伦理学是一种好的趣味，也就是说，符合好的趣味的道德就是好的伦理道德。如伽达默尔所说："希腊的伦理学——毕达哥拉斯学派和柏拉图的适度伦理学、亚里士多德所创立的中庸伦理学——在某种深层和广泛的意义上就是好的趣味的伦理学。"①而适度、中庸属于共生，因此我们是否可以说，共生也是一种趣味，也是一种审美？那么，共生、审美、趣味就是相通的。伽达默尔将审美和趣味联系起来，对我们重新认识趣味或者兴趣非常重要，对我们重新审视趣味或者兴趣在人的

---

① 汉斯-格奥尔格·伽达默尔. 真理与方法 [M]. 洪汉鼎，译. 上海：上海译文出版社，2004：51.

道德建设中的作用非常重要。但是，我们要看到，伽达默尔对趣味的分析没有联系客观存在，人的趣味也是在人的客观实践活动过程中产生、变化、发展的，离开社会存在谈人的趣味是偏颇的。

日本建筑大师黑川纪章从建筑空间方位布局的多样性来构造美。他将分形几何学、非对称性、非线性的几何学应用在建筑设计上，形成空间分布的多样性美学底蕴的建筑设计风格。他的共生审美的建筑有"创造通融无隔、内外共生的廊子"。① 还有中央的圆形柱廊与"广场、柱廊、中庭、石庭、有石雕的楼梯"等，形成各种空间布局和建筑式样的相互共生，实现建筑与自然、内部与外部共生。他将毛石砌筑、粗糙的石材贴面、磨光的石材贴面、瓷砖贴面、铝板等通过各种变化运用，形成各种材料和式样的相互共生，还实现了建筑物的地面与天空、乡土与宇宙自然、过去与未来的诸多具象与抽象类型的共生，通过这种建筑手法使建筑产生无限的美感。黑川纪章在冲绳县行政中心、墨尔本中心大楼等工程中就采用过这种共生的美学方法，而且已经实践了十几年，取得了良好的效果。在建筑群规划中，他注重将行政办公楼、警察办公楼、议会楼、知事公馆、家庭审判所、议员宿舍、行政楼副楼、文化会馆等错落排列在一起，形成多样性协调统一的相互生成的关系，而且使穹顶、四角锥、三角屋顶、中庭等几何学形态实现了部分与整体的相互共生，创造了独有的美感，创造出异质要素共生美的情境。此外，还通过"分析""结构化""组织化""导入""结合""调整""明确化""指示""象征化""复杂化""解构""关系""引用""媒介""转换""暗示"等现代和传统建筑方法融合的多样化使用，实现了现代与传统以及差异性要素的共生形成美。在建筑中他还主张独立与依附、局部与整体、"飘游"与静驻、多样与单一、空间性与时间性、对称与非对称错落有致而建立共生的秩序，以生成美感。他赞同阿多诺非同一性哲学，认为阿多诺在其《美的理论》一书中，"将通过宇宙的交互作用（通信）而得到的游离性的关系称作神话作用（拟态）"。与"支配的理性"相反，称其为"和解的理性"。而且，还以乔伊斯（James Joyc）的《尤利西斯》为例，指出了"是类似，把古代和现代联系在一起，因为类似，才使得乔伊斯的《尤利西斯》在无秩序中，注入意义、形状和秩序"。② 阿多诺的美实质也是强调差异性互动关系，所谓"支配的理性"，强调的是单一意见的专断，而"和解的理性"强调

---

① 黑川纪章.新共生思想［M］.覃力，杨熹微，等译.北京：中国建筑工业出版社，2009：151.

② 黑川纪章.新共生思想［M］.覃力，杨熹微，等译.北京：中国建筑工业出版社，2009：321.

的是多样化的思想的交汇融通。乔伊斯的《尤利西斯》实现了古代和现代的共生，从而表现出特别富有魅力的意义、形状和秩序。

黑川纪章将异质、对立的东西综合共生形成语言艺术，被他誉为言说的"暧昧"态度，似乎不知所云，但蕴含着一种共生的逻辑，这就是语言艺术美，他将这种共生的审美叫作"花数寄——共生的审美意识"，所以，日本人说话的"暧昧"不是模棱两可的"暧昧"，而是积极的、有创新的"暧昧"，是遵循中庸共生方法并进而上升为审美艺术的说话方式。他还提出，"空寂"的美是"具备华丽和简朴双重意思的审美意识"，体现出共生美。他提出"饶舌与沉默寡言，明与暗，复杂与简朴，装饰与非装饰，彩色与无色，书院风格与草庵风格共生的审美意识"，这是日本的审美意识传统。当我们感受华丽的花和红叶时，也关注枯萎的草庵风景，这便是共生的审美意识，这是包藏了华丽和简朴感觉的共生的审美意识。日本剧本《花镜》中所谓"花"的审美意识，就是"异质事物共生""不同心情共生"的审美意识。黑川纪章将这种异质共生的感觉、两义性暧昧感觉称作"利休灰"。他崇尚的建筑西本愿寺飞云阁，各种各样的异质曲线和直线不可思议地共生着，这就是"利休灰"的极致。他的共生美学通过一个个具体的例子表现出来。例如，"包含着丑恶的美丽、稍微偏离的端正、不能表现善恶的魅力、超越协调的美丽、包含着玩笑的认真等感觉"，他称其为"侃皮"，"侃皮"与共生的审美意识相通。① 可见，黑川纪章对共生关系的审美把握得非常深邃、精通，他在建筑设计中出神入化地运用共生关系构建建筑的美，他用他的建筑似乎证明了一个哲学问题：共生是一种事实，这种事实可以导出美的价值。

黑川纪章认为分形几何揭示了共生的美学原理。他认为"有秩序与无秩序共生的分形"是"健康"的证明。["分形"原自拉丁语 FRACTUS（不规则），是 1957 年数学家曼德尔布罗特倡导的新几何学。]曼德尔布罗特的分形理论告诉我们，局部存在于整体之中，局部中有整体，整体中有局部，两者共生而成。英国物理学家大卫·博姆通过对量子力学的研究，将局部中包含的整体性称为内藏秩序，这也是部分与整体的共生。这些新哲学、新科学有着共通的概念，也都与共生思想一脉相承。过去欧几里得几何学认为完全不可能存在的自然的、复杂的形态，通过分形几何学都可以表现出来。分形是秩序与混乱（无秩序）的共生，而且，还可以使之达到更进一步的安定。例如，人身的脉搏不是完全

① 黑川纪章. 新共生思想［M］. 覃力，杨熹微，等译. 北京：中国建筑工业出版社，2009：148.

规律的，而正是微妙的分形的紊乱或偏差，才是一个人健康的证明。这与法国学者、哲学家埃德加·莫兰以及皮亚杰所说的杂音理论是一致的。整个自然界的山川大河、海洋陆地、风云雷电都是以分形的状态呈现着，看似杂乱，实则有序，看似变动不居，实则均有规律，整体包含着部分，部分中存在着整体，自然界的一切存在无不遵循共生的关系，所以自然界天然就是美的，这都揭示出审美即共生的思想。我们的生活、人类的社会、整个宇宙也许就在有序与无序、整齐与混乱、规律与紊乱的共生关系中常态存在着，美就在这种共生关系中，美就在有偏差的正确、有瑕疵的美丽、有少许不足的完满、有些许忧郁的欢乐、有点玩笑的认真等诸多的共生关系当中。

美的本质与人的本质是紧密联系着的，都是实践的产物。正如，在生产实践中产生了人的肢体、语言和思维。审美是人所独有的社会产物和社会特征。"人的实践使作为肉体存在的人本身的自然（从五官感觉到各种需要）超出动物性的本能而且有了社会的性质。这意味着，人在自然存在的基础上，产生了一系列的超生物性的素质。"① 审美就是这种超生物的需要和享受，康德称之为判断力，这正如在认识领域内产生了超生物的语言、思维认识能力，伦理领域内产生了超生物的道德一样。审美是一种愉快的自由感，所以，吃饭不只是充饥，而成为美食；两性不只是交配，而成为爱情；从旅行游历的需要到各种艺术的需要；"感性之中渗透了理性，个性之中具有了历史，自然之中充满了社会；总体、社会、理性最终落实到个体、自然和感性之上。"② 也就是说，在人的社会性、类的生存实践中，人产生了认识、产生了道德、产生了审美，这都是人所独有的特性。这诸多特性中，审美特性是人最本真内在的特性，也是人的社会性程度最高实现的特性，也是将认识、道德与自然高度统一起来的特性。马克思说："动物是按照它所属的物种的尺度和需要来生产，人类则能按照任何物种的尺度来生产并到处适用内在的尺度到对象上去。所以人是依照美的尺度来生产的。"③ 作为社会化的人类，是审美实践程度很高的人类，人在实践中生成也可以说是生成审美的过程，随着人摆脱动物的程度越高，人的审美程度也就越高，审美的范围也就越大。人的审美程度越高，人作为人属人的程度就越高，人的个性才能水平就越高，人的主体性程度就越高。如果说工业、文明可作为打开了书卷的心理学的尺度，那么，美和审美则可作为收卷起来的工业与文明

---

① 李泽厚．哲学文存：下编［M］．合肥：安徽文艺出版社，1999：608.
② 李泽厚．哲学文存：下编［M］．合肥：安徽文艺出版社，1999：612.
③ 马克思．1844年经济学哲学手稿［M］//马克思，恩格斯．马克思恩格斯全集：第42卷．北京：人民出版社，1979：59.

的尺度。美是自由的化身，审美便是获得自由。美作为自由的形式，是合规律和合目的性的统一，是自然的人化或人化的自然。人在审美中与自然共生直通，自然地表达出自我意向，也因而在美的畅游中人必然是自由的，自由本身就是自我意向的顺畅实现。自由的形式就是美的形式。就内容而言，美的现实是以自由的形式对实践的肯定，就形式而言，美是现实肯定实践的自由形式。审美作为与自由相对应的心理结构，是感性与理性的交融统一，是人类内在的自然的人化或人化的自然。它是人的主体性的最终成果，是人性最鲜明突出的表现。"这就是积淀的主体性的最终方面，即人的真正的自由感受"。①

审美作为自然界发展到人这个阶段所出现的人的主体结构，它与工具理性的认识论和伦理学的主体结构不同。工具理性的认识论与伦理学的目的与过程往往是相分离的，也就是说认识和伦理践行目的不在过程本身中，而且这个过程甚至目的与人的本真是相对立的，带给人的不是幸福和愉快而是痛苦。而审美却不然，人的审美的目的就在审美过程当中，在审美中人本身就获得了愉快和幸福。在审美中，社会与自然、理性与感性、历史与现实、人类与个体，才得到真正内在的、具体的、全面的交融合一。如果说认识论和伦理学"还是感性中内化的或凝聚的理性，那后者则是积淀了理性的感性；前二者还只表现在感性的能力、行为、意志中的人与自然的统一，那么审美则表现在感性的需要、享受和向往中的人与自然的统一。这种统一是最高的统一。美的本质是人的本质最完满的展现，美的哲学是人的哲学的最高级的颠峰"。②

马克思从劳动、实践、社会生产出发来谈美，从"自然的人化"这个哲学问题出发看审美。审美与实践是紧密相连的，人在客观行动上驾驭了普遍客观规律，这种主体实践所达到的自由形式就是美的境界。当人们的主观目的按照客观规律去实践得到预期效果的时刻，自然界本身的规律与人类实践的主体目的性就会融合起来，真与善达到统一。在漫长的历史的社会实践中，真与善、感性与理性、合规律与合目的性、自然规律与社会实践、客观必然与主观目的、必然与自由，相互渗透、交融、一致，逐渐走向统一，自然形式成为自由的形式，审美就是这个统一在主观心理上的反映，所以审美的本质就是这种统一，审美是审美的实践过程。"审美的特征正在于总体与个体的充分交融，即历史与心理、社会与个人、理性与感性在心理、个体和感性自身中的统一。人与自然、社会与个体、情感与理智、历史与心理、理想与现实的悲剧性的冲突和分裂就

①　李泽厚．哲学文存：下编［M］．合肥：安徽文艺出版社，1999：630.
②　李泽厚．哲学文存：下编［M］．合肥：安徽文艺出版社，1999：630.

被克服。"审美境界储备了能跨越生死、不计利害的超道德现实的可能性，这被李泽厚叫作"以美储善"。审美的结构是在实践中社会历史地积淀而形成的，表现为知觉、理解、想象、情感等心理审美功能，心理诸功能各因素不断进行组织和配合，从而形成种种不同特色的审美感受和艺术风格。

美才是异化的真正灭除者。在认识论中，人们求真务实，"真"为至上。只有在美学所讲的审美中，个人才是完全自由的。因为，社会历史文化的一切理性已积淀于审美个人感性，这种审美已经超越功利而只注目于形式，审美者个人只需依照自己的判断自由表达自己的结论，他（她）甚至无需讲什么理由，找什么根据。一个暴力者也不能迫使一个弱小的女子改变自己的审美判断，这个事例充分展示了审美中的个人自由。作为"真"与"善"的统一者，"美"一方面涵纳了自然必然，另一方面它已经把自然转化成感性，使之成为审美者的自由。这种源于必然的自由，是任何力量都无法抵制的，因而，它是人间唯一可以抗衡异化的力量。

共生的生成是以美达真的生成，这也表现在当代身体哲学中。人类在权力主体的统治下，把身体排斥在真理、道德和审美之外，使身体完全充当一种从属角色，使人普遍失去做人的真正意义，要让人们普遍认识"对身体的信仰应该始终胜于对精神的信仰"。① 这个解救的过程也是在审美实践中人开始真正生成的过程。共生的生成论追求个人生成的艺术，将自己的生活当作艺术品来看待，个人组织自己生活的艺术水平越高，他的自我生成的技术就越好。

福柯"生存美学"确立的是个体与自身的关系，不是个体与世界、社会的关系。"生存美学"关心的是自我，不是神、理念、群体。福柯已彻底完成了从笛卡儿认识论范畴到波德莱尔（Baudelaire）艺术家模式的转换。福柯向当代人提出了"自我呵护"问题，是一种身体力行将日常生活美学化的实践。其实这里我们可以探索以美的生存或日常生活尽力沟通人在事实与价值、生存与幸福的矛盾和冲突，西方哲学中的主客体统一问题、工具理性与价值理性的对立问题、科学与道德的不协调问题都是人在生活中事实与价值矛盾的表现，在后工业社会的当代，我们有望以美的生活态度和生活方式、认识范式、实践方式来推进人类历史进入一个新的时代。个体通过"自我技术"构成为主体。"自我技术"是允许个体以自己的方式或通过他人的帮助，对自己的身体、心灵、思想、行为、生存方式施加影响，以改变自己，达到某种快乐、纯洁、智慧、美好、

---

① 李泽厚. 哲学文存：下编［M］. 合肥：安徽文艺出版社，1999：153.

不朽的状态。① 福柯不是以艺术装点生活，而是把生活变为艺术。可以说，他真正关心的不是艺术，而是生活。把作为艺术的生活这个抽象概念引入生活实践当中，通过个人的努力的微观方面和社会组构的宏观方面来使生活的艺术思路具体化。实际上福柯的艺术的生活在我们每个人的生活中都会不同程度地实现，比如你从审美快乐的角度去选择你的职业，你从审美快乐的角度选择你的爱情和婚姻，从审美和快乐的角度去交朋友，从你内心的真爱和喜好上去尽量处人、处物、处事，在生存的过程中发现审美和快乐，以审美和快乐的视角来看待生活，你就会找到生活的本质。比如你不愿独处，喜欢有人和你说话，那么，快乐就在言说过程当中，你在群体生活中得到了快乐，当然在人际交往中也有苦恼，但你要在交往中尽量选择快乐的交往，如果你是为了生存活命而被迫去与你感到痛苦的人交往，那你的交往活动是违背你生活本质的，现实的人类交往中纯粹以快乐而进行交往的时候不多，但我们要认识到，我们的生活的本质是要在繁杂的事物当中发现快乐和幸福，这是我们生命的本质需求。我们也要认识到，我们的生活的本质就是获得幸福和快乐，我们不能将生活完全理想化，但我们可以在条件允许的范围内尽量从生命和生活的本质出发去做出选择，不要主动地、错误地将自己置于与生命和生活的本质相反的过程中。也就是说，不同的人对审美、幸福和快乐的理解不同，感受不同。对于审美、幸福和快乐，不同的人有不同的标准，但无论你做出什么样的选择，都要尽量实现自己内心的愉悦和幸福，这也就是福柯所说的"自我技术"，即允许个体以自己的方式，或通过他人的帮助，对自己的身体、心灵、思想、行为、生存方式施加影响，以改变自己，达到某种快乐、纯洁、智慧、美好、不朽的状态。这是着眼于人与自己的关系，通过个人保持一种良好的自我关系，实现本真的生存，以真实的自己的审美体验将自己和自己的生活上升到艺术的高度，那么个人就自然地达到了与他人和外物的协调一致，即实现了人与自身、人与他人、人与自然界的统一，人的异化状态将尽可能地被消除。一个人只有把自己的问题处理正确了，才能与他人和外物协调起来。从人类诞生以来，人就在生存和审美幸福之间作调整，历史上的大多数人的大多数时候是审美和快乐服从于生存的。随着社会的发展，工具理性、科学知识的发展为人类的存在创造和提供了越来越多的审美和快乐的条件，人的审美和快乐的时间与程度越来越长、越来越高。人类自身的幸福也是以人类自身的牺牲为代价的，但我们要认识到，科学知识和工具理性的发展必须以价值理性和实践理性为导航。我们的生命和生活的目

---

① Michel Foucaul. Ethics：Subjectivity and Truth［M］. New York：New Press, 1997：225.

的是审美和快乐、幸福，在科学技术发达的今天，我们同时也要将自我的技术提上日程，否则，科学与人类的冲突、工具理性对价值理性的遮蔽、人与自身的异化、人与自然的对立、人与人的冲突就会发展到毁灭人类自身的程度。所以，今天无论从现实性还是必要性来说，都必须以新的理念来为我们人类的文明铺路建基了，这个路子就得从统一主客体的路径，即艺术的生活态度和社会历史观的思路着手。社会也应当以这样的文化氛围来组构社会和引导社会成员，促进整个世界的协调，只有这样才能促进人与世界的共同生成。作为社会组织系统，应当倡导这样的价值观念，构建这样的文化模式，建立促进人审美生存的制度体系，奠定面向全球化和后工业社会的基本理念。也正因为此，阿多尔诺提出，自然美的意义在于其不仅预示着人与自然的内在联系和统一的可能性，而且揭示了现代社会的界限。我们这个社会治理的边界潜藏在自然美中。他从美学角度论述了应当保持人与自然、人与社会的和谐关系，现代科学技术破坏了人与自然、人与社会的和谐关系，而人要保持与自然的平等、和谐关系，就必须从对自然的审美关系来确立和实现。

　　人活着首先要问两个问题，一个是我为什么活着，一个是我应当怎样活着。答案是人为追求快乐和幸福而活着，第二个问题的答案就是我们要寻求第一个问题的，我们应当怎样活才能获得幸福和快乐？社会应当怎样组织才能促进我们获得快乐和幸福？什么样的生活方式才能促进我们获得快乐和幸福？这看起来是一个浅显的问题，但却需要我们从形而上的层面去解决。当前我们关于伦理价值、社会历史宏大的叙事太多了，有的学者认为各种各样五花八门的理论已经将理论层面的叙事说完了，当前需要我们从微观和社会现实层面去发现细节与具体问题进行解决，当然这是一个方面，确实纯理论的探讨太多了，但是不是理论层面的问题都真的解决了呢？不一定。关于我们对马克思的理解，我们的社会发展理论如何建构，我们应当从什么出发去审视人和社会，以什么样的理念来组构社会，这都需要我们从形而上的层面进行深入、细致的思考，然后去发现生命和生活的奥秘，推进理论层面进一步明朗和接近我们的现实生活世界，这是我们的一个艰巨使命。世界是生成的，是在相互作用中共同生成的，怎么样才能生成呢？作为人来说，只有从本真内心出发才能真正达到与他物相互生成，这个本真内心就是自己的快乐和审美，用马克思的话来说，就是自己的感觉、爱、享受、乐趣等。这个生成的过程在生产实践当中，将乐趣审美寓于生产实践当中，在人际关系的交往当中，交往是快乐和幸福审美之源，在人与自然万物的作用当中，人以审美的态度与自然相处，实现了人与自然的共生，人享受自然的美，自然也在人享受过程中生成，这个过程在生命世界自然的存在着，例如，生态系统的活动本身将自然打扮得更符合人性、更漂亮，作为有理性的人，应当意识到这一点，在实践活动中自觉地履行共同生成的原则。

当然，我们所说的这一切都是建立在马克思主义辩证唯物主义之上的，无论是福柯把生活当成艺术，还是我们这里所说的自我同一性、人的审美、幸福，都是以生产力发展所产生的物质下而言前提下而为的，都是建立在生产方式基础之上的，没有生产力的巨大发展，没有生产方式变革所带来的历史发展，这些都谈不上，生活的艺术化、审美化、人完全摆脱物的奴役、人的自我同一性、个性的实现都是建立在生产力巨大发展所创造的社会条件基础上才能实现。

二、从审美的内心出发实现人与世界的共同生成

美与人的本真内心是相通的，只有从自己的本真内心出发才能进行审美的实践，才能实现人与他人、自然外物的共同生成。中庸思想也深刻地体现出共生理念。在中庸思想中共生是存在的一般规则，也是个人达至幸福的途径和状态，一个人如果坚持了自身内在和外在各种关系的共生中庸，他作为人的存在就已经实现了自我同一和幸福，实现了人生的自足，这种幸福的状态不被名利和外物所左右，正如子思所说："君子依乎中庸，遁世不见知而不悔，唯圣者能之。"① 人要实现共生的存在，必须从自身内心出发去立言行事，真心地去爱，真心地去做，真心地与人交往，真心地与自然界共处，这就叫作"自诚明，谓之性。自明诚，谓之教。诚则明矣；明则诚矣。"② 只有从真心本性出发立言行事，才能真正生成自己，才能达致幸福，只有从真心本性出发才能真正体悟出中庸共生存在的道理，只有体悟出、明白了这个道理，才能更加真诚地与他人、他物共生相处，才能真心地遵循中庸共生之道。从本性真心出发行事是实现共同生成的前提，"唯天下至诚，为能尽其性；能尽其性，则能尽人之性；能尽人之性，则能尽物之性；能尽物之性，则可以赞天地之化育；可以赞天地之化育，则可以与天地参矣。"③ 诚是发自真心对事物的感受，是深藏在内心的本真感受，对本真心性的表达本身就蕴涵着中庸，以本真之心出发行事，共生中庸的智慧就蕴涵其中，只有从这个真心本性出发，才能本真地呈现自己，也才能达到与他人、外物的本真相通，既本真地生成自己，也本真地生成他人和外物，这也就是孔子所说的己欲达而达人，己欲立而立人，推己及人，这样就达到与

---

① 子思. 中庸 [M]. 刘强, 编译. 哈尔滨：哈尔滨出版社, 2007：98.
② 子思. 中庸 [M]. 刘强, 编译. 哈尔滨：哈尔滨出版社, 2007：198.
③ 子思. 中庸 [M]. 刘强, 编译. 哈尔滨：哈尔滨出版社, 2007：202.

天地万物共通为一体，自己的本真个性活动既生成自己，也生成外物。人与自然界相互生成，自然界生成人，人也生成自然界，人作为自觉的自然界，自然界作为不自觉的人，人是自然界身体的一部分，自然界也是人身体的一部分，同时人在自然界盲目力量之上以理性自觉生成，又超越了自然界，所以人可以与天地参。所以"譬如天地之无不持载，无不覆帱。譬如四时之错行，如日月之代明。万物并育而不相害。道并行而不相悖。小德川流，大德敦化，此天地之所以为大也"。① 一切事物共同生长而互不相害，并行而不悖。中庸共生是存在的根本规律，而人通达中庸共生规律的途径就是至诚，以诚立身行事就可以达到与万物共同生成，至诚既是通达中庸共生的途径，也是人实现自我生命本真和幸福的出发点，所以中庸、共生、至诚属于价值意义本体、规律方法途径浑然一体的整体，所以"唯天下至诚，为能经纶天下之大经，立天下之大本，知天地之化育。夫焉有所以倚？"② 可以说，子思的中庸思想有三个核心概念："中""和""诚"。"中"为存在的根本规律，"和"为实现"中"这个规律后呈现的万物化育的状态，"诚"为人发现自我本真达致中和、实现万物与自我共同生成化育的出发点。依照康德的观点，革命的意义并不在于成功与失败，而在于人们所理解的方法。进步的意义在于人们的激情，激情就是人类道德立场的基点，这种道德基点只有在非决定论和偶然性中展现出来。③ 那么，子思所谓的"诚"笔者理解也就是要发自本性去立身行事，这与前边我们所提到的自我同一性的内涵是接近或者一致的，与审美也是相联系的，从"诚"出发，就能处处遵循"中"的规律，就能兼顾综合各方面因素（因为各方面的综合统一就是一种美，美属于人的天性，即人的本性），最终就能创造"和"的状态，即万事万物相互生成的共生状态。要注意的是我们对子思想的理解是要站在辩证唯物主义立场的，所以，绝对不是要将所谓的"诚"上升到本体论意义，这一点是要明确的。

其实，自我与他者的同一共生是通过自我个性才能的发挥和审美体验实现的，例如花开得美丽与我对它的审美享受直接同一，歌唱家发自内心的抒情演唱与听众的陶醉直接同一。表演者得到一种酣畅淋漓的个性才能展现，是一种自我肯定，观众也得到愉悦，也实现了自我肯定。这种双向的自我肯定、直接同一就是审美实践过程中他者和自我共生共在的过程，我在他中，他在我中，

---

① 子思. 中庸［M］. 刘强，编译. 哈尔滨：哈尔滨出版社，2007：277.

② 子思. 中庸［M］. 刘强，编译. 哈尔滨：哈尔滨出版社，2007：288.

③ Day Wong. "Foucault Contra HabermasEnlightment, Power, and Critique［J］. Philosophy Today, 2005, 31（1）：56-61, 64.

他我为一，他我相互生成、共生共在。所以，"高尔基的名言是，美学是未来的伦理学。""美育是造就完整的、和谐的、规范的人的手段。"① 美可以规范人的思想和言行，使人更符合自身的本真而存在，这种本真的存在有利于人与他人、社会、自然的共生，因而这种存在状态的人是完整意义上的人。至于美的伦理学的详细具体内涵，有待于我们进一步去研究和阐述。

巴甫洛夫（Иван Петрович Павлов）根据人身上第一和第二信号系统的相互关系把人分为三种类型：（1）"艺术"型，在这种类型的人身上，建立在感性知觉器官基础之上并因而具有生物本性的第一信号系统起着主导作用；（2）"思维"型，在这种类型的人身上，建立在概念—语言活动基础之上并具有社会本性的第二信号系统起着主导作用；（3）混合型，兼具艺术型和思维型的人。"思维"型的人严谨而定于理性，在其行为中更多地遵循的是理性。"艺术"型的人则更富于感情，更喜欢服从感情的指示，他活跃，敏感。所以在我们的认识中，把两种信号系统联合于自身的混合型的人，原则上同美的范畴相符。② 人体是地球上最美的美（车尔尼雪夫斯基），"在我看来裸体是美的"。③ 我们应当激发人的审美意识，在审美实践中培养人的审美能力，在审美活动中激发人的创造性，我们这个社会才会物质精神财富滚滚涌流。从巴甫洛夫的观点看，美兼具感性和理性的特征，感性促进人与自身相统一，理性促进人与他人、社会和自然界相统一，最终实现人与他者的共生。

基于审美共生实践的生成观是对马克思主义哲学实践概念的进一步发展，并不否认实践的客观性，并不否认人的存在的客观性，并不违背辩证唯物主义的基本原则和立场，而是对从事实践活动的人作了更加深入的分析，重视了人在实践活动中的审美目的性、人在实践中的自我同一性。

那么，共生的人学追求与马克思主义人学是什么关系呢？

马克思主义人学是关于人的本质及全面发展的一门学科，它是从人与自然、人与社会、人与人的关系中研究人的本质，分析人在世界中的地位，预测和指明人自身的本质力量得以发展和解放的一门科学理论体系。基于审美的生成观的人学追求仍然坚持马克思人的本质及全面发展内容，仍然从人与自然、人与

① H·N.克留科夫斯基.人是美的［M］.刘献洲，译.北京：国际文化出版公司，1989：37.

② H·N.克留科夫斯基.人是美的［M］.刘献洲，译.北京：国际文化出版公司，1989：65.

③ ［苏］H·N.克留科夫斯基.人是美的［M］.刘献洲，译.北京：国际文化出版公司，1989：125.

第六章　社会合理化生成的人学追求：基于审美的共同生成观

社会、人与人的关系研究人的本质，分析人在世界中的地位，属于预测和指明人自身的本质力量得以发展和解放的科学理论体系之内。但不同的是，基于审美的生成观的人学追求提出人与自身的关系，遵循人与自身、与他人、与社会、与自然共生关系的逻辑顺序中研究人的本质。

马克思主义创始人把无产阶级和全人类解放作为自己哲学研究的主题。基于审美的生成观的人学追求也是秉承为全人类解放服务的宗旨，不同的是基于审美的生成观的人学追求将人的解放与自我同一性结合起来，认为人不仅要从各种社会关系的奴役中得到解放，而且要从各种异化中得到解放。

马克思主义人学包括三个有机组成部分，即人的本质及其发展规律的理论、人在世界中的地位的理论、人的自由全面发展的理论。基于审美的生成观的人学追求仍然在这个框架体系内进行研究，不同的是基于审美的生成观的人学将审美共生作为贯穿始终的一条线索。

首先，马克思主义创始人从对人本质的研究入手来构建自己的人学体系。还在早期的著作中，马克思已经充分地认识到，构造抽象思辨的"人的科学"毫无用处，因为它脱离了社会的活动和人的实践。而"社会生活在本质上是实践的。凡是把理论导致神秘主义方面去的神秘东西都能在人的实践中以及对这个实践的理解中得到合理的解决"。① 因此，马克思一改以往唯心主义和旧唯物主义的研究方法，一方面从社会关系的角度来研究的人的本质，"人的本质并非单个人所固有的抽象物。在其现实性上，它是一切社会关系的总和"②，指出了社会关系对人的本质的制约作用；另一方面，他又从社会实践的角度来研究的人的本质，他说"环境的改变和人的活动的一致性，只能被看作是并合理地理解为革命的实践"③，指明了人的活动对社会关系的改造作用，从而在此基础上实现了人的本质的历史观和实践观的统一。基于审美的生成观的人学追求坚持马克思的观点，也反对构造抽象思辨的"人的科学"，坚持从社会活动和人的实践出发研究人学，坚持人的本质并非单个人所固有的抽象物，在其现实性上，它是一切社会关系的总和的认识，坚持在实践基础上实现人的本质的历史观和实践观的统一。不同的是基于审美的生成观的人学追求将审美引入实践范畴，

---

① 马克思.关于费尔巴哈的提纲［M］//马克思，恩格斯.马克思恩格斯全集：第3卷.
北京：人民出版社，1965.

② 马克思.关于费尔巴哈的提纲［M］//马克思，恩格斯.马克思恩格斯全集：第3卷.
北京：人民出版社，1965.

③ 马克思.关于费尔巴哈的提纲［M］//马克思，恩格斯.马克思恩格斯全集：第3卷.
北京：人民出版社，1965.

是基于审美的实践，在这种实践关系中生成着具体的、现实的人。

在研究人的本质的同时，马克思、恩格斯也涉及了对人的个性问题的探讨。马克思主义认为，个性作为一个人同他人区别开来的独特的、整体的特征，是人的本质在个体身上的表现，由于人的需要和实践是多种多样的，因而人的个性也是丰富多彩的。基于审美的生成观的人学追求也关注人的个性，关注人的个性化发展，提倡在实践过程中发挥人的个性，提倡个性的多样化，不同的是基于审美的生成观的人学追求将个性与审美结合起来，认为人的个性丰富性是通过审美实践活动表现出来的。

在研究人的本质的问题时，马克思主义还涉及人生、人道主义与异化问题。人性就是人的共性，是人的一切属性的总和。人性是人的本质这种深层规定性的外化。马克思主义人道主义是一项基本的价值原则和行为规范。同历史上一切抽象的人道主义不同，它是通过对人类社会产生、发展、变化的历史过程的科学考察，揭示了时间和社会性是人的真正本质，物质经济关系是人之间决定其他一切关系的基本关系，从而说明人世间一切非人道现象的根源及改变这种状况的现实途径。马克思讲的异化，既不同于英国古典政治经济学从商品交换中所有权的让渡、疏远化的意义出发的异化，也不同于德国古典哲学中讲的主体异化、对象化，外化为客体精神，对象化为物质，而是将资本主义雇佣奴隶制必然产生的异化劳动以及通过工人阶级的政治革命，消灭资本主义私有制，建立共产主义，扬弃劳动异化。基于审美的生成观的人学追求也是对人道主义和异化问题的关注，反对抽象的人道主义，坚持在社会关系的变化中、在人类历史的变化中分析人性，认识人道主义的内涵。基于审美的生成观的人学追求坚持马克思关于人的异化的思想，注重从改变劳动的异化来改变人的异化，坚信共产主义是人全面扬起异化的社会。不同的是基于审美的生成观的人学追求在人的审美共生实践中探讨人道主义和人的异化问题，为人道主义内涵里增添了审美共生实践的因素，有利于促进人实现审美共生实践的因素都是有利于实现人道主义的因素，不符合审美共生实践的环境就会导致人的异化。未来的共产主义社会就是人全面实现审美共生实践的社会。

其次，马克思主义人学科学地分析和阐述了人在世界中的地位问题。人的地位是由人的本质和参照系决定的，它是人的对象化与对象的人化的统一。人作为一切社会活动的主体，是能动性和受动性的统一，是创造性和模仿性的统一，是自主性和适应性的统一。与此同时，人作为主体，还包括主体人的权利和人格及人的尊严的问题。基于审美的生成观的人学追求也突出人的主体地位，坚持人是能动性与受动性的统一，提倡尊重人的主体权利，尊重人的人格，尊重人的个性，保护人的尊严。所不同的是基于审美的生成观的人学追求将人的主体性与人的自我同一性联系起来，人的主体地位的发挥与自我同一相统一，人的主体性的发挥要与人与他者的共同生成相结合。

再次，马克思主义人学科学地论证和指明了人的全面发展与解放途径的问题。马克思在早期著作中，就已致力清除哲学中特别是费尔巴哈哲学人类学中神秘的东西，力求证明哲学的自我意识同社会和人的实际生活对立起来的做法是最不合理的。他坚信"哲学家们只是用不同的方式解释世界，而问题在于改变世界"。基于审美的生成观的人学追求坚持人的自我意识同社会和人的实际生活结合起来，对人的问题的研究不仅仅在于解释世界，而更重要的是从实践出发改造世界。不同的是基于审美的生成观的人学追求将人改造世界和与世界共生结合起来。

马克思主义人学认为，人的发展和解放，首先表现在如何看待人的价值上。人的价值在于人在社会中最大限度地发展他的主体性，展现人的本质力量。人的价值包括社会价值与个人价值。人的价值的创造和实现过程，就是劳动，劳动就是创造和贡献于他人和社会的过程。基于审美的生成观的人学追求也关注人的价值，在后边的伦理学研究中突出人的价值，强调人的社会价值和个人价值的统一。不同的是基于审美的生成观的人学追求将社会价值与个人价值贯通起来，消除二者的对立，提出在审美实践基础上人既实现个人价值也实现社会价值，实现个人价值与实现社会价值是一个过程。

马克思主义人学认为，人自身本质的发展和解放是"人的自由"与人的全面发展。自由是通过对必然的认识和客观世界的改造而达到的自我实现、自我超越。追求自由是人本质的最充分的体现，是人的活动的最根本的目的。而人的全面发展是人的本质力量，人的能力和志向以及人的创造潜能都达到最充分的发展，人由此从自然、社会和自身中获得最大自由。基于审美的生成观的人学追求也强调人的自由和全面发展，提倡尊重和激发人的潜能。不同的是基于审美的生成观的人学追求将人的潜能、自由与人的审美紧密联系起来，在审美实践中发现、激发人，展现人的潜能，实现人的自由。马克思主义人学认为，教育和生产劳动相结合是实现人的自由全面发展的唯一方法，人的自由全面发展不仅不排斥而且需要个性发展。个人的全面发展表现在他的智力道德和体力的发展之间，在他的理性、情感和意志的组成部分之间，是一种最充分的、和谐一致的发展。只有在未来的共产主义社会，才能最终达到马克思在《共产党宣言》中所说的"每个人的自由发展是一切人的自由发展的条件"。① 基于审美的生成观的人学追求也坚持马克思主义人学的这些内容，关注人的理性、性感和意志，强调人的个性、理性、情感和意志在人的生产劳动中形成与发展，要将人的全面发展与生产劳动相结合，只有在未来的共产主义社会才能全面实现人的发展。不同的是基于审美的生成观的人学追求将人的情感、意志、个性与自我同一性联系起来，将理性与审美联系起来，培养健康的情感、意志，在审美中确立理性，在审美实践中展现个性，在个性展现中实现人与他人、社会、自然界共生，人类的历史就是为全面实现人的审美共生实践而创造条件，全面实现之日就是共产主义社会到来之时。

---

① 马克思，恩格斯．马克思恩格斯全集：第 42 卷［M］．北京：人民出版社，1979：96.

第七章

社会合理化生成的伦理诉求：共生伦理学

对共生理念在社会历史观方面的考察涉及伦理学考察，即社会合理化生成的伦理学研究，所以我们提出社会合理化生成的伦理诉求，即共生的伦理学。共生伦理从群体而言追求大多数人的共生共荣，从个体而言注重提高个人的幸福指数；它将审美引入伦理范畴，提倡艺术化和审美型生活；关注人的个性，重视从心灵呵护人，尊重人；它强调从个性和兴趣出发确立个人的职业、婚姻、生活，保护人的激情，树立真实的自我并生成自己。

第一节　共生共荣的价值理想

共生即共同生成、共同繁荣。所有人共同富裕、共享幸福、共同发展也是人类社会自古以来就追求的社会理想和价值目标，这也是共生伦理的价值追求。

一、马克思是以人类的共生共荣为价值理想的

马克思是以人类的共生共荣为价值理想的。马克思本人也是履行自己的理想信念的典范，他认识到个人只有融入集体的互动共生过程中才能实现个人的发展和幸福，所以，他一生致力于人类共生共荣的伟大事业。历史承认那些为共同目标劳动而自己变得高尚的人是伟大人物；经验赞美那些为大多数人带来幸福的人是最幸福的人；宗教也教诲我们，为人类牺牲了自己的人是高尚的。"如果我们选择了最能为人类谋福利而劳动的职业，那么，重担就不能把我们压倒，因为这是为大家而献身；那时我们所感到的就不是可怜的、有限的、自私的乐趣，我们的幸福将属于千百万人，我们的事业将默默地但是永恒发挥作用

地存在下去，而且面对我们的骨灰，高尚的人们将洒下热泪"。① 这是马克思青年时期在选择职业时所说的一段话，这段话表明马克思人生的价值和意义没有局限在个人私利上，而是将自我价值的实现与社会和众人幸福的实现紧紧结合起来，自己的事业乐趣与为众人谋幸福统一起来，自己的幸福快乐与社会和他人的幸福快乐统一起来，他在他自己的劳动中获得乐趣，他在实现自己乐趣的同时，也实现着他人的幸福，反过来也可以说他在实现他人的幸福过程中获得了自己的乐趣，达到了自我实现，肯定了自己的价值，为他人也就是为自己，为自己也就是为他人，这应当就是马克思共产主义理想社会下人存在的普遍方式，这就是人与他人相互生成的过程，即共生的过程。从这段话，我们可以分析出两个价值原则：一个是马克思崇尚自我价值与社会价值的统一，另一个是整个人类共同获得幸福才是社会的目的。这两条原则均符合共生理念的内涵。自我与他人共同生成、社会的解放是所有人的解放，符合共生发展原则和价值追求。"自然，要不是每一个人都得到了解放，社会本身也不能得到解放。"②

马克思的价值追求是人与人的共生、人类的共生，是个人保持和展现个性才能的共生，是差异性个性的人的共生。"既然按照斯密的意见，大多数人遭受痛苦的社会是不幸福的，既然社会的最富裕的状态会造成大多数人的这种痛苦，而国民经济学一般是私人利益占统治地位的社会又会导致这种最富裕的状态，那么国民经济学的目的也就在于社会的不幸。"③ 所以，马克思批判斯密的经济学是少数人富有大多数人贫穷的经济学，是导致社会不幸的经济学，这种经济学不利于人的共生。

马克思的理想社会是实现所有人共生的社会，共产主义的大同是指人们满足生存的条件水平是相同的，人们的生活不再是生存性实践，生存性实践的必要已经不是个人实践最主要的内容，个人的实践主要是审美快乐性实践，就这一点而言是大同的，人与人的差异依然存在，最主要的是个性才能、生活风格、情趣爱好的差异。马克思反对少数人占有劳动条件，少数人凌驾于多数人之上。当然人与人的共生是以财富的共有为基础的。马克思在《资本论》第三卷中指出："当然，可以说，资本（以及资本作为自身的对立物而包括进来的土地所有

① 马克思. 青年在选择职业时的考虑［M］//马克思，恩格斯. 马克思恩格斯全集：第40卷. 北京：人民出版社，1982：7.

② 恩格斯. 反杜林论［M］//马克思，恩格斯. 马克思恩格斯全集：第20卷. 北京：人民出版社，1971：318.

③ 马克思. 1844年经济学哲学手稿［M］//马克思，恩格斯. 马克思恩格斯全集：第42卷. 北京：人民出版社，1979：53.

权）本身已经以这样一种分配为前提：劳动者被剥夺了劳动条件，这些条件集中在少数个人手中，另外一些个人对土地拥有排他的所有权，总之，就是存在着原始积累的那一部分已经说明过的全部关系。"① 恩格斯也反对少数人对社会财富的控制。恩格斯在《英国工人阶级的状况》中指出："一小撮强者即资本家握有一切，而大批弱者即穷人却只能勉强活命。"② 这都说明马克思、恩格斯是把大多数人共同幸福看作社会基本价值原则的，这个原则就体现出大多数人的共生，共同获得生存和发展，共同获得幸福，财富应当让人民群众共享，自由幸福为人民群众共有。这与马克思、恩格斯强调的阶级斗争不矛盾。阶级斗争是劳动人民群众获得解放的手段。在阶级社会，社会财富为少数剥削者所占有，自由幸福为少数剥削者所独有，人民群众不能实现社会财富的共享和自由幸福的共有，在这种情况下不得不采取阶级斗争的办法推翻剥削者的政治、经济、文化秩序，建立属于自己的符合共生理念价值原则的政治、经济、文化秩序，来实现社会财富的共享和自由幸福的共有，实现人与人的共生。阶级斗争是手段，人与人的共生是目的，手段服从于目的，目的依靠手段来实现，手段和目的是统一的，共生与阶级斗争也是统一的，二者都是对马克思、恩格斯思想的提炼和概括，是有机统一的，不可形而上学地将其割裂和对立起来。

二、共生的伦理学认为事物的共生存在和发展就是善

亚里士多德将德性界定在中庸上，从共生法则也许才能更本质地理解中庸的哲学内涵。亚里士多德把共生上升到道德价值的高度，强调对中间状态的把握，认为保持事物的共生是道德的标准。"德性就是中庸，是对中间的命中。……过度和不及都属于恶，中庸才是德性。"甚至于他对中庸给以最高的价值和道德评价。"不论就实体而论，还是就其所是的原理而论，德性就是中间性，中庸是最高的善和极端的美。"③ 这就意味着中庸是道德范畴，也是美学范畴。为什么呢？就是因为中间性是兼顾了事物各方面，保持了事物的共生状态，维持了事物的共生，就是保存了各种事物以及事物各方面的存在和发展，所以它是最高的德性标准。同时它也是符合美的规律的，美就是一种"之间""中间"。

---

① 马克思. 资本论：第3卷［M］// 马克思，恩格斯. 马克思恩格斯全集：第46卷. 北京：人民出版社，1975：955.
② 恩格斯. 英国工人阶级的状况［M］// 马克思，恩格斯. 马克思恩格斯全集：第2卷. 北京：人民出版社，1957：304.
③ 亚里士多德. 尼各马科伦理学［M］. 苗力田，译. 北京：中国人民大学出版社，2003：34.

善和美紧密相联，"之间"和"中间"一以贯之，这种善必然是美，这种美必然是善，而"之间"和"中间"就体现出共生，也可以说共生就是中间性，所以共生是一种善，也是一种美，属于道德范畴，也属于美学范畴。

作为中间性的共生既然是道德的标准，那么，道德的实现就是关于如何做到具有中间性的这种共生状态，亚里士多德的回答是避免两种错误，一个是"过度"，一个是"不及"，任何破坏事物共生的状态都是错误的。道德的实现就是如何做到中间性的共生艺术。"伦理德性就是中间性，以及怎样是中间性，中间性在两种过错之间，一方面是过度，另一方面是不及。"① 一个掌握中间性的共生艺术之人的特点是圆通，具有中间品质的人说话总能把握好度和适中的原则。既不过分强硬，也不显得软弱；既不粗声粗气，也不柔弱无力；既不高傲，也不自卑；既不冗长，也不短缺；既不唯唯诺诺，也不唯我专断；还能照顾到各方面意志。"中间品质所固有的特点是圆通，一个圆通的人不论说什么、听什么都能合善良而高贵的人的意。"② 当然这种圆通的特点不是鲁迅所说的"骑墙派"，而是在大是大非上面有明确的立场和原则的。作为具有中间性美德的人，一定具有与他人共生的类群特征，所以亚里士多德说："人是政治动物，天生要过共同的生活。"③ 亚里士多德的唯心主义立场是我们要批判的，他的一些有价值的思想火花则值得我们借鉴。

三、共生体现平等和团结

共生逐渐成为一种道德价值追求。Darrylmacer 认为，人与动物、环境之间应当形成这种共生的伦理价值关系。"人与所有其他有组织体都应当是共生关系"。④ 然而，随着科学和人类实践的发展，哲学的旧有理念不断地受到置疑和批判。当代的认知科学、语言理论和哲学解释学证明，孤立的、绝对的、自由的自我观念仅仅是以往哲学的一种设定。在实践领域，个人主义和自由主义引致了许多社会性的危机和悲剧，如物欲的执迷、人的异化、生存意义的丧失，尤其是战争的灾难。对共生问题的反思意味着古老的哲学原则和价值准则已变

① 亚里士多德. 尼各马科伦理学［M］. 苗力田，译. 北京：中国人民大学出版社，2003：202.

② 亚里士多德. 尼各马科伦理学［M］. 苗力田，译. 北京：中国人民大学出版社，2003：202.

③ 亚里士多德. 尼各马科伦理学［M］. 苗力田，译. 北京：中国人民大学出版社，2003：202.

④ MACER D. Animal Consciousness and Ethics in asia and The Pacific［J］. Journal of Agricultural and Environmental Ethics，1998，23（10）：249-267.

得可疑，暴露了个人主义和近代人道主义的内在缺陷。胡塞尔的交互主体性理论表明哲学的唯我论困境必须克服，而存在主义的共在关系论则印证了共生的生存本体论意义。现代西方哲学在批判和超越个体主体性与个人主义上存在两个取向：一是从个人主义走向共同交往，走向共同生成。雅斯贝尔斯（Jaspers, Karl）、马丁·布伯、迪尔凯姆、巴赫金、哈贝马斯、麦金太尔（Alasdair MacIntyre）等试图通过建立理想的生存共同体来为人类提供生存的价值和意义，从而实现人与人之间的和谐与统一，达到治疗西方文明病症的目的：从个人主义走向新个体主义。这种新个体主义构成了现代自我观的核心。新个体主义与个人主义的区别在于，前者强调精神的自主性和人格的独立性，旨在维护一种精神的自决，反对人格的丧失和精神的堕落与屈从，而个人主义却主要是在功利主义基础上立论的。现代哲学对个性的尊崇，实则是主体间共生问题的结果和表征。因为对个性的主张只是在人际共在共生的前提下才是必要和可能的。胡塞尔和其他哲学家也提出，我们应当从真诚和善意出发建立共生关系。胡塞尔在寻求关于什么是真正价值的知识的时候，认为达致团结是真正的理性。善是最清楚最普遍的词汇。作为幸福的善不仅仅是一种个人的欲图，而是某种人与人之间的普遍性的。① 康德强调一种真诚的道德人类的意向倾向于在外在客体中具体化推进的可能性，这种道德就似法国革命那种激情的无私的表现。② 共生伦理倡导差异性共生。著名社会学家斯高特·拉什（Scott Lash）认为在批判理论和后结构主义中，伦理学基本上是通过"差异"对身份进行建构的伦理学。鲍曼（Zygmunt Bauman）呼唤一种后现代伦理学，这种伦理学既是根基性的又是根除性的——简单说就是与他人共在的伦理学。③ 由此可见，差异性、平等性、团结性、共生性都是道德价值的追求。当然，以上诸多西方哲学家的思想都属于唯心主义，他们的思想火花有积极意义，但在哲学立场上，我们要坚持马克思的辩证唯物主义立场。

四、人只有在共生中才能实现审美和幸福

马克思认为人是类存在物，是因为人只有在自己的类中生活才成为人，即

① NENON T. Husserl's Conception of Reason Authenticity ［J］. Philosophy Today, 2003, 29（9）: 68.

② CALCAGNO A. Interface: Modernity and Post-Modernity-the Possibility of Enthusiasm According to Immanuel Kant and Jean-Francois Lyotard ［J］. Philosophy Today, 1995, 21（4）: 358.

③ BAUMAN Z. Postmodern Ethics ［M］. Hoboken: Bleckwell, 1998.

人从自己的本性出发去生活，实现自我的同一性，在这种生活状态中个人与他人、与社会、与自然万物是统一一致的，人以这种方式生成自己的同时，也生成了他人和万物，个人在成就自己的同时也成就了他人和万物，个人在享受和获得幸福的同时，也实现了他人的享受和幸福。从这个意义上说，个人与他人和群体是完全一体的，与万物也是完全一体的，所以说人是类存在物。美国存在主义者巴雷特就曾经指出，现代西方人已变成了三重异化的人：与自然、与其他的人、与自己异化的人。马克思的观点就是对这种状况的最好纠正。类存在物还有一层意思，即人是有意识的存在物，所以人是自由的，这就决定了人会将自然万物都通过生产活动和生活活动纳入自己生命本质中，所以人的普遍性最强。通过意识的自由活动和生产生活的生成活动，人与万物融为一体。从时间的无限性来讲，人具有一切事物的特性，即普遍性。类的更重要的意思是强调万物的整体性、一体性、共存性、有机结合、相互依赖、相互依存的方面。也可以说马克思的类的思想与张载的民胞物与的思想是一致的。"人是类存在物，不仅因为人在实践上和理论上都把类——自身的类以及他物的类——当作自己的对象、而且因为——这只是同一件事情的另一种说法——人把自身当作现有的、有生命的类来对待，当作普遍的因而也是自由的存在物来对待。"①

在中国古代，追求并践行共生存在理念的人就是君子。孔子说："君子中庸，小人反中庸。"② 子思的中庸思想更偏重于个人的立身行事，认为君子是对中庸的共生之道自觉意识的人，他与人交往，和而不同，能保持自己的本性，也就是说每个人应当尽量将自己的天性才能发挥出来，又能与人共处共生，"故君子和而不流，强哉矫；中立而不倚，强哉矫；国有道，不变塞焉，强哉矫；国无道，至死不变，强哉矫！"③ 真正的强者，应当是能坚持中庸共生理念的人。这种人将自己融入社会当中，展现自己的本真心性，在获得自己幸福的同时实现了他人的幸福，始终把握在过度和不及之间的平衡，这样的人获得了存在的真，实现了道德的善，感受了生活的美，是一个真正幸福的人。

五、人与自然共生的价值理想

人是类存在物，人应该意识到自己与他人以及其他生物包括整个自然界都是一个整体，人是自然界的一部分，自然界是人的无机身体，人是自然界有机

---

① 马克思 . 1844 年经济学哲学手稿［M］// 马克思，恩格斯 . 马克思恩格斯全集：第 42 卷 . 北京：人民出版社，1979：95.

② 子思 . 中庸［M］. 刘强，编译 . 哈尔滨：哈尔滨出版社，2007：16.

③ 子思 . 中庸［M］. 刘强，编译 . 哈尔滨：哈尔滨出版社，2007：68.

的身体，人要与其他生物和自然界相互作用、发生交往，交往是马克思认识世界最普遍的一个概念，既包括人与人的交往，还包括人与其他生物的交往，还包括人与自然界的交往。在这个普遍的交往过程中生成了人，交往的范围越全面，人的普遍性越强。"无论是在人那里还是在动物那里，类生活从肉体方面说来就在于：人和动物一样，靠无机界生活，而人比动物越有普遍性，人赖以生活的无机界的范围就越广阔。"① 植物、动物、石头、空气、光，等等，一方面作为自然科学的对象，一方面作为艺术的对象，都是人的意识的一部分，是人的精神的无机界。人与自然界物的关系包含两方面，一方面是理论知识认识的关系，另一方面是审美愉悦获得的关系。也可以说，人享用和消化的精神食粮包括人科学的方面和艺术的方面。从实践领域来说，这些东西也是人的生活和人的活动的一部分。人在肉体上只有靠这些自然产品才能保持事实性存在，不管这些产品是以食物、燃料、衣着的形式还是以住房等的形式表现出来。人把整个自然界既作为人的直接的生活资料，又作为人的生命活动的材料、对象和工具，人对自然界普遍性的占有表现为将自然界变成人的无机的身体。自然界，就它本身不是人的身体而言，是人的无机的身体，自然界是人为了不致死亡而必须与之不断交往的人的身体，人与自然界就是这种互为身体的共生关系。所谓人的肉体生活和精神生活同自然界相联系，也就等于说自然界同自身相联系，因为人是自然界的一部分。人与世界的关系一方面是事实关系，即求真的关系；另一方面是价值关系，即审美的关系、艺术的关系。人为了从审美中获得快乐和幸福而发生与自然的事实关系，价值关系是目的，事实关系是手段，但是现实的社会往往颠倒了这个关系，事实手段关系支配了审美价值关系，人为了物而活着，人失去了自己的幸福和快乐。事实的关系维持了肉体的存在，如何实现事实关系和审美关系的统一是人类未解决的问题，共产主义的目的就是要实现这个问题的解决。

　　人是一种应该认识到自己与自然万物是浑然一体的存在物，所以人才是类存在物。动物和它的生命活动是直接同一的。动物不把自己同自己的生命活动区别开来，它就是这种生命活动。人则使自己的生命活动本身变成自己的意志和意识的对象。他的生命活动是有意识的。这不是人与之直接融为一体的那种规定性。有意识的生命活动把人同动物的生命活动直接区别开来。正是由于这一点，人才是类存在物。或者说，正是因为人是类存在物，他才是有意识的存

---

① 马克思．1844 年经济学哲学手稿［M］//马克思，恩格斯．马克思恩格斯全集：第 42 卷．北京：人民出版社，1979：95.

在物，也就是说，他自己的生活对他是对象。仅仅由于这一点，他的生活才是自由的活动。异化劳动把这种关系颠倒过来，正因为人是有意识的存在物，才把自己的生命活动、自己的本质变成仅仅维持自己生存的手段。人比动物多了个理性，人的行动要受意识理性的命令，人在理性意识里可以将自然界万物融入自身生命过程中，所以人是最具有普遍性的动物。

天地之性也就是人之性，这个性也就是不断相互作用生成之性。类是马克思共产主义理想的哲学之源。历史的全部过程就是类本位社会的现实的产生活动及其理性自觉的生成活动。古今中外人们朴素的大同理想以及乌托邦理想实际是人自发形成的期盼和呼吁。而马克思是从理论的高度理性化地明晰了这个人类社会发展的趋势。共产主义是私有制财产即人的自我异化的积极的扬弃，是通过人并且为了人而对人的本质的真正占有；它是人向自身、向社会的（即人的）人的复归，这种复归是完全的、自觉的而且保存了以往发展的全部财富的。共产主义作为人的本质性生成运动，它是自然界自然运动历史非常高级的阶段，在这里，自然盲目共生进化发展进入到高度的自觉化共生进化发展，即人全面意识到并践行共生规律，共生等生态规律被人类掌握形成生态的人类社会和文明，对自然界来说，是自然界的本质性存在在人类社会的全面贯彻，是自然文明在人类文明的全面展现，因而是完成了的自然主义；对人类社会来说，自然的本质性存在穿过人类的异化阶段，是人类社会对自然界本质性存在的自觉和复归，因而也是对人类的本质性存在的复归，人完成了自由与必然、工具和手段、存在与本质、对象化与自我确证、个体和类的统一，确立了真正的人道主义，也是在人类历史发展中完成了的人道主义，它在纵向的自然生态史上也是自然主义。在共产主义社会，人与万物共同生成。"历史的全部运动，即是这种共产主义的实现的产生活动，即它的经验存在的诞生活动，同时，对它的能思维的意识说来，又是它的被理解到和被认识到的生成运动。"① 共产主义作为一种应然理想社会，是隐含在人类历史和人的生成历史的生成史实脉络中的，它的应然来自人的本真的生成理想。

共产主义的博爱是人生命本质的直接体现，这种体现就在其生产活动、生命活动、享受活动、产生自己和他人以及自然界本质的活动中。笔者认为，人的生命活动的基点或出发点就是人发自内心的兴趣。兴趣是人通向生命活动的根本出发点，也是人实现自我同一性的根本出发点，是实现个人与他人、个人

① 马克思.1844年经济学哲学手稿［M］//马克思，恩格斯.马克思恩格斯全集：第42卷.北京：人民出版社，1979：120.

与外物本质同一的根本出发点。生命的本质是不可解释的，如果要解释的话，就从你自己的兴趣中去寻找原因，你会发现，你的审美还有兴趣是很难用理性去分析说明的，它是没有原因的原因，它是理性的逻辑起点，它是无法说清的，但是实实在在存在的，它是我们的幸福之源，是你享受和快乐的起点，是我们的价值和意义之源，是我们沟通人与人、人与物的直通车，是连接人与人、人与自然万物本质的根本纽带。自然万物的本质是什么，你要从你发自内心的兴趣中去寻找。生活的目的是寻求幸福和快乐，从兴趣出发你才能得到生活的幸福和快乐，才能得到生活的真谛，才能实现你做人的本质，才能生成你作为人的存在，才能营造你健康的人生。马克思的共产主义理想是一种价值判断和事实逻辑判断的结合，也可以说是伦理判断和经济判断的结合。《1844 年经济学哲学手稿》是他的哲学价值判断，《资本论》《德意志意识形态》《共产党宣言》等著作是他的历史事实和逻辑判断，这样来论证共产主义的历史必然性，共产主义可以说是人类社会的极限目标，人类社会始终是以这个价值为指针而前行的。共产主义的整体目标目前尚没有实现，但作为个人的生活状态，从古到今都有人做到了，许多人可能不是生活的整体做到，但许多方面做到了，而每一个人都在其一生中或多或少在某一侧面到和实现了。从这个角度说，共产主义的价值理想每时每刻都在我们身边发生着。"无神论的博爱最初还只是哲学的、抽象的博爱，而共产主义的博爱则从一开始就是现实的和直接追求实效的。"①马克思的这句话说的就是这个意思。共产主义对个人来说是一种人生观、生活态度和生活方式，个人努力在现实生活中实现事实关系和审美价值关系的统一。共产主义对社会来说是一种价值理想和社会理想，社会从历史的长度逐步为个人实现事实与价值的统一而创造条件和手段。

自我与他人要实现共同生成。"在被积极扬弃的私有财产的前提下，人如何生产人——他自己和别人；直接体现他的个性的对象如何是他自己为别人的存在，同时是这个别人的存在，而且也是这个别人为他的存在。"②

无论个人是否意识到了共生的存在规律和价值，历史和事实在总的趋势上都证明了遵守这个规律和价值的个人生成了自己，实现了生活的目的——快乐和幸福，违背这个规律和价值者都作为偶然性的人在总的结果上消解了自己的快乐和幸福。

---

① 马克思.1844 年经济学哲学手稿［M］//马克思，恩格斯.马克思恩格斯全集：第 42 卷.北京：人民出版社，1979：121.

② 马克思.1844 年经济学哲学手稿［M］//马克思，恩格斯.马克思恩格斯全集：第 42 卷.北京：人民出版社，1979：120.

第二节　共生伦理的基本规范

共生伦理首先要求人确立正确的幸福观，在此基础上才有正确的人生观、职业观、爱情婚姻观、亲情观、友谊观。

一、共生的幸福观

什么是幸福？德性即幸福，这是人们对幸福最古老的认识之一。早在古希腊，苏格拉底、柏拉图就明确提出这一观点。苏格拉底认为善就是知，知就是德，德就是福。因此，苏氏主张：人生的本性是渴求幸福，其方法是求知、修德行善，然后就是一位幸福之人。柏拉图认为至善即幸福，人为了获得幸福，就必须克制情欲，用智慧和德行去追求至善，幸福不在于肉体感官享乐，而在于善的灵魂。中世纪神学思想家把人的物质生活欲望上升到感性论，将肉体的需要比作罪恶加以禁止，以此教导人们幸福不在此岸世界而在虚无缥缈的彼岸世界，认为人只有安贫乐道，忍受痛苦，甘于贫困，才能使灵魂得到拯救，享受天国之幸福。德性即幸福这一认识中的禁欲主义思想，理所当然地要受到来自另一方面即经验论的幸福观的批判。

幸福即快乐，这是经验论幸福观的核心命题。伊壁鸠鲁认为，最大的善来自快乐，没有快乐，就不可能有善。幸福生活是天生的最高善。这一思想后来被后人向两方面进一步发展：一方面是纵欲主义，主张感官的享乐与放纵即幸福，这是对禁欲主义的道德生活的极端否定；另一方面则是主张有节制的、健康的物质享乐。费尔巴哈是后一观点的突出代表。

费尔巴哈（Ludwig Andreas Feuerbach）抨击中世纪基督教道德生活方式，强调幸福的现实感性实质，他将一切属于生活的都归之于幸福，幸福不是别的，只是某一生物的健康的、正常的状态，在这一状态下，生物能够无阻碍地满足和实际上满足为它本身所特别具有的并关系到它的本质和生存的特殊需要与追求。费尔巴哈的幸福论是生命自身即幸福。生命应不应该具有幸福？费尔巴哈指出：生命本身就是幸福，生命本身就是可珍贵的幸福，幸福只是某一生物的健康的、正常的状态，它们十分强健的或安乐的状态；在这一种状态下，生物能够无阻碍地满足和实际上满足为它本身所具有的，并关系到它的本质和生存的特殊需要与追求。生命分界的地方和生命分界的东西，也就是追求幸福分界的地方和追求幸福分界的东西。在费尔巴哈那里，生命和幸福不仅是紧密联系的，而且可以把二者看作是一个东西。失去了生命，也就失去了一切幸福；没有幸福，也就意味着失去了生命。因此，他号召人们要从宗教神学那种虚幻的精神境界中的幸福返回到活生生的现实人间的幸福，要求人们从"神"和"神的幸福"转向"人"和"人的幸福"，转向注重生命的存在和维护生命存在的物质利益。费尔巴哈的"生命本身就是幸福"的观点，在反对宗教神学"禁欲主义"的斗争中，具有一定的历史进步性。

共生的伦理学认为，人的幸福来自于三个方面：人从本真内心出发对待自己，确立自己的职业、婚姻等，这样可以从工作和家庭生活中获得幸福和快乐；人在与人的交往中获得快乐和幸福；人在对自然的审美中获得快乐和幸福。

道德的出发点是幸福，我们每个人的生活都是从这一点出发而形成的，道德应当包括两方面：合乎自身快乐的、幸福的是道德的，另一方面，合乎人际共同生成的是道德的。"合乎德性的行为，就是自身的快乐……最美好、最善良、最快乐也就是幸福。"[1] 我们的幸福快乐就存在于生活过程本身当中。我们可以这样说，生活并不把快乐当作附加物，像件装饰品那样，生活在其自身中就具有快乐。也就是说，生命本身就是快乐。快乐是合乎我们自身本性的，"凡是合乎自然的东西，在本性上就是最好的。"[2] 本性从何体现出来？从发自内心本真的呼唤而来，内心本真就蕴涵着人的个性特征和才能。所以，一个人生活的真正幸福就在过程当中，无需在其他物当中去寻找，生活的活动与幸福的享受本身是一个东西，只有实现了二者的同一，人才保持了自身的同一性，才能不被外物所异化。人总是生存在事实和价值之间、存在和幸福之间，人总是为了生存，为了物质的东西而异化和违背自己，仅仅就是为了生存，在满足了生存的基础上人更多地要追求价值、幸福和真实的自己。在现实生活中人总是处于虚假的自己和真实的自己之间，在二者的分离聚合中徘徊。

人的个性才能和审美是最高的善，人的个性才能的发挥和审美表现的活动是最高尚的活动。人的本性上的善应当就是高尚的善。生命本身就是美和善，个性才能和审美活动的表现本身就是生命的活动，千姿百态的植物竞相生长，各种鲜花争奇斗艳，植物、动物、山川江海无不表现出美来，这本身就是真，真的东西本身就是善。所以，追求生命活动的活动也是善的。"生命就其自身就是善，就是使人快乐的。因为它是限定的，而限定是善的本性，而在本性上的

[1] 亚里士多德. 尼各马科伦理学 [M]. 苗力田，译. 北京：中国人民大学出版社，2003：15.

[2] 亚里士多德. 尼各马科伦理学 [M]. 苗力田，译. 北京：中国人民大学出版社，2003：16.

善也就是高尚人的善，正因为如此，所以它使一切人快乐。"①

人天生就是处于共生关系中的人，只有在同其他人的共生当中才能实现自己的幸福和发展，所以没有与别人的共生，也就没有自己。"人们认为幸福生活应该是快乐生活，然而孤单一人则难于生活，并且只靠自身就难于进行不断的现实活动，只有在他人的帮助之下，与他人的协作之中才更容易些。至福之人也应如此，他固然是就自身而快乐，然而协同的现实活动却更能持久。"② 真正有德性的人是懂得共生道理的人，按照共生规则行事的人，依照共生进行活动的人，这样的人生成自己，也生成别人。"因为德性就是最大的善。所以，善良的人，应该是一个热爱自己的人，他做高尚的事情，帮助他人，同时也都是有利于自己的。邪恶的人，就不应该是个爱自己的人，他跟随着自己邪恶的情感，既伤害了自己，又伤害了他人，邪恶人的所为之事和所应为相背驰。"③ 邪恶的人是糊涂的人，是不懂共生智慧的人，所以他以为戕害别人对自己好，这种愚蠢的人最终会发现戕害别人实质是自己戕害自己。

我们的幸福不仅来于对自己的关爱，还来自对他人的关爱，也来自对自然万物的爱惜。共生规律是符合社会发展的，社会的进步必须是人与自然的共同生成。"一个浪费的人是毁灭自己。因为从某种意义上说，毁灭物资也就是毁灭自身，生命是通过物资而存在的。"④ 自然界是人生命和身体的一部分，任何对他者的破坏都是对自己生命和身体的破坏。共生的伦理自然而然要求人与他者、自然界艺术相处，相互生成。

二、共生的职业观

我们每个人走上社会必须进入的角色就是自己的职业，职业是我们谋生的手段，我们能不能试问一下，在这个手段里能否融入目的呢？能否达到目的与手段的统一，或者目的与手段的同一呢？职业作为手段维持我们事实性的存在，作为目的维持我们价值性的存在，在人类社会的历史上，在大部分人的生活中，二者是分离的，处于剥削阶层的人无从谈起价值性存在，挣扎在死亡线上，仅

---

① 亚里士多德. 尼各马科伦理学 [M]. 苗力田，译. 北京：中国人民大学出版社，2003：204.
② 亚里士多德. 尼各马科伦理学 [M]. 苗力田，译. 北京：中国人民大学出版社，2003：203.
③ 亚里士多德. 尼各马科伦理学 [M]. 苗力田，译. 北京：中国人民大学出版社，2003：201.
④ 亚里士多德. 尼各马科伦理学 [M]. 苗力田，译. 北京：中国人民大学出版社，2003：68.

仅维持的是生存，人的异化严重到如马克思所说的人如动物般活着，而动物从其本能出发却比人还自由。在当代社会，生产力的发展、社会财富的创造为人们创造了更多的选择生活的余地。我们在选择职业时尽量从自己的真心所爱出发，因为生活的最终目的就在你的终极价值里，能将生活的目的融入职业活动的过程中，这个职业活动本身就是你的幸福和快乐所在，形成了过程即目的、目的即过程的职业模式，那么工作的成果就是你作为人的本质和价值的物化，这样的职业模式促使你乐此不疲地投入工作当中，你的个性才能和审美感受全部体现出来，你工作的成果也相应地会成绩显著，在他人使用和享用你的成果时，你的价值和幸福会放大，也就是说，当你以价值性存在主导自己人生时，谋生的手段性事实生存的需要也自然满足了，因为你在以价值性存在方式生存时你的实践活动本身就创造了劳动成果财富，这些劳动成果财富就可以保证你的生存生活需要。这样的职业和劳动是你真正的生命活动，而作为你生命活动副产品——货币收入的报酬自然也就实现了，在你以价值性存在主导下手段性的事实生存问题也解决了，这样的职业观是我们应当倡导的。

三、共生的友谊观

朋友的友谊发自真情实感，友谊就是真诚的，属于真正的友谊，如果属于功利性的友谊，则不是真正的友谊，不属于自身的生成过程。"人是政治动物，天生要过共同的生活。这也正是一个幸福的人所不可缺少的，他具有那些自然而然的东西，但还要和朋友在一起……幸福应该有朋友。"① 现实生活中朋友的类型多种多样，有些朋友是因为有用而结合在一起的，有些是由于相互喜欢而成为朋友的，我们认为后者才是真正的朋友。因快乐而产生的友谊是真正的友谊。因为在这里双方趣味相投，相互愉悦，就如青年人之间的友谊那样。因有用而形成的友谊则到处都充满着斤斤计较。朋友关系也属于人际交往的生成过程，怎样的朋友才能真正生成呢？就是亚里士多德说的非功利的朋友，是发自内心喜欢和对方交往的朋友，这样的朋友是相互生成的。

朋友的交往是一种发自内心的、直接的交往，是互信和思想的交流。是内心的互动。"既然存在自身对于每个人都是可贵的，那朋友也就同样的可贵。存在是由于作为对自身善的感觉而可贵，那么，这种感觉在其自身就使人快乐。对朋友的存在应该具有同感，这休戚与共的同感来自共同生活、交谈和思想的

---

① 亚里士多德. 尼各马科伦理学 [M]. 苗力田，译. 北京：中国人民大学出版社，2003：202.

交流。人们认为，这才是人的共同生活，他和牲畜不一样，不仅仅是在一处喂养着。"① 人生活着就需要有人进行交谈、休戚与共，这是人共同生活的需要，所以一个幸福的人要有高尚的朋友，要有真实的生活。"存在如若对至福之人其自身就是可贵的，它就是自然的善和快乐，朋友的存在也近乎如此。"② 所以，朋友也属于那些可贵的东西。这些可贵的友谊，是我们生命和生活的一部分，不然就有所缺乏。对于一个幸福的人，当然要有高尚的朋友。

　　友谊在某种程度上来说就是共同性，怎样对待自己，也怎样对待朋友，对自己的存在感到快乐，对朋友的存在同样感到快乐，而这种感觉只有在共同生活中才能实现，所以人们自然要追求朋友之间的共同生活。人们都愿意与朋友共同度过快乐的生活，有的在一起饮酒，有的在一起游戏，有的在一起锻炼，有的在一起谈论感兴趣的话题，每个人都在他们认为是生活中之最大乐趣中一起度过时光，他们希望与朋友们生活在一起，他们举办活动项目，并尽可能地参加。善良人们的友谊是高尚的，它由于接触而增长。他们在现实活动中，在相互促进中变得越来越好。朋友们还经常互相把对方当作自己的榜样，并在相互激励与共进中获得欢欣。

四、共生的亲情观

　　亲情是血缘之情，它本真地体现出共生的道德情感。母亲对子女的爱是真诚的，是真正的共同生成过程，属于非功利的，所以母亲的爱在爱子女的同时，也实现了自己的生命本质，在生命的本质当中成就了自己，也成就了孩子的生命。"母亲总是以爱为喜悦。有一些母亲把自己的孩子交出去哺育，她们在爱着并知道这一切，但是并不索取爱的回报。如若她们连这样的事情都做不到，只要看一看子女们的飞黄腾达也就心满意足了。即或他们由于不知内情，不把她们当作母亲看待，但是她们还是照样地爱他们。"③ 我们自己也经常感到子女在外时，父母对子女没有过多的所求，仅仅希望子女能回来吃一顿母亲做的饭，能看一眼，说说话，父母就心满意足了，而这对子女来说也感到很幸福，这就是一种共生的过程。

---

① 亚里士多德. 尼各马科伦理学 [M]. 苗力田，译. 北京：中国人民大学出版社，2003：204-205.

② 亚里士多德. 尼各马科伦理学 [M]. 苗力田，译. 北京：中国人民大学出版社，2003：205.

③ 亚里士多德. 尼各马科伦理学 [M]. 苗力田，译. 北京：中国人民大学出版社，2003：209.

五、共生的爱情婚姻观

在人的所有情感里，爱情属于最本真的共生道德情感，是幸福感和生成感的统一。"正如在爱情方面那样，最令人喜悦的是观看，这种感觉，比其他感觉都更受欢迎，由于爱情最主要地是在这里存在和生成。"① 夫妻之间的爱情应当是最真的，从爱情出发形成夫妻的属于真正的共生，可以实现相互之间的共同生成。有爱情的夫妻如果事业上还能相互配合，那么，这样的夫妻是最典型的共生型夫妻，是职业和婚姻的双重幸福。"丈夫和妻子间的爱似乎是自然所予的，与政治相比人自然更需要配偶。由于家庭先于城邦并且更加必需，而繁殖后代为各种动物所共有。对于其他动物交配是为了繁殖，而人的同居就不仅仅是为了生儿育女，还是为了生活的其他需要。功能的区别是直接的，男子和妇女就各不相同，他们要相互帮助，把自己所固有的特长投入共同事业中去。由于这样的缘故，在这样的友爱中既有助益又有快乐。"② 如果夫妻关系是完全建立在财产、名利的基础上，双方丝毫没有引起对方发自内心的愉悦和审美，那么，这样的婚姻就如同白开水，仅存婚姻的外壳，而没有实质，这样的婚姻对双方来说不是生命的生成而是生命的消解，是非共生的。母亲、孩子、亲人等真诚的生命活动属于人自我同一的活动。这就如同我们的人际的真正的发自内心的这种感情，一定属于真的感情，它能促成人与人共同生成。恋爱不仅只是感官上的愉悦，还有对彼此发自内心的倾慕。这就表现在两个人不在一处的时候就痛苦，总想见面，而见面的时候才快乐，这才是恋爱，是一种相互生成的关系。

六、共生的人生观

共生的伦理认为，人生的意义就在于获得幸福和快乐。幸福和快乐存在于生命的审美共生当中。生命的审美共生和生命活动本身是直接同一的，审美共生的活动也是美的，本身就是与生命本质相统一的。生命就其本身而言就是善和快乐，人的存在就应当是善和快乐。生命的意义就存在于生命的过程里，审美和幸福就存在于人的生活实践过程中，无需在过程之外去寻找。真正的生命活动必须是以活动本身为目的的，这样的活动才是真正属于人的活动，是美的

---

① 亚里士多德. 尼各马科伦理学［M］. 苗力田，译. 北京：中国人民大学出版社，2003：182.

② 亚里士多德. 尼各马科伦理学［M］. 苗力田，译. 北京：中国人民大学出版社，2003：182.

活动，是善的活动，是个性才能表现的活动，是个人获致幸福的活动。"凡是不以他物为目的，不以他物为原因而选择的东西才是可贵的，众所周知，这就是快乐。一个人在享乐的时候没有人问他为什么享乐。看来快乐就是种就其自身而被选择的。"① 所以，我们的幸福应当建立在生命实践的过程里，而不在身外之物。幸福且只有幸福才是人的目的。我们的实践活动应当与我们的幸福和快乐直接同一，是为着生命的审美共生存在而被选择，是以其自身为目的而被选择，而不是为了他物而被选择，这也是我们的道德原则产生的起点。"因为幸福就是自足，无所短缺。这样的活动是以其自身而被选择的，除了活动之外，对其他别无所求。这样的活动就是合于德性的行为。它们是美好的行为，高尚的行为，由自身而被选择的行为。"② 活动本身应当与快乐合一，这种活动对人来说是最理想的活动。"所有道德之道德都将是'审美的'快感。"③ 共生伦理将审美的快感上升到道德的最高层。人们在审美中形成自由的生活方式。

生命的审美实践过程也是与他物共生的过程。我们的幸福和快乐也来自将自我融入到与他人和自然界的共同生成的过程当中。亚里士多德曾说怎样"对待自己，也同样对待朋友，因为朋友就是另一个自己。"④ 我们也可以说，怎样对待自己，也应该同样对待他人，因为他人就是另一个自己。个人在审美享受和表现的同时，应当也是他人在审美和表现，人在生命本质上是一致的，他人本身也是在这样的活动。人在与他人的共生互动中才能最大限度地认识、获得幸福，真正地生成和发展自己。

总之，共生的人生观认为，人生的意义在于获得幸福和快乐，生活实践过程本身是我们幸福和快乐的寓所，生命的目的和手段直接同一于生活实践过程，生命的意义就存在于生活实践的过程当中，在你工作的实践、婚姻生活实践、社交生活实践等过程当中，无需借助外物等中间环节。否则，人将失去自我同一性，走向异化，或者被金钱，或者被权力、虚荣等人生命的身外之物所异化，人的生命将走向不幸和悲剧。生活实践的过程是人与他者共生的过程，自我的幸福和快乐在生命本真上与他人的幸福和快乐是统一的，所以人生的意义不在

---

① 亚里士多德. 尼各马科伦理学 [M]. 苗力田，译. 北京：中国人民大学出版社，2003：182：211-212.

② 亚里士多德. 尼各马科伦理学 [M]. 苗力田，译. 北京：中国人民大学出版社，2003：222.

③ 让弗朗索瓦·利奥塔. 后现代道德 [M]. 莫伟民，译. 上海：学林出版社，2000：1.

④ 理查德·罗蒂. 后哲学文化：译者序 [M]. 黄勇编，译. 上海：上海译文出版社，2004：13.

于独自享乐，而是与人共乐。用水谷幸正的话来说就是每个人都要做到以下几点：一是觉悟到自己是在自己之外的一切人（一切物）的支撑之下而存活的。二是珍惜一切人和物的"生命"。三是互信，互爱，互助。四是无论何时（苦难之时）都要对将来抱有希望而快乐地活下去。五是对方希望的事情无私无欲地去做、说亲切的话、常以对方的利益为行为准则、站在对方相同的立场，怀着同情心去工作。① 用魏京信的话来说就是"五个 R"的原则：一是节约（reduce），二是再利用（reuse），三是回收（recycle），四是抵制（resist）消费主义；五是喜乐（rejoice），即对自然的美感到欣喜、快乐。②

第三节　从兴趣出发追求幸福

人是作为人而存在的，你只能用你生命的表现来交换别人的生命的表现，你的活动必须是与你的个人意志的投射相符合的自然本质自我同一性的活动。你的本质自我同一性活动必须在实现他人的本质同一性活动时，才实现了类的本质自我同一性活动，你的生命活动才是真实有效的。"我们现在假定人就是人，而人同世界的关系是一种人的关系，那么你就只能用爱来交换爱，只能用信任来交换信任，等等。"③ 你是一个有艺术修养的人，你才能得到艺术的享受。你是一个真诚的、能鼓舞、感动和推动别人前进的人，你才能感化别人。你同人和自然界的一切关系，都必须是你的现实的、个人生活的、与你的意志的对象相符合的特定本质生命的表现，这样，你才能真正发展自己。如果你在恋爱，但没有引起对方的反应，也就是说，如果你的爱作为爱没有引起对方的爱，如果你作为恋爱者通过你的生命表现没有使你成为被爱的人，那么你的爱就是无力的，就是不幸。这也就是说，每个人只能从自我的本真出发去投入生活实践才能获得与他人的自然界的真正交往与互动共生。

一、在激情中焕发生命的活力

在共生伦理里，非常推崇人的激情，它是焕发生命活力、促进人的个人特长发挥和展现的激发点，在个人表现出来的就是兴趣，对知识的兴趣，对职业

① 水谷幸正. 现代社会与共生［EB/OL］. 慧海佛光网站，2013-5-19.
② 谢斌. 人本生态观与管理的生态化［M］. 北京：科学出版社，2009：50.
③ 马克思. 1844 年经济学哲学手稿［M］// 马克思，恩格斯. 马克思恩格斯全集：第42卷. 北京：人民出版社，1979：155.

的兴趣，这种兴趣同时也表现出爱，对亲人的爱，对朋友的爱，对爱人的爱，对自然的爱，等等，社会应当保护和发现每个人的激情所在，培育和发展人的个性才能。"激情、热情是人强烈追求自己的对象的本质力量。"① 亚里士多德不仅提醒我们说，爱是更有价值的，而且还提醒我们说，你最好以这种方式而不是以那种方式去爱。因此，主动的爱比被动的爱更有价值。

兴趣是人发自内心对世界的本质呼唤和对自己生命本质力量的肯定，所以它表现出来是主动地去喜欢、去爱，在喜欢和爱中获得幸福，幸福就在喜欢和爱的过程中。被动接受别人的爱如果没有焕发你自己本真的生命力量，这种爱对你自己是无效的，只有你也激发出生命的本真，也积极地爱对方，才算你真正地接受了别人的爱，获得了爱的幸福。"如果没有生命的体验，如果不知道主动地爱，我们就无法去爱。"② 我们可以主动地爱，被动的爱，可是主动地爱永远更丰富、更美好，而不仅仅是被别人所爱。我们可能喜欢被别人所爱，喜欢成为可爱者，但我们必须首先知道如何去爱，知道自己所爱的东西。"主动爱者之行为结构将永远高于他者，高于作为可爱者的被动之爱的对象物——他者。爱之行为将永远高于被动之爱。"③ 人类最真挚的感情都是通过爱表现出来的，富有人类真情之爱是超功利的，是人类情感世界当中最美好的因素，所以我们有一首歌曲就叫作《让世界充满爱》。母亲爱孩子们，却不指望反过来被孩子所爱。母亲的爱是自己生成自己生命的过程。主动的爱中蕴涵着生命的气息。被动的爱缺乏生命的律动，是一种没有生命力的情感。夫妻之间的（友）爱有时也可以建立在德性之中，成为本原的友爱。夫妻关系的德性就是爱，这种爱来自相互欣赏的愉悦感，每一方都必须有德性，这样才可以相互从对方的德性之中获益，彼此享有快乐，从各自的德性之中获得快乐和利益，得到心旷神怡的狂喜，这"就是典范的友爱，即夫妻德性的友爱"。④ 爱如果达到共鸣，产生相互的爱，这就是德性，这是符合共生道德的，也就是说，共生的伦理学是以实现相互的生成为道德标准的。海德格尔集中探索了赫拉克利特的"爱智"之"爱"，这个爱已经被定义为本

① 戴维·麦克莱伦．马克思传［M］．王珍，译．北京：中国人民大学出版社，2006：130.

② 雅克·德里达．友爱的政治学［M］．胡继华，译．长春：吉林人民出版社，2006：23.

③ 雅克·德里达．友爱的政治学［M］．胡继华，译．长春：吉林人民出版社，2006：24.

④ 雅克·德里达．友爱的政治学［M］．胡继华，译．长春：吉林人民出版社，2006：26.

原的契合共生或者和谐共生，现在给我们提供了一种探索的张力。在以爱①创生的道路上，生命呈现（出生，生长，发芽，成长，成熟），"我们情不自禁地想追溯这种谱系的谱系，即这种谱系学的来龙去脉。"② 在爱的心灵历史长河中探询人性的奥秘，人是被他的动因呼唤而来，也被他的动因质问。当然，我们在引用亚里士多德等西方哲学家的观点时，还要注意运用马克思主义的立场原则对其进行批判地分析，坚持辩证唯物主义。

二、呵护心灵

共生伦理的另一个关注点是对心灵的尊重和呵护。我们这个社会要实现人与人的尊重与平等，文明就应当上升到对心灵的尊重，当你和他人打交道时，你问问自己尊重对方的心灵了吗？社会机构在组织社会时注意到尊重、呵护人民的心灵了吗？人与人的真正沟通是心灵与心灵的沟通，心相通了其他的都属于形式，形式服从于内容，心相通了形式自然就有了。如果我们的文明上升到这个高度，那么我们的社会的道德伦理水平将提高到一个非常高的层次。怎样关心灵魂？这需要我们把目光转向人的内心，人的心性当中就蕴涵着正义。"关心自己或关心正义是殊途同归。"③ 时时打扫干净自己的心灵，让它像明镜一样，这样的人就是自身感到愉快的人，经过长期自身修养达到这样的境界，就达到了自身，人重新回到自身，而且与自身保持一种完满关系。个人的道德认识如果达到回到自身的程度的话，就可以说自我实现自由了。

共生伦理的一个重要关注点是关心自己的心灵和身体，保持心灵和身体的健康，积累呵护心灵的知识，提高自我生成的技术，努力实现审美自由，获得幸福和快乐。苏格拉底对阿尔西比亚德的告诫中说："关心你自己，这就是一切，也就是说，关心自己是要求所有人做到的一个普遍原则。我想提出的问题既是历史的，又是方法论的，即：我们是否可以说关心自己现在成了一种普遍的伦理法则呢？"④ 关心自己的灵魂之外，还要关心自己的身体。哲学是一种有关人的生存、灵魂和内心的知识。主体不仅在自身中发现了他的

---

① philein
② 雅克·德里达. 友爱的政治学［M］. 胡继华，译. 长春：吉林人民出版社，2006：322.
③ 米歇尔·福柯. 主体解释学——法兰西学院演讲系列［M］. 佘碧平，译. 上海：上海人民出版社，2005：77.
④ 米歇尔·福柯. 主体解释学——法兰西学院演讲系列［M］. 佘碧平，译. 上海：上海人民出版社，2005：109.

自由，而且在"他的自由中发现了一种能够让他获得幸福和完善的生活方式"。① 在审美中获得自由，从自由出发选择自己的生活方式和生存方式，追求自己的幸福。福柯把人的知识分为认识性知识和精神性知识。精神性知识是由主体的改变、根据事物在宇宙中的地位来强调它们、主体反省自己的可能性，这种知识的效应最终把主体的生存方式改得面目全非。他认为这种知识在古代末期渐渐遭到另一种认识方式（即所谓的认识性知识，而不再是精神性知识）的限制、覆盖和抹杀。在公元16—17世纪，认识性知识最终完全覆盖了精神性的知识。他认为在17世纪的笛卡儿、巴斯卡和斯宾诺莎等人的言行中，也确实可以发现这种转向，即从精神性知识转向认识性知识。福柯认为精神性知识是直达世界的颠峰的知识，法理学、医学等工具性科学知识不是精神性知识，而是认识性知识。主体无法期望这种认识性知识为他自身的改变提供资源。福柯在讨论自身解释学论题的构成时，提出希腊人的"关心自己"为近代以来的"认识你自己"而变得晦暗不明了。认识自己的准则通常是与关心自己的论题联系在一起的。苏格拉底在《申辩录》中记述，他询问过路人，对他们说："您关心您的财富、声望与荣誉，但是您却不担心您的德性与灵魂。"② 苏格拉底就是那个促使他的同胞们"关心他自己"的人。关心你自己，就是尊重和呵护自己的灵魂，不要让认识性知识遮蔽了精神性知识。福柯的这个观点进一步说明了近代以来工具理性的发展对人精神世界的遮蔽，对人作为人而存在的遮蔽，回归精神性知识也就是回归价值理性，"关心自己"就是关心自己的精神、灵魂等价值性存在，促进人更加本真地生存，也只有这样才能实现人与自身的统一，这也正是共生伦理所提倡的，但我们还要注意运用辩证唯物主义的立场、观点去进行批判的分析。

三、关注人个性化的内心

共生的伦理是将人的个性提到突出的位置的伦理学。长期以来，普通的个性——每个人的日常个性——一直是不能进入描述领域的。每一个人被注视、被观察、被详细描述、被一种不间断的书写逐日地跟踪。福柯认为，"一个人的编年史、生活报道、死后的历史研究，是他的权力象征仪式的一部分。规训方

---

① 米歇尔·福柯. 主体解释学——法兰西学院演讲系列［M］. 佘碧平，译. 上海：上海人民出版社，2005：295-296.
② 米歇尔·福柯. 主体解释学——法兰西学院演讲系列［M］. 佘碧平，译. 上海：上海人民出版社，2005：295-296.

法颠倒了这种关系，造成了对人的控制和支配"。① 现代性成熟之后，社会全面理性化，也就是韦伯所谓的社会合理化，社会被计量化、制度化、规范化、去魅化，这种理性化社会比前现代性社会进步了，但工具理性过分发展，规范化逐渐转变为规训化，人失去了个性。在一个规训制度中，儿童比成年人更个人化，病人比健康人更个人化，疯人和罪犯比正常的守法者更个人化。当我们想使健康、正常和守法的成年人个人化时，总是要问他身上有多少童心。当个性形成的历史仪式机制转变为科学规训机制时，规范取代了血统，度量取代了身份，从而用可计量的人的个性取代了田园时代人的个性，这被福柯称为"个人化程序的历史性颠倒""一种新的肉体政治解剖学被应用"的时代。② 人的个性蕴涵在人的情感、意志、兴趣、爱好、才能、特长等方面，社会的发展需要人的个性全面地展开，社会的活力和增进财富的能力才能增加。福柯认为，现代社会人处于立体制度体系的约束和监控之下，就如同进入一个全景敞视的大监狱。他引用边沁（Bentham）的全景敞视建筑（Panopticon）概念给我们勾画了这种建筑的典型模式：四周是一个环形建筑，中心是一座瞭望塔。瞭望塔有一圈大窗户，对着环形建筑。环形建筑被分成许多个囚室，每个囚室都贯穿建筑物的横切面。各囚室都有两个窗户，一个对着里面，与塔的窗户相对，另一个对着外面，能使光亮从囚室的一端照到另一端。中心瞭望塔有一名监督者，在每个囚室里关进一个疯人或一个病人、一个罪犯、一个工人、一个学生。监督者一眼望去，每个囚徒都历历在目。敞视建筑机制在安排空间单位时，使囚徒可以被随时观看和一眼辨认。"它推翻了牢狱的原则，或者更准确地说，推翻了它的三个功能——封闭、剥夺光线和隐藏。它只保留下第一个功能，消除了另外两个功能，充分的光线和监督者的注视比黑暗更能有效地捕捉囚禁者，因为黑暗说到底是保证被囚禁者的。可见性就是一个捕捉器。"③ 人在严格的规训和惩罚下变得恐惧、呆板、木讷，没有了灵性和创造力。他将全景敞视建筑比作皇家动物园，人取代了动物，特定的分组取代了逐一分配，诡秘的权力机制取代了国王。福柯给我们描绘了一个人怎样由自由个性走向被规训和制度框束下的被囚禁的人，所以他呼唤人死之后重建人的主体性，将人作为有个性自由的

---

① 福柯. 规训与惩罚［M］. 刘兆成，杨远婴，译. 北京：生活·读书·新知三联书店，1999：215.

② 福柯. 规训与惩罚［M］. 刘兆成，杨远婴，译. 北京：生活·读书·新知三联书店，1999：216.

③ 福柯. 规训与惩罚［M］. 刘兆成，杨远婴，译. 北京：生活·读书·新知三联书店，1999：225-226.

特征的存在突出展现出来。

当然，福柯所描述的是现代资本主义发展起来后，所形成的理性化、计量化、规范化、科层化的政治社会管理模式，这种管理模式适应了工业社会各种经济社会组织庞大化、复杂化发展后进行有效管理的需要，也大大提升了工业社会生产的高速发展，但同时也存在一个问题，就是人的个性和自由受到一定束缚，使人工具化发展，这是不符合共生伦理的。当前随着工业化的发展我国也在逐步实现工序流程化、操作规范化、管理计量化、人格工具化，这是现代社会发展必不可少的，但我们要注意人的个性、人的精神家园的守护等方面，促进人的人性化发展。共生的哲学观是解放人个性的哲学观，是更关注人个性的幸福和审美的哲学观，对于我们当代中国的工业化进程中如何促进人的发展具有现实意义。对福柯的思想，我们还要注意用辩证唯物主义的立场去分析并批判地看待。

我们这里谈幸福观，提到了心、爱、兴趣等概念，这些与马克思主义基本原理不矛盾，马克思主义是唯物主义，不能说讲唯物主义就不说人的心理、兴趣、爱好，一说这些似乎就是唯心主义，这恐怕走向了极端，这种态度本身就不符合事实，也不符合辩证法。我们人这个身体的存在和整个社会的存在离不开物质，离不开生产劳动，但我们也要看到建立在物质和生产劳动这个基础上的人，也有心理、个性、兴趣、爱好、审美等诸多特征，而这些对人自身的存在、社会的存在都有影响作用。我们研究人，既要研究人的物质性，也要研究人的精神性，精神是建立在物质基础之上的，但不能因为精神建立在物质基础之上就认为对物质性的研究比对精神性的研究重要，我们应当认识到对精神领域的研究与对物质性的研究同样重要。我们也要避免一种习惯，一谈人的心理、个性、兴趣、爱好等，就认为这是唯心主义的东西，走向唯心主义了，这一点是需要我们纠正的。

还有一点，我们一谈到爱，就认为这是费尔巴哈所提到的资产阶级的抽象的爱，是被马克思批判的东西。这一点需要声明：我们这里所说的爱与上述之爱既有联系也有区别。

费尔巴哈认为，道德作为达到人人幸福这一价值目标的手段，必须以爱作为它的核心、精髓和基本精神。他把他的伦理学归结为爱的道德，爱成了道德的最高原则。自爱是爱的基础和出发点，"存在，就意味着爱自己。"① 同时，

---

① 费尔巴哈哲学著作选集：下卷［M］. 王太庆，刘磊，等译. 北京：生活·读书·新知三联书店 .1962：433.

要实现自爱必须有他人的存在，所以只能在他人的爱中寻求自爱的满足。费尔巴哈不厌其烦地反复讲，爱就是既爱自己又爱他人，既使自己幸福，又使他人幸福，爱必须成为道德的最高原则。爱成了费尔巴哈调和个人利益与社会利益、利己与利他矛盾的手段和唯一方法。费尔巴哈还把爱看作是人与人之间的唯一关系，是人们实践中最高和最重要的原则。爱，首先是两性的爱，这是人与人关系中最重要、最基本的关系，他说："对女人的爱是一般的爱之基础。"① 在两性爱的基础上，家庭成员之间的关系、朋友同事之间的关系、社会中人与人的一切关系都是爱的关系。人对人的爱成了人们实践中最高的、首要的基本原则。

爱在费尔巴哈那里成了一个随时随地都能创造奇迹的神，可以克服现实生活中一切阶级对立和冲突，成了可以医治社会百病的万灵药。他认为要铲除人间的不公正，使人类过上美好的生活，必须依靠爱。"爱增强弱者和削弱强者，降低高者和提高低者。""爱还非常幽默地把我们的高贵的贵族同布衣小民同一起来。"② 这就是说，社会各对立阶级的利益冲突、不可克服的阶级矛盾，都可以用爱来调和，人类的美好生活要靠爱来实现。费尔巴哈最后还给爱披上神圣的外衣，将其抬高到宗教的高度：旧宗教信奉上帝，爱的新宗教信奉爱，"爱就是上帝本身"。③ 所以恩格斯批判费尔巴哈用爱来调和阶级对立，"这样一来，他的哲学中最后一点革命性也消失了，留下的只是一个老调子：彼此相爱吧！"④

从上边的分析可以看出，费尔巴哈的爱是从三方面讲的。一是认为爱是道德的最高原则，爱是协调社会关系、化解社会矛盾的唯一方法。二是将爱看作人与人的唯一关系，是人实践中处理各种关系的最基本的原则。三是将爱上升到宗教信仰的高度，给爱披上宗教的外衣。这种爱离开了人的阶级性，走向绝对化，所以是抽象的。

而我们这里所说的爱是对人的兴趣爱好的肯定，其内涵是人发自内心对自己充满兴趣、富有乐趣的人、事、物的喜爱，是兴趣，伴随有人的审美。人的

① 费尔巴哈哲学著作选集：下卷 [M]．王太庆，刘磊，等译．北京：生活·读书·新知三联书店．1962：102.
② 费尔巴哈哲学著作选集：下卷 [M]．王太庆，刘磊，等译．北京：生活·读书·新知三联书店．1962：76.
③ 费尔巴哈哲学著作选集：下卷 [M]．王太庆，刘磊，等译．北京：生活·读书·新知三联书店．1962：76.
④ 马克思恩格斯选集：第4卷 [M]．北京：人民出版社，1995：236.

兴趣爱好是通过人对事物和他人的爱来表现的，所以爱是人的兴趣爱好表现的途径和方式。这种爱在生产力高度发达、物质条件极大丰富的情况下才能在生活实践中全面实现，从这一点而言，我们所说的爱与费尔巴哈所说的爱区别很大，二者内涵不一样。首先，我们没有将作为兴趣爱好、喜爱的爱上升到道德的最高原则，爱在道德体系中作为多种因素其中之一，作为道德调节社会生活的功能也是有限的，没有将这种功能无限夸大，将其看作化解社会矛盾的唯一手段。其次，作为兴趣爱好、喜爱的爱不是人与人的唯一关系，也不是人在实践中处理各种关系的最基本原则，而是人与人多维度、多种多样的关系之一，它只是提高人的幸福度、增强人的创造力、促进社会和谐的因素之一。再次，作为兴趣爱好、喜爱的爱也是受生产方式、生产实践、社会关系等因素所制约的，仍然坚持作为人的精神层面的东西是受物质基础决定的，这种爱不是抽象的，更不是宗教。在当今我国已经消灭了阶级，建立了社会主义，激发每一个人的兴趣爱好，鼓励其投身于现代化建设事业，也是具备一定现实条件的，所以不是抽象地谈问题。最后，无论在阶级社会还是在未来的共产主义社会，激发每个人的兴趣爱好，使共将兴趣爱好与劳动相结合，都是有利于促进社会人性化发展，有利于人的发展，有利于社会发展进步的。所以我们这里所说的作为兴趣爱好的爱不是费尔巴哈所说的作为关爱的爱，二者有着本质的区别。至于这种爱会不会出现博爱的现象，那就要因每个人自己对他人和社会兴趣爱好的程度来具体判定。

第四节　共生的审美伦理

共生离不开审美，共生本身也是一种美。我们每个人的真心所爱来自对美的发觉和享受，当一个人发现了美并投入审美的活动的时候，他是幸福和自由的，在审美的和谐中走向物我共生、人我共生。同时，在多样化共生的世界，一切存在和谐有机组合形成美的自然景观、美的人际关系、美的音律节奏、美的色彩、美的生活韵律、美的管理艺术、美的社会治理等。我们在共生中达到美，在美中实现共生。

一、倡导艺术化和审美主义的生活观

共生伦理倡导人生的自由主义和幸福主义，提倡艺术化的人生观和审美主义的生活观。"只有美的生活，特别是以乡村生活、田园诗般的生活或以农民和手工艺人为代表的日常生活，与异化和无根的都市生活相比，才是不那么堕落而更为本真的生活。"① 共生伦理认为人类生活应是一门艺术、一种审美共生实践、一种能够创造幸福和快乐的活动。人们想要去做正确的事，想要获得正确的观念，就在于尽最大努力增进人类幸福。共生伦理解决人为什么而生活，以及应该怎样生活才能幸福和有意义的问题。罗蒂坚决主张把"语言当作一种用来进行新的创造和自我塑造的美学工具；通过重新描述，通过由不同的词汇再讲述它们各自的历史，我们重新修正科学、历史和社会"。② 审美共生性语言可以满足特殊和偶然，甚至是私人、暂时和虚构的东西，因此现实生活中，修辞高于逻辑。其实，理性和审美两者都是人类不可或缺的两翼，理性帮助人们进行事实性认识，增强人的生存能力，审美共生是人存在的价值意义所在，增强人生活的幸福度。人能存在，但存在不一定是幸福的，人们的目的是要幸福地存在，但不存在是根本谈不上幸福的，事实性的认识和技术是为人的审美存在提供条件和服务的，是以审美存在为指针的。

我们应当立足将审美和道德与事实沟通起来的途径，这将解决人类面临新时代的精神面貌，当代人以什么精神面貌和文化范式迎接全球化和世界历史的到来，以什么途径推进具有普遍性品质的世界公民的诞生这些问题，这是摆在当代人面前急需解决的课题。

二、基于审美的共生伦理的基本概括

共生伦理的审美实践是把人的生命作为艺术品，通过审美经验而达到对自我的改变，伦理学与美学的结合点是日常生活。我们就是要挖掘古希腊和福柯的"生存美学"或"生活艺术"，将道德从与社会、他人的关系转向与自己的关系。原因是人与外界的关系首先是与自己内心的关系。人如何才能真正地生存？人只有真正的生存才能不断地生成自己，符合自己内心愉悦和快乐幸福体验的生存才是真正的生存，这样的个人保持了自身的真实，以真实的自我才能真正地生成和发展自己，以真实的自我进行真正的生活的个人同时也在生成和发展着别人，也在促进他人真实而又真正地生活，实现了他人和他物的生成与发展，在这种真实与真正的自我生活当中个人实现了自我与他人和自然界的双赢和多赢。比如姑娘将自己打扮得漂亮自己内心愉悦，同时也给交往的人带来

---

① G. 希尔贝克，等. 西方哲学史［M］. 童世骏，郁振华，刘进，译. 上海：上海译文出版社，2004：616.

② 舒斯特曼. 哲学实践［M］. 彭锋，译. 北京：北京大学出版社，2002：134.

愉悦，绿草地旺盛的生机展现了生命的律动同时也给生活于其中的人们带来了心旷神怡，鲜花在盛开时也带给人间无限美好，这是一种在维持自己生命本质存在基础上的万物统一。我们每个人要怎样关注自己的内心？怎样处理好与自己的关系呢？首先，要问自己，对自己的内心把握准确了吗？是否从审美的标准来立身行事了？是否从兴趣爱好出发做出自己的选择了？是否将职业与自己的个性和兴趣结合了？等等。每个人处理好与自己的关系是处理好与他人关系的基础。自我关系的正确性决定了自我与他者关系的正态发展。共生伦理关注的重心从人与他人的关系转到个体与自身的关系，这充分汲取了人类哲思智慧，也适应了当代社会宽容、多元的现状。它立足于生活，以对生活的理性把握来保证生活的美好。

通过共生伦理学建立一种旨在提升人类生活质量的新文化样式，倡导自由主义和幸福主义，将美学和自由结合起来，追求快乐、幸福和美丽。共生的伦理学倡导宽容、多元、民主和自由，真正实现一种持续的自我扩展、自我丰富和自我创造的审美生活。同时，共生伦理崇尚公平和正义，营造为个人差异提供最大空间的氛围。

那么，共生伦理学与马克思主义伦理学是什么关系呢？

马克思主义伦理学是工人阶级的阶级利益、道德品质和精神面貌的理论表现，工人阶级的阶级利益、道德品质和精神面貌是马克思主义伦理学的物质基础和现实内容。马克思主义伦理学以辩证唯物主义和历史唯物主义作为总的理论基础和方法论，主要从社会存在与社会意识的角度研究道德的一般理论。它从社会的客观存在和社会的道德生活事实出发去研究道德问题，坚持从现实的社会道德关系中引申出道德原则和道德规范。承认道德在社会历史发展中的作用，但道德归根结底是经济关系的反映，人们总是从自己所处的经济关系中吸取自己的道德观念。道德起源于人类社会生活的需要并作用于社会生活，随社会生活的发展变化而发展变化。共生的伦理学仍然坚持基本立场，以辩证唯物主义和历史唯物主义作为总的理论基础和方法论，从社会存在与社会意识的角度研究伦理道德。

马克思主义伦理学的研究对象是整个社会的道德现象，内容包括道德的起源、本质、结构和功能，它的特殊性和发展的基本规律性，与经济、政治、法律、艺术、宗教、文化等的相互影响和相互作用；还包括社会道德生活的全部实际情况，诸如民风民俗、社会舆论、传统习惯、人际关系、职业风范、婚恋嫁娶、生活方式以及人们的现实道德水准和道德行为、道德实践等。共生的伦理学也坚持马克思主义伦理学的研究对象和内容，但是它将人与人的共生作为伦理的一个重要内容，将审美作为研究的一个重要视角，强调人在审美实践中实现自我同一，进而实现人与他人、社会和自然界的共同生成，也将人的伦理关系引申进入人与自然的关系。

马克思主义伦理学的研究方法是辩证唯物主义和历史唯物主义的方法论原则，辩证唯物主义坚持主观与客观相统一、理论与实践相统一的方法。在考察道德现象时，必须从一定的社会物质生活条件出发，联系当时历史条件的诸方面，综合起来加以研究。还有阶级分析的方法，即对不同阶级的道德进行分析，找出其发展的规律，以及理论联系实际的方法。共生的伦理学也是坚持辩证唯物主义和历史唯物主义的方法论原则，不同的是它将人际关系辩证法的共生原则作为突出研究的内容，对审美、个性、平等等内容的研究仍然是建立在社会存在决定社会意识的基础之上的。

马克思主义伦理学的研究任务是科学地揭示道德的起源、基础、本质、功能、作用及其发展变化的规律，揭示共产主义道德产生发展的历史必然性，确定和论证共产主义道德的原则、规范及其在各个领域中的具体要求，全面地、深刻地论证共产主义道德规范体系的主要内容及其内在联系。研究任务在实践方面指导人们正确地选择自己的道德行为和做出行为的道德评价，增强人们自我教育和自我完善的能力，培养人们的共产主义道德品质，清除剥削阶级旧道德的影响，批判地继承伦理史上一切有价值的思想和遗产，丰富和发展共产主义道德理论。共生的伦理学仍然坚持马克思主义伦理学的任务，不同的是它对共产主义道德补充进了人的自我同一性、人的幸福、人的审美、人的共生的内容，进而做出道德规范的界定。

马克思主义伦理学的基本问题是善与恶的矛盾关系问题。善与恶的矛盾是道德中特有的矛盾，只有在道德中才存在善与恶的问题，只有在伦理学中才研究善恶矛盾。共生的伦理学也坚持马克思主义伦理学的基本问题，所不同的是将善与恶与人的自我同一性相联系，认为有利于人的自我同一、有利于自我与他人共同生成的就是善的，使人异化的、不利于人与他人共同生成的就是恶的，此外还将认为美与善相联系，认为美是人实现自我同一、共同生成的重要内容，将真善美统一起来。

马克思主义伦理学的研究目的是为无产阶级反对资产阶级、推翻资本主义、建设社会主义和共产主义事业服务，为无产阶级和广大劳动人民提供行为准则和价值目标，培养和造就一代又一代全面发展的新人。共生的伦理学坚持马克思主义伦理学的目的，所不同的是共生的伦理学强调人的幸福的获得与人的全面发展紧密相联。

　　我们关于共生的伦理学的考察和表述，是以辩证唯物主义和历史唯物主义为指导，坚持从社会经济基础出发考察社会道德现象，马克思主义伦理学关于道德的起源、本质、结构、功能和发展变化规律都是我们研究共生伦理学的基础。共生伦理学仍然坚持共产主义道德的原则和规范，为培养共产主义新人探索新的途径。共生伦理学的提出仍然尊重无产阶级的革命实践和共产主义运动，是谋求人类共同解放的道德理论。

第八章

共生理念与现代性语境下的社会合理化

人类社会的前进与自然界演化的最大不同之处在于自然界是盲目前进的，而人类社会是依靠人的理性自觉前进的。所以，谈社会的进化，离不开理性这个话题，作为哲学的理性被引入到社会学角度就是社会的合理化，即合乎理性化。社会怎样才能合理化，合乎什么样的理性？这需要我们深入思考。启蒙以来的理性发展具有工具理性片面化的弊端，我们提倡的是在共生理性。我们所界定的共生理性是在共生理念下我们抽象出的又一个重要概念，是对西方近代以来理性概念的一个新的发展，所以我们这一章对于共生理念与社会合理化的探讨，就具体化为对共生理性与社会的合理化的探讨。共生理性不同于生态意识，它不仅仅指人与自然的关系要和谐共生，更重要的是它从理论理性、实践理性、审美理性全面协调共生发展角度进行界定，致力于以个人意见的多元共生和个性化知识的多维互动机制来推动信息社会的发展。所谓共生理性，即理论理性、实践理性和审美理性的协调发展，其内涵具体包括以下几方面：一是理性是全面的理性，即理论理性、实践理性和审美理性全面协调发展的理性，不是某一方面理性片面发展的理性；二是在审美理性的导航下，人投入到本真的生存与实践当中，在审美实践当中实现自身与他人和外物的共同生成；三是共生理性是对事物共生存在规律全面自觉的理性，包含对共生的方法、认识原则、伦理价值、社会规则等的领会和掌握。

第一节　现代性语境下社会合理化概念的内涵

现代性社会合理化概念缘起于韦伯，是理性应用于社会领域的社会学范畴，哈贝马斯对其进行了发展，以完善现代性。

一、现代性语境下社会合理化概念的缘起

西方的理性精神进入到社会学角度进行分析研究，这就是韦伯所说的社会合理化概念。社会合理化是资本主义社会走向全面理性化、规范化、制度化的法制社会，这意味着从哲学的"理性"范式（paradigm）转换到社会科学的"合理性"范式。因此，作为人的思考能力的理性拓展到人的行动或历史、社会的具体现实领域，成为人的行动或社会所具有的特性。社会合理化标示着人类自启蒙以来开辟的现代性使人摆脱蒙昧的状态，进入依靠理性和规则运行的社会。近代西方社会经历了"文化"合理化、社会关系的客观化或物化的"社会"合理化，反映在"行动""价值领域"和"社会结构"等方面。在行动方面而言，人对行动的自律控制力显著提高，意味着行动的合理性也得到提高。韦伯基于他的行动类型论（a typology of action）把行动分为四类，即目的合理行动、价值合理行动、情感行动以及传统行动。① 价值领域方面而言，价值领域被分化为具有相对自律性的部分体系，大致可分为认知—技术领域、审美—表现领域以及道德—实践领域。在社会结构方面，社会合理化导致资本主义经济和近代国家体制出现。韦伯提出了一个著名的论断：在新教伦理这一特定的文化气氛中培育出来的资本主义精神，具有着合理性，正是这种合理性构成了西方经济强盛、工业文明得以形成的最深刻、最本质的原因；正是这种合理性，标志着欧洲社会发展、乃至整个人类历史进程的一个不可逆转的趋向。② 其特征有非特权化的政治、精确的经济核算、科学管理制度等。在韦伯看来，现代化就是合理化、合乎理性化，即"世界祛除巫魅"的过程。社会行为与社会组织在现代化过程中摆脱了神秘的、不可计算的力量，人们不必再像野蛮人那样相信一种神秘的力量存在，不再诉诸巫术手段去支配或祈求神灵。技术手段和计算可以为人效力。基于这一认识，韦伯用合理性概念区分了传统社会与现代社会。传统社会的组织建立在传统的价值观念基础之上，立法机关和行政机关都须按照古老的传统来建立和运作，统治的合法性和反叛的合法性也都来源于传统。维系社会组织的不是明文规则，而是官吏对上级的忠诚。现代社会在组织形态上有非常明显的理性化特征，表现为理性化的成文宪法和理性化的法律；受理性的规章制度所约束的、训练有素的行政人员所管理的行政机关和资

① WBER M. Economy and Society: vol. I ［M］. New York: Bedminist Press, 1968: 24-26.
② 马克斯·韦伯. 新教伦理与资本主义精神 ［M］. 于晓，陈维纲，等译. 北京：生活·读书·新知三联书店, 1987: 98.

本主义的社会劳动组织形式。这些理性化的社会组织的形成是行为理性化的结晶。所以，行为的合理性是现代社会的基础。

但是，作为合理化的结果的近代文明隐含着负面影响，可以概括为意义丧失命题、自由丧失命题及官僚化命题。换句话说，到了近代社会，目的合理行动成为最具支配性的社会行动，随着诸价值领域的分化，所有社会关系只有以形式合理性才得到控制，造成社会关系的物化，导致异化的深化和自由的减少以及体系之间的紧张和冲突。这种社会的合理化，更偏重合乎工具理性、理论理性的合理化社会，价值理性、实践理性、审美理性被遮蔽，是具有片面性的社会合理化，而这直接导致了现代性危机。

二、现代性语境下社会合理化内涵的发展

继韦伯之后，哈贝马斯在批判继承法兰克福学派合理性概念的基础上，进一步系统地论述了从传统合理化向当代合理化理论发展的历程，对合理化与传统合理化概念作了本质上的区分，确立了交往合理性的主题思想，为当代合理化问题的研究奠定了理论基础。韦伯的合理化概念只是分析近代社会的叙述工具，而哈贝马斯从合理化概念中想要寻觅克服现代危机的线索或钥匙，即交往合理性。

在哈贝马斯看来，在主体与客体之间通过合乎目的的行动中介的交互作用所体现的工具合理性要从属于在主体或主体之间通过交往行动中介的交互作用所体现的交往合理性。他认为，合理化在人的行动中有多种表现形式或论证方式：认识的合理化、实践的合理化、美学的合理化、解释的合理化，等等。这些合理化的具体形式都体现为一种交往的合理性，"即通过主体之间的交往实践——在一种生活世界的背景下，争取获得、维持和更新以主体内部所承认的具有可批判性的运用要求为基础的意见一致"。① 他认为交往的合理化是一切形式的合理化之源、之本。只有在人的实际交往活动中，而不是在客体世界或人的主观意识领域，才能揭示合理化之所以可能的内在秘密，也才能发现人的行动以及人的行动为人所打开的整个世界的合理化的丰富内涵。

在交往理性里，才能判明行动是否会带来结果的合理化，才能找到能够判别合理结果的行动的依据标准。哈贝马斯提出"共识真理论"（consensus theory of truth）。他认为，知识的真理性通过话语过程（即交往）可以判别，不必要受

---

① 哈贝马斯. 交往行动理论：第 1 卷（行动的合理性和社会的合理化）［M］. 洪佩郁，蔺青，译. 重庆：重庆出版社，1994：34.

外在和内在的任何压力的制约，排除扭曲交往的任何因素。① 交往必须是可领会的、真实的、真诚的、正确的，这样才能保证交往合理化，在这个基础上，参与者能够通过合理的交往达成真正的意见一致。只有通过保障合理的交往结构，才可能实现重建生活世界。那么，怎样保障合理的交往结构？需要改变社会的舆论结构，还需要"自由"的制度化。改变社会的舆论结构，实现"自由"的制度化，恢复并维护合理的交往结构，才能通过合理的交往达到理解和意见一致。以这种共识为基础，提高解决现代社会所暴露出的问题的能力，这样生活世界才能得到重建，现代社会才能够克服其危机，也才能够继续走向社会发展的道路。

社会合理化离不开知识的积累。社会合理化的标准就是社会经验知识的增加、个人辨别能力的提高、社会组织的完善。"所谓合理化，就是经验知识的增加、诊断能力的提高、控制经验过程的工具和组织的完善等。"② 生产力可以看作一种技术知识和组织知识，人类调节冲突的机制体现着人的实践知识，这种知识是人们在相互作用过程中实现知识的共生互动，人类道德实践知识的增加，也是社会有机协调和适应人类发展的需要而不断演化生成的过程。个人的形成也是个人世界观不断形成的过程，而个人的世界观是一种知识的构成，世界观合理化也是人的知识不断增长的过程，也是人不断生成的过程。世界观蕴涵着人的认知、情感和意志。生产力体现了一种技术知识和一种组织知识，我们可以从认识的结构上对这种知识进行分析。制度的框架和调节冲突的机制，体现着一种实践知识，我们可以用相互作用结构的思想和道德意识形式的思想对这种知识作分析。相反，世界观是高度复合的产物，它们是由认识的语言和道德的意识形式决定的，同时，这些结构的组成、协调和相互作用不是永远不变的。世界观的进化包含着人们知识和技术上的进步。"世界观的进化是相互作用结构的发展阶段和技术上可以使用的知识的进步之间的媒介。"③ 在社会文化的发展阶段上，学习过程从一开始就是社会性的有组织的活动，因此，学习的成果能够流传下去。知识是社会进化的动力，社会学习加速了人的个性的多样化。进化的学习过程不是通过基因的变化，而是通过知识潜能的变化完成的。"主体通

---

① HABERMAS J. Communication and the Evolution of Society ［M］. Hoboken：Beacon Press，1976：1-68.

② 哈贝马斯. 交往行动理论：第 1 卷 行为合理性和社会合理性 ［M］. 曹卫东，译. 上海：上海人民出版社，2004：155.

③ 哈贝马斯. 重建历史唯物主义 ［M］. 郭官义，译. 北京：社会科学文献出版社，2000：183.

性共有的知识和传统的知识，是社会系统的组成部分，而不是单个人的占有物，因为单个人的个人只有通过社会化才形成为个人。自然进化的结果是类的成员间在行为上的或多或少的一致性，社会学习的结果加速了人的行为的多样性化。"①

社会合理化离不开社会文化的合理化。社会文化是人在共生互动中形成的，同时，也是促进人共生互动增长知识的环境，有利于人知识共生互动的文化是先进的文化，这样的文化更有利于实现人的同一性。人类社会的进化得益于人类群体的学习过程。人的自身同一性是在肉体的自然属性和共生关系的社会属性中形成的，其中学习反省对于自身同一性的保持也是重要的一环。"一个社会同一性是由这个社会的规范决定的，并且取决于这个社会的文化价值。另一个方面，社会的文化价值可以根据学习过程发生变化。"②

人们追求自身活动的合理性，寻求更合理的发展模式，使人类的追求能够在更为合理的框架下得到满足。对合理性的追求是一个更高的境界。郭湛认为，社会发展所要求的合理性中最重要的是公平。在公平和效率之间，我们之所以强调效率优先，就是因为要发展就必须提高效率。效率低下条件下的公平只能是普遍的共同的贫穷。效率的提高导致经济的发展，同时也带来了很多社会问题，需要通过社会公平才能得到更好的解决。在已经有了发展的基础上，重视、强调和实现公平，是一个合理的、和谐的社会所必须坚持的价值尺度。关于合理性，既要有技术合理性，也要有人文合理性。人文的合理性问题包含诸多人的关系即人与人、人与物的关系的协调和处理，应通过社会的制度框架的完善来解决人与人、人与物的关系。人类社会在自身得到调整和完善的同时，还要处理好同自然的关系。"一个社会内部也许是稳定的，但当人口增加和改造自然的力量增强后，有可能破坏生态环境，从根本上使社会失去赖以存在的基础。只有从根本上处理好人和自然的关系，解决生态合理性问题，社会才可能持续发展"。③ 也就是说，社会合理化还包括生态合理化。韦伯和哈贝马斯的社会合理化思想分别从近代和现代对社会作了深刻的揭示，但我们要注意其思想的唯心主义性质，在强调知识、理性、交往等因素的同时，我们还要看到生产实践

---

① 哈贝马斯．重建历史唯物主义［M］．郭官义，译．北京：社会科学文献出版社，2000：185.

② 哈贝马斯．重建历史唯物主义［M］．郭官义，译．北京：社会科学文献出版社，2000：86.

③ 郭湛．从主体性到公共性——当代中国马克思主义哲学的走向［M］．中国社会科学，2008：4.

和生产方式等物质性因素对社会发展的基础性作用。

三、在知识信息的共生互动中实现社会合理化

21世纪是以知识为资源的信息社会，在以知识资源为中轴的后工业社会中，"主要的阶级首先是一个以知识而不是以财产为基础的专业阶级。"① 普里戈金在从《混沌到有序》中指出："对于进步思想的最有力的支持就是知识的积累。这个知识逐渐增长的壮观景象确实是人类共同努力成功的一个极好的例证。"② 普里戈金认为"知识已经成为现代社会的重心之词。"③ 知识信息的共时互动推动现代世界发生深刻变化，知识信息的共生互动生成世界。未来社会的发展趋势是走向信息社会、知识型社会，社会的发展变化速度、质量和效率取决于对知识的开发、传播和利用的程度、广度以及深度，对人从知识的角度进行界定，确立现代社会的知识型、创造型的劳动者，这也许就是人类社会继农业社会、工业社会之后的第三次转型即知识信息型社会转型的关键所在。

人是在知识信息的积累中生成人的。哈耶克将人界定为知识信息的产物。人是信息化的人，人在认识和获得自然的信息过程中形成了自己，人对自然信息认识得越深刻，人自身形成得越丰富。人不同于动物的地方是人是通过对自然界自在的信息的认知而确立自身的。可以说人的诞生与语言是同步的。人正是在交流和汇集实践知识的过程中认识世界和改造世界，同时改造自身的。人的生成的过程就是用信息武装自己的过程。西方哲学家关于理性的传统，实际也就是对人的知识信息化的界定。社会也是人通过自己的意识而组织起来的。正如哈耶克所说："知识在传统上一直是以标示人之理性的力量的方式而加以讨论的，而这一点在17世纪以笛卡儿等人为代表的法国唯理主义哲学中获得了最为充分的表述。"④ 人类的进化是个体遗传信息的改变，"是遗传基因的体内进化以及文化传统和模式的体外进化过程……生物进化和人文进化的双轨协同进化"⑤。这可以称为双重信息的进化过程。

---

① 丹尼尔·贝尔. 后工业社会的来临［M］. 高铦，王宏周，等译. 北京：新华出版社，1997：406.

② 伊·普里戈金. 从混沌到有序——人与自然的新对话［M］. 曾庆宏，沈小峰，译. 上海：上海世纪出版集团，上海译文出版社，2005：81.

③ 伊·普里戈金. 从混沌到有序——人与自然的新对话［M］. 曾庆宏，沈小峰，译. 上海：上海世纪出版集团，上海译文出版社，2005：260.

④ 邓正来. 规则·秩序·无知：关于哈耶克自由主义的研究［M］. 北京：生活·读书·新知三联书店，2004：154..

⑤ 邬焜. 信息哲学——理论、体系、方法［M］. 北京：商务印书馆，2005：317.

人是一种在知识信息的多维的综合中生成、建构和创造着自身本质的存在。人的本质并不简单直接地来源或存在于某一独立的单维之中，而是来源或存在于多维知识信息之间相互作用的综合建构。人所独具的心理和行为活动，集中起来讲无非是意识、语言和劳动这样三个方面。作为社会本质的具体而集中的体现者的文化，正是和这些人所独具的意识、语言和有意识的心理与行为的活动相一致的。无论从人的活动的角度看，还是从文化的角度看，人的意识、语言和劳动都能够具体体现出人类的特质，正是意识、语言和劳动把人类、人类社会从动物界，从纯粹自在的自然界中提升出来，超越出来，成了一种具有新质的存在。根据邬焜教授创立的信息哲学，传统的社会进化理论只注重从社会生产、社会生活的物质形态进化的方面来讨论社会进化的问题，但是，社会物质形态的获得是靠相应的信息处理和传播方式来选择、组织和建构的。特定的社会物质形态乃是实现了的特定的社会信息形态的结构承担者。从信息角度阐明社会的生成这一方面，自由主义大师哈耶克的思想可以说对我们也有很大启发。他提出个人的信息——默会知识的概念，认为个人在实践中的默会知识是社会秩序形成的基础性要素，应从个人默会知识观察和分析社会的合理化，这些理论和见解对我国社会主义现代化建设具有巨大的理论和实践意义。

人类知识信息的基础——默会知识。人类社会的进化，实际也就是人类文化的进化，文化是人类一切创造性活动，以及由这些活动所创造出的积极成果。作为心理模式和心理活动过程的文化是在人与自然相互作用的互为展开和实现的双相运动中形成的，文化的进化离不开人类积累的知识，人类所形成的知识总体就是人类的"信息库"。作为人类社会发展的文化进化过程是在人的后天学习过程中进行的。社会的进化发展离不开它自己群体水平的"信息库"，"信息库"支配着个体的心理和行为活动方式。人类与动物不同之处在于人类能形成信息库，能够将历代人类的创造性的信息积累、传承、传播开来，"产生和发展了一种体外积累和进化的群体信息库"。人在信息的积累和传播中实现了"人的体内的生理、心理的进化，以及人的实现其心理目的的行为的进化也都得到了与这个体外进化相协共进的升华和改造"。① 而哈耶克对个人知识的论述，也正是信息在社会发展中基础作用的反映。哈耶克认为，构成我们这个社会前进的潜在力量是实实在在支配我们每个人行动的个人知识，他称之为默会知识。默会知识是一种实践性的知识，是个人在实践中真切体验和总结出来、自个人内心获悟的知识，这种知识或许在人际之间进行了交流，或许一直潜藏在个人心

---

① 邬焜. 信息哲学——理论、体系、方法［M］. 北京：商务印书馆，2005：305-306.

中，它确确实实是一种维续个人生存和发展的知识，"它是与个人关于对事件的回应如何影响生存的感觉相关的，而且也是由这种感觉形成的"。① 个人之间在长期的实践中发现和传播分散的个人知识的方式，是社会理论理解经济行为的协调和社会秩序自行创造与维续的关键所在。他认为理论知识是一种抽象、一般化、程式化的知识，它只是人类知识大厦的冰山露出水面的那一小部分，"始终而且只能是有关抽象秩序或模式的知识，甚至往往只是人们据以理解这类秩序或模式的原理的知识"。② 但是这种理论知识却是以巨大无边的分立的个人知识为背景和依托的，这种个人的知识是冰山水下的大部分，是活生生推动整个知识大厦前进的部分。这种所有个人的知识是以分散的、不完全的，有时甚至是彼此冲突的信念的形式散存于个人之间的。我们往往对这种默会的知识给以关注，所以这种分立的个人知识为我们所忽视，而恰恰是这种"分立的个人知识"，"亦即这种不为他人所知的对一瞬即逝的情况的专门了解，在社会中起着重大的作用"。③ 我们现在应当认真研究我们每个人怎样都从此种知识中获益，实现个人知识效用的最大化发挥。

社会运行机制合理化的依据——个人默会知识的最大化运用。在一定程度上，我们可以这样说：社会生成的一个前提即信息。哈耶克（Friedrich August von Hayek）指出：我们社会组构的合法性应当在于社会能否激发和充分发挥及互动这种个人默会知识，能将人类在实践中获得的有价值的知识保存和发挥出来，促进我们人类文明的发展。"如果一种社会秩序能够较好地服务于其间的个人利益和较好地运用参与其间的个人的默会或明确知识并使人在追求各自目的时达致彼此知识的协调，那么在一般意义上讲，这种社会秩序就是有助益的或可欲的。"④ 保持人们交流信息的自由，促进个人知识的共生互动机会，激励个人知识效能的最大化运用。

那么社会以怎样的方式组构才能实现个人默会知识的最大化发挥呢？自生自发社会秩序有利于个人默会知识的发挥，在这种社会秩序下，个人才有自由运用他们所拥有的知识并与其环境或其他人的知识相调适以实现自己的目的，

---

① 邓正来. 规则·秩序·无知：关于哈耶克自由主义的研究［M］. 北京：生活·读书·新知三联书店，2004：147.
② 邓正来. 规则·秩序·无知：关于哈耶克自由主义的研究［M］. 北京：生活·读书·新知三联书店，2004：159.
③ 邓正来. 规则·秩序·无知：关于哈耶克自由主义的研究［M］. 北京：生活·读书·新知三联书店，2004：136.
④ 邓正来. 规则·秩序·无知：关于哈耶克自由主义的研究［M］. 北京：生活·读书·新知三联书店，2004：373.

只有在这个时候社会进步才可能发生。① 一个社会前进的快慢，取决于它激发人们知识的利用程度。一个社会发展快慢，就看它对人们的知识激增的速度的大小，能否提供人们焕发知识活力的土壤，激发人的个性创造力。社会的活力得益于个人创造活力。

知识信息的共生互动是一个自组织过程。人类文化是一个进化的过程，是一个自然历史过程，非设计的。人类文化的进化与知识的积累是同步的，文化进化的过程就是知识产生和发展的过程，人类文明就是建立在知识基础之上，这就是进化论理性主义，"文明于偶然之中获致的种种成就实乃是人之行动非意图的结果而非一般人所想象的条理井然的智知或设计的产物的命题，在与个人理性有限命题结合起来以后，更使他们获得了这样一个洞见，即这些历经数代人的实验和尝试而达致的并包含着超过了任何个人所能拥有的丰富知识的社会制度在某种程度上具有着一种理性不及的性质。"② 一个人的价值及酬报并不取决于他所拥有的抽象能力，而取决于他能否成功地将这种抽象的能力转换成对其他有能力做出回报的人有用的具体的服务。"自由的主要目的在于向个人提供机会和动因，以使个人所具有的知识得到最大限度的使用。然而，使个人在这一方面能够发挥其独特作用的，并不是他的一般性知识，而是他所具有的特殊知识，亦即他关于特定情形和条件的知识。"所以一个社会的合理化在于它能否以自生自发的社会秩序确保人的自由的存在状态，促进个人默会知识的最大化发挥，维护我们人类文明延续发展。人类社会的发展实际是个体知识相互影响和世代传承的过程，当人类群体中的个体成员于偶然中获得某种技能之后，这一技能会在群体中通过相互学习而转化为群体的技能模式，人类进化的过程实际也就是知识进化的过程。语言符号的产生，使人类个体偶然获得的知识以更广的维度和更大的范围、更高的速度在人类群体中传播开，从而更有效地引起群体行为模式的改变。社会的互动发展过程也可以说是知识信息的相互作用发展变化的过程；人类文化的进化实际就是人类积累创造的知识信息的进化过程。"社会的进化是文化的进化，而文化的进化又是人的心理和行为活动方式的进化，而人的心理和行为活动方式的进化又是人类把握、利用、开发、创造和实现信息的方式的进化。此进化即是人类对信息处理的方式的进化，即是人类社

---

① 邓正来. 规则·秩序·无知：关于哈耶克自由主义的研究［M］. 北京：生活·读书·新知三联书店，2004：373.

② 邓正来. 自由主义社会理论——解读哈耶克《自由秩序原理》［M］. 济南：山东人民出版社，2003：131.

会本质的进化，即是人类社会的进化。"①

自生自发社会秩序要比等级结构组织能够更好地运用广为分散的实践性知识。"在自生自发社会秩序中能实现人获致幸福的必要条件——自由，这是因为自由能使人享受到只有自由的社会秩序所能确保提供的各种助益，而且也是使人拥有或把握一种默会的能力或默会的知识的前提条件。"② 我们的文明始于个人在追求其目标时能够使用较其本人所拥有的更多的知识，始于个人能够从其本人并不拥有的知识中获益并超越其无知的限度。一种文明之所以停滞不前，并不是因为进步发展的各种可能性已被完全试尽，而是因为人们根据其现有的知识成功地控制了其所有的创造性行动，以致于完全扼杀了促使新知识出现的机会。

哈耶克在《美国经济评论》发表《社会中的知识的利用》一文，提出不完全信息思想。他认为，人们在经济活动中必须了解和利用的各种市场知识，不是以集中和完备的形式出现的，相反，是以分散和不完备的形式存在的。在市场经济中，唯一能够将分散的市场知识进行高效率集中和分散的体系，只有价格体系。但价格体系包含的信息也是不完备的。按照中央计划机构的统计来有效地管理千变万化的市场，其优点是能够迅速有效地对市场进行经济、行政等各种手段的干预，防止市场的无序以及导致经济的紊乱，能够对自发的市场加以宏观的规划和引导，促进经济良性运行，但是基于统计资料的计划工作，按其性质来说，无法直接考虑市场中各种具体的时间和地点的情况，因为对这类信息无法进行严格的、有效的统计，因而这些数据无法全面、准确地以统计资料的形式传递给计划机构，如果僵硬地完全按计划机构的统计资料来指导市场，那就有可能导致市场进一步僵化。市场秩序的实时性、灵敏性、广泛性、有效性等特征可以弥补计划的不足，能够将分散于各个市场参加者之中的信息进行有次序的汇总整理，这种天然共生机制，富有更高效率。所以，将市场手段和计划手段两者有机结合，是管理经济运行的最好方式，也可以叫作市场与计划的共生，以实现经济社会的繁荣共生。

当前工业社会开始向信息社会或"后工业社会"转变，也就说明我们已经进入一个重视个性或者创造性的社会，也是一个"人的个性"全面觉醒以创造

---

① 邬焜. 信息哲学——理论、体系、方法［M］. 北京：商务印书馆，2005：317.

② 邓正来. 自由主义社会理论——解读哈耶克《自由秩序原理》［M］. 济南：山东人民出版社，2003：120.

力来标示个人存在的时代①，同时是一个没有创造力就无法在激烈的竞争中生存的时代。所以，我们要高瞻远瞩认识到这一点，实施知识共生型社会战略。当然，社会的自生自发秩序的优点我们不用再赘述，在发挥其优点的同时，我们也要注意，自生自发的社会秩序不是无政府主义，社会秩序还要有一定的规范和引导，自生自发与政府的规范引导相结合才是最佳选择。

四、社会合理化要遵循自组织的社会共生机制

人类社会遵循共生进化规律，在理性基础上建构合理化的社会，进行经济的、政治的、文化的宏观指导和规划、计划，建立社会运行机制、体制、制度的同时，要遵循自组织的共生原则。

自组织是复杂性理论的一个重要概念。复杂性理论认为，自然界是在自创生体的共生相互作用下进化的，自创生体形成的系统是自组织共生系统。"自组织"（Self-organization），是指自然界物质系统自主地或自发地组织化、有序化和系统化的运动过程，即系统在没有任何外部指令或外力干预下自发地形成一定结构和功能的过程与现象。自组织原则是指系统的形成进化离不开自创生体的共生作用，共生作用既推动了自创生体的创生，又推动了自组织系统的进化；系统的进化不是依赖外力，而是从内部自己构造自己，能自我维持、自我更新、自我生长和自我修复；系统发展是一个自然进化过程，也是一个开放的与外界因素进行有序的能量和信息交换的过程，是系统与外界的共生，但外界因素如果是一种破坏性的作用，将会导致自组织系统演进过程的断裂。"运用当代非平衡态自组织理论，揭示了自然演化的自组织机制，指出自然系统之所以具有自组织、自我调节控制的能力，是由于它是开放的、非平衡态的，各构成要素处于非线性相互作用的相干状态。"② 共生的存在状态是万物创生演化的最佳状态，作为人的存在状态就是自由，作为社会的运作机制就是自组织。所以，在我们构建文明的社会时，要遵循自组织的共生机制。

哈耶克的社会理论认为，所有社会型构的秩序不是生成的就是建构的：前者是指"自生自发的秩序"，而后者则是指"组织"秩序。组织秩序乃是以确定或实现具体目的为核心特征的，与此相反，自发社会秩序的特征则在于它不具有置于其上的任何一种共同的目的序列，也不存在任何规定这种目的序列或

---

① 黑川纪章.新共生思想 [M].覃力，杨熹微，等译.北京：中国建筑工业出版社，2009：2.
② 陈其荣.自然哲学 [M].上海：复旦大学出版社，2005：122.

为了实现这种目的而建构秩序的设计者，所具有的只是每个个人的目的。因此，自发社会秩序比组织秩序更复杂。与此紧密相关的是，自由市场秩序受制于正当行为规则——它们决定这种秩序的一般特性，但却不决定这种秩序中任何个体要素的特定位置，而组织秩序则受制于命令。所谓正当行为规则，乃是指社会在长期的文化进化过程中自发形成的那些规则，亦即那些"在它们所规定的客观情势中适用于无数未来事例和平等适用于所有的人的普遍的正义行为规则，而不论个人在一特定情形中遵循此一规则所会导致的后果。这些规则经由使每个人或有组织的群体能够知道他们在追求他们目的时可以动用什么手段进而能够防止不同人的行动发生冲突而界分出了个人确获保障的领域"。① 所谓命令或"外部规则"，意指那种只适用于特定之人或服务于统治者的目的的规则，其核心特征主要表现为：一是这种规则设定了组织者以命令的方式把特定的任务、目标或职责分派给该组织中的个人的预设；二是大多数外部规则只能经由依附具体命令而适用于那些仅承担了特定任务或职责的个人或服务于组织之治理者的目的。在这种自然自组织的社会，个人、单位、部分才能充分发挥自己的能动性，个人的理性实践知识才能得到充分、合理、自由的发挥。人类社会也应当遵循自组织的运行机制。

社会进化与自然生物界的进化不同的是，自然生物界的文化是无理性的，而人类社会是由具有理性知识的人构成的，无理性的自然界创造了理性，有理性的个体人又构成了一个相互作用非完全理性的社会。社会这个非完全理性体的进化也是靠两个条件：一个是自因的个人；另一个是无数具有理性知识的个人的共生相互作用，而作为具有社会性的人的相互作用更主要的是人与人的理性之间的相互作用，是理性实践知识的交汇、叠加、衍生、激增过程，人从这个层面来讲是文化符号的动物，社会是文化符号的体系。对于知识跃居土地、资本之上成为争夺最激烈的资源的现代社会来说，人与人的互动更加凸显出的是理性实践知识的互动，确切地说，社会层面的共生互动就是理性实践知识的共生互动，社会人是理性人，是实践知识的人，在这个互动过程中，社会呈加速增长和急速发展态势，社会体系不断地延展、丰富和提升层次。

无数理性知识的个人不断相互作用促进理性知识的重叠、共生、繁衍，形成人类社会独有的符号系统——文化系统，社会在进化的过程也是文化在进化的过程，文化的进化过程离不开个人知识的最大化效用发挥。人类社会自诞生

---

① 哈耶克.哈耶克论文集［M］.邓正来，编译.北京：首都经济贸易大学出版社，2001：14-15.

那一天起，就是与人的群体性生存、个人知识信息的交流汇集密不可分的，语言的产生使得人类的知识成几何数成倍增长，人类的文化也就在这个基础上产生发展，人类的文化发展到什么程度，人类的文明也就创造到什么程度，人类社会也就进化到什么程度。无论是社会的进化、文明的发展，还是文化的进化，都是以个人的知识的最大化效用的发挥为基础和根本的。如果一种社会秩序能够较好地服务于涉于其间的个人利益和较好地运用参与其间的个人的默会或明确知识，并使个人在追求各自目的时达致彼此知识的协调，那么在一般意义上讲，这种社会秩序就是有助益的或可欲的；而另一方面，如果自由的主要价值之一在于它能够促进个人知识的协调并提供"机会和动因，以使个人所具有的知识得到最大限度的使用"①，这样的社会就是良性的。由此我们说，社会在运行过程中，应当尊重并遵循文化进化规律，充分发挥个人知识的最大化效用，这样才能促进社会效率的极大提高。人类文明正是在无数共生的个人的理性知识的交汇作用下凝聚创立的。"文明始于个人在追求其目标时能够使用较其本人所拥有的更多的知识，始于个人能够从其本人并不拥有的知识中获益并超越其无知的限度。"②

那么，也就是说，社会的共生互动进化要具备三个因素：一个是具有理性实践知识进行实践的个人，这是社会进化的物质载体和基础；第二个是个体的人进行互动创生的机制——社会自组织运行机制，这是个人发挥理性作用的社会体系环境因素，是社会进化的第一个软件因素；第三个是理性实践知识，这是个人在自组织的社会运行机制中共生互动所进行的内容性因素。人的互动、社会各种力量的互动是思想的互动、意见的互动、信息的流动，是理性实践知识的聚合、交汇、碰撞、裂变、激增、创生、演化、发展的过程，这可以说是推动人的形成和确立、促使社会的形成和发展的关键性因素，是社会进化的第二个软件因素。在社会的进化过程中这三个因素相辅相成、相互依存、相互渗透、有机构成，共同推动了社会的发展，非自组织机制运行的社会是畸形运行的社会，社会会出现两种状态：一个是整个社会沉闷压抑、一片死寂；一个是社会充满暴力、强制，混乱一团。在这样的社会运行状态下，人的理性实践知识和意见的交流、汇集、发挥受到极大的限制，人的理性能动性被压制或抹杀，社会进化迟滞。只有在具有理性的实践个人和自组织的社会运行机制下，人的

① 邓正来. 自由主义社会理论——解读哈耶克《自由秩序原理》[M]. 济南：山东人民出版社，2003：120. 96.

② [英]弗里德里希·冯·哈耶克. 自由秩序原理：上册[M]. 邓正来，译. 北京：生活·读书·新知三联书店，1997：19.

能动性得到充分发挥，理性实践知识的积累、效用的发挥、信息的流动才会蓬勃爆发，人的进化发展就是在理性实践知识发展的基础上进行的，社会的进化也是在理性实践知识发展的基础上随着人类文化符号体系的形成发展而进行的。社会在理性实践的人的共生互动机制（自组织的社会运行机制）中不断进行理性实践知识和信息的交汇，从而形成和发展了人与社会。

理性知识作为人独有的特性，也是人类社会发展的重要基点。一个良性运转的社会是依靠每个人的理性知识充分发挥和施展为基础的。"对哈耶克来讲，知识在传统上一直是以标示人之理性的力量的方式而加以讨论的，而这一点在17世纪以笛卡儿等人为代表的法国唯物主义哲学中获得了最为充分的表达。"①

只有个人理性有效知识充分发挥的社会才能进步、发展。"只有当个人有自由运用他们所拥有的知识去实现他们自己的目的的时候，进步才会发生。"② 每个人确立自己社会角色的依据是知识的某种分工。"个人根据共同的规则而进行的合作，所基于的乃是知识的某种分工，亦即个人自己的具体知识和法律提供的一般性知识之间的分工，前者是指合作者个人必须考虑他的特殊情形，而后者则是指法律确使个人的行动符合于他们所在社会的某些一般的或恒久的特性。"③

社会各种理论知识的实际基础是散见于社会无数个体理性人特殊的实践知识。这可以说是一种原生态知识。而理论化的体系知识只是社会中潜在的大量实践知识的水面冰山部分。在哈耶克那里，"理论知识始终而且只能是有关抽象秩序或模式的知识，甚至往往只是人们据以理解这类秩序或模式原理的知识，但是这种理论知识却是以巨大无边的'分立的个人知识'为背景和依托的。实际上，恰恰是这种'分立的个人知识'，亦即这种不为他人所知的对一瞬即逝的情况的专门了解，在社会中起着重大的作用。奇怪的是这种知识今天一般遭到蔑视，掌握这种知识的人如果胜过掌握更好的理论或技术知识的人，那么他几乎就会被认为是行为不端。"④

这种知识也可叫默会知识，是经常没有用语言表达和文字记载、转瞬即逝

---

① 邓正来. 规则·秩序·无知：关于哈耶克自由主义的研究［M］. 北京：生活·读书·新知三联书店，2004：154.
② 邓正来. 规则·秩序·无知：关于哈耶克自由主义的研究［M］. 北京：生活·读书·新知三联书店，2004：81.
③ 邓正来. 规则·秩序·无知：关于哈耶克自由主义的研究［M］. 北京：生活·读书·新知三联书店，2004：101.
④ 哈耶克. 个人主义与经济秩序［M］. 贾湛，等译. 北京：北京经济学院出版社，1991：77.

的实践知识。"默会知识乃是一种实践性的知识,是一种'能确使有机体持续存在'的知识,是与个人关于对事件的回应如何影响生存的感觉相关的,而且也是由这种感觉形成的。"① 这种所有个人的知识的确存在,但却是以分散的、不完全的,有时甚至是彼此冲突的信念的形式散存于个人之间的,因此如何能做到人人都从此种知识中获益,便成了一个我们必须正视的大问题。这种散见的默会知识可能未完全进入文化的流传积累交流之中,但它确实是千千万万芸芸众生所实际协调自己行为的实践知识,这一点是值得我们重视的。

个人依靠实践默会知识指导维续生存,在某种程度上可以说这种知识确证了个人,也营构了社会。"默会知识乃是一种实践性知识,是与个人关于对事件的回应如何影响生存的感觉相关的,而且也是由这种感觉形成的。"② 社会运行秩序的创造,乃依赖于个人经由实践而发现和传播"分立的个人知识"。行动者之间经由实践而发现和传播"分立的个人知识"的方式,乃是社会理论理解经济行动如何得以协调或社会秩序如何得以自行创造和维续的关键所在。所以要激发每个人的理性创造力,确立每个人的理性自主能力。

所以社会应当是个人理性(意见)共生互动的社会而非理性(意见)专制的社会。人与人和睦相处、充满活力、安定有序、人与自然共生相处的和谐社会必须建立在个人理性(意见)共生互动的基础之上。

人类依靠理性战胜了自然,但这种理性无论是认识自然的程度,还是战胜自然的能力都是有限的。人类具有知识这一点是高明的,但人类还应更高明一点,即承认自己还是无知的。"公共性……实际上,它是由无知之幕塑造的。"③ 人类应当看到群体理性、公共理性、社会运行机制是在一种非理性设计的"无知之幕"中塑造形成的。

人依靠理性战胜了自然,形成、确立了人自身,但是还要认识到理性如果运用不好,反倒会压抑人,理性也会限制理性的作用。这就是理性的二律背反。要正确发挥理性的作用,必须处理好两方面关系:

一是处理好个体理性与群体理性的关系。个体理性不能凌驾于群体理性之上,如果这样,一个人的理性将会掩盖千万人的理性,群体的创造性就不能充分发挥出来。同时,群体理性也不能没有个体理性,他是个体理性的会聚升华,

---

① 邓正来.规则·秩序·无知:关于哈耶克自由主义的研究 [M].北京:生活·读书·新知三联书店,2004:147.

② 邓正来.自由主义社会理论——解读哈耶克《自由秩序原理》[M].济南:山东人民出版社,2003:60.

③ 约翰·罗尔斯.政治自由主义 [M].万俊人,译.南京:译林出版社,2000:70.

从本质上来讲，群体理性是非理性，他既不是没有人的理性因素，又不是完全人的理性因素，而是一种面向未来的自然。群体理性依靠个体理性的充分发挥而形成。

人类社会的运转极其复杂，运用理性的逻辑去预设、框定未来是危险的。人对于文明运行所赖以为基础的诸多因素往往处于不可避免的无知状态，然而这一基本事实却始终未引起人们的关注。但是值得我们注意的是，尽管以完全知识预设为基础而展开的关于道德问题或社会问题的讨论，作为一种初步的逻辑探究，偶尔也会起些作用，然而欲图用它来解释真实世界，那么我们就必须承认，他们的作用实在是微乎其微。这里的根本问题乃在于这样一个实际困难，即我们的知识在事实上远非完全。"科学家倾向于强调文明确知的东西，这可能是极为自然的事情；但是在社会领域中，却往往是那些并不为我们所知的东西更具有重要意义，因此在研究社会的过程中采取科学家那种强调已知之物的取向，很可能会导致极具误导性的结果。"① 所以在理性支配世界的同时，也要为理性不支配世界留下空间，理性为非理性预留空间，理性为理性的自由展开留下宽松的空间，不能让理性变成缰锁羁绊住理性的手脚。

我们的文明就是靠着自由的理性去创造这个世界，无论是个人理性对他人理性的限制还是所谓的群体理性对个体理性的限制，都是不可取和极其有害的，如果我们失去了理性的自然与自由，那我们的文明也将遭到破坏。"哈耶克勾画出了他整个研究中的最重要的论题：第一，它首先揭示了哈耶克一以贯之遵循的论辩路径，亦即对社会进程做有意义的控制或指导的各种诉求不仅永远不可能实现，而且只会导致自由的丧失，进而摧毁文明。第二，哈耶克的这一'最终结论'还标志了其社会理论赖以为基础的'进化论的理性主义'品格，一如他所言，作为个人，我们应当服从各种力量并遵循我们无法希望充分理解但文明的发展（甚至它的维续）却依据于其上的各项原则。"②

对某一个人或群体或阶段的理性的绝对化，去预订地构想和实施一种未来的社会，从而压制和扼杀不同的意见，这种构建论唯理主义是极其有害的。这种构建论将导致文明的破坏甚至毁灭。这就要求社会的运行机制不能以强权专断的形式进行。

二是要处理好理性与非理性的关系，也就是说处理好理性人与非理性的自

---

① 邓正来．自由主义社会理论——解读哈耶克《自由秩序原理》［M］．济南：山东人民出版社，2003：154.
② 邓正来．自由主义社会理论——解读哈耶克《自由秩序原理》［M］．济南：山东人民出版社，2003：41.

然界的关系。社会的发展既是理性人相互作用的结果，但也是理性人无法设计的结果，是理性之上又是非理性。人具有理性，创造了无数的奇迹，但人不能因此而被理性所遮蔽，不能因此而自满，不能因此而以已有的理性知识去武断未来所有的一切。人不能用理性的知识将理性本身封闭起来，以有限的理性知识去封锁无限的理性自由。要永远记着，未来的这个无理性世界永远是开放、无限的。人的心智本身就是人生活、成长于其间的文明的产物，人的心智受社会习惯、习俗、语言和道德信念的影响而生成。因此，任何为个人心智有意识把握的知识，都只是特定时间有助于其行动成功的知识的一小部分。"人之理性的发展在于不断发现既有的错误。"① 人类实际是在不断的试错过程中获得知识、取得进步的。这就要求人类社会的组织要遵循互动共生的法则，尊重社会自组织的规律，反对专制强权。

三是处理好自组织与被组织的关系。坚持共生的方法，要处理好自组织与被组织的关系，做到自组织与被组织的结合共生。在人类社会中，大量的社会组织过程往往（至少在局部或一定阶段）是通过被（他）组织方式组织起来的。大量的这种被组织的社会组织在其运行过程中被证明其效率、其组织适应性等重要的组织特性都是比较差的，有的甚至与社会演化的总规律背道而驰，最终被淘汰出局。我们在这里要问的是，人类在认识和实践过程中，总是避免不了以（他）被组织方式去认识、管理和控制事物，如何才能运用自组织手段转化这种已经按照被组织方式建立起来的组织呢？而这个问题的前提又是：被组织可以转化为自组织吗？我们可以通过认识自组织的道理，遵循自组织的道理，通过被组织方式，逐步进行动态调节使得系统转化为自组织吗？我们发现，一些被组织事物在其起点通过被组织方式被组织起来，而后通过一定的调节改造改变为以自组织方式运行，是可以、可能的，而且似乎只有这样组织才能维护下去、运行下去。而一些一直以被组织方式运行的事物、组织则在演化中其组织程度越来越低，无序程度越来越大，情况越来越不好。事实上，的确存在以被组织方式组织起来的组织事物按照自组织方式运行良好的情况。例如，都江堰是我国劳动人民几千年前建造的人工组织系统，人们认同它的系统性达到了最优化，这是一个典型的被组织的例子，但是它确实遵循了成都岷江附近的自然环境条件和大自然的运行规律，换句话说，它是以自组织的规律为基础建立起来的，所以至今它仍然运行良好。再例如，我们曾经说自由恋爱是自组织，

① 邓正来. 自由主义社会理论——解读哈耶克《自由秩序原理》[M]. 济南：山东人民出版社，2003：44.

　　那么，经过介绍人（媒人）介绍的恋爱呢？这个过程的起点是恋爱双方的"被组织"，但是后续过程则可能存在自组织，凡自组织得好的，相互存在吸引力的，就能够结合成为婚姻的"组织"。完全包办婚姻是完全的被组织，但是其中不乏个别的先结婚后恋爱的美满情况。

　　社会的发展从根本上来讲是自组织的，但被组织的现象却常常出现，其实这并不矛盾，社会是依靠无数的理性个人交往组成的，无数的个人及其结合成的群体交织着错综复杂的关系，个人的理性交合成复杂社会系统的非理性（个人理性无法完全控制、预测的系统），社会就是这样一个在个人理性基础上组织起来的自生自发的自组织系统，理性的人构成的自组织系统的社会中必然存在着人不确当地运用理性的现象，特别是作为国家出现后，个人或集团不确当的理性往往凌驾于自组织秩序之上，以盲目的理性代替社会的自组织发展，或者以少数人或者某个人不确当的理性代替绝大多数人的理性，绝大多数人的知识、能力、创造性被遮蔽，从而导致社会运行和发展的迟滞、扭曲与变态，从实质来讲是破坏了社会自组织的基础——每个个体理性的充分发挥。

　　人可以依靠自己的理性认识社会自组织的某些规则建立某种秩序，这属于在一定限度内理性遵循了自组织原则进行了被组织活动，并且在被组织后依照自组织规则方能得到运行和发展，这时个人或集团的这种理性是具有确当性的。这里应当明确的是，这里的被组织是相对于个人理性对群体组织以及个人或团体理性对整个人类社会的操控和预测而言的，它不包含个人依靠自我理性对个人自身的发展进行操控、谋划和设计。

　　应当注意的是，哈耶克强调个人实践知识和理性的重要性，还要强调个人实践知识和理性要服务社会的发展，不能仅仅局限在个人目的的实现上。任何知识和理性的产生都离不开生产劳动和物质活动，应当看到知识和理性的物质基础，这样再去强调个人知识和理性的共生互动会更加科学一点。同时，重视自组织的作用并不意味着不要他组织，社会的自组织还应当与政府的他组织相结合，才能将各方面的有利因素充分发挥出来，将不利因素尽可能避免，才能促进社会良性运行。

第二节 共生理性构建的可能及其引导下的社会合理化

一、什么是共生理性

"理性"这个概念源自于希腊,最早出现在 13 世纪的英文里,专门的意思是陈述、说明或理解,普遍的意涵是指人类所具有的前后连贯的思想与理解能力。近代被笛卡儿加以明确化,与经验论相对称,指能够识别、判断、评估实际理由以及使人的行为符合特定目的等方面的智能。理性通过论点与具有说服力的论据发现真理,通过符合逻辑的推理而非依靠表象而获得结论、意见和行动的理由。韦伯将理性引申为社会学领域的范畴,认为资本主义是伴随着社会的理性化范式而进行的,人摆脱蒙昧的状态,进入到依靠理性和规则运行的社会,作为人的思考能力的理性拓展到人的行动或历史、社会的具体现实领域,成为人的行动或社会所具有的特性。社会合乎理性化,社会进入理性、规范、计量、科层化、科学化模式。这种社会合理化模式发展到现代,弊端百出,马尔库塞等西方马克思主义哲学家对工具理性的批判就是对这种模式的批判,他们提出价值理性。哈贝马斯提出以交往理性来重建理性,来克服体系世界对生活世界的殖民化。这些提法虽然有克服工具理性弊端的积极意义,但并不全面,交往理性只是说明依靠对话伦理、商谈机制来促进社会沟通,增进人们的情感沟通,达成人与人之间的理解,形成共识,但对理论理性、实践理性、审美理性未作明确的提出和界定,对理性的内在结构缕析得还比较模糊,不能让人们深刻理解并予以实践。

马克思主义学者高兹提出生态理性以解决工具理性导致的人类与自然环境的矛盾。生态理性在于以尽可能好的方式,尽可能少的、有高度使用价值和耐用性的物品满足人们的物质需要,并因此以最少化的劳动、资本和自然资源来实现这一点,一次来解决资本逻辑下资源有限性与利润无限性的矛盾、自然承受能力的有限性与利润无限性之间的矛盾。生态理性可归结为一句口号,"更少但更好",它的目标是建立一个我们在其中生活得更好而劳动和消费得更少的社会。生态理性与经济理性相对立,生态理性着眼于人类的未来是价值理性,经济理性着眼于现实利益与处境,是工具理性。生态理性着眼于人类所处世界的资源有限性和枯萎性、毒化性,经济理性着眼于无限的需求、生产和欲望。生态理性提倡一种勤俭知足的社会,拒斥奢侈和浪费。生态理性提出用生态方法对待生态风险和危机。生态理性的内在属性有生态优先的原则。生态理性者将生态理性看作我们时代最高的价值理性，是人类存在的价值和意义所在，类似于康德所说的"绝对命令"。生态理性坚持栖居自然的最优化原则、栖居自然的双赢化原则，即人类栖居自然并与自然和谐共存，实现双赢，这是人类生存和发展的最优化选择。总之，生态理性要使人们知道经济活动的效能是有限的，它依赖于经济之外的条件，并提醒人们认识到，超出一定的限度之后的生产造成的破坏比它所创造的更多，当经济活动侵害了原始的生态圈的平衡或破坏了不可再生的资源时，人类将面临严峻的困境。可见，生态理性着重强调人与自然的关系，人类的生产要与自然环境相协调。当前我国学术界所谈的生态意识与生态理性的内涵是相似的。生态理性对理性的结构以及如何处理人与自身、人与人、人与社会的问题没有涉及。

针对交往理性、生态理性对理性改进发展的不足，我们提出共生理性。共生理性与共生理念是什么关系呢？共生理念是从本体论、方法论、认识论、社会历史观、伦理学等方面探索的一个完整的哲学概念，而共生理性是沿着西方理性精神的理路提出的概念。共生理性是共生理念在特定视角的抽象，是对共生理念在人文理性方面的提炼和凝聚，在社会历史和伦理价值方面具有巨大的价值，共生理念包括共生理性，共生理性隶属于共生理念，共生理性涵涉共生理念的基本精神，共生理念需要共生理性来进一步凝聚、丰满和标示。

共生理性是沿着人类理性的研究路径，继续探索如何完善理性的问题。共生理性不同于生态意识、生态理性，它不仅仅关注人与自然的关系，还关注人与自身、人与他人、人与社会的关系。它不同于交往理性，不仅强调人与人的交往实践、对话与协商，还注重从理论理性、实践理性、审美理性全面协调共生发展的理性内在结构来分析、完善理性，致力于以个人意见的多元共生和个性化知识的多维互动机制来推动社会发展。它不同于生态理性、交往理性之处还在于，它将多样性共生的方法、价值理念贯穿始终。

其内涵具体包括以下几方面：

一是共生理性秉承共生理念共同生成的宗旨，是对事物共生存在规律全面自觉的理性，包含对共生的方法、认识原则、伦理价值、社会规则等的领会和掌握。坚持异质性统一、多样性共生的原则，尊重差异性，认定生成性，强调互动性，重视偶然性，追求创生性。

二是共生理性将交往互动作为形成共识的基本途径，重视对话沟通和协商机制，崇尚个性、理性和知识，推崇知识型人格和知识型社会。

三是共生理性既涵盖人与自然和谐共生的关系，也涵盖人与自身和谐统一的关系、人与他人共生的关系、人与社会的共生关系。

四是共生理性由理论理性、实践理性和审美理性构成。理论理性等同于工具理性，对应于科学知识，实践理性和审美理性属于价值理性，我们将价值理性分为实践理性和审美理性，实践理性对应于道德实践知识，审美理性对应于审美知识，之所以这样分，主要是用审美理性来引导人的行为更符合人存在的本真要求。用价值理性规范理论理性（工具理性），防止工具理性的发展偏离人的生命活动，使工具理性服务于人的发展。此外，用审美理性引导实践理性和理论理性，使人类的道德规范与科技发展均受审美理性规范，从而使科学技术、社会制度、社会关系、伦理道德均紧扣且围绕人的本真存在，符合人性需要，促进人的幸福的实现，促进人的全面发展，实现人与自身、他人、社会和自然界相统一。

五是共生理性作为人的意识，仍然是人对物质世界认识反应的一种形式，它是人对自然客观历史认识的结晶，是对人类社会客观历史认识的结晶，是对人类认识历史客观过程归纳总结的结晶。共生理性的产生和发展离不开人的生产劳动实践，它是受人类社会的生产方式决定的。

对理论理性、实践理性、审美理性，我们将在接下来的论述中进一步详细阐述。

二、在共生理性的发展中汇聚实践知识

我们所界定的共生理性是在共生理念下抽象出的又一个重要概念，是对西方近代以来理性概念的一个新的发展，所以我们对于共生理念与社会合理化的探讨，就具体化为对共生理性与社会的合理化的探讨。前边我们已经分析了，共生理性不同于生态意识，它不仅仅指人与自然的关系要和谐共生，更重要的是它是从理论理性、实践理性、审美理性全面协调共生发展角度进行界定的，致力于以个人意见的多元共生和个性化知识的多维互动机制来推动信息社会的发展。共生理性是全面的理性，即理论理性、实践理性和审美理性全面协调发展的理性，不是某一方面理性片面发展的理性；在审美理性的导航下，人投入本真的生存与实践当中，在审美实践当中实现自身与他人和外物的共同生成；共生理性是人类由自发的共生走向全面自觉的共生，是对共生的方法、认识原则、伦理价值、社会规则等的全面自觉。

我们依据知识的三种划分，即科学知识、道德知识、审美知识，来界定理性，即理论理性、实践理性、审美理性，三种理性的共生发展即共生理性。人类的知识大体来说可分为科学知识、道德知识和审美知识。伽达默尔认为，在

古希腊那里，"哲学"与"科学"一词基本上是同义的，亚里士多德区分了理论哲学、实践哲学和诗哲学。实际上也以此区分了三种基本的知识，即理论知识、实践知识和技术知识。在此基础上又对科学做了分门别类：理论科学，与知有关；技术生产的科学，与产品有关；以及与行为有关的实践科学。理论知识的用词是"Episteme"，它是脱离具体经验的，以数学知识为典型，指示的是一种关于事物的永恒不变的东西的知识，建立在证明基础之上，能够教也能够学；技艺知识的用词是"Techne"，这是指某种工匠手艺的知识，是一种技艺能力，是直接针对某种活动经验而言的，具有特殊性、具体性、局限性，技艺知识只是某种个别的东西并且服务于个别的目的，不过这也是一种可教可学的知识。而"实践知识"就与此大不相同了，它的用词是"Phronesis"。亚里士多德描述了实践知识（实践智慧）的特征：一是其探讨的对象和领域是可改变的。具有实践智慧的人就是善于正确考虑的人。谁也不会去考虑那些不可改变的事物或他无能为力去做到的事，践行的领域是可以改变的。二是其本质上不同于生产或制作的践行。在可以改变的事物中我们要区分制作和践行，制作和践行是两种不同的活动。旨在践行的反思活动不同于旨在制作的反思活动。三是实践智慧的践行本身即是目的，使人趋善避恶。实践智慧是一种与正确计划相联系并坚持正当行为的践行能力，而这种践行的对象是那些对人善或不善的事物，因为制作在自身之外尚有别的目的，但践行却不是这样，因为良好的践行本身就是目的。四是实践智慧考虑的是对人的整个生活来说善的或有益的事。所谓具有实践智慧的人，就是能正确考虑对自身的善或有益的事，但这不是就部分意义而言，如对于健康、对于强壮有益，而是就整个意义而言，指对于整个善良而幸福的生活有益。五是不只是有关普遍事物的知识，更重要的是有关特殊事物的知识，经验在此种知识中起着重要作用。①

　　康德将理性分为理论理性和实践理性，又提出以审美判断力弥合沟通理论理性与实践理性。韦伯在论及合理性时提出，价值领域被分化为认知—技术领域、审美—表现领域以及道德—实践领域，哈贝马斯认为合理性在人的行动中有多种表现形式或论证方式：认识的合理性（命题的真实性与合目的的行动效率）、实践的合理性（行动规范的正确性）、美学的合理性（价值标准的合适性）、解释的合理性（象征性构思的可理解性和合适性），等等。

　　所以我们将知识划分为科学知识、道德知识和审美知识，将理性也划分为理论理性和实践理性、审美理性，这三种理性的融会共生形成共生理性。在共

---

① 洪汉鼎. 论实践智慧［J］. 北京社会科学，1997（3）.

生理性中，基本涵盖了人与自身的关系、人与他人的关系、人与自然界的关系，三种知识、三种理性、三种关系相互渗透、相互涵摄，统一为一个整体。科学知识包括自然科学（包括理科和工科）、社会科学中一切事实性知识的领域，是理论理性的产物，这个领域的知识增强人改造世界的实践能力；道德知识是伦理性知识，是关于人与人、人与自然万物的和谐相处共同生成的关系性知识，是人实践理性的产物；审美知识是关于人对幸福和快乐的感受的知识，它的增长提高人生活的自觉和幸福度，他关系的是人以审美的思维和态度去立身处世，以审美的出发点去看待人、看待物、看待自己及其相互关系，是审美理性的产物。我们这里将理论理性、实践理性和审美理性的协调发展概括为共生理性，其内涵我们前边已经说了，理性是全面的理性，即理论理性、实践理性和审美理性全面协调发展的理性，不是某一方面理性片面发展的理性；在审美理性的导航下，人投入到本真的生存与实践当中，是在审美实践当中实现自身与他人和外物的共同生成；共生理性是对事物共生存在规律全面自觉的理性，包含对共生的方法、认识原则、伦理价值、社会规则等的领会和掌握，它仍然坚持辩证唯物主义的基本立场、观点和方法。

在生产实践之外个人生成的维度还有三个：理性和知识，语言伦理，共生互动。人的理性就是在以语言为载体的共生互动过程中逐步形成的，语言的互动是人的内心世界的互动，是知识、情感意志、审美的内心模式的互动和生成，是人的主体性的互动和生成。① 社会同一性来自两个方面：一是人的自然属性方面；二是人的社会文化价值方面。哲学的基本论题就是理性。当代中国哲学的使命应当转向以理性人共生为核心的范式上来，关注人的理性和心灵，启迪人的智慧，激发人的创造性，推进社会发展。"从历史起源以来，意见和行动的合理性就是哲学研讨的一个论题。我们甚至可以说，哲学思维本身，就是从体现在认识、语言和行动中的理性反思中产生的。哲学的基本论题就是理性。"② 认识和工具合理性、道德实践合理性，甚至美学实践合理性，这是现代社会合理化理论的焦点。从理性的这三个方面实现人的发展。认识和工具合理性增强人改造外在世界的能力，道德实践合合理性增强人与人的和谐相处和本质共生，美学实践合理性增强人的生活幸福度和人与人、人与自然的本质与美的天然统一。人的审美与真和善是本质统一的，对于外在世界的认识和工具合理性知识，

① 哈贝马斯. 交往与社会进化［M］. 张博树，译. 重庆：重庆出版社，1989：172-173.
② 哈贝马斯. 交往行动理论：第 1 卷. 行动的合理性和社会的合理化［M］. 洪佩郁，蔺青，译. 重庆：重庆出版社，1994：14.

其真实性是一个不断实践的过程，而人对世界的美的内心体验对于人来说是属于自己所独有的东西，尽管每个人的审美有所差异，但相对于个人来说，最宝贵的东西仍是来自自己内心的审美体验，这种体验是直接同一的，没有中间环节，人获得的最直接。人从审美知识出发容易获得对世界的真的理解，有利于实现自我同一性，才能确保自我的真实存在，才能与他人和自然界保持本真的统一，才能实现与他人和自然界的相互生成，才能达至个人的幸福，才能真正实现社会的发展。这种审美知识也是一个生成的过程，是在互动不断中演化发展的。当今哲学的范式脱离理性框定世界的本质论模式，可以用生成论范式来进行理解。现代经验科学理论，"不管现在是否遵循逻辑经验主义、批判理性主义或方法论结构主义的路线，都提出了一种规范的同时也是普遍的要求，而且不再用本体论或先验哲学式的经验主义观点加以掩饰"。① 对理性的理解都提到工具合理性、道德实践合理性、审美实践合理性的问题。

社会的有机构成要依靠内心共有的主体性知识为基础。要想增加社会的有机结合度，必须加强人们共同知识基础的奠定，加强沟通。人们在交往中要形成共识，一个有效的方法就是在每个主体内部建立共有的背景知识。个人间相互理解，心灵碰心灵，就能达致类的总体性。这是社会合理化的又一个基点。社会合理化的前提是人与人相互达至理解，实现心灵的沟通。任何制度体系只有建立在人们相互理解的共识基础之上，才算是合理的。只有建立在理解和共识基础之上的治理行为才可称为合理的。个人从自己的本质欲望出发去行动必须符合社会文化价值规范，这是个人行为合理性的基点。"我们把按照文化上所运用的价值标准来解释自己的需求本质的人，称为合理的。但是，只有当一个人能够对解释需求所遵照的价值标准本身采取了反思的态度，我们才能把这个人称为合理的。"②

三、共生理性社会合理化的内在结构

社会的合理化包括世界观的合理化、行为的合理化、生活方式的合理化，生活世界的合理化、文化知识体系模式的合理化、道德法律制度体系的合理化，这诸多方面的合理化依赖于人知识汇集和积累的程度，即科学知识、道德实践知识、审美表现知识的丰富积累和增长程度，人改造自然的能力、人际协调组

---

① 哈贝马斯. 行动的合理性和社会的合理化［M］//徐崇温，主编. 洪佩郁，蔺青，译. 交往行动理论：第1卷. 重庆：重庆出版社，1994：17.
② 哈贝马斯. 行动的合理性和社会的合理化［M］//徐崇温，主编. 洪佩郁，蔺青，译. 交往行动理论：第1卷. 重庆：重庆出版社，1994：37.

织社会的能力、审美生活的个人的幸福实现程度，而这些依赖于个人是否从本真内心出发对待人与物，是否真正表现出自己的个性，是否在对待人与物中得到幸福和快乐，是否实现了怒斯与逻格斯、事实与价值、工具理性与价值理性、科学和道德的有机统一，是否有理性共生互动的对话机制和理性共生的社会运行模式。所以社会的合理化生成是一个个人和社会双向生成的互动共生过程。

世界观和行为及生活方式的合理化。人的世界观实际就是一种知识的组构，理性的三种知识构成人的世界观。近现代以来世界观的合理化导致了自然认知领域、道德规范领域以及审美表现领域相互之间的分化，带来了一种现代世界观；同样，世界观的合理化也满足了严格意义上的文化合理化的发生条件。依照哈贝马斯的观点，科学、道德和艺术分化成为单个的价值领域，即认知价值领域中的真理性，道德—实践价值领域中的公正及一切规范的正确性，表现价值领域中的审美性、本真性和真诚性（"认知价值领域中的真理和结果、道德—实践价值领域中的公正及一切规范的正确性、表现价值领域中的审美性、本真性和真诚性等共同构成实践合理性的内容。"）① 相应地形成关于自然的理论知识（科学知识）、关于社会道德的实践知识以及关于人自身主体性或内在审美性的表现知识。我们这里简称为认知性价值、实践性价值和审美表现性价值，理论知识（科学知识）、实践知识、审美表现知识对应的是理论理性、实践理性、审美理性。当代资本主义重视了理论理性，忽视了实践理性和审美理性，导致人们的生活道德领域被破坏。"生活领域依靠的是道德—实践的合理性和表现的合理性，但它们被经济合理性和行政合理性强行占领了。"② 现在我们提出的世界观的合理化，就是要使上述三种理性知识价值同时确立，树立共生的存在论、方法论、认识论，认识到世界共生的存在状态和人类社会理性共生的发展观，努力促进审美理性、实践理性、理论理性全面协调发展，增进话语互动，实现理论知识、实践知识、审美表现知识的增加。行为合理性也可以归属于不同的知识范畴。理论知识进入了目的行为取向（工具行为取向）当中，实践知识以及审美表现知识进入了价值行为取向当中。生活方式的合理化表现为人们不再为功利主义生活方式所主导，而是奉行审美主义的生活方式，前者对应的是工具理性，后者对应的应当是价值理性和工具理性的统一。

生活世界的合理化。生活世界是人存在的世界，涵盖我们与之打交道的一切人、事、物、时间、空间以及我们通过情感、思想、想象所能知道的东西，

---

① 马克斯·舍勒. 知识社会学问题［M］. 艾彦，译. 北京：华夏出版社，2000：176.
② 马克斯·舍勒. 知识社会学问题［M］. 艾彦，译. 北京：华夏出版社，2000：177.

涉及个人的、社会的、感性的和实际的经验。它是主观和客观共同生成的世界，是人的主体性交互生成的世界。人的主体性同样包含理论理性、实践理性、审美理性三个方面，对应的是科学知识、道德知识、审美知识三个方面的知识。人的主体性通过语言这个桥梁表现和运行，所以生活的世界是话语和知识、理性的世界，生活世界是在对话中交流知识、沟通情感、表达意志的过程，这个过程是个人的主体内心真意的表达。个人在实际生活中要促进世界观的合理化，努力促进审美理性、实践理性、理论理性的发展。将共生的观念付诸行动，在主体本质的互动中达成共识，在理解中达成共识，在共识的基础上达成团结，促进相互理解、共享知识、彼此信任，促进真实性、真诚性交往，促进社会的共生和人自身本质的生成。

通过生活世界的共生实现社会的合理化生成。生活世界的合理化就是要使其建筑在人类理性的反思基础上，弥合近代以来的科学与道德的分裂、逻格斯与努斯的分裂、工具理性与价值理性的分裂，帮助人类过一种有意义的生活。生活世界的合理化也必须从取得理解开始。达至生活世界的合理化要求人们形成共识，增加理解的程度。社会整合采取话语理解，而不能采取暴力专断，话语理解的程度越高，社会的整合有机度越大，社会的共生度就越高。生活世界的知识储存是以主体的经验为基础的，人们在生活世界中进行沟通和交往，是以社会历史文化中储存的知识为依据的。"状况的解释是以知识储存为依据的，这些知识储存，一个行动者在他的生活世界中已经总是支配的：生活世界的知识储存是以许许多多的方式与所经验的主体的状况发生关系的。它是由当时现实的，与状况联系在一起的经验积存下来的。"① 生活世界突出个性、文化和社会三个维度，就是主体性、文化信息、社会互动。"杜尔克海姆把生活世界的区别过程理解为文化、社会和个性的相互交错出现。"②

在文化的合理化基础上实现社会的合理化。现代社会所特有的意识结构源于文化合理化，而文化合理化包括认知、审美表现以及信仰传统的道德评价三个部分。文化的合理化是为个性展现创造背景环境。个性与审美是紧密结合的，个性应当在审美活动中得到体现，生活世界的真、善、美是统一为一体的，个人在生活体验中表现的审美体验和知识，是一种内心的本真表达，这种本真的表达是与人的本质相统一的。个人只有在审美表现中才真正表现了自我同一性，

---

① 哈贝马斯. 行动的合理性和社会的合理化［M］//徐崇温. 洪佩郁，蔺青，译. 交往行动理论：第 1 卷. 重庆：重庆出版社，1994：176.

② 哈贝马斯. 行动的合理性和社会的合理化［M］//徐崇温. 洪佩郁，蔺青，译. 交往行动理论：第 1 卷. 重庆：重庆出版社，1994：184.

才真正体现自我，从这个本真的表达中，个人真实地与他物和他人发生本真的关系，在这种本真的关系中个人得到生成和幸福，他人和他物也得到生成，实现了人与他物和他人的相互生成，个人在享受美的同时，他人和他物也实现了本真的存在，二者实现了完美的统一。"天才的特征从来都是由于对于某种事物的爱来表现的，后者使他心醉神迷地致力于某些观念和价值，是一种超越了具有重要生理意义的东西并且超越了不根据任何规则创造的作品所具有的独特性的精神剩余物。"① 知识社会学的出发点是人的本质的兴趣、喜爱、灵魂的互动。人所心醉神迷的、最有兴趣的事物是与自我同一性一致的，也是与审美一致的，只有促进人以这种状态存在，才能激发人的无限创造力，所以生活世界的生活方式应当是一种审美的生活方式，文化也是审美型文化。审美知识和审美理性表现在行为结构和价值趋向中，也奠定了个人的个性特征。文化知识体系的生活世界在解释中生成，是在工具理性、价值理性结合中合理化生成的。我们批判科技理性，但并不是以此贬低科学理性在现代文明中的作用，更不是为了来否定人类理性的力量。恰恰相反，我们所批判的只是科学的神话、科学技术统治论，最终目的是要重新全面地理解理性概念，在实践理性上重新肯定和发挥理性应有的作用和力量。文化的合理化也要突出人的个性展现，从个人的个性出发实现文化的合理化，强调个人之间的本性特长的共同展现。人的自我是在自我能力的表现中确立的，人的本质也应当是在自我能力的表达中呈现的，能力的呈现中有个人的自我个性和独特性展现，有个性特色和创造性发挥，人在表现自我能力的创造性的同时也实现了自己的幸福、价值和意义，保持了自我的同一性。"自我的同一性产生于在社会的相互作用中形成的能力。"② 个性与自由是紧密相联的。自由是以自我同一性为前提的。人的自我同一性必须通过自身内在本性的表达才能真正规范起来，如果不是内心的表达，根本就不可能真正建立起人与人的真实联系，也无法真正生成自己。人的自我同一性也是一种联系和互动不断生成的过程，没有固定的同一性，随着个人相互之间的内心互动，个人的心理模式也是随着联系的范围和条件而不断变化的，人内心认知、情感、意志、审美不断在变化，个人的个性、创造性也不断在变化，人就是这样在互动中不断生成，又不断变化。文化的合理化必须突出共生意识。

---

① 马克斯·舍勒. 知识社会学问题 [M]. 艾彦，译. 北京：华夏出版社，2000：61.
② 哈贝马斯. 重建历史唯物主义 [M]. 郭官义，译. 北京：社会科学文献出版社，2000：64.

四、以话语共生互动为特征的实践是实现共生社会合理化的形式和途径

知识是人的理性实践的产物。社会的创新得益于人的诸多方面的知识的增加，而知识来自理性的共生互动即商谈。科学实验是这样的，"实验室的选择不是与个体的做决定相关联，而是被看作社会互动和商谈的结果"。①

商谈是产生科学发明的土壤，同样商谈是任何知识领域以及人类社会发展的土壤。知识在互动偶然性中创新。"社会的和符号的基础在具体的实验室商谈中变得最为明显，这种商谈标志着对科学研究成果的高度选择性地建构和解构，并且导致了对知识连续的重新建构。"② 这就是"把创新看作与境和互动的产物"。③ 语言符号实现了人跨越时间、空间限制的历时共生，理性可以跨越时空进行交流。人类借助于语言和符号，交流汇集信息和知识，符号既反映了使用符号作为交往方式的人类群体或生命，同时亦暗示着各种联系，是人类存在的第五维。

在话语的共生互动中激发和传播默会的知识。默会的知识是我们理论化知识的基础，生活世界的知识构成最主要的是默会知识，普通大众的知识就是这种不正式的知识，它潜藏在普通大众的心理当中。我们党走群众路线，向群众学习，实际上就是在汇集运用群众的默会知识。这种知识是与个人的认知知识、道德实践知识、审美表现知识相结合的，是个人指导实践和行为的常用、实用的知识，是切切实实指导我们社会生活实践的知识。"通常被社会成员运用以构成有意义社会世界的知识储备，依赖于一种很大程度上是不言自明或暗示性的知识，这种知识具有一种实用主义取向；也就是说，这种知识是行动者很可能以预先设定的形式进行表达的知识，也是和科学观念（即表达的精确性、逻辑的彻底性、明白无误的词汇定义等）并不相关的知识。"④ 语言和对话正是这种默会知识显像化得以交流创生的渠道，话语和意见的共生互动为知识的创生提供一个开放的过程，我们认识的前进也是在证伪中进行的。依照波谱尔著名的范例，"'所有的天鹅都是白的'这一条普遍规律永远不会被证实，因为这要求

① 卡林·诺尔-塞蒂纳. 制造知识：建构主义与科学的与境性［M］. 王善博，等译. 北京：东方出版社，2001：25.
② 卡林·诺尔-塞蒂纳. 制造知识：建构主义与科学的与境性［M］. 王善博，等译. 北京：东方出版社，2001：26.
③ 卡林·诺尔-塞蒂纳. 制造知识：建构主义与科学的与境性［M］. 王善博，等译. 北京：东方出版社，2001：36.
④ 吉登斯. 社会学方法的新规则———一种对解释社会学的建设性批判［M］. 田佑中，刘江涛，译. 北京：社会科学文献出版社，2003：130.

了解过去、现在和未来的所有天鹅；但是它可能通过发现一只黑天鹅而被证伪。"① 众人默会知识的话语互动碰撞出新的思想。在以语言符号为主要特征的实践中共生互动生成三个方面的内容：意义的建构、道德教化的形成以及权力关系的建立，当然这些都是建立在生产实践基础之上的。所有的组织和集体都是由互动系统构成的，而且可以根据其结构特征对之进行分析。增进个人默会知识的交流互动是社会形成共识的润滑剂、社会凝聚力的融合剂、社会创新力的催化剂。所以，我们要致力于在实践的互动中形成多元共生的话语生成模式。

话语的共生方法被运用于立法、决策、国家管理的全过程，实现生活世界的合理化。国家政治意志的形成过程离不开默会知识的交流汇聚，立法过程和司法判决实践依托默会知识的交流汇聚建构法治国家的交往形式，这是现代社会生活世界走向合理化的一部分内容。人与人相遇是在一个由语言构成的公共空间过程中的相遇，这个公共空间原则上是一直向在场的谈话伙伴或有可能加入的谈话伙伴开放的。这种对话机制应当在政治领域广泛建立。在多元文化社会中，法治国家的宪法容许不同的生活方式存在，它要求不同文化成员之间应当相互承认。国家应当保障意见和意志形成过程中的包容性。"话语交往是体现人本质生命活动，而市场交换是非本质生命的活动。"② 公民自觉实践意义上的政治范式不是市场，而是对话。交往权力与行政权力之间有着结构上的不同，前者来自政治交往，表现为建立在话语基础上的多数意见；后者则为国家机器所掌握。话语共生是对待社会协作的一种态度，一种开放的态度，它允许经过论证接受不同意见者的要求。

五、建立共生理性社会合理化的实践操作体系

社会是知识共生的社会，在信息社会、知识经济、全球化时代，面向 21 世纪后半叶，作为一个战略选择，我们应当加快实现知识信息应用的具体化，将人的理论理性、实践理性、审美理性充分发挥出来，汇集个人的科学知识、道德实践知识、审美知识，在技术操作层面真正实现汇聚个人默会知识，构建知识共生型社会。依照钱学森的观点，就是把知识在国家、社会、集体、单位、个人的决策中发挥作用的系统建立起来，使决策符合思维多元复合、交互作用的共生规律，实现集体思维、社会思维在决策中的作用。集体成员之间的相互

---

① 吉登斯. 社会学方法的新规则———一种对解释社会学的建设性批判 [M]. 田佑中，刘江涛，译. 北京：社会科学文献出版社，2003：250.

② 哈贝马斯. 后民族结构 [M]. 曹卫东，译. 上海：上海人民出版社，2002：284.

对话、讨论反驳、自省等都是激发群体及个体智慧的有效手段，"在研讨中能互相启发、互相激励，从而使集体远胜过一个个单独个体和不接触别人的简单综合"，① 为此他提出"知识工程"的概念。知识工程是人工智能的一个重要分支，其解决问题的办法着眼于合理地组织与使用知识，从而构成知识型的系统。我们可以借鉴他的"知识工程"概念思考共生理性社会合理化的实践操作体系。

我们将科学知识、道德实践知识、审美知识进行两种分类。一种是三种类型的知识划分，一类是前人的知识，即存在于书本上的知识；一类是专家的知识，是各领域专家的知识；还有一类是散存在广大群众当中的知识。其中专家知识是典型的知识型系统。另一种划分方法是将科学知识、道德实践知识、审美知识分为公开的知识和个人知识，也类似于显性知识和隐性知识、理论知识和默会知识的划分。公开的知识主要指专业化的科学知识、道德实践知识、审美知识等，这种知识以体系化、理论化的形式出现；个人知识包括专家所掌握的知识和一般个人的经验性科学知识、道德实践知识、审美知识，这种知识是知识大厦的基础部分，就像冰山水面以下的部分，以零碎、散见的形式存在，但这是形成公开知识的基础。知识工程就是通过共生综合集成的方法将这几类知识集合起来，形成知识共生系统，把古人、今人、专家、一般个人等的各类知识汇集起来，实现知识的衍生激增，这也是实现了波兰尼所说的理论的知识和个人默会知识的同时遽增。无论是前人的知识、专家的知识，还是群众的知识，也无论是理论知识还是默会知识，都蕴含着人的科学知识、道德实践知识、审美知识，通过共生综合集成的方法就可以将它们汇集起来，使之服务于个人、集体、国家和社会的需要。

对于科学知识、道德实践知识、审美知识的积累、提炼、升华，我们可以通过三种思维方式来进行，即经验思维方式、公理思维方式和辩证思维方式，通过这三种方式进行三种知识的归纳、提炼，以便于将具有普遍性、规律性的知识总结出来供人们共享。在日常生活中，我们在处理知识信息时应当将经验思维、合理思维、辩证思维三种思维进行综和共生运用，才能最大限度、更加有效地汇集科学知识、道德实践知识、审美知识，满足个人、集体、国家、社会的需要，将获得的更多、更有效的科学知识、道德实践知识、审美知识应用在政治管理、经济管理、生活决策等领域。

对于汇集科学知识、道德实践知识、审美知识的途径，我们借鉴知识工程人机结合的方法，实现人与计算机的结合。在现代信息网络时代，计算机网络

---

① 戴汝为．论信息空间的大成智慧［M］．上海：上海交通大学出版社，2007：48.

已经普及化，这为充分汇聚知识服务个人、集体、国家和社会需要创造了条件。

社会的合理化也应当体现在政府管理的合理化、决策的合理化，特别是应用在我国深化改革的顶层设计当中，实现国家宏观管理的科学化、知识化。所以，要采用人与计算机结合的方法，充分利用现代互联网技术，汇集前人的知识、今人的知识、公开的知识、个人的知识，综合辩证思维、公理思维、经验思维，将计算机收集大众的知识进行量智的处理，发挥专家系统的作用，对科学知识、道德实践知识、审美知识进行收集、分析、处理，供政治管理、经济管理、文化管理、社会管理、生态管理等各方面管理使用，在汇集知识过程中促进人的科学文化素质不断提高，促进社会文明程度不断提高，秉承这种理念进行现代化的总体科学设计，那么我国的现代化将在知识社会的战略上比其他国家高出一筹。实现政府管理的合理化，可以以城市为据点辐射整个社会，建设知识化的数字城市。充分激发科学知识、道德实践知识、审美知识在城市管理中的作用。利用现代互联网技术，通过人与计算机结合的形式汇集科学知识、道德实践知识、审美知识，可以构建城市的知识系统及其各个子系统，对应相关的职能部门分别进行知识汇集并系统化利用知识，进行城市管理。充分利用互联网技术，实现人与计算机结合，不断汇集科学知识、道德实践知识、审美知识，对于个人、集体、国家、社会进行科学决策，激发全民的创造力，实现万众创新，建设创新型国家，实现社会治理合理化，提升我国现代化的文明程度，都具有巨大的作用。当前，我国正在实施的"互联网+"正是对人与计算机结合汇集知识进行创新的一种运用。

第三节　当代社会共生合理化的归纳概括

一、社会的祛魅化

我们可以看出，整个资本主义工业化就是人类社会的理性化过程，由神学宗教的蒙昧状态进入到人类以理性为自身立法的状态，形成合理化的法制社会。韦伯看到这种合理化对人类社会带来的巨大发展的功绩，但是也看到了它隐含着合目的性的形式合理性占支配地位所带来的危害。哈贝马斯从解决现代性危机的出路出发，提出以交往理性完善启蒙以来的残缺的理性的计划，在交往实践中通过遵守其确定的规则的对话来展示价值理性等理性要素，在理想型对话交往中实现理性的完善。我们沿着韦伯、哈贝马斯的探索进一步对社会合理化进行研究。首先，随着当代资本主义的发展，出现了对现代性和理性的反思、批驳、揭露的学界一系列观点。有的提出解构现代性，否定理性的主张。我们认为哈贝马斯的观点是合理的，对现代性和理性要继续完善，不能彻底否定。人类是依靠理性走到现在这个文明阶段的，否定理性等于否定人类。现代性是一项未竟的事业。韦伯所谓的合目的理性，也就是工具理性，虽然目前受到大家的批判，但我们要看到它确实使人类的发展摆脱了蒙昧和落后状态，我们今天的工业文明如果没有工具理性是发展不起来的。我们目前对社会合理化进行界定、归纳出于两个方面：一个是全球化后工业下的当代社会；一个是处于由传统走向现代又面临后工业社会的中国现代化。世界现代性的发展是一项未竟的事业，中国的现代化更是一个要进入理性化的时代，所以，我们要以完善理性为出发点去推进现代化。如何完善理性，摆脱工具理性控制下的社会状态？哈贝马斯的方案是以交往理性完善理性，通过对话机制克服货币交换体系对生活世界的殖民化。哈贝马斯虽然设定了对话规则，也提到了科学、道德、审美表现知识，但没有具体、深入地论述如何通过理论理性、实践理性、价值理性来完善理性，促进社会合理化生成。我们这里倡导通过理论理性、实践理性、审美理性的协调发展，通过对个人幸福的追求，努力提高人的生存能力、协调关系的能力和审美水平，实现社会的合理化生成。真正解决自古希腊以来的努斯精神和逻格斯精神、工具理性与价值理性、主题和客体的统一，实现人从本真出发与世界的共同生成。

从人的生成到社会的生成。共生在社会领域更强调的是理性的共生，我们谈理性的共生仍然是建立在马克思的经济基础与上层建筑、物质生产实践等基本立场之上的，但是马克思的这些基本立场、原则、方法需要我们在处理各种问题时以什么样的理念来具体处理和操作呢？理性的共生就是将马克思主义具体实践化过程中所总结出的一个理念，这个理念仍然是共生理念，只不过是将共生理念在社会层面加以细化的一个层面的理念。所谓理性的共生就是每个人都是一个理性主体和知识载体，我们的社会就是要努力推动每个人理性主体性的发挥，积累和会聚知识，推动人类社会发展。理性的共生是一个理性不断完善的过程，这个过程与人对幸福的追求、人自身实践能力的增强、人与世界共同生成是一致的。概括来说就是在理性的共生中实现人理论理性、实践理性、审美理性的相互生成，在三种理性的生成过程中增强人改造世界的能力，协调人与人及自然界的道德伦理水平，提高人生活的幸福度。这个过程是完善理性的过程，也是行为合理化、经济再合理化、政治再合理化、文化再合理化、社会进一步合理化的过程，这个过程是理性完善后的社会进一步合理化。完善理性的社会合理化过程也是理性与人的生成的过程，是人与自然和社会共同生成的过程，所以是社会的合理化生成。具体思路是这样的：社会重视个人的理性实践知识，对每个人的默会知识给以关注，个人的默会知识是个人理性实践知识的常见表现形态，默会知识中蕴涵着个人审美理性、实践理性、理论理性以及相应的审美知识、道德知识、科学知识。促进个人知识信息的生成是实现社会发展和形成合理性社会的重点。社会和人本身都是伴随理性的不断完善和知识的不断积累而不断合理化生成的。

二、反思性社会合理化

在反思现代性基础上，走出现代性困境，需要我们在社会合理化的具体内涵和路径上进一步丰富与发展。相对于现代性第一阶段即社会合理化阶段，现代性第二阶段即对社会合理化进行丰富、发展，也可以叫反思性社会合理化。具体来说应从以下几方面着手。

第一，社会合理化的性质是一个社会范式理性化共生的过程，但不是工具理性片面化发展的过程，而是理论理性、实践理性、审美理性共生协调发展的过程。我们目前对社会合理化进行界定出于两个方面，一个是全球化后工业下的当代社会，一个是处于由传统走向现代又面临后工业社会的中国现代化。世界现代性的发展是一项未竟的事业，中国的现代化更是一个要进入理性化的时代。所以，我们要以完善理性为出发点去推进现代化。如何完善理性，摆脱工具理性控制下的社会状态？哈贝马斯以交往理性完善理性，提到了科学、道德、审美表现知识，没有具体、深入论述如何通过理论理性、实践理性、审美理性（根据康德关于理性的划分而来）来完善理性，促进社会合理化生成。我们可以通过理论理性、实践理性、审美理性的共生协调发展，构建共生理性，通过对个人幸福的追求，努力提高人的生存能力、协调关系的能力和审美水平，实现社会的合理化生成。真正解决自古希腊以来的努斯精神和逻格斯精神、工具理性与价值理性、主体和客体的统一，实现人从本真出发与世界的共同生成。

第二，社会合理化的基点是个人的科学知识、道德实践知识、审美表现知识的有效发挥。这三种知识被哈贝马斯称为认知性知识（命题的真实性）、实践性知识（行动规范的正确性）、艺术性知识（审美的表达）。人类是在运用理性形成和积累知识过程中实现自己的发展的，所以研究社会合理化的出发点是理性和知识，从对理性的不断完善中推动社会合理化。那么如何完善理性？应做到三个方面的统一，即理论理性、实践理性和审美理性的共生统一，形成共生理性。理论理性对应的是事实的判断，实践理性对应的是价值的判断，审美理性对应的是判断力的判断。三个方面的理性，对应地形成三个方面的知识：一是科学知识，包括经验知识和分析知识，对应的是理论理性，判定我们能不能做的问题；二是道德实践知识，对应的是实践理性，判定我们的行为该不该做的问题；三是审美表现知识，对应的是审美理性，判定我们幸福愉悦与否的问题。

通过理性积累和运用知识，促进生活世界的合理化，最终促成社会的合理化。我们的生活世界是以知识为背景，以语言为中介，在交往中不断生成的世界。人类是依靠知识改造世界的，那么，汇集和增加知识，应当是社会合理化的一个着力点。社会和社会的成员都处于一种在知识的积累和运用中不断地自我揭露和自我生成的过程中，在学习中不断生成自我。

第三，社会合理化的途径是个性化理性的共生互动。那么，如何完善理性，实现科学领域、道德领域、审美领域的知识同时增长，实现社会合理化呢？通过理论理性、实践理性和审美理性的有机统一完善理性，在交往过程中通过语言对话形成知识的增长，实现社会合理化。而这离不开社会对人个性化理性的尊重。所谓个性化理性是指个人理性特征的个性化，是在人性格、气质、特长等个性特征基础之上具创造性的思维理性。激发每个人的个性化理性，会促进个人在生活实践中认识、捕获科学知识、道德知识、审美知识，促进知识的会聚和增加。通过语言这个重要的中介载体，在共生中以动态的、活生生的生活世界的理性对话的生成过程来实现三种理性知识同时增长。实现理性三方面协调发展的关键是在共生对话中达致理解，形成共识。在交往中实现理解，促进价值理性发展，实现生活世界合理化。只有人们在共生交谈中对世界上所发生的事物彼此相互理解时，知识的传播和汇聚才是可能的，人们协作改造世界才是现实的，人们的道德理性才能实现，社会的和谐才能达到，审美价值才能共享，人们的生活幸福程度才能增强。

只有交往行为才能把语言对客观世界的认知功能、在遵守社会规范中的协调功能，以及在传达情感和展示自我中的表达功能统一起来，把语言作为达到理解和共识的中介，实现理性诸方面的共生统一，以共生理性为指导，才能实现实践价值领域中的公正、自然知识领域中的正确性、表现价值领域中的审美性、本真性和真诚性等。

理性完善和知识增长的过程离不开反思学习的过程，也可以说在交往中理解的过程也是一个不断反思的过程。既有面对文化传统的反思，也有对个人自身的反思，对科学知识、道德知识、审美知识的反思，对理性本身的反思。人能不断进行反思，才能推动知识体系不断更新。人不但要对文化进行反思，而且还要对自身进行反思。在交往过程中对各种信息进行反思，增加知识，进行道德反省，丰富审美领域。

对个人的科学知识、道德知识、审美知识等默会知识进行汇聚要注重现代信息技术，利用计算机和网络技术为人们搭建交流和汇聚知识的平台，服务于个人、集体、国家的决策，服务于人们生活的技术和艺术水平的提高，服务于社会管理水平的提高，服务于科学技术的发展，服务于生产力的发展，服务于人自身的全面发展。

第四，社会合理化的结构在个人而言表现在世界观层面、行为方式层面、生活方式层面，就社会整体而言可以归纳为文化知识层面、社会制度层面、社会机制层面。社会的合理化要通过生活世界的合理化来实现，而生活世界的合理化是要通过世界观合理化、行为合理化、生活方式的合理化来实现的。这三个方面的合理化都离不开三个方面的知识，即科学知识、道德实践知识和审美表现知识。行为合理性来源于三个知识范畴的指导，一是科学知识，在理论理性当中指导行为，使行为符合自然规律。二是潜能和动机，即道德实践知识，个人的行为必须符合道德实践知识。三是审美表现知识，个人的言行必须是真心的审美愉悦的表达。合理生活方式包含三方面：科学技术是生活方式组构的一部分，即科学技术的合理性；生活方式必须体现道德合理性；还要体现审美愉悦的表达，即审美合理性。这三个方面相互加强，互为前提，彼此促进，和谐共生。

通过世界观合理化、行为合理化、生活方式的合理化形成生活世界的合理化，实现理性和实践的三个方面的功能，即对客观世界的认知功能、遵守社会规范中的协调功能、传达情感和展示自我中的表达功能，促进科学知识、道德实践知识、审美表现知识的增加，在语言中介和信息手段作用下人们在共生互动中形成共识。人们就是在共生互动中不断汇聚交流知识、沟通感情，在知识的交流汇聚中产生着交往的人自身，努力促进生产力中人的因素不断发展，增强人改造世界的能力、协调群体关系的能力，提高人的生活幸福度，促进人与自身的同一、人与他人的统一、人与自然的统一，实现社会的合理化。

对人与社会的理性化研究，仍然以生产力与生产关系、经济基础与上层建筑等历史唯物主义基本规律为基础，在强调物的同时，谈到人的因素，谈人的因素离不开人的理性和知识，每个人都是一个理性主体和知识载体，我们的社会就是要努力推动每个人理性主体性的发挥，促其积累和汇聚知识，推动人类社会发展。这是完善理性的过程，也是世界观合理化、行为合理化、生活方式合理化、经济合理化、政治合理化、文化合理化、社会制度合理化、社会机制合理化的过程，这个过程也是理性完善后的社会进一步合理化的过程。完善理性的社会合理化过程也是理性与人的生成的过程，是人与自然和社会共同生成的过程，也是共生理性全面形成的过程。

　　第五，社会合理化的目的是人个性的展现，人与自身、人与他人、人与自然界的共同生成，人的全面发展和人的幸福的实现。理性是一个不断完善的过程，这个过程与人对幸福的追求、人自身实践能力的增强、人与世界共同生成是一致的。概括来说就是实现人审美理性、实践理性、理论理性的共同生成，在三种理性的生成过程中，也即共生理性的生成过程中，增强人改造世界的能力，协调人与人及自然界的道德伦理水平，提高人生活的幸福度。社会的合理化依赖于个人知识汇集和积累的程度，即科学知识、道德实践知识、审美表现知识的丰富积累和增长程度，而这依赖于个人是否从本真内心出发对待人与物，是否真正表现出自己的个性，是否在对待人与物中得到幸福和快乐，是否实现了怒斯与逻格斯、事实与价值、工具理性与价值理性、科学和道德的有机统一。

　　个人从本真内心出发投入实践中，从审美的角度看待实践，在实践过程中展现自我的个性，实现快乐和幸福，实现了努斯与逻格斯、事实与价值、工具理性与价值理性、科学和道德的有机统一。具体来说，就是个人将生活实践看作一项艺术，在审美和艺术的对待生活过程中达到生存的本真，即获得幸福和快乐。我们生活的动力来源无非两个方面：一个是生存的需要，一个是审美和快乐的需要。前一个是被动的，对人来说不是最本质性的，后者是人生存的意义所在，是能给人带来激情和无尽动力的。人类发展过程中，二者是必不可少的，但我们提倡的是第二种活动，因为只有在审美和快乐的活动中人才能作为人真正地存在，人只有进入到这种实践状态才能真正地生成自己。纯粹生存性活动对人来说是枯燥乏味的活动，这样的实践如果与人获得审美和快乐相抵触，那么，这样的实践活动对人来说就不是一种生成性活动，而是一种对生命和个性消解的过程，这种实践活动缺乏人的激情和生命活力，最终也是一种使人类实践本身不断走向衰落的活动，这样的社会就不是符合人性的社会，当它的实践活动是一种缺乏生命活力和激情的活动，而不能促进人的生成时，这种社会也将最终走向衰竭。当然也存在这种可能，即在生存性实践活动中人逐渐培养和产生了兴趣，获得了审美和快乐，实现了生存性与审美快乐性的统一。无论什么情况，我们所要致力于的就是生存性实践与审美快乐性实践的统一性实践活动。随着生产力的发展，人类社会为人们提供更广阔的空间和自由度以实现二者的统一，人们在生存中会自发实现二者的统一，我们要促使人由自发走向自觉，在现有的生产力条件范围内尽可能地促使人们将二者统一起来。人只有从本真内心出发去对待物和他人，对待自然界，在实践的过程中获得审美和快乐，在审美和快乐中达到对真的认识和把握，消除资本逻辑和工具理性对人的异化，才能实现善的人与自身、人与人、人与自然的伦理关系，促进人与人、人与自然的共同生成，在实践中达到努斯与逻格斯的统一，在现实中努力促进事实关系与价值关系的统一。

我们这里所说的审美实践是一种广义的审美活动，类似于日常生活实践审美化，而不是我们传统所理解的美学意义上的美，审美是人的实践活动的一种形态，是它一个极为重要的组成部分。我们这里所理解的审美实践活动是对人的实践活动的一种应然的界定，无论生产劳动的实践。还是科学实验，以及处理社会关系的实践，都应成为一种审美性的实践，人从自己的审美兴趣出发从事一项劳动，从自己的审美兴趣出发从事科学实验，从自己的审美兴趣出发处理各种社会关系，我们每个人在实践过程中就获得了生存的本质——快乐和幸福。我们每个人始终保持着与自身的同一性，不会被权力、金钱等外物所奴役，我们每个人在实践中展现了自己的个性特长，激发出每个人作为人所具有的无尽的创造潜力，实现个人的幸福与贡献社会的统一。当然，在现实世界中，由于种种复杂的客观情况，不可能每个人都完全实现上述目标，但作为社会和个人都应当积极倡导和努力营建这种社会机制与文化氛围。所以，从这个角度理解的审美实践与生产劳动不矛盾，生产劳动也是审美实践中最重要的实践活动。

第六，社会合理化要处理好理论理性、实践理性、审美理性的共生关系。人们在交往中运用理性传递知识、沟通理解形成合理的世界观、行为方式、生活方式过程中，要处理好理论理性、实践理性、审美理性的共生关系。只有处理好三者的关系，才能更深刻地理解共生理性的内涵。理论理性要从属于实践理性和审美理性，这是工具理性要以价值理性为导航的关系。价值理性起着主导作用，工具理性服从价值理性，但价值理性也不能阻碍工具理性的发展。要实现工具理性与价值理性的统一，这样才能形成合理的生活方式和社会运行模式。过分地强调工具合理性就会导致像资本主义制度下物对人的异化现象，扭曲的价值合理性就会导致违反人性的道德伦理枷锁对人加以控制的现象，这都是不合理的。理论理性和实践理性要以审美理性为目的，审美理性是一切合理性的价值之源、之本。理性的最高境界是审美理性，通过日常生活审美，在实践中达致以美求真、以真求善，从审美的真实感受表达情感、意志，表现个性才能，展现兴趣爱好，认知自然和社会，获取事实知识，掌握道德实践知识，汇聚审美表现知识，实现文化、社会和个性的统一，即展现了人的个性和才能，实现了人的审美和幸福，在这样的生活世界里，达致了真善美的统一。同时，实践理性和审美理性要尊重理论理性的客观性，审美理性也要受到实践理性的规范，这样三种理性才能相得益彰，共同推进人的发展，实现人的幸福。

我们在这一章研究共生理念与社会合理化问题，虽然将理性、知识、语言、信息作为关键词，但是我们认为这些问题仍然建立在辩证唯物主义和历史唯物主义基础之上，社会发展的决定力量还是生产方式，人最重要的活动还是生产实践，我们这个社会也始终离不开地理环境和人口等物质性因素，理性、知识、语言、信息作为意识和精神性的东西是人对物质世界的反映，其发展变化仍然受物质世界所决定。但是作为意识和精神性的理性、知识、语言、信息，对物质世界和人类社会具有反作用，特别是在知识经济、信息时代和全球化背景下，世界科技发展日新月异，信息化产业快速发展，知识变得越来越重要，同时对作为知识载体的人的要求越来越高，人的理性对一个民族、发展国家的作用越来越凸显，人的理性综合素质或者说科学素质和人文素质，将成为一个民族、国家能否在日益竞争的国际环境中立于领先地位和占领制高点的关键因素，因此作为时代性的战略焦点，我们不得不将理性、知识、语言、信息作为关键词来研究。理性、知识、语言、信息是我们对历史唯物主义当中生产方式、生产力、生产关系、经济基础、上层建筑、人民群众等概念进行研究之后又出现的值得我们研究和丰富的历史唯物主义的概念，这些概念不会改变马克思主义的基本立场、观点和方法，反而会丰富和发展马克思主义历史唯物主义的内容。

第九章

共生理念与现代性问题的解决

对共生理念的研究必须回到它的归宿上，即现代性的发展。对现代性困境如何摆脱，各种学说众说纷纭，共生理念可作为一家之言。从共生理念的立场、观点和方法出发，我们探求如何恢复人的主体性、避免工具理性片面发展，研究人的异化以及人与人、人与自然的对立。

第一节　现代性问题的产生

一、什么是现代性

现代性是人类进入 20 世纪之后开始反思启蒙以来的工业社会时产生的一个概念范畴。西方从启蒙运动发轫形成的理性的文化模式和社会运行机理，实现了人类社会从传统农业文明向现代工业文明的社会转型，也就是我们所说的现代化。农业社会的经验、习俗和自然本性转向理性化的社会运行机制和文化精神，如康德说："启蒙就是人类脱离自己所加之于自己的不成熟状态。"所谓："不成熟状态，就是不经别人的引导，就对运用自己的理智无能为力。""每一个人都应该给自己一个格言，即敢于去知，有勇气，有胆量去知。"① 理性、启蒙、科学、契约、信任、主体性、个性、自由、自我意识、创造性、社会参与意识、批判精神得到凸显。现代性是人类社会演进中的一次深刻而又全方位的断裂，人类社会的内在图式、运行机理、立根基础、文化精神发生了根本性转变，吉登斯用脱域（disembedding）来形容这个断裂。吉登斯指出，"所谓脱域，我指的是社会关系从相互作用的地域性关联中'脱离出来'，并跨越无限的时空

---

① 康德. 历史理性批判文集［M］. 何兆武，译. 北京：商务印书馆，1991：22.

距离对这些关联进行重组"。① 现代性包含与个体生存相关的的文化精神或文化模式、理性化的社会生活和文化价值、理性化的经济运行机制、契约化的政治运行机制等。现代性的理性文化模式是现代社会的主导性文化模式和文化精神，相信理性万能、理性至善，把理性及技术看作人的本质力量，对历史持乐观的态度，理性的文化精神和价值取向融入到人的行为当中，并体现在社会制度和社会运行机制当中。在经济领域，经济运行的理性化，传统社会的自给自足、自在自发的自然经济被理性化的市场经济所取代。计量性成为社会的重要特征，"其理智性在今天从根本上依赖于最为重要的技术因素的可靠性。然而，这在根本上意味着它依赖于现代科学，特别是以数学和精确的理性实验为基础的自然科学的特点。"② 在政治领域，行政管理出现科层化。同时，在社会公共管理中，出现了自律的公共领域，包括自律的公共生活领域和公共权力领域。公共生活领域是个体化的私人领域的自觉和自律，公共权力领域是国家权力的独立化。公共领域包括政党、工会、学校等群众组织领域和报刊、杂志、新闻媒介、学术团体等舆论领域。公共权力领域体现出民主化和契约化，政治权力实现合理化。

目前，无论对于发达国家还是发展中国家来说，现代性都无疑成为我们这个时代的焦点性话题之一，西方发达国家面临全球化后资本主义的文化危机，发展中国家在现代化进程和全球化进程中面临如何推进全球化挑战中的工业进程问题，全球化和现代性问题交织在一起，正如吉登斯断言的那样，全球化在某种意义上是"现代性的全球化"，"现代性正内在地经历着全球化的进程"。③

二、现代性的危机

现代性经过几百年的发展，可以说在人类历史上取得了巨大的成就，但是目前也面临着一系列的危机。通常说来，启蒙危机的症候表现在以下几个方面：

一是理性的片面发展走向了理性的反面。启蒙运动以理性对抗神性，以理性和科学使人类进入"祛魅"的时代。工具理性的发展大大地增强了人类改造自然的能力，同时理性走向偏执，科学走向意识形态，变成暴力。当人类正为

① GIDDENS A. The Consequences of Modernity [M]. California: Stanford University Press, 1990: 21.
② 马克斯·韦伯. 新教伦理与资本主义精神 [M]. 于晓，陈维纲，译. 北京: 生活·读书·新知三联书店，1987: 13-14.
③ GIDDENS A. The Consequences of Modernity [M]. California: Stanford University Press, 1990: 63.

科学的日益发达而相信人定胜天、充满自信之时，蓦然回首，却发现自己正面临着遭到毁灭的隐患，科学正在变成人类的异己力量，两次世界大战的惨痛经历，摧毁着人们对理性、科学的乐观信念。阿多尔诺认为，20 世纪的历史意味着理性主义哲学的覆灭，宣告了理性形而上学的破产。①

　　二是现代性存在着风险。现代社会又被称为"风险社会"。人类肆无忌惮地向大自然攫取，科学打破了人的生理自然属性，人类正走向一个不可捉磨的未来。鲍曼认为，"现代性的主要成本就是具体的人类存在为换取安全该付出的高额代价"。② 在现代性晚期阶段，不安全感笼罩着人类社会生活，"如果说自然界被命运之机会决定，工艺界被理性科技决定的话，那么就只能用恐惧和战栗来表征社会了"。③

　　三是"主体的神话"导致了主体的"消解"。当启蒙将理性确认为人的唯一特性，完全排斥人身上的情感、意志和非理性、非逻辑的因素时，以"逻各斯中心主义"压制了人的存在。如海德格尔所说的传统形而上学遗忘存在的危机。在启蒙话语中，"上帝死了"，人为自然立法，人自立为法。但这个作为主体的人无非是理性的抽象。后现代思想家揭示，主体的出现是一个晚近的事情，是启蒙思想家的创意，他们提出"人的死亡""主体的死亡"，对抽象的主体性进行消解。人的死亡、主体的死亡是科学理性的人的死亡，中心化、以他物为工具性的存在的片面性主体的死亡，上帝死了，是宗教理性下的人死了，科学理性的人存在了。对科学和理性的过度崇拜使人成为了技术的附庸；资本主义在推动经济发展的同时却使人们日益沦为资本的奴隶；国家政治革命锻造了强大的国家机器却使个人价值遭到践踏；工业革命、城市化、全球一体化等使人类在进入现代文明的同时亦步入了"主体性的黄昏"；人类自我膨胀式的现代性扩张带来了对自然的严重破坏……正是在这个意义上，很多人从不同的角度对现代性提出了批评：马克思认为资本主义导致"物质世界的增殖同人的世界的贬值成正比"；卢卡奇认为资本主义现代社会造成了人的普遍"物化"；霍克海默则批判资本主义社会日益成为一个压抑人性的"管制社会"；马尔库塞认为现代社会使人沦为"单向度的人"；海德格尔认为现代技术社会导致了人"家园的失却"和"诗意的丧失"。"几千年来经哲学家处理的一切都变成了概念木乃

---

① 涂成林. 从启蒙理性到生活世界的重建 [J]. 广东社会科学，2005 (6).
② 丹尼斯·史密斯. 现代性的预言家：齐格蒙特·鲍曼传 [M]. 萧韶，译. 南京：江苏人民出版社，2002：166.
③ 雅克·德里达. 友爱的政治学 [M]. 胡继华，译. 长春：吉林人民出版社，2006：16.

伊；没有一件真实的东西活着逃脱他们的手掌。"① 几个世纪所发生的众多事件表明，对于以理性、真理、自由和正义为名采取行动的世界来说，人类的热情和冲动最终总是不断地走向目标的反面。人类弘扬自身主体性的每一个努力和每一次成功，似乎都是在践踏其他物种的内在价值和其他人的主体地位。

四是现代性下的晚期资本主义面临经济危机、政治危机、动力危机。经济危机是指晚期资本主义奉行凯恩斯主义，由于实行国家干预出现了国家垄断所有制，再加上实行高福利政策，导致通货膨胀、生产停滞和财政赤字。自由竞争的市场经济又导致私人垄断依然存在。资本主义经济处于持续的滞涨状态，刺激经济的办法是巨额的信贷投资，面对没有购买力的市场，引发金融危机，又恶性加剧了经济危机。这种经济危机形式困扰着资本主义国家。政治危机表现为合理性危机和合法性危机。由于政府治理的软弱和无能，垄断持续出现，贫富分化加剧，引起国家机器尤其是行政管理危机。大众对政府的信心不足以致缺乏对政府的信任，导致合法性的危机。动力危机是指晚期资本主义对启蒙理性失去信心，思想文化处于衰落的趋势，不能够提供韦伯所说的资本主义精神动力了。

三、全球化下现代性危机的加深

全球化首先是一个历史的概念，真正意义上的全球化，乃是物质、能量、信息在全球范围内的广泛交流，一是 15 世纪的"地理大发现"，开启了马克思所说的"历史向世界历史转变"的时代，从而标志着全球化格局的形成，二是 18 世纪的工业革命，推动了"世界市场"的形成，三是 20 世纪后半叶兴起的信息革命，极大地深化了世界一体化进程，构成全球化的第二个阶段。世界文明走向融合和共生是全球化进程中的一大趋势。全球化既是现代性的全球化，也是加剧现代性危机的全球化。一方面，启蒙开启的理性工业文明逐渐在全球散播开，发展中国家逐渐步入现代化进程，普遍被纳入世界市场体系，现代化走向全球化。另一方面，西方国家的现代化的弊端也在发展中国家逐渐浮现，也可以说，现代化的负面效应随着世界市场的延伸也逐渐走向"全球化"。网络时代的冲击，经济领域的冲突，政治、军事的摩擦，核威胁扩大，文化的冲撞，贫富差距拉大，恐怖事件的发生，瘟疫的蔓延，生态的破坏等一系列问题一出现就波及全球。从贫富差距看，50 年前，美国穷人和富人的收入差距是 50 倍，现在已经扩大到 1000 倍，中产阶级集团不断萎缩和减少。从战争与和平的角度

---

① 尼采. 偶像的黄昏 [M]. 周国平，译. 长沙：湖南人民出版社，1987：20.

来看，全球化以后的 15 年（1990 年到 2005 年），与从 1975 年到 1990 年全球化前相比，因为战争等事件死亡人口增加了近 20%，战争、恐怖、冲突频频出现。① 从生态环境看，世界环境质量越来越下降。追求经济增长已经成为全球意识形态，巨大的资源耗费，导致生态环境被破坏；漂浮的有毒气体、流淌着的被污染的河水、被淘尽鱼的贫瘠海洋、被摧毁的森林、频发的地震和海啸、咆哮的飓风、凶猛的洪水、严酷的旱灾，极端天气频频发生，海洋水面日益升温。从人类的精神面貌看，人们心里没有安全感，恐慌、不安充满着人们的内心。"著名的哈佛大学最重要的是它的核心课程，人文学就写进它的核心课程当中，宗教伦理、美国历史加入到核心课程，学生必须要学这些东西。因为已经严重感觉到精神性的沦丧，真正去抵抗那个消费主义，抵抗拜金主义的精神力量现在不够。"② 人们对未来感到忧虑。在工具理性的科学技术引导下青年一代的发展以及不可测的风险越来越大。总之，人类在当代遇到一系列问题：人口剧增、环境冲突尖锐、资源减少、社会分裂、区域对抗等。这些问题被看成是极难克服的，它将可能给人类带来灾难性后果。

第二节　全球化下现代性问题的症结及摆脱困境的探索

一、现代性问题的症结：努斯精神与逻格斯精神的对立与统一

现代性的危机实际是理性的危机，古希腊以来开辟的理性奠定了西方文明的基本基调，对现代性问题的分析离不开对理性的缘起和内在结构的研究。

那么，我们现在就来深入分析一下西方的理性发展历史。理性源于人对世界的认识，古希腊哲学家用水、气、火等元素解释万事万物的存在与来源，目的是揭示大自然的规律并加以运用，这就形成了我们的理性。理性的内容很宽泛，从古希腊哲学流派的观点中，我们可以归纳出理性的基本结构，即理性是由人的内在主体性和自然界的客观性两方面构成的，主体性是挖掘人自身内心的奥秘，客观性是探索外在世界的奥秘，可以用两个名词来分别对其命名，内在主体性可以用阿那克萨哥拉的"努斯"加以概括，外在客观性可以用赫拉克利特的"逻各斯"来概括。赫拉克利特以火作为万物的始基，火是有定形和无

① 黄万盛．全球化中的文化和价值问题［J］．现代哲学，2008（2）．
② 黄万盛．全球化中的文化和价值问题［J］．现代哲学，2008（2）．

定形的统一，是自己运动的，具有自身的分寸、规律和尺度，这个尺度就是"逻各斯"，代表客观规律性。阿那克萨哥拉以"努斯"作为世界的动力之源、目的之源、人的主体性之源，它把心灵、思想或一般的心智认作世界的本质。"努斯"是自身规定的活动性，代表心灵的能动性。"努斯"就是在自身规定中保持自身的东西，就是有精神理智活动的生命体。可以说"努斯"代表着西方理性合目的行动方面。

苏格拉底作为西方理性主义之父、文明之父，凸显了逻辑普遍性、规范性，却埋下了逻各斯中心主义的种芽。柏拉图的理念即逻各斯，将客观的规律性上升到理念王国——世界的本体。逻辑本质主义从此得到强化，导致逻各斯就是理性、理性就是逻各斯的逻各斯中心主义。亚里士多德提出形式内就有目的因，借助上帝将努斯和逻各斯统一起来。

近代启蒙哲学以理性反对神性过程中又将逻各斯与努斯分裂开来，主体与客体对立，思维与存在对立，理性与现实对立，主观能动性与客观制约性对立。这种对立从笛卡儿确立的主客二分法、将主体凌驾于客体之上之后愈发尖锐，主体将客体工具化，逻各斯与努斯分离。康德提出人为自然界立法，将世界分为此岸的主体世界和彼岸的自在之物，在主体和客体之间划出了一道鸿沟，努斯与逻格斯彻底地分裂开来。尽管康德也试图通过判断力将理论理性和实践理性（客观规律性和主观目的性）二者统一起来，使主体在审美判断中获得自由，但最终还是借助上帝来实现二者的统一。黑格尔清晰、准确地看到了近代以来理性的这种内在尖锐对立和分裂，但他是用神秘的绝对理念将二者统一起来，使理性又走入了死胡同。

二、走出现代性的探索

对现代性进行反思，从尼采就开始提出非理性对抗理性，呼唤酒神精神，胡塞尔通过对生活世界的揭示来还原被理性所遮蔽的世界，海德格尔呼唤在者和诗意的栖居来恢复人的主体性，福柯提出人死了说明现代性下主体性被消解，德里达通过反本质主义来解构逻各斯中心主义，哈贝马斯要求取缔体系世界对生活世界的殖民，通过交往理性重建理性，完成现代性，后现代主义者则由知识的不可通约性、异质性、多元性试图彻底推翻启蒙逻格斯中心主义，提出现代性"终结论"。建设性后现代生态世界观赋予自然以神性，强调人类与自然之间相互依存的关系，坚信事物不能从与其他事物的关系中分离出去，同时他们把"神性"也赋予自然界，提出与韦伯的社会合理化相反的"返魅"，试图以宗教的方式解决现代性的困境。

与康德相同，试图从审美角度寻求解决问题途径的有席勒、马尔库塞、罗蒂和福柯。席勒从审美感性认识到人与自然、感性与理性相统一的问题，把审美教育看作由自然人上升到自由人的途径，这种认识只是抽象的，缺乏真正历史的观点。法兰克福学派的马尔库塞提出用审美的超越来克服现代性弊端。马尔库塞认为美学形式可以抵抗理性的压抑和逻辑对生活的操纵。他提倡用艺术来表现人本主义，表现自由和幸福，恢复人的主体领域，艺术可以唤起个体心理本能（激情、灵性、想象、悲哀、忧愁、苦恼、希望等努斯属性），使个体在审美中达到心理自由。马尔库塞只看到人类的心理活动维度，而没有看到社会性，没能将审美与理性的自身完善和自身内在对立的解决联系起来，未能将理性的努斯精神和逻格斯精神统一起来，也未找到现代性问题的症结，更没有找到解决问题的现实途径。福柯在后期对现代性也开始持建设性态度，这方面体现在他的生存美学思想中。福柯提出实践日常生活美学化，以美的生存或日常生活尽力沟通人在事实与价值、生存与幸福、努斯与逻格斯之间的矛盾和冲突化解西方哲学中的主客体统一问题、工具理性与价值理性矛盾的问题，在后工业社会的当代，我们有望以美的生活态度和生活方式、认识范式、实践方式来推进人类历史进入一个新的时代。福柯提出生活是艺术品的思路，为我们在审美的基础上达到怒斯精神与逻格斯精神的统一提供了方向。然而对于生活如何能成为艺术品的问题，福柯并未做出具体的说明。福柯在生活领域成为艺术品领域的具体化上止步了，努斯与逻格斯精神的统一、理性内在分裂的统一问题最终还是在希望的道路上被搁浅。罗蒂也立足于将身体上升到审美高度，呼吁建立新的文化样式，提升人类生活质量，以自由主义和幸福主义来改造实用主义。和福柯一样，他也是从艺术和审美的角度去达到合目的性与合规律性的统一、努斯精神和逻格斯精神的统一，但未能从实践出发真正解决生活实践中人理性自身的内在分裂问题，也不可能真正解决现代性发展中人与自身、人与他人、人与自然相对立的矛盾。从这里我们也可以看出，从生活审美角度解决现代性困境是一种趋向。

第三节　共生与现代性困境的出路

一、马克思的审美共生实践是解决现代性困境的理路归宿

对现代性困境摆脱的探索可以说是一个痛苦的探索过程。从尼采到德里达

提出的一系列方案，有的是机械而荒谬的，有的走向了宗教神学，有的提出了合理的想法但没有实现途径，有的提出了合理性因素值得吸取，有的提出了解决路径但缺乏深入分析，都没有与实践联系起来作为一种可行的、现实的活动来改造世界，推动现代性走出困境。我们从共生出发来寻求走出现代性困境的方法，解决现代性困境问题。资本主义从启蒙理性走到今天遇到了难以解决的困境，也即现代性困境，上帝死了、人也死了、理性是监狱、语言无意义、历史为虚无、知识乃权力、"本质"不存在、哲学应当消亡等，摈弃价值、斥责理性、消解一切的否定性思潮出现了。后现代思想家这种否定理性的否定性思潮并不能解决问题。人类走到21世纪，对古希腊以来的理性精神进行的反思也进入迷茫期。人类应当怎样前行？这给我们提出了时代的课题。马克思立足审美共生实践实现人的本真性共生存在，消除人的异化，解除工具理性对价值理性的遮蔽，使现代性发展看到了曙光。在马克思之外，还有康德、席勒、马尔库塞、福柯、罗蒂等都进行了美的探索。从康德到罗蒂都未能从个体和社会人的感性的审美实践共生活动存在论根基出发，去关注人在现代社会的种种遭际与困厄。马克思在实践中实现生活审美，从人的审美、感性出发投入生活，在感性审美中蕴涵着生命努斯的冲动，在感性审美中去追求真，追求逻各斯。应该说马克思是受古希腊哲学传统影响的，而且与苏格拉底、柏拉图、亚里士多德从努斯的生命冲动出发去追求逻各斯的致思理路是一致的，与亚里士多德更接近。个人在情趣和审美愉悦中将对象纳入自身，在内在的努斯冲动下投入对对象存在的逻各斯的认识，在审美感性实践中目的和手段合一，手段即是目的，目的即是手段，感性审美目的将理念逻各斯和能动的努斯活动相统一，审美实践本身就是本质的原因，又具有自我实现的推动力，人摆脱了偶然性的实现过程。人们在审美实践中生活，在生产实践中审美，在实践中通过审美将理论理性和实践理性、工具理性和价值理性统一起来。在实践中弥合了人的理性自身分裂，在实践中达到合目的性与合规律性的统一，切切实实将康德、马尔库塞、福柯、罗蒂等人关于审美共生的生活理想在生活和生产实践中付诸实施，将理论性的东西变为具有操作性、可实施的东西，尽管全面的实现有一定历史条件，到共产主义社会人将完全实现人作为人的全面发展和完善的存在，但马克思的这个思路为我们走出现代性人类理性自身的分裂、人与自己和他物的对立找出了一条切实可行的道路。

　　共生的审美实践继承马克思的审美实践思想，以共生理性完善理性，在审美共生实践中实现努斯精神，在努斯精神的动力作用下达到对逻各斯事实的真的认识和运用，通过对必然的掌握而达到自由，通过自由和必然的统一而实现美和体验美从而进一步实现努斯精神，实现理性的努斯精神与逻各斯精神的统一，实现事实的真与价值的真相统一，在审美共生实践过程中人与对象相交融与相统一，实现人与自然、人与他人、人与自身的统一，走向共同生成，走出现代性困境。具体来说，共生理性就是个人将生活实践看作一项艺术，在审美和艺术的对待生活过程中达到生存的本真，即获得幸福和快乐。共生本身也是一种审美。

马克思的审美共生实践与传统上我们理解的马克思主义的实践是什么关系呢？传统上，马克思主义哲学认为实践是主体能动地改造和探索客体的社会性的客观物质活动。实践的基本特点：第一，客观性。实践是客观的感性物质活动。第二，自觉能动性。实践是主体有意识、有目的的活动。第三，社会历史性。实践是社会性的、历史性的活动。实践的基本形式为：第一，物质生产实践。它是处理人与自然关系的活动，是最基本的实践活动。第二，处理社会关系的实践。第三，科学实验。共生审美实践是在坚持马克思主义哲学实践观的基础上对实践另一个维度的考察，强调了实践的主体——人的因素，人在改造和探索客体世界，这个活动是群体社会性的，是物质性活动，这个从事实践活动的人是要通过实践获得物质生活资料的人。此外，我们还应当看到，这个人是要获得幸福、快乐的人，这种幸福快乐是人在审美中达到最高程度的。如果我们能将实践不仅仅作为获得物质生活资料的活动，还将其作为审美的活动，那么，人便在实践活动本身过程中就直接实现了幸福和快乐，这将既实现获得物质生活资料的目的，又实现了幸福和快乐的目的，将人的事实性存在和价值性存在相统一，这样的实践能激发人的兴趣和热情，能激发人的创造力，能提升社会的创新能力，能促使更多的物质财富涌流。无论是生产实践，还是处理社会关系的实践，抑或是科学实验，如果能将人的审美渗透进去，那么，所有的实践活动将更加富有人性化，更有利于生产力的发展，有利于社会的团结和谐，有利于科学发明创造。坚持共生审美的实践，这不是违背马克思主义实践观，而是进一步丰富和发展马克思主义实践观，使实践这个概念的内涵更加丰富、更加贴近人性，也促使马克思主义更加贴近生活世界，更加大众化，更易于为广大群众接受、喜爱和践行。当然共生审美的实践的全面实现需要生产力的发展水平达到相当的高度，但我们首先应当有这样的认识和理论，其次，我们可以引导人们在生活实践中去探索实践，再次，我们可以在生活的局部或点滴中获得实现。这样的实践，于己、于人、于社会、于整个世界都有好处，还可以让我们在探索中走出一条超越现代性局限的新型文明道路来，还可以为未来共产主义社会的具体化积累实践基础、丰富理论内涵、丰满轮廓形象，增强现实吸引力，缩短人们内心的景观距离。

二、从共生理念解决现代性困境的当代概括

从共生理念解决现代性困境问题，可以概括为以下几方面。

第一，以共生理性完善理性，克服工具理性的片面发展。通过对现代性根源的分析，源自古希腊的理性精神隐含的内在矛盾在启蒙理性之后走向完全分裂，导致现代性危机，解决这个问题的首要一点就是要克服理性的片面性。理性不仅仅只是工具理性或理论理性的发展，片面理性只能导致科学技术和物对人的异化，在发展工具理性（理论理性）的同时，还要推动实践理性、审美理性等价值理性的发展，实现理性的全面协调发展。

第二，以共生理性恢复人的主体性。现代性对工具理性的片面发展，压制了人的存在。共生理性在发展工具理性（理论理性）的同时，也大力发展实践理性和审美理性，人从本真内心出发投入实践中，从审美的角度看待实践，在实践过程中展现自我的个性，实现快乐和幸福，在审美和快乐中达到对真的认识和把握，促进人与自身、人与人、人与自然的共同生成，实现了怒斯与逻格斯、事实与价值、工具理性与价值理性、科学和道德的有机统一。工具理性始终以价值理性为导航，人保持了自我同一性，人不再为物所役使，人在审美实践中实现了事实关系与价值关系的统一，获得了自己的生命，获得了新生。

第三，以共生理念解决现代社会面临的经济危机、政治危机、动力危机。通过共生理性，恢复人的主体性，变革资本主义文化为共生文化，为后工业社会的发展提供文化动力。运用共生方法，改变资本主义私人垄断和国家垄断，缩小贫富差距，增加社会福利，提高广大下层群众的购买力，促进人人共生，刺激经济发展，改变单一利润引导投资，增加社会公共事业投资，增加价值性引导投资，转变利润型经济发展范式，实现经济恢复活力，推动经济发展，摆脱经济危机。政治上改变金钱政治及政治为金融寡头和垄断资本家服务的性质，增加广大下层群众的权力，维护中下层群众的利益，恢复政府在民众当中的威信，增强政府在民众心目中的信心，摆脱政治危机。

第四，以共生思维打破二元对立的思维方式。共生理念致力于反思和拆解现代性所蕴涵的传统形而上学的思维方式，具体表现为对本质主义、逻各斯中心主义、普遍理性主义以及主客二元对立的思维方式的批判，主张主客相互生成，统一不可分割，有利于克服晚期现代化中的风险所带来的日趋尖锐和复杂的社会矛盾与文化危机。共生理念尊重差异，从多元异质共存共同生成的角度观察世界，承认世界的多维复杂性存在。

第五，以共生理念解决全球化问题。以共生的理念推进人与人的共生，解决贫富差距的问题。以共生的理念推进人与自然的共生，在审美实践中推进人与自然的相互生成，解决世界环境质量下降问题。追求经济增长要与生态环境的美化协调起来。以基于审美实践的共生理性增进人与人的共生，增加人的安全感、幸福感、和谐感。以共生伦理引导青年人树立共生的价值理想，使青年一代健康成长。以共生理性克服工具理性的科学技术对青年一代的不良影响，谨防技术理性主义价值观在全球的泛滥，减少科学技术对未来社会安全和发展带来的风险。

第六，以共生的方法推进发达国家与发展中国家、富国与穷国、大国与小国的和谐共生，消除不同文明之间的冲突。解决国际问题要坚持对话的原则，反对霸权和武力，以理性的对话解决各种矛盾，缩小贫富差距，实现所有人的共生，实现发展中国家与发达国家共同发展，实现不同国家民族的共生。坚持文明的多样性存在，以对话为世界文明共生互动的基本形式，以不同文明的共生共荣、互利共赢为基本理念，促进相互了解、相互理解、相互认同，缓解文明间冲突。我国倡导的和平共处五项原则，正是我国为促进世界不同文明共存与发展而制定的对外关系准则，体现了共生理念，它得到了越来越多国家的认同与赞同，同时也为构建国际文明新秩序提供了有效的参考。

总之，现代性经过几百年的发展，可以说给人类做出了巨大的贡献，同时我们也要看到还要进一步完善它。从历史的纵向来说现代性可以概括为两个阶段，一个是自启蒙以后的社会合理化的过程，也就是社会理性化阶段，另一个是进入20世纪中叶之后人们开始反思现代性的阶段，也可以说是完善理性的反思性社会合理化阶段。在第二阶段，基于审美共生实践实现理论理性、实践理性、审美理性协调发展，才能真正走出现代性困境。

第十章

共生理念与中国现代化

我们研究共生理念的最终目的是服务于中国的现代化，是想为当代中国寻找到一条既能立足社会主义大国，又能促进农业社会向工业社会转型，还能有效应对后工业信息社会的挑战、有利于未来指向共产主义的现实道路。通过对现代性的分析和中国问题的把握以及对马克思核心精神的理解，我们是否能从人类社会演进的一般规律高度，在共生理念中找到这条道路呢？

第一节　中国所处的现代性发展阶段及存在问题

现代性的发展经过了两个阶段，一个是社会合理化阶段，一个是反思性社会合理化阶段。中国的发展既要完成第一阶段，还要面向第二阶段，是一个跨度大、复杂程度高、问题多的现代化过程。从共生理念出发指导中国的现代化既立足第一阶段又努力朝向第二阶段，还与共产主义理想脉络相衔接，具有现实性、超越性、健康性，可以为中国的发展谋求一个美好的未来。

一、中国现代性处于初创阶段

现代性对中国来说，是一个并不陌生而又路途漫长的事物。从辛亥革命起中国就在为现代化而求索，经过新文化运动、新民主主义革命、社会主义革命和改革开放，人们对现代化的了解已经不少，比如民主与科学、自由与平等，经济工业化、农业机械化，政治上民主选举、政党制度等，但了解并不深刻。在现代化的实践上，我们的科学技术得到发展，经济增长速度加快，生产力水平大大提高，综合国力明显增强，人民生活水平得到提高，国际地位得到提升。政治上，建立了人民代表大会制度，实行人大代表普选制度，确立了依法治国的理念，有最高人民法院。文化上确立了百家争鸣、百花齐放的政策，人民有出版、言论、结社的自由等。似乎，我们的现代化的基本元素已经具备。但可以说，我们的基本社会理念、范式框架基本上是辛亥革命、新文化运动和新中国成立初借鉴苏联模式搭建起来的。如果现代化仅仅是这些，那么我们对现代化的理解和掌握是没有渗入到底层根基的。从前边的论述我们知道，现代化首先是指社会由农业社会进入到工业社会发生合理化转型，由经验式、蒙昧化、血缘色彩、暴力方式、自发状态的社会进化到理性化、科学化、公共精神、民主辩论、自觉状态的社会，在价值观念上追求理性，在思维方式上贯彻理性，在社会制度和社会运行机制上实践理性，形成理性化的市场运行机制、契约化的权力运行机制、制度化的社会体系框架、规范化的社会治理范式、理性主导下的社会文化模式、体系健全的社区群众组织、自由宽松的思想舆论氛围。我们反躬自问一下，经过这么多年的现代化过程，这些基本元素我们是否具备了？我们过去的赶英超美，是把现代化当作钢产量、粮食产量来对待，这就如同曾经把共产主义理解为"电灯电话，楼上楼下"一样。改革开放以后，我们的目标是实现小康进而到本世纪50年代达到中等发达国家的水平，无论是仅仅吃饱穿暖，还是人均GDP的值达到多少，这样理解现代化都太片面也太肤浅了，我们只看到了表面的东西，而蒙蔽了深层的内涵。我们也应当对现代化的深层机理做以系统的规划安排，这样才能真正确保我们的发展目标按时实现。也就是说，到本世纪中叶，我们不仅是GDP达到目标，在社会机理、结构、图式、活动机制、存在方式、文化精神等方面也达到了现代化的要求，这才能真正实现现代化，也只有具备了现代化的基本元素了，人均GDP的目标才能顺利实现，否则，我们的现代化始终是一种营养不良的畸形现代化。所以，在此将我们的现代化定性为初创阶段。

中国现代化的最大障碍就是"城乡二元结构"，它的实质是农民、农村、农业和农耕文化，可以概括为"四农问题"。几千年的封建农业社会对我们的现代化来说既是财富也是包袱，长久积淀下来的农本社会文化模式和社会结构已经固化在人们的价值观念、道德判断、行为方式、生活方式、生存状态、社会习俗、治理方法上了，往往以经验对抗科学、以人情对抗法治、以专断对抗契约、以蒙昧对抗理性、以小农性对抗公共性。由此可见，中国的现代性仅仅进入第一阶段，即社会合理化阶段。我们提出农耕文化的弊端，并不是彻底否定农耕文化，农耕文化哺育中华民族走过了几千年，在一定程度上也可以说农耕文化与中华民族传统文化一体相连，彻底否定农耕文化也就意味着否定中国传统文化，农耕文化、传统文化有精华、有糟粕，进行现代化转型不能仅仅停留在农耕文化和传统文化上，但也不是彻底抛弃，而是去其糟粕、取其精华，实现农耕文化、传统文化体内自生出现代化的种因，所以要培育博大精深的中国传统文化中有利于现代化发展的种苗，同时创新生发出现代化发展的文化新植株，进而使之长成参天大树。

二、中国现代化过程中存在的问题

中国社会从农业社会向工业社会、从农村社会向城市社会、从计划经济向市场经济、从人治向法治、从封闭半封闭社会向开放社会、从具有群体性特征的以物为本向尊重个性的以人为本、从传统社会向现代化社会的全面转变，这个转型期至少要与整个社会主义初级阶段相伴随。处于加速转型期的中国，除了速度的超常规外，其变化的广度、深度和难度都前所未有，而且改革越深入，情况越复杂，深层次的矛盾暴露越充分，攻坚突破难度越大。所有这些方面，改革开放20多年来我们已有目共睹。中国的深刻变革带来了对社会结构的急剧分化与重组，带来了利益分配、组织形式、就业方式、价值观念、行为方式的多元化，带来了对社会运行机制的新要求，也带来了新旧观念的碰撞和冲突，带来了社会认知、判断标准的模糊化。边缘化、管理真空、双轨运行、外来文化、收入差距、文明冲突、新旧矛盾……所有这一切，使人们心理上感到茫然，行为选择无所适从。在各个方面条件很不成熟、各种准备非常不足的情况下，由上述方面带来的社会失序、失范与失衡必然催生出各种各样的社会问题。

中国现代化中存在的问题：国民的理性素质未确立问题；社会的理性化未完全形成问题；经济、政治、文化之间发展不协调问题；城乡、地区、工、农、服务、科技发展不平衡问题；资源与人口、消费与生态不统一问题；现代性的弊端已经初见端倪问题；贫富分化加大问题；公平正义还不完善问题等。

国民的理性素质未确立。现代化的飞速发展对国民素质提出了很高的要求，但处于传统农业思想观念的国民不具备现代化的理性公民的素质要求，现代化发展与国民素质提高的步伐不一致，国民的理性世界观、价值观、人生观、生活方式未形成，导致的结果是市场经济的理性规范化程度低。

社会的理性化未完全形成。从社会的整体发展来看，工业化的理性方式要求与理性公民的素质水平之间存在差距，这导致经济领域不按照理性规范的市场规则进行，不规范的市场大量存在，这又造成与世界市场接轨的困难。

经济、政治、文化之间发展不协调。文化与政治的发展不平衡，理性的文化模式未确立，政治的民主改革推进困难，理性的政治文明难以建成。经济已经发展到市场经济，政治和文化还处在传统的运行模式和思维方式当中，经济可能是以很高的速度在发展，但政治和文化却还以旧的模式和方式在运行，经济与政治、文化发展的不平衡，反过来又阻碍经济发展。

城乡、地区、工、农发展不平衡。中国的发展形势，必然出现沿海和内地、城市和农村、工业和农业、市民和农民的不平衡。与工业化国家接触方便的东部地区开放程度大，吸收外资渠道多，思想观念解放程度高，发展快。地处内陆的地区，传统思想观念浓厚，接触工业化国家面窄且少，发展迟缓。城市相对于农村交通发达、便利，接触现代化的因素多，工业化的经济模式、生活方式、思维模式形成得快，而农村地区相对于城市差距就大，传统遗留就多。工业大多集中在城市，工业的生产方式也集中在城市，农村的传统农业劳作方式比较多，沿海、城市接触的可能是来自西方后工业社会的影响因素，而内陆、农村还处在传统的农业社会，形成两极化的社会发展格局。

贫富分化加大，公平正义还不完善。贫富的差距与社会稳定协调不一致，不规范的市场和跟不上经济发展的非理性运作方式的政府管理体系，导致投机爆发的不正当富裕阶层产生，经济的高速发展与潜在在社会不稳定因素形成对立。

资源与人口消费、经济与生态不统一。资源有限，而人口基数大，消费的总量迅猛增长，形成资源与消费的矛盾。经济的发展与环境的保护不协调，经济的发展是以破坏环境为代价的，这是竭泽而渔的不可持续的发展，是一种毁灭式的发展。

现代性的弊端已经初见端倪。作为现代性发展中在西方国家暴露的许多问题，也相应地在中国出现了，例如，工具理性对价值理性的遮蔽，人与人关系的冷漠，金钱支配社会关系，人与人之间基本的信任关系遭到了严重破坏，环境破坏问题严峻，食品安全问题严重，安全事故频发，医患关系问题严重，人在对物的追逐中丧失了自身，人的精神失乡，人与自身、人与人、人与社会、人与自然的对立不协调、体系世界对生活世界的殖民等现象也逐渐浮出水面。

这几个大的方面的问题综合表现出如下的具体问题现象：人口问题、失业问题、贫困问题、犯罪问题、腐败问题、人口流动问题、教育问题、收入分配问题、环境污染问题、劳资关系问题、地区差距问题、社会保障问题、社会心理问题、社会风气问题、道德困境问题、阶层矛盾问题……各种隐性的问题与显性的问题，各种历史遗留问题与新产生的问题交织在一起。

总之，这种不平衡发展的现代化进程中最先进的和最落后的同时并存，传统农业的、工业化的和后工业化的同时并存，可以说中国社会是一个在时间上和空间上差距悬殊，各种因素复杂交错、混乱交织在一起的社会，这也正体现出中国现代化进程的复杂性。

第二节 以共生理念推进马克思主义哲学理论创新

一、马克思主义哲学理论创新的现实依据

中国的现代化要想平稳顺利发展，既能实现工业化，又能迈向后工业社会，必须有先进的指导理念，马克思主义虽然为中国的现代化提供了极其重要的指导，但必须面对时代的发展，进行完善。马克思本身也是一个面向现代性并具有超越性的一个人物，挖掘马克思文本的真精神，对当代马克思主义哲学进行创新，是我们这个时代所要做的。在我们对马克思主义哲学的传统理解中，沿用前苏联的自然主义存在论体系按照"辩证唯物主义和历史唯物主义"框架解释马克思主义哲学，总体上来说，重视了对客观世界的认识，突出了对世界"是什么"的研究，但却忽略了对人自身的研究，也就是说对人的心理世界没有给以足够的重视，对意义、价值等问题未能给以应有的比重，对人为什么活着的问题未能给以解答。知道了社会发展规律并不就意味着解决了我为什么要活着的问题。各种宗教哲学、伦理学以及存在主义，则更突出了这个问题。我们要建构贴近人们生存、面向人的生活世界的马克思主义哲学，只有世界"是什么"的方面而没有人"为什么活"的方面这是不完整的，缺乏对价值和终极意义追问的哲学，必然缺乏了对人的终极关怀，必然拉开了与人的距离从而缺乏魅力。从审美性的共生实践出发审视和建构马克思主义哲学有利于弥补我们传统认识对马克思主义哲学理解的缺陷，促进马克思主义哲学更加贴近生活世界。

作为作者个人的观点，笔者认为，对马克思主义哲学当代形态的寻求，可以从审美共生实践来探索体系创新的生长点及其相关学科群建设，以转变话语方式。我们应当对马克思主义哲学的性质、特点和功能等进行新的理解和规定，从马克思主义哲学赖以产生的"现代性文化"背景出发，从审美共生实践的核心出发，揭示马克思主义哲学所实现的哲学革命的实质，建立面向人的生存与生活世界的审美共生实践哲学，其立足点和研究对象是人类的审美共生实践活动。创新形态的马克思主义哲学体系的哲学观在继承"传统的世界是什么"的世界观基础上，还关注"人为什么活着"和"人应当怎样活着"的审美共生实践观，以人的共生性、审美性、自由性、全面性、发展性等基本理念为终极人文关怀理想，以实现人的事实性生存与价值性生存相统一为目标。研究方式发生如下转变：在注重知识的同时也寻求生存意义和生存方式，在注重整个物质

世界的同时也关注人的生成样态、幸福指数和生活世界，在对客观世界进行描述的同时也注重研究人的个性才能的展现、对心灵的尊重与呵护以及幸福的获得，由本质主义向生成境遇研究转变，积极进行审美共生实践研究范式的探索。当然，我们对马克思主义哲学的体系创新仍然是坚持辩证唯物主义基本立场，坚持唯物辩证法的基本范畴的，坚持辩证法的对立统一规律、质量互变规律、否定之否定规律，坚持唯物辩证法的实践认识论、历史观等。审美共生实践只不过是进一步丰富了马克思实践观的内涵，是在继承马克思主义哲学思想的基础上的进一步丰富和发展，从学脉上是传承与创新的关系。

二、从共生审美出发创新马克思主义哲学理论的主要概括

按照审美共生思想，当代马克思主义哲学可以概括为以下几方面。

第一，从审美共生实践发展程度判断社会发展阶段

我们的社会发展阶段的高低，以人的审美共生实践程度和广度为依据。在农业社会，大多数人谈不上审美实践，低劣的生产水平，将大多数人捆绑在生存与死亡的分界线上，事实性存在压得人无暇顾及审美实践，审美性生活只是在极少的时间和偶然的机会而得到。审美性共生实践主要为少数贵族和上层人获得。到工业社会，人审美共生实践的数量和程度相对而言增加了，但也只是出现在人们部分或少部分的生活范围，在这时生存死亡线不再逼近人们，但价值理性的缺失导致人被物所主宰，人的异化依然严重，人受到的是习俗、制度、文化框架等对人的扭曲，也就是所谓的现代性病症。到未来的社会，审美共生实践已经成为人们普遍的存在形式，无论从广度和深度等各方面，审美实践都渗透到社会、经济、政治、文化生活的方方面面，这也就到了马克思所说的共产主义社会。共产主义社会与前边两个社会还有一个不同之处在于，在农业社会和工业社会，人们零星地存在审美共生实践，但是是以自发的状态出现的，在未来的共产主义社会人们完全实现了自觉化的审美共生实践，已经理性地意识到本真的实践形式，并形成审美共生理性的文化制度。在共产主义社会，人们日益摆脱作为机器、技术的各种附属品的单调劳动或附庸地位之后，体现人的创造性和个性丰富性的劳动活动及其他实践活动将大量以美的形式展现出来，审美共生实践无论从人的数量和生活的覆盖面都将极大程度地实现。而这时的劳动成为人展现个性才能、实现审美幸福的直接载体，人的审美和愉悦就在实践过程本身当中，而不在对产品的占有上，人实现了与自身、他人、自然界的共同生成。

第二，从审美共生实践界定生产劳动

审美共生实践观指导下的生产劳动是人不再是为维持其动物性的生存而进行的劳动（正如马克思所说，在阶级社会人从事异化的劳动却成了"动物"，而动物在自己本能范围内自由的获得却具有了"人"的形式），不再是为各种异己的力量和因素所控制、支配而劳动，即不再是为吃饭、为穿衣、为住房、为权利、为地位而劳动。在这种新的劳动中表现出个性的独特性、丰富性、多样性，当这种性质的劳动具有普遍性时，个体的重要意义将在整个社会生活的各个方面充分展示和发展起来，而个性和个体潜能的多方面与多样性的发展，正是与这种劳动普及化的社会的一大特征。马克思说："共产主义是私有制即人的自我异化的积极的扬弃，……是人向自己作为社会的即人性的人的复归，这个复归是完全的，是自觉地保留了发展中所得到的全部丰富性的。这种共产主义……是人和自然以及人和人之间对抗的真正解决，是存在和本质、对象化和自我肯定、自由与必然、个体与族类之间抗争的真正解决。"① 这种解答里的社会就是马克思所指出的每个人的自由发展是一切人的自由发展的条件的未来社会。

在这种劳动中充分发展起来的个体本身，也就正是人与自然、社会与个体性之间的高度统一——共生。这种劳动不再与人自身相异化，人在劳动中不再是痛苦，而是幸福和快乐地获得，人存在的意义就蕴涵在劳动实践当中。在生命的审美实践活动过程中实现自己，这种过程本身就是人的目的和生活的意义所在，是人生命本真的实现，是个人审美和幸福之所在，所以生命生成的过程与自我审美和获致幸福的过程是一致、统一、直接的，不需要任何中间环节。② 在共产主义社会人全面地实现了努斯与逻格斯精神（古希腊的两种精神，努斯代表人的主体性方面，逻各斯代表客观规律方面）的统一，人的生产和审美愉悦是统一的，人的生产是生命个性在不同领域的展现，是努斯冲动在对象化过程中的实现，是在对象化过程中逻各斯的获得对努斯生命冲动的实现，是人存在的事实性与价值性的统一，生存性与审美性的统一，真与善和美的统一，统一的现实途径就是生活实践。那么，我们可以给劳动下这样一个定义，所谓劳动，即人的生命活动，它作为过程本身体现着人的生命本真和幸福追求以及审美愉悦、自我实现、个性才能的展现，它是人的事实性存在与价值性存在的统一体。依据这个定义，在共产主义以前，大部分人的大部分时间从事的不是劳

① 马克思.1844年经济学哲学手稿［M］//马克思，恩格斯.马克思恩格斯全集：第42卷.北京：人民出版社，1979：120.

② 马克思，恩格斯.德意志意识形态［M］//马克思，恩格斯.马克思恩格斯全集：第3卷.北京：人民出版社，1960：37.

动，而是马克思所谓的类似动物性的存在。

第三，在审美共生实践的社会，生产力与自由时间紧密相联

在审美共生实践的社会，生产力在人的个性才能全面充分展现之后将以极大的速度不断发展，"人是目的"的科学含义将真正出现，人的存在本身也将面临一个根本性的变革。社会财富的创造不只是以工作时间而更将以自由时间来估量计算，艺术的、科学的、创造性的自由劳动将成为社会发展的指标和尺度。人无论在外在或内在方面，无论人的社会方面或自然方面，都将具有一些崭新的性质。"自由时间——不论是作为闲暇时间或从事高级活动的时间——自然都会把它的占有人变成一种全然不同的主体，而且变成这样一种全然不同的主体以后，他会重新参加到直接生产过程里去。对正在成长过程中的人来说，自由时间是受教育的时间，对成人来说，自由时间是从事实验科学，在物质上制造发明、实习和使科学物化的时间。……"① 正如弗里德里希·席勒于1795年所说的："只有当人充分是人的时候，他才游乐；只有当人游乐的时候，他才完全是人。"② 在人将娱乐和工作统一起来、闲暇与忙碌统一起来之时，也就是人真正恢复到人作为人的存在状态之时。里夫金所倡导的第三次工业革命也提出，"合作时代为人类提供了一个机会，摆脱束缚在功利世界里机械地生活，享受自由带来的愉悦：活着是为了游乐"。③ 这说明随着新的工业革命浪潮的推进，这种人作为人的存在状态将一步步被技术发展史所证实。

到未来共产主义社会，自由时间将成为占有主要地位的劳动形态。所以，吃饱肚子和生活享受并非共产主义。共产主义如马克思所早就指出的，是不同于史前期必然王国的自由王国。它不只是把人从贫困中，而且从一切异己状态中解放出来，包括把人（个体）从阶级的符号、生产的工具、技术的附庸或供买卖的劳动力中解放出来。它已是今天人类社会发展和经济不断增长越来越明白展示出来的不可抗拒的客观趋势，同时也正是亿万群众所奋斗以求的美好理想。所以，共产主义不仅仅是财产公有，物质极大丰富，而且还是一种共生的生活方式和生活态度，基于这种生活方式和生活态度形成我们的文化模式和文明范式，即人生活在一定的时代和环境，将自己的生产劳动和生活各方面的安排尽量与发自内心的审美兴趣相统一起来，做金钱、权力、财物等物的奴隶而牺牲自己生命的本真是不值得的，资本主义资本逻辑对人的物化导致人的异化

---

① 马克思．政治经济学批判（1857—1858年手稿）［M］//马克思，恩格斯．马克思恩格斯全集：第30卷．北京：人民出版社，1995：225-226.

② 席勒．审美教育书简［M］．张玉能，译．南京：译林出版社，2012：26.

③ 张体伟，孙豫宁．第三次工业革命［M］．北京：中信出版社，2012：36.

是现代性最大的弊端。

第四，从审美共生实践判定我们的社会制度是否合理，政策、法规是否得当

在我们的社会政治、经济、文化、伦理、教育、外交、法律、政策、制度等方面依照审美共生实践判定其合理性。社会是否合理，看是否实施了审美实践的教育、帮助人实现审美实践，是否构建了有利于人审美实践的制度规范和文化体系以及生活方式、行为范式。在现代性反思的今天，我们确实应当建立基于审美共生的文化样式。

第五，历史唯物主义应当贯穿人的审美共生实践的线索

马克思主义的唯物主义的理想是全人类的解放，这个解放不只是某种经济、政治的解放，而具有更为深刻重要的东西，就是人从所有异化的状态中解放出来。人类由必然王国迈进自由王国，即在美中共生的世界。这个世界的到达，当然需要一个漫长的历史发展过程。"它也只有在人们推翻各种本来面目的或改变了形态的剥削压迫之后，在消灭它们在经济的、政治的、技术的、心理的、意识形态等各方面的各种影响、变形和残迹之后，才有可能出现。"① 美是在人类漫长的历史实践中产生的。整个人类的漫长历史告诉我们，"美的世界将出现在我们这个伟大的星球之上，尽管将经过异常艰辛而长远的奋斗历程，这一天却终究是要到来的"。② 历史唯物主义应当以这个目标为使命。历史唯物主义的基本概念范畴和内在逻辑都应当沿着审美共生实践的线索和在人审美性共同生成的大前提下展开。生产方式是人走向审美共生的方式，生产力与人的自由时间和个性才能紧密相连，生产关系、社会关系应当从审美性存在角度来建立，上层建筑应当依据审美共生实践的规律来建立，人民群众、人的存在应当站在审美共生特征来理解，人生观、价值观应当围绕审美共生本真存在和审美共生实践的生成过程来确立。

第六，从审美共生实践出发确立个人的人生观和价值观

审美共生实践中蕴含着马克思的人生观和价值观。马克思从人的本真出发看待人的活动，从这个出发点出发我们规划自己的生活，做出自己的选择和决定，进行思考和行动，从自己本真出发我们选择自己的职业，选择自己的婚姻、选择自己的朋友、选择自己的爱好和活动，那么，你的一生是在真实地活着，与自己的本质和生活是本真统一了，那么，你的工作本身就是你的快乐所在，

---

① 李泽厚. 李泽厚哲学文存：上编［M］. 合肥：安徽文艺出版社，1999：443.
② 李泽厚. 李泽厚哲学文存：上编［M］. 合肥：安徽文艺出版社，1999：443、43.

你的婚姻本身就是你的幸福所在，你的朋友本身就是你的欢乐所在，你的爱好活动本身就是审美和愉悦所在，你的生活真谛就在你生活过程里，你实现了与自己本质的同一，获得了幸福。你生成了自己，也生成了被爱的人，生成了朋友，生成了他人，实现了自己与他人和万物的共同生成。你的生活是真实的生活，是与他人和世界共同生成的生活。

从基于审美的共生实践创新马克思主义哲学，也可以说是推进中国化的马克思主义哲学的发展，也是在推动当代中国哲学的发展。当代中国的马克思主义哲学以及当代中国哲学的建设"都应当在从事从前现代向现代转型的同时"，还应对现代主义思维范式进行新的反思，由现代主义的思维范式向后现代的思维范式转型，"与当代人类哲学接轨"。① 基于审美的共生实践作为这种理论革新的生长点正应和了时代的呼唤，将有力地推进新的理论时代的到来。

我们将审美共生实践与马克思主义哲学创新的关系概括如下：

马克思主义哲学分为辩证唯物主义和历史唯物主义。辩证唯物主义是马克思主义的一种哲学理论，是把唯物主义和辩证法有机地统一起来的科学世界观，产生于 19 世纪 40 年代，它是唯物主义的高级形式。辩证唯物主义认为世界在本质上是物质的。恩格斯说："世界的真正的统一性是在于它的物质性"。② 物质是第一性的，意识是第二性的，意识是高度发展的物质——人脑的机能，是客观物质世界在人脑中的反映。辩证唯物主义认为物质世界是按照它本身所固有的规律运动、变化和发展的。"事物都是一分为二的"，它揭示了事物发展的根本原因在于事物内部的矛盾性。事物矛盾双方又统一又斗争，促使事物不断地由低级向高级发展。因此，事物的矛盾规律，即对立统一的规律，是物质世界运动、变化和发展的最根本的规律。辩证唯物主义认为，人的认识是客观物质世界的运动在人脑中的反映。辩证唯物主义的认识论既唯物地又是辩证地解决了人的认识的内容、来源和发展过程的问题。物质和精神、主观和客观辩证统一的实现都必须通过实践。实践的观点是辩证唯物主义认识论的第一的和基本的观点。认识来源于实践，又转过来为实践服务。实践、认识、再实践、再认识，循环往复，以至无穷，这就是人们正确地认识世界和能动地改造世界的无限发展的过程。因此，辩证唯物主义的认识论是能动的、革命的反映论。辩证唯物主义是无产阶级的世界观、方法论，是无产阶级政党的战略和策略的理

---

① 张再林．"殷鉴不远"：当代中国的哲学建设必须直面由现代范式向后现代范式的理论转型［J］．人文杂志，2009（1）．

② 反杜林论［M］//马克思，恩格斯．马克思恩格斯选集：第 3 卷．北京：人民出版社，1995：83．

论基础，是无产阶级和广大革命人民科学地认识世界和革命地改造世界的强大思想武器。历史唯物主义是关于人类社会发展普遍规律的科学，是无产阶级的历史观。历史唯物主义认为，社会历史的发展有其自身固有的客观规律，认为：物质生活的生产方式决定社会生活、政治生活和精神生活的一般过程；社会存在决定社会意识，社会意识又反作用于社会存在；生产力和生产关系之间的矛盾、经济基础与上层建筑之间的矛盾，是推动一切社会发展的基本矛盾；在阶级社会中，社会基本矛盾表现为阶级斗争，阶级斗争是阶级社会发展的直接动力；阶级斗争的最高形式是进行社会革命，夺取国家政权；社会发展的历史是人民群众的实践活动的历史，人民群众是历史的创造者，但人民群众创造历史的活动和作用总是受到一定历史阶段的经济、政治和思想文化条件的制约。

审美共生实践坚持世界的物质是第一性的，意识是第二性的立场，意识是高度发展的物质——人脑的机能，是客观物质世界在人脑中的反映。坚持物质世界是按照它本身所固有的规律运动、变化和发展的，事物发展的根本原因在于事物内部的矛盾性。事物矛盾双方又统一又斗争，促使事物不断地由低级向高级发展。坚持事物的矛盾规律，即对立统一的规律，是物质世界运动、变化和发展的最根本的规律。坚持人的认识是客观物质世界的运动在人脑中的反映。物质和精神、主观和客观辩证统一的实现都必须通过实践。实践的观点是辩证唯物主义认识论的第一的和基本的观点。认识来源于实践，又转过来为实践服务，实践、认识、再实践、再认识，循环往复，以至无穷，这就是人们正确地认识世界和能动地改造世界的无限发展的过程。因此，辩证唯物主义的认识论是能动的、革命的反映论。坚持物质生活的生产方式决定社会生活、政治生活和精神生活的一般过程；社会存在决定社会意识，社会意识又反作用于社会存在；生产力和生产关系之间的矛盾、经济基础与上层建筑之间的矛盾，是推动一切社会发展的基本矛盾，社会发展的历史是人民群众的实践活动的历史，人民群众是历史的创造者，但人民群众创造历史的活动和作用总是受到一定历史阶段的经济、政治和思想文化条件的制约。所不同的是审美共生实践是对实践的人的主观因素作了进一步深入的揭示，将人的审美兴趣融入到生产劳动、处理社会关系、科学实验等实践活动当中，注重实践的客观性，还重视在这个客观过程中实现人的自我同一，尽最大可能将人改造客观世界的活动转化为人的审美愉快的活动，使实践的过程与人的审美愉悦相统一，努力实现人的生存性活动与人的兴趣爱好相统一，实现人的事实性存在与人的价值性存在相统一，关注实践的客观活动，还关注人幸福的获得，既关注主观和客观的统一，还关注人与自身的同一、人与他人的统一、人与社会的统一、人与自然的统一。将生产力与人的审美愉悦相联系，实践越能与人的审美愉悦相统一，就越能激发人的创造性，就越能推动科学技术的发展，就越能促进生产工具水平的提高，就越能扩大劳动对象的范围，就越能促进生产力的发展。从事这种劳动的时间也可以叫作自由时间，因而生产力与自由时间紧密相联。生产力的发展就会推动经济基础不断提升层次，经济基础的提升就会推动上层建筑不断发展，从而推动整个社会文明水平不断提高。在社会关系、社会制度、社会机制、社会文化氛围的营造构建过程中，我们都将人的审美愉悦、兴趣爱好这个因素渗透进去，使我们这个社会时时处处关注人的审美愉悦、兴趣爱好、个性特长，那么我们这个社会的人性化水平会大大提高，人的幸福指数也会大大提高。

在社会阶段的划分上，在坚持原始社会、奴隶社会、封建社会、资本主义社会、共产主义社会五阶段划分，还有人的依附关系、物的依附关系、人的全面自由发展阶段三阶段划分外，我们这里提出按照审美共生实践程度判定社会发展的程度，将其分为两个阶段。第一阶段是人们自发地进行审美实践的阶段。例如古希腊哲学家将对知识的思考作为人生最大的乐趣，爱因斯坦等大科学家将对科学奥秘的探索作为人生乐趣，马克思将从事最能为人类谋福利的事业作为人生乐趣，毛泽东同志将与天斗、与地斗、与人斗作为乐趣，西方许多探险家以挑战极限、勇于冒险而获得乐趣，等等，都是自发地将实践与兴趣爱好结合起来，创造出了惊人的创举，实现了自我同一，同时也为社会和他人做出贡献，造福于人类，实现了与他人、社会的统一共生。在自发的审美共生阶段，总是少数个体或者人们在某个时间点、时间段实现了审美共生的实践。第二个阶段，就是人类全面自觉地认识并践行审美共生实践的阶段，这个阶段需要全人类的共同努力来实现。在这个阶段，审美共生实践形成理论体系，成为社会的一种意识形态，人们普遍学习、理解、掌握它并将它付诸实践，成为经济建设、政治建设、文化建设、社会建设、生态文明建设、教育建设等方方面面的指导理念，生产力高度发达，物质极大丰富，人全面实现了与自身、他人、社会、自然界的统一，人实现了全面自由发展。例如我们教育制度、体制、机制、内容、方式方法等的设计按照审美共生的理念，就是要将发现孩子的兴趣、培养孩子的兴趣作为教育的目的，将知识、专业、学科与孩子的兴趣结合起来。我们的学制设置、人才培养体系以培养人的兴趣为目的，在兴趣激发中培养人，就能激发出无尽的创造力，就能培养出创造性人才。再例如，我们的科学研究，要能建立一种注重人在兴趣特长基础上的科研开发，而不是急功近利只看到眼前获得的利益，只看到国外先进的科技成果，看不到国外科学家或者研究人员兴趣化的长期潜心研究。我们的科研体制只关注物的因素，而不关注人的因素，我们的科技创新的步伐就很难赶超西方国家。建设创新型国家，我们必须实现建设理念的转变。

从审美共生实践出发对生产劳动予以新的认识。我们将生产劳动分为两类：一类是人的事实性存在的生产劳动，即人为了生存、为了获取物质生活资料而进行的生产劳动。这种类型的生产劳动在阶级社会里，马克思认为是人作为动物性存在的形态，生产劳动对人来说是一种痛苦、折磨、生命的消解活动，在社会主义社会虽然不存在阶级剥削了，但是也存在生产劳动与人兴趣爱好不统一、与人的个性特长不符合、与人的审美愉悦相对立的情况。这些情况都不是理想的人性化的生产劳动。第二类是人的价值性存在的生产劳动，在这种生产劳动中人将自己的兴趣爱好与生产劳动结合起来，将自己的个性特长与生产劳动结合起来，将自己的审美愉悦与生产劳动统一起来，人在生产劳动过程中就获得了快乐、享受、幸福，人在生产劳动过程中实现了自己生命的活动。第一类劳动是历史和现实世界大量存在的劳动类型，我们要大力倡导和鼓励第二类劳动。

历史唯物主义没有关于社会合理化的提法，不过我们可以探索在历史唯物主义体系框架内讨论社会合理化的问题。历史唯物主义有关于社会意识的论述：社会存在决定社会意识，社会存在是第一性的，是社会意识的根源；社会意识是第二性的，是对社会存在的反映。社会存在是社会意识的前提和基础。人们必须先进行物质生产，在此基础上才能进行精神生产。社会存在决定社会意识的内容和形式，有什么样的社会，就会有什么样的社会意识与之相适应。社会存在的发展变化决定社会意识的发展变化，社会意识的发展变化归根到底都是同社会存在的发展变化相适应的，社会存在发生了变化，社会意识也会相应地发生变化。社会意识对社会存在具有反作用。从质的方面看，不同性质的社会意识对社会存在起着不同性质的作用。从量的方面看，无论社会意识对社会发展起什么性质的作用，都有程度深浅、范围大小、时间久暂的不同。我们谈社会合理化是建立在以上社会存在与社会意识的辩证关系基础上的。我们所说的社会合理化社会要符合我们前边所说的共生理性的合理化。这种合理化要求社会遵循共生的方法、伦理价值、多样性共生的原则去治理，社会要尊重差异性，认定生成性，强调互动性，追求创生性。这种社会合理化要求社会重视对话沟通和协商机制，崇尚个性、理性和知识，推崇知识型人格和知识型社会。这种社会合理化要求社会要努力实现人与自身、人与他人、人与社会的统一共生。这种社会合理化要求培育和发展人的理论理性、实践理性和审美理性，促进科学知识、道德实践知识、审美知识的汇集和增加，使人摆脱各种有形和无形的奴役，实现人的全面发展。此外，作为共生理性在实践层面的表现就是审美共生实践，共生理性的社会合理化要求将社会为每个人进行审美共生实践搭建平台，创造条件，营造良好的制度、机制和环境作为社会文明水准高低的尺度。

从审美共生实践出发确立个人的价值观。马克思主义哲学上所说的价值是指一事物对主体的积极意义，即一事物所具有的能够满足主体需要的属性和功能。人的价值的特点就在于创造价值，就在于对社会的责任和贡献，即通过自己的活动满足自己所属的社会和他人的需要。人的价值包括两方面的内容，一是个人对社会的责任和贡献，即人的社会价值（贡献），二是社会对个人的尊重和满足，即人的自我价值（索取）。对一个人的价值的评价主要是看他贡献了什么，而非索取了多少，人生的真正价值在于对社会的责任和贡献。价值观就是人们对事物价值的总的看法和根本观点。判断和价值选择的社会历史性意义在于：第一，有助于我们正确评价历史和现实中的各种价值观念，防止简单化和片面化倾向。第二，有助于我们的价值观念与时俱进，从而做出正确的价值判断，进行正确的价值选择。

我们从审美共生实践出发谈价值和价值观，坚持马克思主义哲学的价值和价值观。马克思主义哲学的价值观也认为人的价值的特点就在于创造价值，就在于对社会的责任和贡献，即通过自己的活动满足自己所属的社会和他人的需要。但是它强调人要从自我同一性出发将实践与人自身的审美和兴趣直接统一，这个过程促进了人的个性发展，人的创造性被充分激发起来，作为人实践的过程是人的幸福本身，作为人实践的结果即创造的产品是满足他人需要的，人将自我实现与他人的自我实现直接统一，将为自己与为他人相统一，将服务自己与服务他人相统一。社会应当促进对个人审美兴趣的尊重，为个人审美共生实践创造良好的条件、平台和氛围。对一个人的价值的评价仍然主要是看他贡献了什么，而非索取了多少，人生的真正价值在于对社会的责任和贡献。人的贡献是多方面的，可以是对某个人或某个集团的贡献，但最根本的是对社会发展和人类进步事业的贡献。

从审美共生实践出发确立个人的价值观。这种价值观仍然是人们对事物价值的总的看法和根本观点，它对人们认识世界和改造世界的活动具有重要的导向作用，它帮助人们在人生道路上做出正确的选择。人们的价值判断是在审美共生实践的基础上形成的，这种价值观仍然坚持真理，遵循社会发展的客观规律，仍然自觉地站在最广大人民的立场上，把人民群众的利益作为最高的价值标准。在价值判断和价值选择的社会历史性方面，这种价值判断和价值选择也因时间、地点、条件的变化而不同，具有社会历史性特征。这种价值判断和价值选择有助于我们正确评价历史和现实中的各种价值观念，防止简单化和片面化倾向。要实现这种人生价值，就要做到：第一，在审美共生劳动中创造和实现人生价值。将审美和快乐融于与家人、朋友、同事等他人的相处当中，融于事业的奋斗过程中，融于为祖国做贡献当中，融于为人民服务当中。第二，在个人与自身、他人、社会、自然界的统一中实现价值。社会提供的客观条件是人们实现这种人生价值的基础。人的这种价值，只能在社会中实现。只有正确处理个人与集体、个人与社会的关系，才能在奉献社会中实现自己的价值。第三，实现个人的审美共生的人生价值，也需要充分发挥主观能动性，也需要顽强拼搏、自强不息的精神。实现这种人生价值，需要充分展现自己的个性才能。实现这种人生价值，需要全面实现个人对共生理念的全民自觉，奠定共生理念的素质。实现这种人生价值，需要对共生伦理和共生理性有深刻的认识，并以此指导自己的实践。

第三节　以共生理念进一步推动中国现代化的实践进程

中国的现代化是一个后发的现代化，是从农业文明走向工业文明的现代化，但其又面临着西方后工业文明发展浪潮的挑战，所以要完成从农业文明向工业文明转向和促进信息社会后工业文明发展的双重任务。中国的现代化要求跨度大，所以难度大，改革进步的力度要大，人们接受社会变革的强度才会大。

面对这样复杂的社会发展状况，应当怎样选择一个恰当的途径引导中国现代化健康快速地顺利推进呢？怎样才能使中国现代化在百年漫长的发展过程中持久不衰呢？这就要求我们选择一个立足于传统农业社会向工业社会发展又面向后工业信息社会的发展、继承了启蒙精神又反思完善了现代性的发展理念来指导中国的现代化，确保中国现代化健康发展，追赶时代步伐。那么，这个理念是什么呢？笔者认为就是基于审美实践的共生理念，它是一个继承现代性成果又在反思、批判现代性的基础上丰富、完善了现代性的一个理念，同时它又是与共产主义理想相联系、贯通的一个理念，符合中国国情又面向世界未来发展，是能够确保中国现代化健康、持续推进的一个方案。

一、建立理性的社会机理图式

中国的现代化是一个由传统农业社会向工业社会的经济、政治、文化结构和运行方式、行为模式转变以及努力促进在工业化的过程中向后工业信息社会发展的过程，这就要求我们要按照现代性的要求进行社会变革，即推进社会合理化。从农业文明到工业文明过渡中要实现社会的合理化过程，就是要摆脱传统农业社会人民处于蒙昧、缺乏理性的状态，也就是康德所说的人缺乏理智的状态，人民不经别人（圣贤、帝王、神）引导就缺乏勇气与决心去运用自己的理性，这是一种自己所加之于自己的不成熟状态，人们要在思想观念和行为方式、生活方式等方面完全以理性的方式进行实践，社会也得形成理性的文化模式、道德法律体系、政治制度体系、经济运行体系，社会尊重和崇尚理性，按照契约和法律、规则的形式去运行，形成理性的社会机理、结构、图式、活动机制、存在方式、文化精神等。要促进经济活动的理性化，使市场经济理性、规范地运行；实现现代社会行政管理的合理化，建立理性、科学的政府管理体系；实现公共领域的自律化、个体化的私人领域的自觉和自律，形成自觉自律的理性公共生活领域和民主化、契约化的理性公共权力领域；形成理性的文化精神，培育具有主体性、个性、自由、自律、自我意识、创造性、社会参与意识、批判精神的当代中国公民，使经验式、人情式的宗法血缘的前现代的文化转型为自觉的、理性化的人本文化，形成以平等、契约、信用、理性等为核心的社会文化精神，这种社会文化精神和价值取向提供给每个人平等竞争和发展的氛围，提供给人们社会契约的精神。

在社会公共管理领域，即公共生活和公共权力方面，形成个体理性化的私人领域和契约化的国家权力。在当代中国，要改变自在自发的宗法家庭生活习惯和集权的非理性的专制国家权力，培育自觉自律的公共生活领域和民主化、契约化的公共权力领域。培育公共领域，也可以说是社会建设，它包括政党、工会、学校等民间社会组织所代表的社会舆论领域，以及报刊、杂志、新闻媒介、学术团体等所代表的意识形态领域，发挥这一领域在文化上的先导作用，促进国家权力合法化，实现公共生活领域和公共权力领域的相互制约，从而使当代中国社会走向理性化。社会要保持各种政治力量的平衡和协调，保证广大人民群众的利益协调发展，给广大人民群众表达意见和发挥理性的地方，促进广大人民群众的理性实践知识不断增长，按照理性的规则行事，确立理性共生的世界观、价值观、行为方式、生活方式，形成理性共生的道德法律制度体系和文化模式。要坚持理性共生的原则，加强集体领导，例如建立委员会制度和代表会制度等。

二、在共生理念的基础上推进理性完善和社会现代化

推进中国社会向后工业社会发展，要积极吸取西方现代性反思的成果，吸

取现代性发展中的经验教训，避免再走西方现代性发展中的弯路，推进中国顺应全球化和后工业信息社会发展的浪潮，赶上时代步伐。从现代性第二阶段即反思性社会合理化来说，中国的现代化要汲取西方现代性反思的成果，防止现代性的某一维度过分膨胀对现代性其他维度以及人与人、人与类、人与自然的关系造成损伤和破坏，还要阻止现代性的内在理性机制及其权力结构过分集中化、同一化和总体化，以免把现代性整合成一种无所不在的精神性和实体性的力量，导致对于人类生存的价值和意义基础的颠覆，以及对于现代性所内在追求的关于个体的和类的积极的价值目标的破坏。这对于我们在面临世界后工业社会浪潮的冲击下，积极推进传统向现代的发展进程，迎接后现代发展的浪潮，吸取和借鉴西方国家总结现代化的失误、经验和教训，吸取后现代文化的精华，推进我国现代化和后现代发展的综合进行，具有极其重大的作用。

　　构建共生的新文化样态，促进形成共生的社会意识文化（价值、道德）。要在全社会形成共生的意识，形成共生的价值观，在道德和法律里体现出共生的理念，努力培养公民的共生理性，使其有强烈的共生整体意识和公共精神，在文化、教育、法律、道德方面培养公民审美理性、实践理性和理论理性的全面理性素质，在价值观、世界观、人生观、行为方式、生活方式、文化模式、道德法律制度体系等方面全方位形成共生理性的结构、图式、机理。特别是社会的发展要做到理论理性、实践理性、审美理性协同发展，科学知识、道德实践知识、审美表现知识共同发展，只有这样才能促进社会合理化。为此，我们既要防止只注重工具理性而忽视价值理性，还要防止忽视审美理性的发展，这对于我们实现科技发展、道德伦理发展、人的艺术审美素质的发展，增强对客观世界的认知功能、遵守社会规范中的协调功能、传达情感和展示自我中的表达功能，实现人与自身、人与他人、人与社会、人与自然和谐发展具有重要的意义。特别是加强审美理性的发展，这对于我们的社会发展观来说是一个空白，只有重视审美理性的发展，才能以美求真，以美达善，消除人的异化，真正实现社会全面发展和人的全面发展。增强人民群众的审美素养，才能提高人们的生活幸福度，促进人的身心健康和谐发展。将审美幸福度作为社会合理化的一个重要观察点，并将审美表现知识和科学知识与道德实践知识同等地位看待，实现社会发展的新视野，实现个人微观和社会宏观相结合审视社会合理化，正如费孝通晚年所强调的"各美其美，美人之美，美美与共，天下大同"。① 每个人在审美共生实践中张扬自己的个性才能，同时让他人的个性才能也能在审美

---

① 应星. 中国社会转型与中国社会学的复兴［N］. 光明日报，2008-10-21.

共生实践中得到彰显，实现自我审美与他人审美的共生，达到自我与他人审美共生实践的双向生成，在我们的社会制度、体制、机制、运行模式中贯穿审美共生的原则，在经济、政治、文化、教育、外交等方面运用共生审美的规律去管理，将管理本身也上升到审美共生的高度，同时，每个人作为个体也从审美共生的理念立身行事，将其内化为自己的思维方式、行为习惯、价值追求、理想信念，在学习、工作、生活、处理人际关系等方方面面从审美共生的立场去践行，那么，我们的社会整体上将上升到人类进化发展的新层次，我们的生活将是一个全新的样态，只有这样才能真正建立共生社会，使我国的现代化对现代性进行批判继承并具有面向人类未来的超越性。也许，当审美共生已经成为一个普世价值理念和文化模式、文明样态之时，马克思所说的人类的史前史就结束了，人真正进入人全面作为人而存在的历史时代，到那时，共产主义也就到来了。所以，我们所倡导的新型社会合理化可以被称作审美共生理性的社会合理化。

现代性的未来必然伴随着异质文化的共生、对话与合作。如黑川纪章所说，由权力时代向权威时代的转变。中国拥有数千年沉淀下来的伟大的文化和传统，有树立全球权威的基础，"对这样的权威需要尊敬"。① 有望在此基础上开辟亚洲、太平洋文明的时代，这个时代将以"生命原理"为基础。世界文明由地中海文明时代向太平洋文明时代即亚洲的时代转变，由机械原理时代向生命原理时代转变，将走出技术理性的现代性困境，也表明以地中海为中心发展起来的现代主义、合理主义的二元论时代走入危机，世界人的生活方式将步入亚洲人的生活方式，这是一种和自然共生的生活方式，是一种感性与理性兼备的生活方式。这种文明可以在中国特色社会主义实践中探索开创，可以在审美共生实践的生成过程中去探索，可以在共生理性的社会合理化过程中去探索，可以在共生理念引导的现代化过程中去探索。

三、以审美共生实践解决中国特色社会主义理论与共产主义理论的衔接问题

在我国现代化建设进程中还存在理论需要进一步明确指导实践的重大理论问题。可以说，我国现代化的摸索过程是艰辛和模糊的。从孙中山学习西方民主推行三民主义实现现代化到苏联模式实现现代化，经过近一个世纪的探索，我们确定了以中国特色的社会主义道路实现现代化，可以说，前两条道路的曲

---

① 黑川纪章. 新共生思想［M］. 覃力，杨熹微，等译. 北京：中国建筑工业出版社，2009：（5）.

折实践结果是显而易见的，而中国特色的社会主义道路经过 30 年的建设发展其取得的成就是举世瞩目的，但我们要看到，作为中国特色的社会主义道路与未来的共产主义是怎样的逻辑科学关系，下一步应当怎样进一步发展，如何解决全球化后工业社会的浪潮挑战以及诸多复杂性问题，我们仔细分析，还有诸多不完善和需要梳理的地方，面对实践的发展变化，许多理论问题都需要我们进一步细化和系统化。我们的中国特色社会主义是在学习西方的现代工业文明过程中确立的，对外开放，以经济建设为中心，吸收西方国家的资金、技术到经济体制、机制和社会管理模式，实际上是西方的现代化之路，而西方的现代化已经进入到后工业社会，本身存在许多问题，我们千万不要陷入西方现代化的陷阱中去。我们原来的社会主义发展和共产主义理想在 20 世纪 80 年代之后，由于社会主义国家遇到的挫折使其失去了吸引力，人们对共产主义更是避而不谈，以至于当前有人提出"社会转型？是不是不搞社会主义了？"的疑惑。① 其实由于我们在理论上的不当理解和模糊认识，使共产主义成为了现代"乌托邦"。对这个问题的回答关系到当前我国现代化的道路问题、方向问题和人们思想的统一问题。

当前有学者认为，马克思本人并没有论证过社会主义可以搞市场经济和私有经济，因此不一定要基于马克思主义进行现代化建设。有学者固守过去对马克思主义的传统理解，认为马克思列宁主义一个字都不能动，反对列宁主义就是否定马克思主义。有人认为过去搞计划经济是马克思主义，现在搞市场经济也是马克思主义，一定要在理论上说清楚中国特色社会主义理论的理论渊源，否则它的合法性就会受到质疑。有学者认为，中国化的马克思主义还没有形成开放的体系，能够吸纳具有 5000 年历史的优秀传统文化对马克思主义创新有好处。有的学者指出，如何将马克思主义民族化、大众化已经成为十八届三中全会后发展社会主义文化必须要破解的难题。当今中国社会，人们政治共识出现严重分裂，思想价值理念尖锐冲突，深化改革道路选择上的分歧日益突出。没有人们的清醒头脑和科学认识，就没有抵御风险挑战的灵魂和力量，就没有中国特色社会主义的光明前途。甚至关于当今中国要搞的是什么主义，有人说，改革就是为了"过河"，河那边就是资本主义，就是私有化，只不过中国比苏联采取的办法巧妙，是"平滑过渡"。中国改革好比"过河"，但究竟是过"走自己的路，建设有中国特色的社会主义"的河，还是要从社会主义"过渡"到资

---

① G. 希尔贝克，等. 西方哲学史［M］. 童世骏，郁振华，刘进，译. 上海：上海译文出版社，2004：616.

本主义？①

这诸多的问题都说明我们对马克思的共产主义理解还不到位，对道路终点理论上认识的不清晰，导致整个实践进程中思想的混乱，终点就是起点，道路终点的模糊实际说明我们忘记了马克思主义理论的逻辑起点的初衷，终点和起点的淡漠使我们陷入对繁杂的实践具体现象的分析中，我们必须回到马克思的理想终点和理论逻辑起点，回归整个马克思主义的原点，这个原点不在我们固有的对马克思的认识当中，不在恩格斯、列宁、斯大林对马克思的个别理解当中，也不在对马克思未完全清晰化的、深邃的哲学运思和复杂性逻辑网络的粗浅理解当中，对当代中国特色社会主义道路的理论分析必须洞穿一系列关于对马克思误解的迷雾重障，从关于马克思的本质性的逻辑起点来展开，对这所有问题解决的突破点，是对马克思的共产主义奥秘进行继马克思之后的进一步揭示和阐发。我们如果是一个真正的马克思主义者，按照马克思的认识论原则，应当是继续马克思未完成的使命，继续探究和揭示马克思苦苦探索的共产主义社会。马克思仅仅完成了对资本主义必然灭亡的史实性、科学性的研究，而共产主义社会是他还未写的"后资本论"，马克思未写是因为他有生之年的时间有限，他要将"《共产主义》"这部著作交给后人结合历史进程来进一步生成性、实践性、科学性地续写，我们既是马克思主义的读者，也是马克思主义的作者，这才真正符合马克思的本意，我们的后代也应当继续这个使命的承担工作。

从共生和审美的思想内涵揭示马克思对人类社会的理解，有助于我们更好地处理当代中国特色社会主义道路中遇到的各种现象和问题，有助于我们思路更加清晰，有助于我们摆脱思想的迷雾和混乱，有助于我们脱域于对马克思误解所生发的错误理论逻辑的纠缠，有助于我们更加坚定我们的道路，有助于我们更加自信，有助于我们更加科学地指导我们的现代化实践，有助于我们在中国特色社会主义道路上更加健康、快速发展。马克思从共生和审美角度来廓定人、社会，并认为人的生成历史就是共生审美范式的人类社会形成的实践进程，他的价值论、认识论和方法论就蕴含在共生审美理念脉络当中。"共产主义"是从辩证唯物主义角度对人类社会生成极限点的一种符号标示，人的生成以财产为前提，但绝不仅仅停留在对物的粗浅理解层面。

那么，共产主义是一种关于人的学问的社会，它是人摆脱异化、走向人的

---

① 昆仑岩. 坚持和发展中国特色社会主义必须搞清"四个重大问题"［EB/OL］. 微信公众平台，2014-07-17.

本真存在的社会，是人实现事实性存在与价值性存在相统一的社会，是一种新的生存样态，是一种基于人的审美共生实践的社会，也可以说是摆脱了现代性弊端的、新的文明样态的社会。我们进行中国特色社会主义建设要运用马克思审美共生实践的社会历史观来引导，将中国特色社会主义与共产主义内在逻辑衔接起来，在理论上拨清迷雾，在政治、经济、文化、教育、外交等制度、体制、机制上坚持审美共生实践的内在线索，以共生理性来实现合理化，以共生理念来统摄引导。我们的使命是"怎样把美和审美规律用到组织整个社会生产和生活中去？用到科学、技术、生产、工艺中去？如何避免我国在现代化过程中重蹈资本主义的覆辙，陷入到现代性问题当中，从而使我国的现代化更加健康地发展？如何使人的个性、潜能得到全面发展、充分发挥，不再受奴役、压抑、异化，使合目的性与合规律性得到和谐、交融、统一？"① 在原始社会，人处于蒙昧状态，人完全受自然支配，进入文明社会之后，人有了理性，人改造自然、征服自然，最终走向工具理性下的人与自然分离和对立，在未来的社会人又返归自然，与自然共生，人与自然相统一。正如马克思所说："共产主义，作为完成了的自然主义，等于人道主义，而且作为完成了的人道主义，等于自然主义，它是人和自然界之间、人和人之间的矛盾的真正解决。"② 在共产主义社会，人类也将实现与自然界的统一。

总之，如何使社会生活从形式理性、工具理性的极度演化中脱身出来，使世界不成为机器主宰人、物支配价值的世界？如何在工具本体之上保存价值理性、田园牧歌和人间情味？对这些问题的回答可以使我们的现代化避免西方的覆辙，另一方面为未来共产主义生存样态方向的发展奠定基础。这样，我们以更加先进的理念来推进现代化，将使我们更快地赶上当前后工业社会发展浪潮，从而不落伍于时代。以审美共生实践解决中国特色社会主义理论与共产主义理论的衔接问题，我们仍然是在坚持辩证唯物主义和历史唯物主义基础之上进行的，是对马克思主义基本理论的进一步拓展。

---

① 李泽厚. 李泽厚哲学文存：上编［M］. 合肥：安徽文艺出版社，1999：682.
② 马克思. 1844 年经济学哲学手稿［M］//马克思，恩格斯. 马克思恩格斯全集：第 42 卷. 北京：人民出版社，1979：120.

四、用共生的方法加强政治建设

1. 党的建设

当前，我们党面临"四大考验"。一是长期执政的考验：我们党在长期执政、执政环境日趋复杂、执政基础有所变化的背景下，如何加强和改进自身建设，以巩固党的执政地位。用共生的方法，就要求我们党永远要代表中国最大多数人的利益，占有最大社会范围的支持面，要把各方面的利益诉求都要兼顾到，在对党员干部的教育上一定要将革命战争年代的艰苦奋斗精神的教育与时代发展的创新精神的教育结合起来，在干部使用上要将有艰苦地区基层奋斗经历的干部和具有科学精神、时代眼光、极富创新精神的干部结合起来，做到历史与现实的结合，不同层面优势的结合。二是改革开放的考验：如何在全面深化改革开放的同时，坚持和发展中国特色社会主义。用共生的方法，就要求将汲取世界各国的有利因素与消除不利因素的影响结合起来，要将发展的机遇与存在的风险结合起来，尽量与世界上绝大多数国家保持友好合作的关系，争取世界上绝大多数国家的优势资源的支持，在开展合作的同时要与必要的斗争结合起来，要将注重经济效益与社会效益、政治效益、文化效益、生态效益、精神效益结合起来。三是市场经济的考验：我们党既要经受住市场经济对党负面影响的考验，又要经受住市场经济所引发的意识形态安全的考验。用共生的方法，就要求将市场作用与政府作用相结合，将物质利益驱动与精神价值驱动相结合，将效益与公平相结合，将资本逻辑和价值逻辑相结合，要将贫富分化控制在一定度的范围内，尽可能扩大中等收入阶层的人群数量，要将注重经济发展与注重意识形态的安全风险相结合。四是外部环境的考验：我们党面临的国际大环境和周边环境日趋复杂、严峻，包围、遏制、打压、分化、唱衰中国的行径日趋激烈。用共生的方法，就要求我们党要将自身内在建设与外部环境的挑战相适应，处理国内问题的能力与国外的破坏风险相适应，包围与反包围、遏制与反遏制、分化与反分化、唱衰与反唱衰的策略相适应，政治、外交、舆论、军事等综合性斗争手段要按照复杂性组合方法构建起有机、有效的安全应对机制。

综合国际国内形势和环境来看，当前我们党还面临一些"新的伟大斗争"，主要有争夺资源、货币战争、争夺市场、意识形态斗争、领土争端、反腐败斗争、网络斗争、反民族分裂主义的斗争①。斗争对象和形式全面多样，处处可

---

① 韩庆祥. 深刻理解和把握"新的伟大斗争"［EB/OL］. 新华网，2014-7-23.

能是斗争的"战场"。所以要统筹国内与国外，党内与党外，经济、政治、文化、社会，还要综合资源、货币、市场、意识形态、网络等各方面，做到各方面斗争相互配合，有机组合，多样化结合，针对各种风险进行全面立体的综合性斗争，才能确保我们在这些新的斗争中取胜。

2. 按照共生理念构建当代世界秩序

依照多样性共生方法构建安全保障体系。这个体系应当是是综合共生性安全，进而构建人类命运共同体。人类面临的威胁已经不仅仅局限于军事战争，经济、金融系统的混乱、对环境的破坏、粮食危机、宗教（文化）摩擦，等等，都构成威胁人类生存的因素，构筑安全体系需要把军事上的安全保障、经济上的安全保障（包括粮食）、文化（包括宗教）上的安全保障，以及环境的安全保障等，一起作为一个整体系统来构筑，形成多样性安全因素综合共生的安全体系，构建人类命运共同体，这样才能有效而持久地维护安全局面。①

五、用共生理念进行经济建设

1. 以共生的原则进行经济治理，解决发展中的不平衡问题

以共生的理念解决中国现代化发展中的不平衡问题。当前中国发展存在诸多的不平衡问题：政治与经济发展的不平衡问题；经济发展与社会建设不平衡问题，理性的社会组织结构和社会自治的习惯没有形成；现代化的发展与国民素质水平的不平衡问题；地区发展不平衡问题，东部与中西部发展差距加大；开放程度的不平衡问题；城乡发展不平衡问题，作为后现代化国家，最大的特点就是城乡发展的不平衡，城市某些地域和领域已接近后工业社会特征，而农村还存在传统农业社会的大量生活方式；收入分配不平衡问题，这是不符合全民共生的原则的；国际收支不平衡矛盾加剧等问题。

中国现代化发展过程中面临诸多不平衡问题，这是后发展起来的国家进行现代化要面临的问题。要以共生理性建立思想文化模式，促进人理论理性、实践理性、审美理性全面发展，塑造具有共生意识的、适应全球化发展的新一代公民，培育民主意识和理性规范行为方式，推动政治体制改革，促进经济健康发展。以共生理性，大力提高国民素质，塑造具有完善的共生理性的公民，为实现现代化、推进信息社会发展奠定基础，促进人与自然的协调，实现人与自然的共生，改变经济发展与生态环境、资源不平衡的矛盾。

---

①　黑川纪章. 新共生思想［M］. 覃力，杨熹微，等译. 北京：中国建筑工业出版社，2009：16.

地区发展的不平衡，会造成整体发展的不协调，从长远来讲，不但不利于国家的团结稳定，也不利于东部沿海地区的发展，因为作为一个经济共同体，是符合共同生成法则的，东部沿海片面发展，忽略内陆发展，最终也不利于东部沿海的发展，所以，要消除差距，实现不同地区的共生，要加大东西部交流与合作，加大东西部交通枢纽发展。应当在西部选择西安和重庆两个点作为中西部扩大对外开放的基点，建立开放和开发特区，带动、辐射中西部尽快在思想观念、经济政治文化等领域开放发展。可以建立直接通向世界各地的航空港，加大铁路、公路对国内外的辐射连带作用，优化自然环境和人文环境，采取中心爆炸式开放战略，促进思想观念、行为方式、生活方式比较保守和传统的内陆地区解放思想和开放发展，加强与东部的交流协作，缩小差距。

要做到城市与农村共生。缩小城乡差距就是要加大农村和城市的交通信息渠道建设，通过大力发展海陆空交通运输业和信息产业，使农村在时空上与工业化国家缩短距离，在时间和空间上与城市缩小距离，加大城乡之间的联系和资源交换、人员流动，促进现代性因素全面渗透进入广大内陆和农村，以城市的高速发展冲击和带动农村思想观念、经济发展、价值观念、行为方式、生活方式发生变化，使农民逐渐树立理性的行为方式和思想观念，实现民主共生，促进社会合理化生成。

处理好投资消费的共生关系，二者关系不协调，会导致金融领域出现动荡。增加广大农村农民的收入，拉动其消费，促进投资和经济增长，加大城市与农村的交通建设，促进城乡物资、信息、文化交流。平衡国际收支，实现共生共赢，维持良性贸易状态，避免金融风波的发生。这些都是坚持共生发展理念的例证。

2. 共生法则与缩小贫富差距

要缩小贫富差距，增加弱势群体的收入和改善其生存环境，防止贫富两极分化，这样才能促进社会稳定和繁荣发展，拉动购买力，促进投资消费良性运行，实现不同行业、不同阶层、不同群体的共生。

陷入"中等收入陷阱"的许多国家，经济和分配主导权常常掌握在几个大的利益集团手中，没有也不可能实行公平、合理、有效的收入分配，贫富差距不断扩大，两极分化严重。20 世纪 70 年代拉美和加勒比地区人均 GDP 达到1000 美元时，造富运动也随之兴起，涌现出一批富有阶层。更多的人因为涌向城市特别是大城市，没有体面的工作而沦为贫困人口，贫困人口占比迅速上升，大片贫民窟同大城市中心区高楼大厦同步扩张。人们常常将这样的发展为"有增长无发展"的典型。目前拉美和加勒比地区，大约10%的富人占到总收入的

60%以上，贫困人口占到总人口的40%以上，其中60%以上居住和生活在城市特别是超大城市中。这就形成了城市中大量无业和失业的人口群体，城市失业率超过10%。与享受现代文明的城市中心富人区，形成鲜明的对照。2003年拉美和加勒比地区生活在贫困线以下的人口达2.266亿，占比上升到44%以上。对此，智利前总统艾尔文指出：拉丁美洲的情况表明，市场不能解决社会问题。市场经济就是市场经济，竞争永远是优胜劣汰，市场的天平永远向着资本雄厚的一方倾斜，结果是贫富差距越拉越大。所以，我们在推行市场经济的同时，也要注意市场与计划手段的共生，增强效率的同时，还要注意通过宏观调控促进收入的平衡，防止贫富分化差距拉大，只有实现所有人收入的平衡共生，才能保证社会的持久、繁荣稳定。①

六、用共生理念进行文化建设

文化就像一个国家、民族、社会的营养，高水平的文化养育高水平的国民，高水平的国民构建文明、发达的社会体系，制造出高水平的工业制造品，高水平的工业制造品必然会冲向世界市场，创新的成果会波及方方面面，不但经济的困局会得到解决，而且社会的诸多问题也会迎刃而解，我们的社会文明就会升级换代。文化版本的升级产生的社会影响是核反应式的，其范围之广、力度之大、撼动之深刻是我们难以想象的，因为文化这部机器制造出来的是人，能否制造出高质量、高层次、高素质的人，是检验文化这部机器好坏的标准。高质量的人就会构建文明程度高的社会，就会设计并践行良好的社会制度、社会运行机制，就会制造出高质量的工业制造品，就会增强创新驱动，就会使我们越过所谓的"中等收入陷阱"。先进的文化一旦被人民群众所掌握，它将辐射和渗透进社会的方方面面、角角落落，就如马克思在《〈黑格尔法哲学批判〉导言》中曾经指出的："理论一经掌握群众，也会变成物质力量。理论只要说服人，就能掌握群众；而理论只要彻底，就能说服人。所谓彻底，就是抓住事物的根本。但人的根本就是人本身。"② 先进的文化一旦形成，就将渗透进社会、改革、法制、治党等方方面面，对于全面建成小康社会、全面深化改革、全面推进依法治国和全面从严治党的战略布局无疑将注入推进剂，推进"四个全面"的协调、深入进行。

---

① 田雪原. 人口老龄化与"中等收入陷阱"［M］. 北京：社会科学文献出版社，2013：102.

② 马克思，恩格斯. 马克思恩格斯选集：第1卷［M］. 北京：人民出版社，1995：6-10.

新时代的公民应当根植共生理念、共生理性。要让国民深刻理解人是什么，什么是真正的幸福，人为什么活着，应当怎样活着，怎样获得自己的幸福。

对国民素质的塑造最普遍、最深刻、最持久的培育途径就是文化哺育。日本和韩国在现代国民素质塑造中的经验值得我们学习，日本明治维新到现在 100 多年，韩国二战后起步发展很快，到现在仅仅 70 多年，但他们的国民素质提升很快，已经具备市场经济、商品社会的现代化社会的公民素质，所以他们的社会综合实力发展水平很高。日本的黑川纪章曾经提出"以经济+文化为内容的亚洲文艺复兴"。① 他反思日本的发展："过去的日本，因为只是在经济上突飞猛进，所以只能说如同跛子走路，自己还没有融入到亚洲中来，今后，应该将文化的视点置于经济之上，明确并重新审视'亚洲的文艺复兴'时代，重视日本及亚洲文化上的独立性与融合性，应该以作为东方文化一部分的日本传统文化的传承与发展为目标，重新调整行动步伐。"② 日本要通过弘扬日本文化来实现亚洲的文艺复兴，我们作为东方文化的真正发源地为什么不能实行中国的文化复兴基础上的亚洲文艺复兴呢？世界新秩序的维护最主要的在于权威。经济实力、技术实力、军事实力、政治实力等能够带来权力，却不能带来权威。权威是通过文化的力量产生的。一个国家兼备传统、文化、信息、经济（技术）实力、丰富的自然资源，才有可能成为主导世界的国家。军事实力、经济实力催生权力，而传统和文化则产生权威。我们现在走中国特色社会主义道路，如果能将传统和文化加以升华与弘扬，实现马克思主义、社会主义、市场经济、传统精华、文化软实力的共生发展，就可能成为以权威引导世界新秩序的国家。我们可以在共生理念和共生理性引导下实现中华民族文化的凤凰涅槃、浴火重生，形成不同于资本逻辑的现代新型文化，为世界开辟新的人类文明铺砖垫瓦，为迎接第三次工业革命，第五次、第六次产业革命融生新的文化，开辟新的文化模式，开辟新的人类文明，这是一个需要未来几百年不断完成的使命。那么，中国当代实现文化复兴的内涵和意蕴是什么？应当是既能秉承数千年中国文明结晶的文化基因，又能生发出富有时代特色和标示人类历史未来方向的新文化，这个文化应当是富含共生理念、共生理性、共生伦理、共产主义价值原则的共生审美型文化。这种文化既能激发人的创造力，又能促进人的共生和谐，更是以人的幸福为归宿，实现了人的事实性和价值性的统一，克服了资本逻辑引导

① 黑川纪章. 新共生思想［M］. 覃力，杨熹微，等译. 北京：中国建筑工业出版社，2009：406.

② 黑川纪章. 新共生思想［M］. 覃力，杨熹微，等译. 北京：中国建筑工业出版社，2009：408.

下物对人的奴役，实现了人与自身、与他人、与社会、与自然的契合统一，开启人作为人而存在的人的历史性存在的状态，引领人类文化未来的方向，开辟人类文化的新模式。

用这种文化塑造高素质的国民，在理性精神方面表现出：具有团结精神，富有深度思维，公共性意识强烈，明确自己应该对国家和社会所承担的责任和义务；法治意识强，自觉抵制封建糟粕的潜规则；富有正义感，主动维护社会正义，勇于为正义而斗争，不与邪恶妥协；树立信仰，注重生命，注重自我的同一，注重与他人的共生；注重科学知识、道德知识、审美知识的共同习得，注重工具理性与价值理性的统一，注重理论理性、实践理性、审美理性的共同发展；尊重他人的个性、尊重社会的多样性，富有包容精神；崇尚知识，崇尚理性，尊重创新，尊重创造。

七、用共生理念加强社会建设

1. 大力推进知识型共生社会建设

从知识增长角度来理解理性和促进社会合理化对我们国家现代化进程的推进有着极其重要的意义。中国的新发展理念在以科学发展观基础之上，应增加建设知识型社会的发展理念。其原因主要有以下几方面：

第一，西方发达国家已转向知识型社会的发展，传统工业逐渐被信息工业、生态工业、知识型工业所代替。科学研究表明："随着科学技术向生产力的转化，体能、技能、智能对社会财富的贡献分别为 1∶10∶100……多年来西方发达国家一直在抢占人才、科技与知识的制高点，大幅度增加人力资本、人才培育、高新技术研发和应用的投资。"[1] 兰德公司的专家在 20 世纪 80 年代曾说过，中国现在的领导很高明，完全有可能在今后七十年内（也就是到 2020 年）建成像美国一样的强国，但前提是，内部不发生大动乱，并实现改革成功。还认为中国要真正地起飞必须真正做到起用贤人，培养贤人，就是培养人才，使用人才，使得经济工作真正掌握在能人手里。"加强智力投资，提高全民族的文化水平和科学技术水平。"[2] 日本人认为知识是他们这个国家最重要的资源、最可靠的资源，他们想依靠这样一种资源来保持在世界上的领先地位。所以，中国必须将人才和知识置于治国战略高度，才能在世界上处于领先地位。

---

① 春雨. 跨入生态文明新时代 [J]. 光明日报，2008-7-17.

② 钱学森，李宝恒，杨沛霆，等. 现代领导科学与艺术 [M]. 北京：军事科学出版社，1985：90.

第二，中国是个人口大国，提高人民生活水平、发展经济的同时导致的一个严重结果就是资源严重紧张，环境极大破坏，生态家园被毁灭，这个结果又严重制约了发展；如果发展知识型社会，充分发挥个人默会知识的效用，变人口大国为知识大国，可以扩大资源范围，提高资源利用率，节约资源，保护生态环境。

第三、发展知识型社会有利于中国将人口大国改变为智力资源大国，增强政治、经济、文化的创新能力，增强民族创造力和国家创新力。在面对西方国家对中国实行贸易壁垒政策的情况下，拉动内需、刺激经济是一个办法，但要注意适度，要防止西方国家出现的滞胀现象。中国要想居于世界经济的熊市地位，最根本的办法是推进创新。创新是作为后起现代化国家追赶和超越发达国家的根本途径，在创新的基础上才能有力地推动经济结构的转型，才能克服资源限制、走新型经济发展之路，而创新离不开知识的产生激增机制和信息的流通开发平台。拉动内需、加大投资的行业要坚持共生的方法。除基础行业、促进弱势群体收入增加的行业、增加就业和创业的行业等外，最主要的是要投入到教育、信息、交通以及能促进知识资源开发的行业，这样，投入的资金会产生以知识和创新带来的高倍发展的回报，同时，各个行业的创新又可以增加工、农、服务等行业的产品节约资源能源和提高功效，以高技术科技含量占领世界市场，从技术上突破西方的贸易壁垒。

第四，建设知识型社会有利于推进中国现代化的政治文明建设进程。可以加快解决我国因为缺乏民主传统、国民公民意识淡漠、政治民主行为习惯欠缺而难以推进民主法制化快速发展的瓶颈制约因素，全面推进社会的现代化建设。

为此我们应当做到以下几点：

第一，建立知识型社会的舆论导向，树立知识型人格的价值取向，搭建个人知识交流互动、实现知识增长的平台，促进科学知识和人文知识丰富、发展，加大知识转化为生产力的力度，促进社会共生有序、良性快速发展。

第二，建立政府—高校—社会相结合的社会运作模式，充分发挥高校科学和人文知识在社会决策、运行中的指导作用，充分将科学和人文知识转化为社会生产力，增强知识效用的转化速度和力度、效率，体现知识型社会的特征。

第三，遵循社会运行机制的自生自发原则，营造民主、宽松的人文社会环境，激发个人默会知识和创造性的发挥，促进广大人民群众积极、广泛参与社会管理，健全群众性组织，推进公共领域建设，增进社会整合的有机度和协调性，促进社会繁荣共生。

第四，激发个人的科学知识、道德实践知识、审美表现知识的有效发挥。

我们既要防止社会的片面发展只注重工具理性而忽视价值理性，还要防止忽视审美理性的发展，这对于我们实现科技发展、道德伦理发展、人的艺术审美素质的发展，增强对客观世界的认知功能、遵守社会规范中的协调功能、传达情感和展示自我中的表达功能，实现人与人、人与社会、人与自然共生和谐发展具有重要的意义。特别要加强审美理性的发展，这是我们社会发展观的一个空白，只有重视审美理性的发展，才能真正实现社会全面发展和人的全面发展。增强人民群众的审美素养，才能提高人们的生活幸福度，促进人的身心健康和谐发展。将审美幸福度也作为社会合理化的一个重要观察点，并将审美表现知识和科学知识与道德实践知识同等地位看待，实现社会发展的新视野，实现个人微观和社会宏观相结合审视社会合理化，真正建立共生社会。

第五，从审美的日常生活知识促进人本真的生存，促进人与人以及自然界相互生成，人与自身、人与他人、人与自然界的共同生成。

2. 坚持共生原则，尊重个人和社会差异性

推动个人知识创新，社会创造活力，必须尊重社会差异性，尊重人的个性，倡导社会互动。以共生的原则组构社会，尊重人的个性，倡导个性化教育和个性化人格社会，创造条件促进人们之间的交往互动，促进个人知识交流汇集，建立多样化社会和多样化生活方式。在政治领域，维护人与人的共生，在政府管理上让更多的社会成员参与社会公共事务管理。在经济领域，让经济利益主体共存，反对市场垄断，让中等阶层成为社会的绝大多数。在文化领域，不同民族、国家文化不分高低贵贱一律共存，相互取长补短，共生共荣。在舆论领域，让各方面的意见和声音都能合理表达，真正实现百家争鸣。在教育领域，尊重每个学生的个性，实现人的个性化共生。在外交领域，实现国家不分大小、强弱，一律平等对话共生，反对武力和强权，构建人类命运共同体。

尊重个人和社会差异性，体现在人的思维领域应当是尊重不同思维类型的人。人的思维应当是形象思维和逻辑思维共生形成创造性思维。思维可以分为逻辑思维、形象思维以及创造思维。逻辑思维可以用计算机模拟，如人工智能领域中的定理证明、国内开展的几何定理的机械化证明，可以说属于逻辑思维的范畴。另外一种重要的思维形式是形象思维，如"模式识别，科学中的启发性，以及人猜想与判断等，具有只可意会而不可言传的性质，只能用比喻来加以描述"，计算机是无法模拟形象思维的。人的思维过程是逻辑思维与形象思维并用，而创造思维是逻辑思维与形象思维的结合共生，同时也是微观法与宏观法的共生，直感（intuition）、顿悟（insight）和灵感（inspiration）思维的共生。

创造思维才是智慧的源泉。① 在教育领域，应当针对不同思维类型的孩子开设课程，制定培养计划，让他们发挥各自的特长，根据其思维类型选择专业和职业，实现各种思维类型的孩子各展个性，各自施展其特长，发挥擅长逻辑思维人的特长从事计算事务性工作，发挥擅长形象思维人的特长从事艺术性工作，发挥擅长创造性思维人的特长从事创造性工作，三种思维互补相生，共同促进不断发展。

八、共生与生态文明建设

建设生态文明作为我们党的发展理念在十七大报告中被提出来，对人类发展史来说是一个创新。人类发展史的实践表明，生态文明是有别于任何一种文明的崭新文明形态，其产生和发展具有必然的历史演进轨迹，即"人类原始文明→农耕文明→工业文明→（后工业文明）→生态文明"。②

共生理念与生态文明是什么关系呢？共生理念是以事物多样性共生形成进化发展机制为内容，包括共生方法、共生伦理、共生社会历史观等方面，强调人在审美共生实践基础上形成人与自身、他人、社会、自然界的统一，突出理性、知识在社会进化中的重要作用，强调共生理性即理论理性、实践理性、审美理性协调发展，推进社会合理化，发挥人的个性，交流、汇聚人的知识，实现社会发展、人的全面发展。

生态文明是从人类文明发展历史角度提出的继后工业文明之后的一种更加先进的面向人类社会未来的文明形态，是人类在经济社会活动中，遵循自然发展规律、经济发展规律、社会发展规律、人自身发展规律，积极改善和优化人与自然、人与人、人与社会之间的关系，为实现经济社会的可持续发展所作的全部努力和所取得的全部成果。

共生理念与生态文明既包含自然环境，也包含人类社会环境。生态文明更倾向于自然环境的保护、人类的可持续发展，建设的出发点是尊重自然，维护人类赖以生存、发展的生态平衡；其生态文化、生态产业、生态消费、生态环境、生态资源、生态科技与生态制度等基本要素均是围绕自然环境保护、人类可持续发展而展开的。而共生理念是从自然界、人类社会、思维最一般的规律以及社会理想而言的。

---

① 钱学森，戴汝为. 论信息空间的大成智慧［M］. 上海：上海交通大学出版社，2007：116.

② 春雨. 跨入生态文明新时代［N］. 光明日报，2008-7-17（15）.

就共生理念对生态文明的创新、丰富、发展而言，共生理念可以渗透进生态文明建设，促进生态文明遵循人自身发展的规律、社会发展的规律、自然发展的规律，可以说进一步丰富和发展了生态文明建设的内容，使生态文明建设在哲学层面更加具体化。二者是相互贯通、相互融合的关系，生态文明是共生理念应用的领域，共生理念对生态文明具有理念先导作用。

如何建设生态文明，这也是一个时代的课题。从共生理念来说，生态文明的建设包含两个方面：一个是建立良好的生态环境，实现人与自然的共生；另一方面，人类要向大自然学习，就是要将生态的奥秘和法则应用于人类社会。古人说的"人法地，地法天"，就是人类向大自然索要智慧。共生法则本身就是从大自然生命进化中提炼出来的生态法则，将共生理念应用于社会发展也就是生态文明建设。

第一，建设优美的自然环境

构建生态文明，实现人与自然的共生。国家环境保护部有关资料显示："十五"期间，二氧化硫排放量比 2000 年增加了 27.8%；全国地表水 62% 的断面达不到 III 类标准；75% 的湖泊出现富营养化；一些大中城市灰霾天数有所增加，酸雨污染程度没有减轻。在一些地方，人们不能呼吸新鲜空气、饮洁净的水、食无公害食品，影响健康，甚至致病早亡。

环境问题已成为引发社会矛盾、影响社会稳定的一大公害。从共生方法建设生态文明，要坚持以大自然生态圈整体共生运行规律的宏观视角，全面审视人类社会的发展问题。人类的一切活动都必须放在自然界共生的大格局中考量，按自然生态共生规律行事。经济社会发展，既要考虑人类生存与繁衍的需要，又必须顾及生态、资源、环境的承载力，以实现人与自然共生，发展与环境同步、双赢，坚持共生的方法论。运用共生方法，建立能量转化、物质循环、信息传递的循环型生态经济、可以节约资源，清洁环境，提高经济效益。从共生伦理角度促进全民族生态道德文化素质的提高，将共生伦理与生态道德结合起来，让人们认识到自然万物是我们人类群体和个体生命的有机组成部分，也可以说是我们身体的一部分，我们身体的组成部分好了，我们的生命才能自然、健康。万物的存在是共生共荣的，我们为了自己身体和心灵的健康，必须爱惜大自然。我们不但要尊重人，也要尊重自然万物，保护生态环境，促进适度消费，以促进生态文明建设。

例如在城市建设上，城市的发展要注意城市与自然的相互作用、城市布局的集中性与分散性、不同类型城市的相互作用。所以要坚持自然和城市的共生，在城市中建设湖泊、河流、运河、森林、城市公园，增添城市生活的自然要素。

黑川纪章提出了集中与分散共生"网络城市论",认为城市当中既要有 CBD 中央商务区的集中,也要有居住和生活服务的分散化,还要实现"地方城市链、大都市、国际金融三大网络的共生"。① 黑川纪章的"集中与分散共生的思想"已经在东京这样的大都市实施,并得到了发展。由于加入了世界都市网络,全日本同世界联系在一起,而且在城市建设中实施以共生思想为基础的大改造计划,实现开发与共生并进。

第二,建设良好的社会环境

用生态的共生法则进行社会管理。生态文明与共生理念是相通的,就共生理念是对自然界生物领域存在演化规律的总结而言,共生理念本身也属于生态文明的基本内容,共生规律是人与自身、人与他人、人与自然良性运转的自然普遍法则,它既可以指导我们形成美好的生态环境,又可以指导我们将自然演化的平衡法则深入进人文社会科学领域,用以进行政治、经济、文化、社会等领域的管理。生态文明要坚持综合共生的方法,将物质文明、政治文明和精神文明综合统筹协调发展,把共生的法则贯穿于经济、社会、人文、民生和资源、环境等各个领域,发挥其导向、驱动作用。

我们发展中存在付出资源、环境代价过大,发展不平衡、不协调的矛盾突出,城乡差别、地区差别、收益分配差别扩大,生态退化、环境污染加重,民生问题凸显以及道德文化领域里的消极现象等这些严重制约我国现代化的因素。坚持共生的生态文明,对于如何破解这些难题,走出困境,实现良性循环,意义重大。只有以共生理念为指导进行生态文明建设,对发展中的矛盾、问题作统筹评估,理性调控,综合治理,才能突破瓶颈制约,实现又好又快发展、可持续发展。

建设生态文明,运用共生的方法整合一、二、三产业,实现第一产业、第二产业和第三产业共生。同时整合农业、渔业、林业形成共生。要整合由一、二、三产业形成的生态环保技术,形成第一产业、第二产业和第三产业共生局面。

遵循共生理念,实行区域多样性合作,实现共生发展。日本的黑川纪章提出"亚洲经济圈"的概念,他将亚洲至少分为三大区域,即东南亚、东北亚和南亚,建立亚洲经济圈。东南亚经济圈包括越南、泰国、缅甸、柬埔寨、菲律宾、尼泊尔、新加坡、马来西亚、印度尼西亚、中国、日本以及印度。东北亚

---

① 黑川纪章. 新共生思想 [M]. 覃力,杨熹微,等译. 北京:中国建筑工业出版社,2009:372.

经济圈包括俄罗斯远东地区、中国、朝鲜、韩国、日本、蒙古等。南亚有新加坡、马来西亚和印度尼西亚三国。他认为亚洲之所以发展得很快，最根本的原因就是高密度社会，符合共生的多样性互动原则。21 世纪将会以亚洲为主导。他认为，"在现代合理主义原则指导下形成的大企业、庞大组织、巨大科学、大型计算机等等，可能都要退出历史舞台。而只有日本还在继续做它的欧美型的发达国家，虽然地处亚洲，却没采取亚洲式的发展模式，然而欧美型的工业化社会、合理主义体系是行不通的，日本现在就开始停滞不前了"。① 我们中国走自己的现代化模式，应当利用"亚洲经济圈"的思想建立经济共生体，将东南亚、东北亚、南亚的国家凝聚起来，实行优势互补，加强经济、文化联系，推进亚洲走向更加繁荣、团结、和平。遵循共生理念，在经济领域必须保持大量的中小企业，促进企业多样化，经济才有活力。"21 世纪是中小企业的时代。"② 我们要发展中小企业，这符合共生法则。遵循共生理念，加强公共性建设。我们应当大力扶植和发展中小企业。同时构建公民社会，大力推进社会建设，建立"公民共生体""城乡共生体""工农共生体""社区共生体""区域共生体""跨界共生体"等社会组织，促进公共性建设，为全面、彻底地实现现代化奠定基础。③

① 黑川纪章. 新共生思想［M］. 覃力，杨熹微，等译. 北京：中国建筑工业出版社，2009：419.

② 黑川纪章. 新共生思想［M］. 覃力，杨熹微，等译. 北京：中国建筑工业出版社，2009：420.

③ 钱宏. 中国：共生崛起［M］. 北京：知识产权出版社，2009：3.

结语　对共生理念的展望

共生理念对于解决现代性困境问题和中国现代化问题都具有非常深远的理论和实践意义。随着全球化的发展及信息社会、知识经济的发展，共生理念、共生理性越来越成为人们的共识。

从总体上来说，国内外学术界对共生理念的研究还刚刚萌发，还没有大规模、深入地发展起来，共生作为一个哲学问题研究的普遍性还未形成，共生还未成为学术界研究的焦点性话题，对共生的哲学追问与考察还需要更多的学者进行广泛、深入的研究。对共生的哲学、社会学领域还需要进行系统、深入的研究。

结合全球化、现代性的发展和中国现代化的系统研究，具体来说包含以下研究内容：第一，共生理念和共生理性指导下的文化模式研究；第二，共生理念和共生理性指导下的社会制度研究；第三，共生理念和共生理性指导下的社会体制研究；第四，共生理念和共生理性指导下的社会运行机制研究；第五，共生理念和共生理性指导下的生活方式、行为习惯研究；第六，马克思主义的共生形态研究；第七，共生理念与社会主义、共产主义伦理的研究。通过诸多方面的研究，努力使共生理念和共生理性在现实生活中实践化、具体化、导向化。这诸多的工作还有待于我们做进一步的探索和努力。

最后借用以下这段话结尾：

美人之美，美己之美，美美与共，天下大同。

生身之生，生心之生，生生与共，天下大同。

生人之生，生己之生，生生与共，天下大同。

生人之生，生天之生，生生与共，天下大同。①

---

① 胡晋源．共生系统学发展随想［EB/OL］．社会学的系统试验与标准量化科学研究：科研工作者的职业博客网．2013-5-15.

主要参考文献

一、中文部分

1. 埃里克·詹奇.自组织的宇宙观［M］.曾国屏，译.北京：中国社会科学出版社，1992.

2. 阿尔都塞.保卫马克思［M］.顾良，译.北京：商务印书馆，2006.

3. 爱德华·威尔逊.生命的未来［M］.陈家宽，李博，杨凤辉，等译.上海：上海世纪出版集团，2005.

4. 艾里克.拉斯缪森.博弈与信息——博弈论概论［M］.姚洋，译.北京：北京大学出版社，2005.

5. 巴湘.和谐论［M］.北京：世界知识出版社，2010.

6. 布伯.论犹太教［M］.刘杰，等译.济南：山东大学出版社，2002.

7. 波普尔.科学知识进化论［M］//波普尔科学哲学选集.纪树立，编译.北京：生活·读书·新知三联书店，1987.

8. 鲍姆嘉通.美学［M］.简明，译.北京：文化艺术出版社，1987.

9. 辞海：下册［M］.香港：中华书局香港分局，1965.

10. 蔡尚思.周易思想要论［M］.长沙：湖南教育出版社，1991.

11. 陈嘉映.《存在与时间》读本［M］.北京：生活·读书·新知三联书店，1999.

12. 陈其荣.自然哲学［M］.上海：复旦大学出版社，2005.

13. 陈菲琼.民营企业与跨国公司联盟共生模式研究［M］.杭州：浙江大学出版社，2008.

14. 春雨.跨入生态文明新时代［N］.光明日报，2008-07-17.

15. 杜莹，李殿斌.和谐与社会发展［J］.河北经贸大学学报，1999（2）.

16. 杜维明.新儒家人文主义的生态转向：对中国和世界的启发［J］.中

国哲学史，2002（2）.

17. 杜二敏. 女性的主义观照下和谐共生教育世界的建构［M］. 成都：四川大学出版社，2010.

18. 邓正来. 规则·秩序·无知：关于哈耶克自由主义的研究［M］. 北京：生活·读书·新知三联书店，2004.

19. 邓正来. 自由主义社会理论——解读哈耶克《自由秩序原理》［M］. 济南：山东人民出版社，2003.

20. 丹尼尔·贝尔. 后工业社会的来临［M］. 高铦，王宏周，等译. 北京：新华出版社，1997.

21. D. 鲍姆. 后现代科学与后现代世界［J］. 晓欧，译. 国外社会科学，1993，60（4）.

22. 丹尼斯·史密斯. 后现代性的预言家：齐格蒙特·鲍曼传［M］. 萧韶，译. 南京：江苏人民出版社，2002.

23. 戴维·麦克莱伦. 马克思传［M］. 王珍，译. 北京：中国人民大学出版社，2006.

24. 达尔文. 物种起源［M］. 高慧，李贤标，译. 北京：北京出版社，2007.

25. E. 拉兹洛. 进化——广义综合理论［M］. 闵家胤，译. 北京：社会科学文献出版社，1988.

26. 方励之，李淑娴. 力学概论［M］. 合肥：安徽科学技术出版社，1986.

27. 冯友兰. 新原人［M］//贞元六书：第2卷. 上海：华东师范大学出版社，1996.

28. 冯文达，郭齐勇. 新编中国哲学史上册［M］. 北京：人民出版社，2004.

29. 约翰·普赖斯顿，保罗·费耶阿本德. 知识、科学与相对主义［M］. 陈健，等译. 南京：江苏人民出版社，2006.

30. 弗里德里希·冯·哈耶克. 自由秩序原理：上册［M］. 邓正来，译. 北京：生活·读书·新知三联书店，1997.

31. 福柯. 福柯集［M］. 杜小真，编选. 上海：上海远东出版社，1998.

32. 福柯. 规训与惩罚［M］. 刘兆成，杨远婴，译. 北京：生活·读书·新知三联书店，1999.

33. 菲利普·泰勒. 趋向老龄化的劳动力［M］. 北京：社会科学文献出版社，2011.

34. 高宣扬. 当代社会理论（上）　［M］. 北京：中国人民大学出版社，2005.

35. 高宣扬. 当代社会理论（下）　［M］. 北京：中国人民大学出版社，2005.

36. 顾智明. 论共生思维［J］. 南京政治学院学报，2006，22（2）.

37. 郭湛. 从主体性到公共性——当代中国马克思主义哲学的走向［J］. 中国社会科学，2008（4）.

38. G. 希尔贝克，等. 西方哲学史［M］. 童世骏，郁振华，等译. 上海：上海译文出版社，2004.

39. 洪汉鼎. 论实践智慧［J］. 北京社会科学，1997（3）.

40. 黄志斌. 和谐论［J］. 合肥工业大学学报（社会科学版），1998（2）.

41. 黄万盛. 全球化中的文化和价值问题［J］. 现代哲学，2008（2）.

42. 胡皓，楼慧心. 自组织理论与社会发展研究［M］. 上海：上海科技教育出版社，2002.

43. 胡守均. 社会共生论［M］. 上海：复旦大学出版社，2006.

44. H. N. 克留科夫斯基. 人是美的［M］. 刘献洲，等译. 北京：国际文化出版公司，1989.

45. 哈耶克. 政治思想中的语言混淆［M］//哈耶克论文集. 邓正来，编译. 北京：首都经济贸易大学出版社，2001.

46. 汉斯·伽达默尔. 真理与方法［M］. 洪汉鼎，译. 上海：上海译文出版社，2004.

47. 赫尔曼·哈肯. 协同学——大自然构成的奥秘［M］. 凌复华，译. 上海：上海世纪出版集团上海译文出版社，2005.

48. 哈贝马斯. 交往与社会进化［M］. 张博树，译. 重庆：重庆出版社，1989.

49. 哈贝马斯. 行动的合理性和社会的合理化［M］//徐崇温. 交往行动理论：第1卷. 洪佩郁，蔺青，译. 重庆：重庆出版社，1994.

50. 哈贝马斯. 重建历史唯物主义［M］. 郭官义，译. 北京：社会科学文献出版社，2000.

51. 哈贝马斯. 后民族结构［M］. 曹卫东，译. 上海：上海人民出版社，2002.

52. 哈贝马斯. 在事实和规范之间［M］. 童世骏，译. 北京：生活·读书·新知三联书店，2003.

53. 哈贝马斯. 交往行动理论：第1卷（行为合理性和社会合理性）［M］. 曹卫东，译. 上海：上海人民出版社，2004.

54. 胡塞尔. 第一哲学：下卷［M］. 王炳文，译. 北京：商务印书馆，2006.

55. 汉斯——格奥尔格·伽达默尔. 真理与方法诠释学∏［M］. 洪汉鼎，译. 北京：商务印书馆，2007.

56. 黑川纪章. 新共生思想［M］. 覃力，吕飞，等译. 北京：中国建筑工业出版社，2009.

57. 海德格尔. 论真理的本质［M］∥孙周兴. 海德格尔选集. 上海：上海三联书店，1996.

58. 海德格尔. 艺术作品的本源·林中路［M］. 孙周兴，译. 上海：上海译文出版社，2004.

59. 亨利·柏格森. 创造进化论［M］. 姜志辉，译. 北京：商务印书馆，2004.

60. 嵇康. 答难养生论一首《嵇康集校注》：卷四［M］. 北京：人民出版社，1962.

61. 金圣叹. 鱼庭闻贯∥金圣叹全集（四）［M］. 南京：江苏古籍出版社，1985.

62. 季国清，杨兆曾. 不可通约性与社会的解构［J］. 北方论丛，1998，151（5）.

63. 姜玉春，孙宝林. 对共生的哲学思考［J］. 胜利油田党校学报，2002，69（2）.

64. 伽达默尔. 赞美理论——伽达默尔选集［M］. 夏镇平，译. 上海：上海三联书店，1988.

65. 吉登斯. 社会学方法的新规则——一种对解释社会学的建设性批判［M］. 田佑中，刘江涛，译. 北京：社会科学文献出版社，2003.

66. ［美］杰里米·里夫金. 第三次工业革命［M］. 张体伟，孙豫宁，译. 北京：中信出版社，2012.

67. 康德. 实践理性批判［M］. 关文运，译. 北京：商务印书馆，1960.

68. 康德. 历史理性批判文集［M］. 何兆武，译. 北京：商务印书馆，1991.

69. 卡尔·波普尔. 开放社会及其敌人：第2卷［M］. 郑一明，等译. 北京：中国社会科学出版社，1999.

70. 卡林·诺尔——塞蒂纳. 制造知识：建构主义与科学的与境性 ［M］. 王善博等译. 北京：东方出版社, 2001.

71. 刘金明. 日新之谓盛德, 生生之谓易 ［J］. 周易研究, 1998（3）.

72. 刘放桐, 等. 新编现代西方哲学 ［M］. 北京：人民出版社, 2000.

73. 刘光. 论和谐概念 ［J］. 东岳论丛, 2002（4）.

74. 刘宗贤. 陆王心学研究 ［M］. 济南：山东人民出版社, 1997.

75. 李殿斌. 简论和谐范畴 ［J］. 河北师范大学学报, 1998（4）.

76. 李泽厚. 李泽厚哲学文存（上编）［M］. 合肥：安徽文艺出版社, 1999.

77. 李泽厚. 李泽厚哲学文存（下编）［M］. 合肥：安徽文艺出版社, 1999.

78. 李建群. 关于价值研究若干问题的思考 ［M］. 西安交通大学学报（社会科学版）, 2001（2）.

79. 李萍. 日本现代社会中的共生伦理 ［J］. 湘潭师范学院学报（社会科学版）, 2002, 24（5）.

80. 李文阁. 生成性思维：现代哲学的思维方式 ［J］. 中国社会科学, 2000, 30（6）.

81. 李思强. 共生构建说论纲 ［M］. 北京：中国社会科学出版社, 2004.

82. 李玉琼. 网络环境下企业生态系统创新共生战略 ［M］. 北京：经济科学出版社, 2007.

83. 凌建侯. 巴赫金哲学思想与文本分析法 ［M］. 北京：北京大学出版社, 2007.

84. 列宁. 哲学笔记 ［M］. 中共中央马克思恩格斯列宁斯大林著作编译局, 译. 北京：人民出版社, 1974.

85. 罗伯特·艾克斯罗德. 对策中的制胜之道——合作的进化 ［M］. 吴坚忠, 译. 上海：上海人民出版社, 1996.

86. 利奥塔. 后现代状况—关于知识的报告 ［M］. 车槿山, 译. 北京：生活·读书·新知三联书店, 1997.

87. 林恩·马古利斯, 多里昂·萨根. 倾斜的真理——论盖娅、共生和进化 ［M］. 李建会, 等译. 南昌：江西教育出版社, 1999.

88. 林恩·马古利斯. 生物共生的行星——进化的新景观 ［M］. 易凡, 译. 上海：上海科学技术出版, 1999.

89. 舒斯特曼. 哲学实践 ［M］. 北京：北京大学出版社, 2002.

90. ［美］理查德·罗蒂. 后形而上学希望——新实用主义社会、政治和法律哲学［M］. 黄勇编，张圆清，译. 上海：上海译文出版社，2003.

91. 理查德·罗蒂. 后哲学文化：译者序［M］. 黄勇，编译. 上海：上海译文出版社，2004.

92. 马克思，恩格斯. 马克思恩格斯全集：第 1 卷、第 2 卷、第 3 卷、第 4 卷、第 20 卷、第 26 卷、第 30 卷、第 40 卷、第 42 卷、第 44 卷［M］. 北京：人 民 出 版 社，1995、1957、1965、1958、1971、1972、1995、1982、1979、2001.

93. 马克思，恩格斯. 马克思恩格斯全集第 46 卷［M］. 北京：人民出版社，1975、1979、2003.

94. 马克思，恩格斯. 马克思思格斯选集第 1 卷、第 4 卷［M］. 北京：人民出版社 1972、1995.

95. 毛泽东. 毛泽东文集：第 3 卷、第 8 卷［M］. 北京：人民出版社，1996、1999.

96. 毛泽东. 毛泽东著作专题摘编［M］. 北京：中央文献出版社，2003.

97. 毛泽东. 毛泽东著作选读（下册）［M］. 北京：人民出版社，1986.

98. 毛泽东. 毛泽东选集：第 3 卷［M］. 北京：人民出版社，1991.

99. 马克斯·韦伯. 新教伦理与资本主义精神［M］. 于晓，陈维纲，等译. 北京：生活·读书·新知三联书店，1987.

100. 马小茹，马春茹. 全球化：建构共生理念的基本依据［J］. 宝鸡文理学院学报〔社会科学版)，2003，23（2）.

101. 马恒君. 周易正宗［M］. 北京：华夏出版社，2007.

102. 莫龙，韦宇红. 中国人口：结构与规模博弈——人口老龄化对中国人口发展战略的制约及对策［M］. 北京：中国社会出版社，2010.

103. 布伯. 论犹太教［M］. 刘杰，等译. 济南：山东大学出版社，2002.

104. 马丁·海德格尔. 存在与时间［M］. 陈嘉映，王庆节，译. 北京：生活·读书·新知三联书店，1999.

105. 马克斯·舍勒. 知识社会学问题［M］. 艾彦，译. 北京：华夏出版社，2000.

106. 玛俊，等. 后现代主义哲学讲演录［M］. 北京：商务印书馆，2003.

107. 米歇尔·福柯. 主体解释学—法兰西学院演讲系列［M］. 佘碧平，译. 上海：上海人民出版社，2005.

108. 尼采. 权力意志［M］. 张念东，凌素心，译. 北京：商务印书馆，1996.

109. 尼采. 偶像的黄昏 [M]. 周国平，译. 长沙：湖南人民出版社，1987.

110. 彭新武. 复杂性思维与社会发展 [M]. 北京：中国人民大学出版社，2003.

111. 钱学森，李宝恒，杨沛霆，等. 现代领导科学与艺术 [M]. 北京：军事科学出版社，1985.

112. 钱学森. 智慧的钥匙 [M]. 上海：上海交通大学出版社，2005.

113. 钱学森. 创建系统学 [M]. 上海：上海交通大学出版社，2007.

114. 戴汝为. 论信息空间的大成智慧 [M]. 上海：上海交通大学出版社，2007.

115. 钱宏. 中国：共生崛起 [M]. 北京：知识产权出版社，2009.

116. 让—弗朗索瓦·利奥塔. 后现代道德 [M]. 莫伟民，译. 学林出版社，2000.

117. 陶原珂. "场有哲学"与中西文化比较研究 [J]. 学术研究，1995（1）.

118. 托克维尔. 论美国的民主（下）[M]. 董果良，译. 北京：商务印书馆出版，1988.

119. 托多罗夫·巴赫金. 对话理论及其他 [M]. 蒋子华，张萍，译. 北京：百花文艺出版社，2001.

120. 涂成林. 从启蒙理性到生活世界的重建 [J]. 广东社会科学，2005（6）.

121. 田雪原. 人口老龄化于"中等收入陷阱" [M]. 北京：社会科学文献出版社，2013.

122. 井上达夫. 走向共生的冒险 [M]. 东京：每日新闻社，1992.

123. 尾关周二. 共生的理想 [M]. 卞崇道，刘荣，周秀静，译. 北京：中央编译出版社，1996.

124. 邬焜. 信息哲学——理论、体系、方法 [M]. 北京：商务印书馆，2005.

125. 邬焜，邓波. 知识与信息的经济 [M]. 西安：西北大学出版社，2000.

126. （清）王念孙. 广雅疏证 [M]. 钟宇讯，点校. 北京：中华书局，1983.

127. 万光侠. 和谐的哲学审视［J］. 青海社会科学, 2000（3）.

128. 万斌. 和谐论纲［J］. 学术界, 2005（4）.

129. 吴飞驰. 关于共生理念的思考［J］. 哲学动态, 2000（6）.

130. 吴彤. 自组织方法论研究［M］. 北京: 清华大学出版社, 2001.

131. 王时中. 实存与共在——萨特历史辩证法研究［M］. 北京: 中国社会科学出版社, 2007.

132. 王海光. 企业集群生共生生活治理的模式及演进研究［M］. 经济科学出版社, 2009.

133. 王晓东. 哲学视域中的主体间性问题论析［J］. 天津社会科学. 2001, 26（5）.

134. 王书明, 万丹. 从科学哲学走向文化哲学——库恩与费耶阿本德思想的后现代转型［M］. 北京: 社会科学文献出版社, 2006.

135. 王满荣. 冲突与和谐: 基于人的主体视角的理论研究［M］. 北京: 中国社会科学出版社, 2013.

136. （汉）许慎. 说文解字［M］. 北京: 中华书局, 1963.

137. 谢家雍. 生态哲学三元三角模型初探［M］. 北京: 人民出版社, 2008.

138. 谢斌. 人本生态观与管理的生态化［M］. 北京: 科学出版社, 2009.

139. 薛伟江. 后现代哲学思维方式的特征——从自组织动力学的观点看［J］. 自然辩证法研究, 2004, 20（7）.

140. 习细平. 略论智俨法界缘起思想的核心及其思维特色［J］. 理论界, 2006（10）.

141. 于海江. 再论斗争性［J］. 晋阳学刊, 1995（1）.

142. 杨天宇. 礼记译注［M］. 上海: 上海古籍出版社, 2004.

143. 袁祖社. "多元共生"理念统合下的"互利共赢"与"价值共享"［J］. 天津社会科学, 2004, 30（5）.

144. 易超. 和谐哲学原理［M］. 重庆: 重庆大学出版社, 2007.

145. 应星. 中国社会转型与中国社会学的复兴［N］. 光明日报, 2008-10-21.

146. 阎孟伟. 马克思主义哲学与现代纯粹哲学［J］. 哲学研究, 2008（4）.

147. 叶高翔. 真理与美［J］. 大学, 2009, 25（3）.

148. 雍涛. 反思"斗争哲学"［J］. 重庆邮电大学学报（社会科学版），

2008（1）.

149. 约翰·罗尔斯. 正义论［M］. 何怀宏，译. 北京：中国社会科学出版社，1988.

150. 约翰·罗尔斯. 政治自由主义［M］. 万俊人，译. 译林出版社，2000.

151. 雅克·德里达. 友爱的政治学［M］. 胡继华，译. 长春：吉林人民出版社，2006.

152. 亚里士多德. 尼各马科伦理学［M］. 苗力田，译. 北京：中国人民大学出版社，2003.

153. 伊·普里戈金. 从混沌到有序——人与自然的新对话［M］. 曾庆宏，沈小峰，译. 上海：上海世纪出版集团上海译文出版社，2005.

154. 小约翰·B. 柯布. 建构性的后现代主义［M］. 柏敬泽，译. 广西师范大学学报（哲学社会科学版），2006（2）.

155. 约翰·普赖斯顿，保罗·费耶阿本德. 知识、科学与相对主义［M］. 陈健，等译. 南京：江苏人民出版社，2006.

156. 中共中央关于制定十一五规划的建议［N］. 人民日报，2005-10-19（1）.

157. 朱光潜. 谈美书简［M］. 上海：上海文艺出版社，1980.

158. 庄子. 天道［M］//庄子集释：卷五. 北京：中华书局，1981.

159. 周辅成. 西方伦理名著选辑（下卷）　［M］. 北京：商务印书馆，1996.

160. 周成名，李继东. 共生时代的哲学和伦理基础［J］. 湘潭：湘潭大学社会科学学报，2000（5）.

161. 曾健，张一方. 社会协同学［M］. 北京：科学出版社，2000.

162. 左丘明. 国语·郑语［M］. 中华书局，2002.

163. 子思. 中庸［M］. 刘强，编译. 哈尔滨：哈尔滨出版社，2007.

164. 褚葛静. 易经的智谋［M］. 北京：中国物质出版社，2004.

165. 章咪佳，梁建伟. 做科学要学点艺术钱学森堂妹在杭谈"科学艺术观"［N］. 钱江晚报，2008-10-29（3）.

166. 张华夏. 现代科学与伦理世界——道德哲学的探索与反思［M］. 长沙：湖南教育出版社，1999.

167. 张斌峰，郭金林. 共生思想研讨会综述［J］. 哲学动态，1999（10）.

168. 张立文. 和合哲学论［M］. 北京：人民出版社，2004.

169. 张国清. 和谐：一种提倡兼容的公共哲学［J］. 哲学研究，2005（6）.

170. 张昊. 老龄化与金融结构演变［M］. 北京：中国经济出版社，2008.

171. 张再林. "殷鉴不远"：当代中国的哲学建设必须直面由现代范式向后现代范式的理论转型［J］. 人文杂志，2009（1）.

172. 张恺悌，郭平. 中国人口老龄化与老年人状况蓝皮书［M］. 北京：中国社会出版社，2010.

二、外文部分

1. CALCAGNO A. Interface：Modernity And Post-Modernity-The Possibility of Enthusiasm According to Immanuel Kant And Jean-Francois Lyotard［J］. Philosophy Today，1995，39（4）.

2. GIDDENS A. The Consequences of Modernity［M］. California：Stanford University Press，1990.

3. HOROWITZ A. How can Anyone be called Guilty? - Speech Responsibility, and the social relation in Habermas and Levinas［J］. Philosophy Today，2000，44（3）.

4. CHARLES W. A Dangerous Benefit：Dialogue, Discourse, and Michel Foucault's Critique of Representation［J］. *Interchange*，2002，33（4）.

5. MORAN D. Introduction to Phenomenology［M］. London：Routledge Taylor &Francis，2000.

6. DARRY L. Animal Consciousness And Ethics In Asia And The Pacific［J］. Journal of Agricultural and Environmental Ethics，1998，28（10）.

7. COOK D. The Two Faces of liberal Democracy in Habermas［J］. Philosophy Today，2001，45（1）.

8. WONG D. Foucault contra Habermas Enlightment, Power, And Critique［J］. Philosophy Today，2005，49（1）.

9. PERPICH D. A Singular Justice-Ethics And Politics Between Levinas And Derrida［J］. Philosophy Today，1998，42（S）.

10. COOK D. Communication in constellation Adorno and Habermas on Communicative Practices Underlate capitalism［J］. Philosophy Today，2002，46（1）.

11. DARRY L. Animal Consciousness And Ethics In Asia And The Pacific ［J］. Journal of Agricultural and Environmental Ethics, 1998, 23 （10）.

12. GEORGE F R E. Issues in the philosophy of cosmology ［J］. Philosophy of Physics, 2007, 46 （1）.

13. HAKEN H, KNYAZEVA H. Arbitrariness In Nature: Synergetics And Evolutionary Laws Of Prohibition ［J］. Journal for General Philosophy of Science , 2000, 31 （2）.

14. HOWARD H K. A Personal Encounter with Psychology ［J］. History of Psychology, 2002, 5 （1）.

15. MAHONEY J. Proceduralism And Justification In HabermassDiscource Ethics ［J］. Philosophy Today, 2002, 46 （3）.

16. HOWARD J. Physics and fashion: John Tyndall and his audiences in mid-Victorian Britain ［J］. Studies In History and Philosophy of Science （Part A）, 2004, 35 （4）.

17. OPPENHEIMER1 J. Considering Social Justice: A Review of David Miller's Principles of Social Justice ［J］. Social Justice Research, 2002, 15 （3）.

18. HABERMAS J. Communication and the Evolution of Society ［M］. Boston: Beacon Press, 1976.

19. LYOTARD J F. The Postmordern Condition: a Report on Knowledge ［M］. Manchester: Manchester university press, 1986.

20. KNIES K, JANET D. Husserl on ethics and intersubjectivity: from static to genetic phenomenology ［M］. Amherst: Humanity Books, 2004.

21. WALKER M B. A Short Story About Reason-The Strange case of Habermas and Poe ［J］. Philosophy Today, 1997, 41 （3）.

22. MELVIN L S. Developing a behavioral paradigm for the performance of public relations ［J］. Public Relations Review, 2000, 26 （3）.

23. HEIDEGGER M. Poetry Language Thought ［M］. New York: Harper&Row Publishers Inc, 1975.

24. FOUCAUL M. Ethics: Subjectivity and Truth ［M］. New York: New Press, 1997.

25. WBER M. Economy And Society: vol. I ［M］. NewYork: Bedminist Press, 1968.

26. ROBERT M, GENESIS H. TheScientifc Quest for Life's Origin [M]. Washington, D. C.: Joseph Henry Press, 2005.

27. RORTY R. The Consequence of Pragmanism [M]. Minnesota: University of Minnesota Press, 1982.

28. CAMPBELL S. Heidegger and the Educated Life [J]. Philosophy, 2004, 48 (4).

29. THOMAS N. Husserl's conception of Reason Authenticity [J]. Philosophy today, 2003, 47 (3supplement).

30. MCNEILL W. Care for the self originary ethics in Heidegger And Foucault [J]. Philosophy Today, 1998, 42 (1).

31. CAMERON W S K. On Communicative Actors Talking Past One Another—The Gadame—Habermas Debate [J]. Philosophy Today, 1996, 40 (1).

32. KAUFMAN Y. The Unfored Force of the More Familiar Argument-A Critique of Habermas Theory of Commumcative Rationality [J]. Philosophy Today, 1994, 38 (4).

33. NAVEH Z. Ten major premises for a holistic conception of multifunctional landscapes [J]. Landscape and Urban Planning, 2001, 57 (3-4).

34. BAUMAN Z. Postmodern Ethics [M]. Hoboken: Wiley Blackwell, 1998.

跋

    共生作为一个生物学领域的概念，虽然被引入经济学、社会学等领域，但要将共生上升到哲学和社会发展规律性的高度，仍然是一个需要探索的领域，在这条探索的道路上虽然有前人的尝试，但真正从存在论、方法论、认识论等领域进行研究，需要做的工作还有很多，这个选题可以说是具有极大的挑战性，本书从立意到撰写再到完成，可以说是一个非常艰辛的过程。

    从对自然界演化的追问，生物领域进化的追问，到人类社会发展的追问，从无机界到有机界何以这样有秩序地衍生变化，似乎在共生这个生物多样性生存机制当中存在答案。林恩·马古利斯、多里昂·萨根所著《倾斜的真理——论盖娅、共生和进化》一书似乎是一支照亮研究洞穴的火把，激起共生哲学研究的发轫之途，陕西师范大学袁祖社教授是作者这个发轫之途的奠基人。将共生作为哲学理念正式进行专门、系统的研究得到了西安交通大学李建群教授的确认和支持，使我大胆地从事这个未知领域的探索。从对自然界特别是生物领域的事实研究，以及复杂性理论的研究分析，梳理出自然界共生存在演化的普遍性，这可以说是对共生存在的自然历史考察，作历史性分析归纳。之后，将研究的聚光镜对准人类社会这部历史，在对人类社会进行概览性考察之后，发现人类社会的历史也是一部共生进化的历史，而在中国共产党的治国策略当中也富含共生的内涵。对共生的历史性分析，增强了共生哲学理念研究的科学性基础。

    在历史性分析之后进而转向共生哲学理念的逻辑性研究。从中西哲学史的维度进行梳理和考察，哲学认识的逻辑研究揭示出人类认识历史中蕴含丰富的共生哲学思想，这让我增强了对共生哲学研究的信心，前人的共生哲学思想既是史料，又是共生哲学内涵外延撑起的营养源泉，是共生哲学血脉构架的支撑柱。特别是马克思的思想当中，对共生意蕴的挖掘和梳理，解读出共生哲学的人学和伦理核心以及社会历史观，进而从共生哲学理念创新马克思主义哲学理论体系。

从横的方面对共生理念从历史和逻辑的角度进行分析，那么从纵的方面，对共生哲学理念从存在论、方法论、认识论、社会历史观等层面进行分析、考察，在归纳演绎中逐渐窥见共生哲学的框架结构和骨肉内涵，相互生成的存在论、多样性互动的方法论、以美达真的认识论、自我同一性共生的社会历史观等一一展现出共生哲学理念的结构内涵。然后又从社会合理化的角度结合现代西方哲学社会发展理论进行研究，归纳出共生的社会合理化理论——基于个性化知识共生互动的生活合理化思想，实现科学、道德、审美三种知识，理论理性、实践理性、审美理性三种理性，对自然规律的自觉、对社会规律的自觉、对自身规律的自觉三种自觉，共生互动，实现人的三种统一。通过这样的分析总结进一步丰富了共生的社会历史观的内容，形成了共生的社会发展理论。最后，将共生哲学理念结合现代性发展和中国现代化的实际进行实践性研究，提出摆脱现代性困境和推动中国现代化发展的具体措施，从政治建设、经济建设、文化建设、社会建设、生态建设等方面论述共生哲学理念指导下开展中国现代化的建议和对策，通过对共生哲学理念的实证性研究，也进一步验证了共生方法和社会发展理论的应用性。

总之，无论面对宇宙产生以来的自然史，还是整体的人类社会史及其未来走向，都蕴含着"共生大道"的深刻之理，对共生论题的深刻探究关乎人类命运的沉浮和中华民族的伟大复兴，所以，希望这本书能为学术界共生哲学的形成起到助推作用。

在作者成长过程中得到自己的硕士研究生导师陕西师范大学袁祖社教授的悉心培育和关照，得到自己的博士研究生导师李建群教授的细致关怀和培养，两位恩师是我学术之路上的启航者和领航者，是我人生之路的帮扶者，在此谨向两位恩师致以崇高的敬意和最诚挚的感谢。本书还得到了西安交通大学王宏波教授的悉心评阅，他对本书做了中肯的评价，在此表示衷心的感谢。在自己学术成长过程中还得到西安交通大学张再林教授、邬焜教授、焦桓生教授、陈学凯教授，陕西师范大学金延教授、雷龙乾教授、刘学智教授、丁为祥教授、林乐昌教授、尤西林教授的指导和帮助。南开大学阎孟伟教授、哈佛大学黄勇教授、夏威夷大学成中英教授、中国社会科学院霍桂桓教授、北京大学丰子仪教授、清华大学邹广文教授、复旦大学张庆熊教授、中山大学倪梁康教授、同济大学孙周兴教授等专家学者对我的学术研究进一步给以启发。著书过程中还得到自己的好友燕连福、李重、姚明今、何小勇、张涛、周永红、王小勇、邱根江、曹勇、刘进、齐宏等的鼓励和帮助。还应感谢我的亲人对我的支持。在此向这些老师、好友、亲人表示衷心的感谢。

　　本书的出版得到光明日报出版社的大力支持，在此表示诚挚的感谢！

张永缜

2021 年 1 月 3 日于杏园